Kohlhammer

Lars Allolio-Näcke

# Anthropologie und Kulturpsychologie der religiösen Entwicklung

## Eine Religionspsychologie



Verlag W. Kohlhammer

Diese Arbeit wurde mit dem Habilitationspreis der Philosophischen Fakultät und Fachbereich Theologie der Friedrich-Alexander-Universität Erlangen-Nürnberg ausgezeichnet.

1. Auflage 2022


Gesamtherstellung: W. Kohlhammer GmbH, Stuttgart

Print:
ISBN 978-3-17-041050-3

E-Book-Format:
pdf: ISBN 978-3-17-041051-0

Denn Psychologie kann nicht irgendwelche Bereiche des menschlichen Handelns nur deshalb aus dem Kreis ihres Interesses ausklammern, weil andere Wissenschaften sich damit länger und intensiver befasst haben. Wieso der Mensch wie handelt, bleibt die zentrale Frage der Psychologie, und wenn sie immer wieder dazu neigt, bestimmte Probleme zu vernachlässigen, weil sie ihr methodisch nicht ausreichend zugänglich erscheinen, so muss sie sich das zum Vorwurf machen lassen. Die Wirklichkeit, die die Psychologie zu verstehen beansprucht, richtet sich nicht nach den Methoden, die wir uns zurechtgebastelt haben.

Ernst E. Boesch
Das Magische und das Schöne, S. 7

# Inhaltsverzeichnis

# Einleitung

Ganz im Sinne des programmatischen Eingangszitats Ernst E. Boeschs wird hier ein Lebensweltbereich des Menschen (wieder) erschlossen, dem sich die akademische Psychologie im deutschsprachigen Raum seit fast einem Jahrhundert verschlossen hat. Statt Lebenswelten von Menschen zu untersuchen, neigt die akademische Psychologie – je länger, je mehr – dazu, Protowissenschaft zu sein. Dabei ist nicht die Kuhnsche Unterscheidung eines allgemein akzeptierten Paradigmas ausschlaggebend – das hat es zu keiner Zeit in der akademischen Psychologie gegeben, vielmehr unterschied man seit jeher zwischen dominanten und marginalen Positionen –, sondern der fehlende bzw. verfehlte Gegenstand. Auch andere Wissenschaften konstruieren ihre Zugänge zu ihrem Gegenstand bzw. dessen Eigenschaften, aber dieser liegt entweder vor oder ist allgemein anerkannt. Auch die Psychologie teilt eine anerkannte Gegenstandsdefinition, nämlich Wissenschaft vom Erleben und Verhalten des Menschen zu sein, jedoch ohne mit ihren Methoden und Konstrukten dieser Definition gerecht zu werden. Weder ist Verhalten – oder besser Handeln – durch einen Fragebogen oder einen Test adäquat zu erfassen, noch geben Laborstudien in faradayschen Käfigen Aufschluss über das Erleben einer Person, denn das Ziel eines solchen Settings ist es ja gerade, Situationen zu schaffen, die erlebnisfrei – oder in der Sprache der Psychologie: ohne Störquellen – sind. Ob es Konstrukte, wie ›Selbstwirksamkeitserwartung‹ oder ›Intelligenz‹ gibt, ist umstritten – noch mehr, welchen Stellenwert sie für den Alltag der Menschen haben.

Demgegenüber vertritt die Kulturpsychologie den Anspruch, Menschen in ihren Kontexten und Lebenswelten zu untersuchen – primär über Beobachtung und die Erfassung des individuell verschiedenen Sinns und der kulturell verschiedenen Bedeutungen. Auch wenn die akademische Psychologie – und nicht die Naturwissenschaften – diejenige Wissenschaft ist, die die meisten AtheistInnen aufweist, darf dies eben nicht dazu führen, Lebensbereiche generell auszublenden, weil sie als ideologisch überwunden gelten. So halten die meisten PsychologInnen magische Inhalte für vorreflexiv bzw. vormodern, Religiosität gilt als rückwärtsgewandt und zu überwinden und die Dimension des Seelischen, die den Griechen so wichtig war, hat man der Psyché schon lange ausgetrieben.

Es verwundert daher nicht, dass sich die Theologie – hier die Religionspädagogik und ihre ›Mutter‹, die Praktische Theologie, – dem Thema der religiösen Entwicklung sowie dem religiösen Erleben und Verhalten angenommen hat. Auch wenn die Entwicklung nicht in der Sackgasse endete, sondern vielmehr theoretisch in den 1970er bzw. den frühen 1980er Jahren ihren Abschluss fand, herrscht seither auch hier Schweigen. Modelle, die 40 Jahre und älter sind, werden für eine Realität gelehrt, die mit den gesellschaftlichen Vorstellungen der damaligen Zeit nicht kompatibel ist. Zudem, und das werde ich zeigen, tragen sie implizite oder auch unverblümt explizite Theologien in sich, die schon für die 1960er oder 1970er Jahre keine angemessene Applikationen darstellten und heute erst recht fragwürdig erscheinen. Derzeit sind »neue Impulse zur Modellbildung und Erforschung der religiösen Entwicklung [...] nicht zahlreich. Zu nennen sind hier einerseits Versuche, die Stufenmodelle zu vergleichen und um neuere Konstrukte zu erweitern, andererseits aber theoretisch wie empirisch neu zu durchdenken und als Modell alternativer religiöser Stile zu reformulieren. Dennoch wird man feststellen müssen, dass entwicklungspsychologische Perspektiven im engeren Sinn weitgehend aus dem Fokus der deutschsprachigen Religionspsychologie verschwunden sind« – und damit meinen Klein und Streib (2011, S. 199) ausschließlich die Religionspsychologie theologischer Provenienz.

Da sich die Rahmenbedingungen geändert haben, die – kulturpsychologisch gedacht – ihren Gegenstand verändern, muss theoretisch neu begonnen werden, statt die vorhandenen Theorien lediglich zu adaptieren. Wissenschaftstheoretisch angemessen beginnt dies mit der Formulierung einer Theorie, die dann in Einzelhypothesen zerlegt, empirisch überprüft – als Totalaussage nicht bestätigt – werden kann. Eine solche Theorie wird hier vorgelegt, um deren empirische Prüfung müssen sich dann diejenigen PsychologInnen kümmern, die laut Wunsch des Wissenschaftsrates von 2010, die Lehrstühle und Professuren besetzen werden, die durch den Aufbau der Religionspsychologie in Deutschland entstehen sollen, denn »[d]ie Weiterentwicklung der Religionspsychologie stellt [in der akademischen Landschaft der Bundesrepublik Deutschland – LAN] ein Desiderat dar« (Wissenschaftsrat, 2010, S. 93). Dabei geht es weniger um die Ablehnung dessen, was die theologischen KollegInnen bereits erarbeitet haben, als vielmehr um die Durchsicht sowie Kritik – im Sinne einer Würdigung –, um dann von daher, diese Erkenntnisse nutzend, einen angemesseneren eigenen theoretischen Ansatz zu entwickeln.

Durchaus religiös musikalisch, atheistisch erzogen und konfessionell ungebunden, habe ich in den vergangenen Jahren die Freude haben dürfen, am Fachbereich Theologie bzw. der vormaligen (Evangelisch-)Theologischen Fakultät der Friedrich-Alexander-Universität Erlangen-Nürnberg (FAU) arbeiten zu dürfen und Welten kennenzulernen, die – im oben beschriebenen Sinne – ganz und gar nicht ›andere‹ sind, als die sie oft dargestellt werden und wie über sie kommuniziert wird. Als Kulturpsychologe habe ich mich dann auf das Beobachten und das Gespräch konzentriert und musste feststellen, dass meine Fragen, die ich anfänglich hatte, naiv und schlichtweg falsch gestellt waren. Ich suchte nämlich – wie viele, die Religion ›von außen‹ untersuchen – nach dem Spezifischen und Besonderen: »Wie fühlt es sich an, wenn Gott da ist?«, »Woran hast du gemerkt, dass Gott in dem Moment bei dir war?« etc. Solche Fragen entstammen einem positivistischen Weltbild und sind dem Gegenstand nach unangemessen, wie ich gelernt habe. Eine Kulturpsychologie der religiösen Entwicklung zu schreiben, bedurfte anderer Prämissen.

Diese habe ich mir im jahrelangen Gespräch mit meinem katholischen Lebenspartner Oliver Allolio sowie dem evangelischen Alttestamentler Prof. Dr. Jürgen van Oorschot erarbeiten und schärfen können. Als Vorsitzender der Gesellschaft für Kulturpsychologie hatte ich zudem in den letzten Jahren oft Gelegenheit – gemeinsam mit Prof. Dr. Hans Werbik, dem Nestor der deutschen Kulturpsychologie –, Ernst E. Boesch in Saarbrücken zu besuchen und mit ihm über mein Vorhaben zu sprechen. Auch trug seine Gabe von bisher nicht publizierten Schriften dazu bei, mich intensiver mit der Religion zu beschäftigen. Aus einem der Gespräche unberücksichtigt gelassen habe ich den Aspekt des Atmosphärischen, den Boesch ins Spiel gebracht hat. Er war schlicht unter der hier vorgelegten Perspektive nicht integrierbar. Allen drei Gesprächspartnern bin ich dankbar.

Auch im Kontext der Kulturpsychologie habe ich Frau Prof. Dr. Ulrike Popp-Baier kennengelernt, die mir als Schülerin Hans Werbiks und als Privatdozentin an der FAU eine Habilitation an der Philosophischen Fakultät ermöglichte. Ihre Schriften und Hinweise haben sehr zum Gelingen dieser Arbeit beigetragen, wofür ich mich bedanke. Ich würde mir wünschen, dass – nachdem die Handlungs- und Kulturpsychologie mit der Emeritierung von Prof. Dr. Hans Werbik aus der Erlanger Psychologie vertrieben wurde –, diese nun in Form einer kulturpsychologischen Religionspsychologie wiederkehrt und verstetigt wird. Mein Beitrag hierzu liegt vor.

Lars Allolio-Näcke, Neuruppin, September 2021

# 1. Flucht nach vorn

Will man das Entstehen der ›Bindestrich-Wissenschaft‹ Religionspsychologie und ihre Zielsetzungen suffizient verstehen, so reicht es nicht, ihre Eigengeschichte (vgl. Holm, 1990; Henning, Murken & Nestler, 2003) darzustellen ebenso wie es nicht ausreicht, sie als Teil der oder in Parallelität zur Psychologie darzustellen (vgl. Heine, 2005; Belzen, 2008). Solche Erklärungs- und Einordnungsversuche greifen zu kurz, weil sie eine Eigenlogik suggerieren, nach der sachlogische Interessen zur Entstehung der Religionspsychologie geführt haben sollen. Dies kann jedoch sozio-historisch zurückgewiesen werden, denn im Wesentlichen stehen verschiedene politische sowie wissenschaftspolitische Gründe dahinter, die mit drei Schlagworten zusammengefasst werden können: (1) *Säkularisierung* (der Universität), (2) *die neue Wissenschaftsidee* sowie (3) *Flucht nach vorn*. Um dies herauszuarbeiten, bedarf es zunächst eines historischen Exkurses durch das 19. Jahrhundert.

## 1.1. *Säkularisierung oder der Staat übernimmt die Universität – die strukturelle Seite der Entwicklung*

Noch 1789 können die 35 deutschen Universitäten in katholische und protestantische unterschieden werden (vgl. Rüegg 2004a, S. 20). Die meisten Universitäten waren noch immer direkt von der Kirche abhängig, indem diese die Universität und deren Ausbildung überwachte sowie entsprechend der eigenen Konfession Berufungen und Aufnahme von Studenten regulierte. Eine frühe Gegenentwicklung stellte die Gründung der Universität Göttingen (1737) dar, die von vornherein eine Eigenständigkeit der Fakultäten vorsah, sodass die Wissensvermittlung an der Artistenfakultät (heute Philosophische Fakultät) nicht von der Theologie zensiert werden konnte, was jedoch nicht ausschloss, dass keine dem Landesherrn missfallenden Lehren dort verbreitet werden durften. Dennoch war diese Trennung enorm wichtig, denn bis *dato* hatte die Theologie als die eigentliche Wissenschaft das Sagen, während die Artistenfakultät als »Magd der Theologie« (Rüegg 2004b, S. 326) galt, indem sie eine Grundausbildung anbot, die dann in die drei sich anschließenden ›richtigen‹ Wissenschaften führte: Theologie, Jurisprudenz und Medizin.

Dies änderte sich grundlegend: »Im Verlauf des 19. Jahrhunderts wurden die staatlichen Universitäten überall zu weltlichen Einrichtungen« (Rüegg, 2004a, S. 20). Der Landesherr erhielt mehr und mehr Einfluss über und durch die Finanzierung der Universität, denn im Zuge der Aufklärung war Bildung ›hoch im

Kurs‹ und es wurden entsprechende Ministerien oder Unterabteilungen in Ministerien geschaffen, die sich mit Erziehung und Bildung (Kultus) beschäftigten, was wiederum zur Folge hatte, dass die Universitäten zunehmend bürokratisiert[1] (verwaltet) wurden und durch sie Professionalisierung – im Wortsinne – Einzug hielt. Ab 1817 entschied zunehmend »[d]ie Staatsverwaltung [...] über Schicksal und Zusammensetzung des gesamten Hochschulwesens [...]. Sie reglementierte den Zugang zu den Universitäten, Studiengängen und Prüfungen, stattete die Universitäten mit modernen Gebäuden und Laboratorien aus« (Rüegg, 2004a, S. 20f.). Wichtigster Motor dieser Entwicklung war der Geldzufluss, der zunehmend aus den Staatskassen gespeist wurde (vgl. Gerbod, 2004, S. 85). Dies hatte zur Folge, dass sich die Universitäten weg von Stätten des Sammelns, Ordnens und Vermittelns von Wissen hin zu einerseits Stätten des freien Denkens und Forschens, andererseits – vor allem anfangs – zu Ausbildungsstätten entwickelten.

Mit dem aufstrebenden Bürgertum und dem allgemeinen Bildungsinteresse gingen vor allem soziale Absatzbewegungen einher, die zur Trennung von Handwerk und Profession (Beruf) führten. Professionalisierung bezeichnet dabei den Prozess, ein Handwerk zur Profession (Beruf) zu erheben, insbesondere durch Reglementierung der Ausbildung, Trennung von theoretischer und praktischer Ausbildung sowie Zertifizierung. Mit der Umsetzung und zur Wahrung von Standards werden die Universitäten beauftragt, die die theoretische Ausbildung übernehmen und lizenzieren (vgl. Stam, 2006). Dies beginnt zunächst mit den ›klassischen‹ Fächern der Medizin und der Jurisprudenz, weitet sich aber bald auf die gesamte Beamtenschaft (Verwaltung, Lehrberufe) und darüber hinaus aus. So gelangt z. B. auch der deutsche Professor in den staatlichen Beamtenstand, während er zuvor von der Gunst der Kirche abhängig war.[2]

---

1 Was heute negativ konnotiert ist, darf für die damalige Zeit durchaus positiv gelesen werden, denn der Vorteil des deutschen Universitätswesens und seine Überlegenheit gegenüber dem französischen oder britischen Modell lag – neben der Idee der Freiheit von Lehre und Forschung – vor allem in dieser Bürokratisierung: »Dieser Siegeszug läßt sich nicht mit einer besonderen Genialität deutscher Forscher erklären. [...] Hingegen teilen die Autoren die seit den 1970er Jahren soziologisch vertiefte Auffassung der Universitätshistoriker, des frühen 20. Jahrhunderts, daß es das auf die Berliner Neugründung zurückgehende deutsche Universitätssystem war, das die wissenschaftliche Forschung zu einer professionellen, bürokratisch geregelten Tätigkeit werden ließ« (Rüegg, 2004a, S. 29).

2 Dass dieser Einfluss erst nach und nach zurückgedrängt werden und durch die staatliche Verwaltung indirekt weiterhin ausgeübt werden konnte, zeigt der Fall des Berliner Theologen Wilhelm Martin Leberecht de Wette. De Wette wurde 1819 aus der Friedrich-Wilhelm-Universität Berlin entlassen, da er der Mutter des Mörders Ferdinand von Kotzebues eine Trostschrift gesandt hatte; eine Petition des Senats der Universität zu seinen Gunsten blieb erfolglos.

Dies blieb institutionell nicht ohne Folgen. »Auch in die Studienordnungen griffen die Hochschulträger ein, indem sie Staatsprüfungen zur Ausübung bestimmter Berufe, wie der Ärzte[3], Rechtsanwälte[4], Gymnasiallehrer[5], einführten« (Gerbrod, 2004, S. 88). Damit war neben der garantierten Besoldung der Professoren der Grundstein für eine geistig unabhängige Universität gelegt, denn sowohl Professoren als auch die Grundeinheiten der Universität (Fakultäten) wurden durch den Staat über die Ausbildung von staatlichem Personal grundfinanziert und konnten auf dieser Basis – quasi nebenbei – eigenen Forschungs- und Lehrinteressen folgen. D. h. in dem Maße wie die Universitäten die Ausbildung von bestimmten, staatlich notwendigen Berufen, z. B. Lehrer, übernahmen, gewannen sie an Autonomie – jene Wissenschafts- und Lehrfreiheit, die als das ›preußische Universitätsmodell‹ und dem damit verbundenen Humboldtschen Bildungsideal[6] in die Geschichte eingegangen ist.

Warum immer mehr Universitäten in den Einflussbereich der Landesherren und der ministerialen Verwaltung gelangten, lässt sich nur dann verstehen, wenn man neben der (internen) Emanzipation der Philosophischen Fakultäten und deren Unterstützung durch die staatlich gelenkte und geförderte Ausbildung von Professionellen auch die sozialen wie politischen Folgen der Aufklärung berücksichtigt. Veranschaulichen kann man dies an den Folgen der Französischen Revolution, die wesentlichen Einfluss auf das Heilige Römische Reich Deutscher Nation hatten. Zu nennen ist hier in erster Linie die Ausgründung des (zweiten) Rheinbundes 1806, der mit dem Ziel der Schaffung gemeinsamer Verfassungsorgane nach dem Vorbild Frankreichs zahlreiche Reformen initiierte, die aus heutiger Sicht einen wesentlichen Beitrag zur staatlichen, wirtschaftlichen und gesellschaftlichen Modernisierung leisteten. Eine der wichtigsten Reformen bestand – insbesondere in Süddeutschland – darin, die durch die Säkularisation (Enteignung von kirchlichem Besitz) in den Revolutionsjahren hinzugewonnenen Gebiete und Institutionen in die Teilstaaten einzugliedern bzw. Nachfolgeinstitutionen zu schaffen. So wurden in den Revolutionsjahren von den 35 deutschen Universitäten in kirchlicher Trägerschaft 19 – und damit auch die einflussreichen Theologischen Fakultäten – geschlossen;

---

3 Für die Medizin gilt dies in der Weise nicht. Deren staatliche Regulierung geht auf 1685 zurück, als der große Kurfürst Friedrich Wilhelm I. von Brandenburg ein Medizinaledikt erließ, das die Berufstätigkeit von Ärzten zukünftig unter staatliche Kontrolle stellte. Dieses wird 1725 noch verschärft und enthält eine erste Approbations- und Gebührenordnung.

4 Im Deutschen Reich seit 1877.

5 In Preußen seit 1810.

6 Dass es sich eigentlich NICHT um Humboldts Ideen handelt, wird gern unterschlagen, hatte er doch lediglich Ideen Friedrich Schleiermachers (1808) in ein politisches Programm gegossen, als er für 16 Monate die Leitung der *Sektion des Kultus und des öffentlichen Unterrichts* in Preußen innehatte. Wenigstens beauftragte er die Ausführung einer ›Einrichtungskommission‹ unter Schleiermachers Federführung (vgl. Rüegg, 2004b, S. 336).

auch eine neue Universität in Stuttgart überlebt die »Revolutionszeit« nicht. Nur 16 der alten konfessionellen Universitäten bleiben erhalten Erlangen, Freiburg, Gießen, Göttingen, Greifswald, Halle, Heidelberg, Jena, Kiel, Königsberg, Landshut (heute München), Leipzig, Marburg, Rostock, Tübingen und Würzburg (vgl. Charle, 2004, S. 43) – allerdings nicht als rein konfessionelle, sondern als nun auch vom Staat verwaltete Universitäten; oder in den Rheinbundstaaten eher anzutreffen als in kirchlicher Trägerschaft, aber vom Staat überwacht und gefördert, wie z. B. die bayerischen Universitäten Würzburg und Landshut. Insbesondere in den Rheinbundstaaten entwickelte sich das oben bereits erwähnte Berufsbeamtentum, das wesentlich zur Unabhängigkeit der Institutionen beitrug. Man könnte auch sagen, dass die Reformen im Wesentlichen von diesem Beamtentum getragen worden sind.

Neben der Integration der ehemals konfessionellen Universitäten folgen zahlreiche Neugründungen auf dem Boden der Nachfolgestaaten des Heiligen Römischen Reiches Deutscher Nation; allein in Preußen – nach dem Verlust Halles an Westfalen durch den Frieden von Tilsit – entstehen drei neue Universitäten: die Berliner Universität (1810), später Friedrich-Wilhelms-Universität zu Berlin, Breslau (1811) und Bonn (1818) (vgl. Charle, 2004, S. 43). Für diese kann der Einfluss der Kirche und damit der Theologischen Fakultät auf die Universität und die an ihr stattfindende Ausbildung nahezu ausgeschlossen werden, auch wenn an allen diesen Universitäten Theologische Fakultäten eingerichtet wurden. Wichtigster struktureller Aspekt der Neugründungen allerdings war die Gleichstellung der ehemaligen Artistenfakultäten mit den drei klassischen Fakultäten und damit die Schaffung der Grundlage für deren Emanzipation und Binnendifferenzierung, die Ende des 19. Jahrhunderts bzw. Anfang des 20. Jahrhunderts zu einer weitgehenden Ausdifferenzierung führte.

Emanzipation wie die staatliche Förderung bestimmter Berufe gingen Hand in Hand mit einer Veränderung im Gewichtsgefüge der Fakultäten untereinander, denn mit aufstrebendem Bürgertum und zunehmendem Bedarf an Beamten in Verwaltung und Schule wurden die Philosophischen Fakultäten schon bald zu den größten der vier Fakultäten, da sich die Studierendenzahlen ab 1865 bis 1914 nahezu verfünffachten (vgl. Charle, 2004, S. 63). Proportional sanken bis 1880 die Anteile der Studierenden der Juristischen und Theologischen Fakultäten, während die Medizinische mit 21,5% und die Philosophische mit 40,3% aller Studierenden steigende Studentenzahlen aufwiesen (vgl. Charle, 2004, 57 und folgende Tabelle). Insbesondere die Theologischen Fakultäten sanken auf ein fast nicht mehr erkennbares Niveau von 1% aller Studienanfänger in nahezu vollständige Bedeutungslosigkeit, obwohl die Immatrikulationen nur etwa um die Hälfte gesunken waren (vgl. Charle, 2004, S. 63) – das soll aber nicht heißen, dass die Theologie als Stimme und politischer Akteur bedeutungslos wurde.

| | 1830-1860 | 1860-1890 | 1890-1914 |
|---|---|---|---|
| Theologie | 30 | 20 | 1 |
| Recht, Staatswissenschaften | 30 | 25 | 20 |
| Medizin | 15 | 20 | 20 |
| Geisteswissenschaften | 15 | 15 | 25 |
| Naturwissenschaften | 5 | 10 | 15 |
| Kleinere Fächer | 5 | 10 | 10 |

Tabelle nach Ringer (2004, S. 211)[7]: Studienwahl an deutschen Universitäten 1830-1914 (aufgerundete Prozent pro Spalte)

»Dies spiegelte die veränderte Ausrichtung des Universitätsstudiums auf moderne Berufe, den Forscher und wissenschaftlichen Lehrer, den Ingenieur oder Techniker, zu Lasten der alten Berufe des Geistlichen und Verwaltungsbeamten« (Charle, 2004, S. 63).

Eine Beschreibung der Gesamtsituation, der sich die Theologie im 19. Jahrhundert ausgesetzt sah, bliebe jedoch unvollständig und führte zu einem Bruch zum folgenden Kapitel, betrachtete man nicht neben den Universitäten auch die sich etablierende Konkurrenz, die man als praxisnahe Ausbildungsstätten bezeichnen kann und die ab den 1880er Jahren die internen Strukturen der Universitäten erneut zu Ungunsten der Theologischen Fakultäten rückwirkend verschieben: Gemeint sind erstens die aus staatlichen oder privaten Fachhochschulen entstehenden Technischen Hochschulen, zweitens aber auch die zahlreichen Gründungen von Seminaren, Instituten, Laboratorien und Kliniken, die neben der theoretischen Ausbildung an der Universität sowohl praxisnahe Ausbildung als auch empirische Forschung ermöglichten. Schließlich muss drittens auch die Auslagerung der ›Großforschung‹ erwähnt werde.

Um das Ausmaß und die Rasanz der Zunahme technischer Ausbildungsstätten zu verdeutlichen, sei ein längeres Zitat erlaubt: »Neben den Universitäten entstanden aus staatlichen oder privaten Fachhochschulen Technische Hochschulen: Aachen 1879-1880 (1865 Polytechnikum), Berlin 1879 (1799 Königl. Bauakademie), Braunschweig 1877 (1745 Collegium Carolinum), Danzig 1904,

7 »Ungefähre Prozentzahlen sind nur für einen langfristigen Trend aussagekräftig. Für Deutschland wurden katholische und protestantische Theologie zusammengezogen. Geistes und Naturwissenschaften blieben weitgehend vereint in der philosophischen Fakultät. ›Kleinere Fächer‹, umfassen vor allem Arzneikunde und Landwirtschaft. [...] Die Zahlen für 1850-1870 beruhen auf den Abschlußdiplomen, nicht auf den Einschreibungen« (Ringer, 2004, S. 211, FN 27).

Darmstadt 1868 (1812 Bauschule), Dresden 1890 (1742 Ingenieurakademie), Hannover 1879 (1831 Höhere Gewerbeschule), Karlsruhe 1865 (1800 Weinbrenners Bauschule), München 1868 (1827 Polytechnische Centralschule), Stuttgart 1876 (1829 Vereinigte Kunst-, Real- und Gewerbeschule). Ihre Studentenzahlen stiegen rascher als diejenigen der Universitäten: Von 5000 im Wintersemester 1871/72 stiegen sie bis 1903 auf 17000, also auf mehr als das Dreifache, während sich die Zahl der Universitätsstudenten im gleichen Zeitraum verdoppelte. Doch wurden die Technischen Hochschulen von den Universitäten als zweitrangig behandelt. Erst nach schweren Kämpfen erhielten sie von 1865 an die akademische Selbstverwaltung, 1899 das Promotionsrecht und wurden damit den Universitäten gleichgestellt« (Charle, 2004, S. 63).

Neben der Gleichstellung reagierten die Universitäten aber auch mit der Einbindung der neu entstandenen Ausbildungsbereiche. Ab 1880 beginnen sich die Naturwissenschaftlichen, Technischen und Wirtschaftswissenschaftlichen Fakultäten aus der Philosophischen Fakultät herauszubilden und zu eigenständigen Einheiten zu konstituieren.

Nicht zu unterschätzen in diesem Ausdifferenzierungsprozess sind die bereits erwähnten Seminare, Institute, Laboratorien aber auch Kliniken. Diese entstehen abseits der Universitäten als mehr oder weniger freiwillige Privatinitiativen von Professoren. Hiermit wurde der theoretischen Wissensvermittlung an der Universität ein empirisches Pendant, vor allem in den exakten Naturwissenschaften (Physik, Chemie, Astronomie u. a.), aber auch in der Medizin und dem neu entstehenden philosophisch-naturwissenschaftlich-medizinischen ›Zwitter‹ Psychologie, an die Seite gestellt. Zwar hatte es seit der Frühen Neuzeit solche Gründungen gegeben, bspw. das Chemische Laboratorium in Duisburg (1654) und die Sternwarte in Ingolstadt (1637), jedoch beginnt ihr akademischer Durchbruch erst im 19. Jahrhundert (vgl. Klinge, 2004, S. 129). Während an den Universitäten im Wesentlichen theoretische Ausbildung angeboten wurde, fand nahezu jede empirisch-wissenschaftliche Tätigkeit außerhalb der Universitäten statt. Zwar gab es auch Neugründungen an den Universitäten, jedoch waren diese eher die Ausnahme. Der Regelfall war, dass Professoren auf eigene Kosten und auf eigene Initiative Instrumente für empirische Studien besorgen und finanzieren mussten ebenso wie sie die Kosten für ihre Laboratorien und Institute selbst trugen, z. B. die Miete. Frühe Beispiele hierfür finden sich vor allem in der Physik, wo bspw. Georg Christoph Lichtenberg (1742-1799) in Göttingen alle Instrumente und Geräte zur Lehre und Demonstration selbst besorgen musste. Erst mit seinem Tod und der Übernahme der Geräte durch die Universität entstand dort ein ›physikalisches Kabinett‹. Ähnliches lässt sich für Gießen und Leipzig konstatieren, wobei in Gießen die Besonderheit hinzukam, dass Heinrich Buff (1805-1878) in einem Nebengebäude seines Wohnhauses einen Hörsaal und ein Laboratorium einrichtete und finanzierte, die erst ab 1844 vom Staat getragen wurden, indem ihm der Staat eine Jahresmiete entrichtete und für wissenschaftliche Apparate aufkam. In Leipzig führten die zahlreichen privaten Sammlungen von physikalischen Apparaten durch Professoren sogar zur in Deutschland erstmaligen Gründung eines ›staatlich physikalischen Instituts‹ (vgl. Bockstaele, 2004, S. 412).

Auch für die Psychologie lässt sich diese Entwicklung nachvollziehen. Sie beginnt in Berlin und ist mit dem Namen Herman von Helmholtz sowie in Leipzig mit Gustav Theodor Fechner verbunden. Herman von Helmholtz, Physiker und Physiologe, trägt neben Fechner insofern zur experimentellen Psychologie bei, als er als einer der ersten physiologische Studien zum Hören und Sehen betrieb, die Fortpflanzungsgeschwindigkeiten von Nervenerregungen messen konnte und aus seinen Forschungen Theorien zum Hören (Ressonanztheorie) und zum Sehen (Dreifarbentheorie) entwickelte. Allerdings standen seine physiologischen wie physikalischen Experimente unverbunden nebeneinander. Zu Wilhelm Wundt besteht insofern eine einschlägige Beziehung, da dieser von 1858 bis 1863 Assistent bei Helmholtz war und in dieser Zeit seine ersten Vorlesungen zur naturwissenschaftlichen Begründung der Psychologie hielt ebenso wie er 1862 seine erste experimentalpsychologische Schrift unter dem Titel *Beiträge zur Theorie der Sinneswahrnehmung* veröffentlichte (vgl. Absatz 1.3.2.). Wundt wird es auch sein, der das weltweit erste Institut für experimentelle Psychologie 1879 als Privateinrichtung gründete. Erst 1883 wird es in die Universität eingegliedert und von ihr finanziert. Den Schritt zur gegenseitigen Begründung von Physik und Psychologie ging jedoch bereits Gustav Theodor Fechner, der bis heute als Begründer der Psychophysik gilt.

Für die Seminare, Institute, Laboratorien aber auch Kliniken gilt demnach fast immer dieselbe Entwicklung: (1) Privatgründung mit privater Finanzierung, (2) Fortschritte auf dem Gebiet der Grundlagen- wie Angewandten Forschung, (3) Übernahme der Finanzierung durch die Universität und schließlich (4) Eingliederung in dieselbe. Die Seminare, Institute, Laboratorien aber auch Kliniken waren also vor allem deshalb wichtig, weil sie Forschungsumgebungen für diejenigen schufen, die nicht beruflich ausgebildet wurden, sondern sie »zielten auf die Ausbildung von Gelehrten, zukünftigen Professoren und Forschern. Diese Entwicklung trug dazu bei, die Universitätswirklichkeit der Universitätsidee anzugleichen« (Charle, 2004, 57).

Durch die Eingliederung wiederum mussten die Universitätsstrukturen der Ausdifferenzierung entsprechend angepasst und die Fakultäten untergliedert werden. »Von 1882 bis 1907 entstanden [bspw. – LAN] in den preußischen Universitäten neun juristische, vier theologische, 77 geistes- und naturwissenschaftliche Seminare oder Institute sowie 86 medizinische Institute, Laboratorien oder Kliniken« (Charle, 2004, S. 65).

Dies wiederum führte zu finanziellen Problemen der Universitäten, woraus schließlich die dritte Säule der theologischen wie universitären Weiterentwicklung hervorging: die Auslagerung der ›Großforschung‹. »In Berlin bildeten um 1860 die Gehälter den Hauptposten des Universitätshaushaltes. Von 1870 an waren es die Seminare und Institute, und ihre Kosten erhöhten sich rascher als diejenigen des Personals, so dass 1910 die Hälfte des Universitätshaushaltes von den laufenden Kosten der Institute und Seminare beansprucht wurde, wozu die Bau- und Einrichtungskosten kamen« (Charle, 2004, S. 65), denn ihr offensichtlicher Beitrag zur Entwicklung von Wissenschaft und Forschung, aber auch der Ausbildung – Laboratoriumsübungen wurden zunehmend verpflichtend in die Curricula aufgenommen (vgl. Gerbod, 2004, S. 102) – trugen dazu bei, dass die in dunklen und schmutzigen Nebengebäuden entstandenen Laboratorien und Institute »in der zweiten Hälfte des 19. Jahrhunderts in neue Gebäude um[zogen – LAN], welche um die Jahrhundertwende einen geradezu sakralen Anstrich erhielten« (Klinge, 2004, S. 129).

Die noch heute existierenden Großforschungsverbünde wurden zunehmend zum Modell der Universitäten, obwohl sie eigentlich gegründet wurden, um die Universitäten strukturell und finanziell zu entlasten. »Die Gründung der Physikalisch-Technischen Reichsanstalt in Berlin 1887, der Kaiser-Wilhelm-Gesellschaft 1911, die Staat, Industrie und Forschung in Instituten außerhalb der Universitäten zusammenführten, bedeutete einen wesentlichen Schritt in der Arbeitsteilung zwischen Forschung und Lehre. Zwar sollte die Auslagerung der ›Großforschung‹, die Theodor Mommsen (1817-1903) 1890 gefordert hatte, der Entwicklung der Universität zum ›Großbetrieb‹, wie sie der Gründungspräsident der Kaiser-Wilhelm-Gesellschaft, der Theologe Adolf von Harnack (1851-1930) bezeichnete, entgegenwirken, und tatsächlich erhielt sich in den Universitäten die Verbindung von Forschung und Lehre« (Charle, 2004, S. 65f.).

Auch wenn im Gesamtgefüge der Universität bzw. im wissenschaftlichen Fächerkanon die Theologie nun eines der kleinsten Fächer darstellt, ist sie noch immer eine große und vor allem sich ausdifferenzierende Wissenschaft, die ihren Platz im säkularen Staat und an der säkularen Universität zu behaupten weiß. Vordenker ihrer Rolle ist sicherlich Friedrich Daniel Ernst Schleiermacher, der die Rolle der Theologie im Zuge der Gründung der Berliner Universität neu fasst – die Theologie als wissenschaftliche Disziplin und deren Umsetzung in die Praxis: »Wenn man also hier die Vereinigung des wissenschaftlichen Geistes mit dem religiösen Sinn zu bewirken und zu einer anschaulichen Tatsache zu machen weiß, so wird dadurch der beste Grund gelegt zur Aufhebung jenes scheinbaren Zwiespalts zwischen Religion und wissenschaftlichen oder Geschäftsleben, ja zu einer inneren Verbesserung derer, die sich dem gewidmet haben« (1860, S. 214f.). Sprich: Die säkulare Universität bildet an den Theologischen Fakultäten Gelehrte aus, die analog zu Lehrern als Pfarrer in die Praxis gehen und dort den »wissenschaftlichen Geist mit religiösem Sinn« verbinden sollen. D. h. die Theologie wird zurückgestutzt auf ihre Ausbildungsfunktion. Diese Ausgebildeten sollen aber umfangreich wissenschaftlich gebildet sein, weswegen die Theologie die Wissenschaften auf der Höhe ihrer Zeit zu vertreten habe. Personell bedeutete das für Schleiermacher, dass jeder Exeget auch Dogmatik lehren können müsse, jeder Dogmatiker zugleich Historiker sein müsse als auch der Historiker exegetische Kompetenz besitzen müsse (vgl. Rüegg, 2004b, S. 336). Zwar begann die Theologie in Berlin in der Tat zunächst nur mit drei Professuren, wurde aber schnell institutionell erweitert: zunächst über die Einführung von Doppelprofessuren zur Vertretung konservativer Theologien bis hin zur Ausdifferenzierung der Theologie im frühen 20. Jahrhundert in Alttestamentliche Exegese (3 Lehrstühle), Kirchengeschichte (3 LS), Neutestamentliche Exegese (2 LS), Dogmatik (2 LS), Religionsphilosophie (2 LS), Praktische Theologie (1 LS) und christliche Archäologie (1 LS). Dennoch lehrten weiterhin einzelne Professoren in benachbarten Disziplinen. Das 1812 eröffnete Theologische Seminar wird von da an das Vorbild für die Integration der Theologie in die moderne Forschungsuniversität (vgl. Rüegg, 2004b, S. 336), und zwar als der von Schleiermacher gewünschte ›Religionszwitter‹: dem methodischen Rationalismus verpflichtet jedoch nicht rational, sondern im Gefühl begründet.

## *1.2. Die neue Wissenschaftsidee – die inhaltlich-methodische Seite der Entwicklung*

Ab der zweiten Hälfte des 19. Jahrhunderts verlagerte sich der Schwerpunkt an den Universitäten vom Sammeln, Ordnen und Vermitteln von Wissen hin zur Forschung, also zum Erzeugen von Wissen. Dieses neue Paradigma wird wesentlich und im Kern im folgenden Zitat erkennbar: »Der wissenschaftliche Geist, der durch den philosophischen Unterricht geweckt ist, und durch die Wiederanschauung des vorher schon Erlernten aus einem höheren Standpunkt sich befestigt und zur Klarheit kommt, muss seiner Natur nach auch gleich seine Kräfte versuchen und üben, indem er von dem Mittelpunkt aus sich tiefer in das Einzelne hineinbegibt, um zu forschen, zu verbinden, Eignes hervorzubringen und durch dessen Richtigkeit die erlangte Einsicht in die Natur und den Zusammenhang alles Wissens zu bewähren« (Schleiermacher, 1808, S. 39).

Allerdings war der Weg von der Theorie, wie Wissenschaft funktionieren sollte, nicht der lineare Fortschritt weg von der Spekulation hin zur empirischen, nachprüfbaren und anzuwendenden Forschung, als der er gern von ihren Vertretern dargestellt wurde. Die Idee »führte, vor allem in den Naturwissenschaften, zu philosophischen Spekulationen, die nur allmählich empirischen Forschungen Platz machten« (Rüegg, 2004a, S. 27). Dies hatte vor allem institutionelle Gründe, die auch dazu führten – wie oben bereits ausgeführt –, dass die eigentliche empirische Forschung außerhalb der Universität an Seminaren, Instituten, Laboratorien und Kliniken stattfand.

Zwar hatte sich mit der Modellgründung der Berliner Universität die Philosophische Fakultät als Magd der drei anderen Fakultäten emanzipiert, jedoch drehte sich bald das Verhältnis um – nicht zuletzt wegen der zunehmenden Studierendenzahlen –, sodass die ehemalige »Magd zur Herrin der *Universitas litterarum* [wurde – LAN ...]. Ein *tentamen philosophicum*, eine Prüfung in Philosophie, wurde von den zukünftigen Geistlichen, Juristen und Ärzten gefordert, und die philosophische Bildung zeigte sich oft in ihren Veröffentlichungen« (Rüegg, 2004b, S. 375). Für die Theologie lässt sich dieser Einfluss direkt an Schleiermacher selbst belegen: Er lehrte – wie viele andere Theologen auch – Philosophie.

Könnte man diese Herrschaftsumkehr der wissenschaftlichen Grundfakultäten noch zur Kenntnis nehmen, ohne dem eine wichtige Dimension beizumessen, so gelingt dies innerhalb der Philosophischen Fakultäten nicht mehr. Hier wird – und dies ist der steinige Weg hin zu einer neuen Wissenschaftsära – quasi institutionell eine Entwicklung behindert, was nicht zuletzt dazu beitragen wird, dass der Philosoph und Bildungshistoriker Friedrich Paulsen (1846-1908) 1895 über die Wende zu den Naturwissenschaften und ihren Methoden sagen wird: »Es folgte in Deutschland auf das Zeitalter der absoluten Philosophie ein Zeitalter der absoluten Unphilosophie« (in Rüegg, 2004a, S. 31, zit. nach Virchow, 1893, S. 27).

Die institutionelle Behinderung liegt im Wesentlichen darin begründet, dass die Philosophische Fakultät – obwohl sie bis heute ein ›Sammelsurium‹ an Wissenschaften beherbergt – als Einheit unter der Herrschaft der Philosophie geführt und an dieser Tatsache an den meisten deutschsprachigen Universitäten vehement bis ins 20. Jahrhundert festgehalten wurde. Dieser Umstand führte dazu, dass bis auf wenige Ausnahmen in Tübingen (1869), Straßburg (1872), Heidelberg (1890), Freiburg (1910), Frankfurt am Main (1914) erst nach dem Ersten Weltkrieg (Mathematisch-)Naturwissenschaftliche Fakultäten entstanden – und erst viel später konsequenterweise auch Sozialwissenschaftliche Fakultäten. Die emanzipative Idee, dass die Philosophie die geistige Einheit der Geistes-, Natur- und Sozialwissenschaften auch institutionell zu sichern habe, wurde folglich für das 19. Jahrhundert zu einer Entwicklungsbremse.

Dennoch war der Siegeszug der Naturwissenschaften nicht mehr aufzuhalten, nur vollzog er sich zunächst außerhalb der Universitäten, ehe diese darauf reagierten und den Wildwuchs an nicht-universitären Einrichtungen zurück in ihren Schoß holten. Erst nach 1870 kann man von einer eigenständigen – und vor allem rasanten – Entwicklung der Naturwissenschaften und ihrer Methodik sprechen. Spätestens dann, wenn Rudolf Virchow 1898 anlässlich seiner Rektoratsrede zum Gedenken des königlichen Universitätsstifters einen Gedanken des Begründers der Elektrotechnik Werner von Siemens (1816-1892) aufgreifend sagte: »Man sei in das naturwissenschaftliche Zeitalter eingetreten, das [...] das Postulat Francis Bacon von Verulam (1561-1626) wahr machte, durch Wissenschaft die Natur zu beherrschen« (Rüegg, 2004a, S. 31).

Was hatte diese erneute Wende zugunsten der Naturwissenschaften herbeigeführt? Um es schlicht zu sagen: die gesellschaftlichen, aber wohl vor allem die wirtschaftlichen Anforderungen, die nach Industrieller Revolution der Hoch-

und Industriekapitalismus einforderte. Während sich die philosophische Spekulation in akademische Höhen aufschwang, führten die empirisch-naturwissenschaftlichen Methoden zu effizientem, erfolgreichem Wissen und trugen damit zu erheblichem zivilisatorischen Fortschritt bei.[8] »Die Naturwissenschaften, insbesondere Chemie und Physik, hatten einen Grad der Entwicklung erreicht, der sie zu unentbehrlichen Helfern in Technik, Industrie und Wirtschaft machte. Neue Forschungsgebiete wie die Elektrotechnik, die landwirtschaftliche Chemie und die technische Thermodynamik erhöhten die Bedeutung der Technischen und Landwirtschaftlichen Hochschulen wie der Medizinischen Fakultäten in der akademischen Lehre und Forschung« (Bockstaele, 2004, S. 421). Mit dieser gesellschaftlichen und ökonomischen Reputation im Rücken entwickelten sich die Naturwissenschaften ab 1870 rasant zu eigenständigen Fächern, die eigenständige Terminologien und Methoden hervorbrachten. Sie lösten sich aus dem Kanon und aus den Fesseln der Philosophie und wurden zum Motor der gesamten Wissenschaftslandschaft. Die philosophischen und theologischen Programme gerieten dadurch in der zweiten Hälfte des 19. Jahrhunderts zunehmend unter Rechtfertigungsdruck (vgl. Popp-Baier, 2009, S. 9). Dies führt konsequent zu dem, was für die (Systematische) Theologie im Allgemeinen angewandt, und im Besonderen auch für die neu entstehende Religionspsychologie zutrifft, nämlich zur Hinorientierung auf empirische Methoden, die im Spezialfall der Systematischen Theologie als ›psychologische Methode‹ firmiert. Wie im Folgenden noch gezeigt wird, entspringt die Religionspsychologie genau diesem Rechtfertigungsdruck seitens der Theologie und unterhält mannigfache Beziehungen zur Systematischen Theologie, die stärkere institutionelle Bindungen zur Religionspsychologie unterhielt als die Psychologie. Die Psychologie diente bei der Hinzuziehung der empirischen Methode und der Begründung der Religionspsychologie mehr als methodischer Steigbügel, denn als Ross, oder um ein anderes Bild heranzuziehen: Die Psychologie war nur die Geburtshelferin einer neuen Wissenschaftsdisziplin, nicht die Mutter selbst.

---

8 Nicht zuletzt lässt sich das bekannte Marx-Zitat in diese Richtung deuten, wenn er meint: »Die Philosophen haben die Welt nur verschieden interpretiert, es kömmt darauf an, sie zu verändern« (Thesen über Feuerbach, MEW 3:7).

## 1.3. *Flucht nach vorn*

### 1.3.1. Die Theologie und ihr Umgang mit der psychologischen Methode[9]

Auch die Theologie kann sich der Diskussion um die ›naturwissenschaftliche‹ bzw. ›empirische‹ Neubegründung der Wissenschaften nicht entziehen, will sie sich im Kanon der Wissenschaften behaupten. So musste sie sich die Frage stellen, ob »die Theologie, die ihrer Natur nach Glaubenswissenschaft ist und sein will, sich Gesetzen wissenschaftlicher Erkenntnis fügen (kann), die für alle anderen Wissensgebiete in Geltung stehen oder nicht?« (Lipsius, 1897, S. 19). Diese Frage bejahend wird auch in der Systematischen und Praktischen Theologie von progressiven Kräften die sogenannte ›psychologische Methode‹ aufgenommen, die auf dem Begriff der ›Erfahrung‹ bzw. des ›Erlebens‹ beruht. Mithilfe der Geschichte und der Psychologie soll und wird die Theologie gegen Ende des 19. Jahrhunderts neu positioniert, womit es ihr in der Tat gelingt, ihre Notwendigkeit im wissenschaftlichen Kanon zu behaupten. Wie sich allerdings zeigen wird, ist trotz der begrifflichen Übereinstimmung nicht die sich zu jener Zeit emanzipierende Psychologie empirisch-experimenteller und physiologischer Provenienz gemeint, sondern die bereits zu Beginn des Jahrhunderts von Friedrich Schleiermacher entworfene und später von Wilhelm Dilthey aufgegriffene geisteswissenschaftliche Psychologie. Insofern unterscheiden sich auch ›Erfahrung‹ bzw. ›Erleben‹ erheblich, je nachdem ob sie in Theologie und Psychologie verwendet werden. Mit dieser Rezeption positioniert sich die Theologie nicht – wie man meinen könnte – außerhalb des wissenschaftlichen Diskurses, sondern ist vielmehr aktiv am diskursiven Geschehen beteiligt, welche Ausrichtung die Wissenschaft Psychologie haben sollte: experimentell vs. deskriptiv, natur- vs. geisteswissenschaftlich. Dass sich die Theologie auf die Seite Schleiermachers schlug

---

9 Die Ausführungen zu 1.3.1 und 1.3.3 gehen auf ein gemeinsames Oberseminar von Jürgen van Oorschot, Markus Iff und dem Verfasser mit dem Titel *Religion auf der Grundlage der Psychologie – ein Forschungsseminar zu Wundt, Dilthey, Lipsius und Pfleiderer* zurück, das den Übereinstimmungen in den Vorstellungen der Religionsgeschichte und der Religionspsychologie der vier Protagonisten gewidmet war. Direkte Abhängigkeiten oder Kenntnis der Werke zwischen den Theologen und Psychologen konnten nicht nachgewiesen werden. Offensichtlich entstammen die Übereinstimmungen dem wissenschaftlichen Zeitgeist. Erst Lipsius Sohn Friedrich Reinhard Lipsius wird die Verbindung zu Wundt knüpfen: Er habilitiert sich 1899 mit der Schrift *Die Vorfragen der systematischen Theologie mit besonderer Berücksichtigung auf die Philosophie Wilhelm Wundts kritisch untersucht.* U. a. aus dem Kontext des Seminars stammt die von Markus Iff vorgelegte und hier ausführlich rezipierte Dissertation, die der Verfasser in der Abgabefassung zitiert, jedoch die Seitenangaben nach der Druckfassung ausweist.

– und damit an der nicht experimentell aber empirisch festzustellenden Existenz Gottes festhielt – hat Auswirkungen auf die These, die Theologie und nicht die Psychologie sei die Mutter der Religionspsychologie. Zum einen sprechen die eben in diese Richtung gehenden Veröffentlichungen der 1914 in Nürnberg von Theologen gegründeten *Gesellschaft für Religionspsychologie* im eigenen Fachorgan *Archiv für Religionspsychologie*, zum anderen die Diskrepanz zwischen den theologisch-religionspsychologischen Ansätzen und denen, die man methodisch mit Wilhelm Wundt und Wilhelm Dilthey verbindet, eine deutliche Sprache. Insbesondere auf den Ansatz Wundts wird am Ende des Kapitels noch näher einzugehen sein, da er in seinem Werk beide Strömungen zu vereinigen suchte.

Die Aufnahme der Ideen Schleiermachers erfolgte in der deutschen Theologie zunächst auf verschiedene Weise: (1) durch die Vermittlungstheologie, die insbesondere in Erlangen und Tübingen vertreten wurde und die den theologischen Rationalismus ablehnte, indem sie historisch-kritische Quellenanalyse mit geschichtsphilosophischen Spekulationen verband, und (2) die Liberale Theologie, wie sie insbesondere in Göttingen von Alfred Ritschl und in Berlin von Adolf von Harnack vertreten wurde, indem sie die Theologie auf ethisch-kulturelle Grundlage stellte und dabei konsequent die Metaphysik ausschloss (vgl. Rüegg, 2004b, S. 340f.). Im 20. Jahrhundert werden diese Arbeiten schließlich von der religionsgeschichtlichen Schule in Gießen von Hermann Gunkel und Wilhelm Bousset ebenso wie von Ernst Troeltsch in Heidelberg fortgesetzt, die das Christentum religionswissenschaftlich als eine von vielen Religionen untersuchten (vgl. ebd., S. 340). Diese als Kulturprotestantismus bezeichneten Spielarten wissenschaftlich anschlussfähiger Theologie wurden jedoch bald durch die Dialektische Theologie Karl Barths nach dem Ersten Weltkrieg infrage gestellt und in ihrer Entwicklung behindert. »Für Karl Barth führte die Bejahung der Welt als Schöpfung Gottes *qua* These, die Infragestellung der Welt als Schöpfung in Christus *qua* Antithese, zur Freiheit des Evangeliums und einer einzig auf Auslegung der Heiligen Schrift beruhenden Theologie« (ebd.). Diese ›Entwicklungsbremse‹ hielt bis in die 1970er Jahren und teilweise auch darüber hinaus an, sodass sich in Deutschland erst wieder in den 1970er Jahren religionspsychologische Ansätze in der Theologie finden lassen: »Genauer gesagt müssen wir über das ›leere Feld‹ hinausgehen, das die Dialektische Theologie zwischen den 30er und 60er Jahren in der Religionspsychologie erzeugt hat« (Schweizer, 1988, S. 253).

Anders verhielt es sich mit den Religionswissenschaften, die nicht nur an den Theologischen Seminaren prosperierten, sondern quer zu den Disziplinen an den Philosophischen Fakultäten – speziell den Philologien – betrieben wurden. Daneben wurden Vorstöße auch in der Anthropologie, bspw. durch Sir Edward Burnett Tylor und Sir James George Frazer, wie der Soziologie, bspw. durch Émile Durkheim und dessen Schüler Marcel Mauss, unternommen, Religion wissenschaftlich zu untersuchen (vgl. Rüegg, 2004b, S. 342). In der Theologie sollte diese Richtung ein Projekt der Liberalen Theologie bleiben, wie sie insbesondere fruchtbringend von dem systematischen Theologen Otto Pfleiderer und seinem Kollegen Richard A. Lipsius vertreten wurde. Insbesondere Pfleiderer gilt als der »deutsche Vorkämpfer für die vergleichende Religionswissenschaft« (Kappstein, 1908, S. 1).

An dieser Stelle soll nur kurz auf ein bekanntes Beispiel eingegangen werden, das die ›psychologische Methode‹ zur Begründung ihrer Dogmatik (miss-) brauchte, wie dies für den Beweis der Wahrheit der Religion durch Gustav Vorbrodt (1895) oder den Gottesbeweis durch Georg Wobbermin (1913) gilt. Ausführlich soll auf die weniger bekannte Liberale Theologie, insbesondere Otto Pfleiderers und Richard A. Lipsius eingegangen werden. Entgegen ihren zuvor genannten Kollegen versuchten sie tatsächlich, eine der beiden konkurrierenden psychologischen Strömungen zu nutzen, um der Zeit angemessen wissenschaftlich zu argumentieren, indem sie die Möglichkeit transzendenten Wissens von vornherein ausschlossen (vgl. Iff, 2011, S. 37) und ihren Gegenstand im Gottesbewusstsein statt im objektiven Dasein Gottes (vgl. ebd., S. 94) sahen.

#### *1.3.1.1. Der Streit um die Wahrheitsfrage – missbrauchte Psychologie*

Zunächst jedoch kurz zu dem recht bekannten ›Streit‹ zwischen dem systematischen Theologen Georg Wobbermin und dem Nürnberger Pfarrer und Begründer der *Gesellschaft für Religionspsychologie* sowie deren Journal *Archiv für Religionspsychologie* Wilhelm Stählin, der ab 1926 dem Ruf auf eine Professur für Praktische Theologie an die Westfälische Wilhelms-Universität in Münster folgte, bevor er 1945 Bischof der Ev.-Luth. Kirche in Oldenburg wurde. Die Auseinandersetzung kann insofern nicht als Streit gewertet werden, da – unterbrochen und bedingt durch den Ersten Weltkrieg – Stählins Replik auf Wobbermins Schriften von 1914 erst 1921 publikumswirksam erscheinen konnte,[10] dem Todesjahr Théodore Flournoys, dessen »Prinzip vom Ausschluss der Transzendenz« (1903)[11] sich bereits zu diesem Zeitpunkt durchgesetzt hatte und somit die Debatte zwischen Wobbermin und Stählin nunmehr der aktuellen Diskussion hinterherhinkte.

Wobbermin vertrat die Ansicht, dass »die Religionspsychologie nie wird imstande sein und daher nie beanspruchen dürfe, von sich aus die Wahrheitsfrage abschließend zu beantworten. Aber trotzdem ist es einseitig und unrichtig, die Wahrheitsfrage aus der Religionspsychologie überhaupt auszuschalten« (1913a,

---

10 »Der Vortrag ist in seiner ursprünglichen Form in der ›Christlichen Welt‹ Nr. 30, 31, 32 vom 23. Juli, 30. Juli, 6. August 1914 erschienen und damals, wie es nicht anders sein konnte, in dem großen und erschütternden Geschehen untergegangen« (Stählin, 1921, S. 136).

11 So schreibt er, den Psychologen Théodule Ribot zitierend: »Le sentiment religieux est un fait qu'elle a simplement à analyser et à suivre dans ses transformations, sans aucune compétence pour discuter sa valeur objective ou sa légitimité« (Flournoy, 1903, S. 38).

S. 6f.). Deshalb soll »die psychologische Untersuchung die religiösen Vorstellungen und Vorstellungskomplexe auf ihren eigentlichen Sinn hin untersuchen und sie soll diesen eigentlichen Sinn derselben möglichst scharf und präzis herauszustellen suchen. Unter dem eigentlichen Sinn religiöser Vorstellungen verstehe ich die in ihnen zum Ausdruck kommende religiöse Überzeugung, soweit sie direkt und ausschließlich den religiösen Tendenzen entspricht und also direkt und ausschließlich auf religiösen Motiven beruht. Darin liegt aber zugleich, dass dieser eigentliche Sinn der religiösen Vorstellungen nur mittels einer psychologischen Analyse zu finden ist, die den Gesichtspunkt des Wahrheitsinteresses, nämlich des religiösen Wahrheitsinteresses, zum übergreifenden und bestimmenden macht. Denn alle religiöse Überzeugung gilt – der Überzeugung nach – religiöser Wahrheit. Die spezifisch-religiösen Motive und die spezifisch-religiösen Tendenzen bestimmter Vorstellungen lassen sich daher nur aufzeigen, wenn man das übergreifende Ziel religiöser Wahrheit im Auge hat, dem sie zustreben« (ebd., S. 11). Den Sinn also, dem die religiösen Motive zustreben, sieht Wobbermin im Jenseitigen, einer anderen Sphäre als dem übrigen Leben (vgl. ebd., S. 16). Insofern – und hier geschieht der Überschritt, den Stählin kritisieren wird – lassen die religiösen Motive den Schluss zu, dass es das Jenseitige, die Transzendenz gibt, denn die Transzendenz offenbart sich im religiösen Motiv. Um seine spezifisch psychologische Methode insbesondere von James H. Leubas und Edwin D. Starbucks abzugrenzen (1913, S. VIII), prägt Wobbermin – sich auf Kant beziehend – deshalb den Neologismus »transzendental-psychologische[s] Verfahren« (1913a, S. 26), was bedeutet, über den subjektiven psychischen Horizont hinaus in die historische Dimension zu schauen, »[d]enn die Geschichte repräsentiert dem Einzelindividuum gegenüber einen Bestand objektiver Werte« (1913b, S. 36) und zeugt somit von einem sich über das Individuelle und die Zeit erhebenden existenten Jenseitigem, dem sich die Menschen in der Religion zuwenden. Insofern besteht Wobbermin darauf, »daß die psychologische Analyse grundsätzlich unter dem Gesichtspunkte des Wahrheitsinteresses vorgenommen werden soll, der ja ein transzendentaler ist« (1913c, S. 74f.) – mit anderen Worten, dass sich das transzendental-psychologische Verfahren zu einem (in)direkten Gottesbeweis eigne.

In seiner Schrift *Die Wahrheitsfrage in der Religionspsychologie* (1921) lehnt Stählin solches Ansinnen, (in)direkte Gottesbeweise mittels der psychologischen Methode zu führen, vehement ab. Die Wahrheitsfrage, fulminant eröffnend, gehöre nicht in den Bereich der Psychologie, denn »›[w]ahr‹ und ›falsch‹: das ist eine Unterscheidung, die innerhalb der Psychologie überhaupt keinen Sinn hat. Ob unsre Sinneswahrnehmungen richtig sind, ob ihnen reale Gegenstände entsprechen, ob diese diejenigen Qualitäten wirklich besitzen, die wir an ihnen wahrzunehmen glauben, das ist keinesfalls in unserem Bewußtsein zu konstatieren, ist also nicht Gegenstand der Psychologie. Die Wahrheit unserer Ueberzeugungen, die Geltung unserer Erlebnisse ist selbst nicht ein Merkmal des psychischen Erlebens« (ebd., S. 137). Deshalb könne der von Wobbermin postulierte Wahrheitsanspruch nur als psychisches Phänomen, also *für sich*, aber *nicht an sich* untersucht werden, oder in Stählins eigenen Worten: »Die Religionspsychologie hat mit aller Energie den Wahrheitsanspruch der Religion in seiner Mannigfaltigkeit seiner psychischen Verwirklichungen zu untersuchen« (ebd. S. 140), was bedeutet, nicht Wahrheit, sondern Gewissheit der Glaubensüberzeugungen zum Gegenstand der Untersuchung zu machen, denn »wir sind selbstverständlich davon überzeugt, dass unsere Überzeugungen wahr sind« (ebd. S. 147). Es ist demnach also falsch zu postulieren, dass das religiöse Bewusstsein die Realität seiner Gegenstände behauptet. Vielmehr setzt es die Realität dieser Gegenstände voraus. Insofern kann die psychologische Methode nicht nach einer Realität hinter den psychischen Tatsachen fragen, sondern (1) lediglich diese psychischen Tatsachen beschreiben, indem wir die Wirklichkeit beobachten (Deskription) und erst dann (2) lasse sich nach »regelmäßige[n] Zusammenhänge[n], Beziehungen und Korrelationen zwischen bestimmten Formen des Wahrheitsanspruchs und bestimmten Religionsformen« (ebd., S. 139) fragen (Analyse).

### 1.3.1.2. *Psychologie als Grundlage der Religionsgeschichte – gebrauchte Psychologie*

Grundlegend für die Liberale Theologie im Sinne Pfleiders und Lipsius ist eine Religionstheorie, die auf einem *religionspsychologischen* und *religionsgeschichtlichen* Fundament fußt. Sie bedient sich damit zweier anerkannter wissenschaftlicher Paradigmen, um die Glaubenswissenschaft Theologie im Wissenschaftskanon zu begründen. Wie sich Otto Pfleiderer ein solches begründendes Programm vorstellt, lässt sich in der dritten Auflage seiner *Religionsphilosophie* wie folgt nachlesen: Das »bloss historische Wissen liefert noch keine sicheren Gesichtspunkte für die Beurtheilung der leitenden Motive und bleibenden Werthe der Dogmen; dafür bedarf es der objektiven Normen, die nicht unmittelbar in Geschichtsdaten, um deren Beurtheilung es sich eben handelt, zu finden sind, die vielmehr nur aus der Idee der Religion, wie sie unseres Geistes angelegt ist, entnommen werden können. Zur Erkenntnis dieser idealen Normen verhilft die Religionsphilosophie theils durch ihre psychologische Analyse des religiösen Bewusstseins, theils durch ihre vergleichende Zusammenstellung der analogen Erscheinungen aus verschiedenen Religionsgebieten« (Pfleiderer, 1896, S. 5f.).

Das heißt, dass die geschichtlichen Fakten nur dann erhellt werden können, wenn man sie systematisch vergleichend betrachtet und psychologisch begründet. Unter psychologisch meinen Pfleiderer wie Lipsius, dass Religion das »Wesen einer geistigen Erscheinung« (Pfleiderer, 1884, S. 3) besitzt und somit als Form des geistigen Lebens »psychologische Thatsache« ist (Pfleiderer, 1869, Bd. 1, S. XI), die empirisch, aber nicht experimentell untersucht werden kann. Der empirische Anteil wird von beiden in der ›Erfahrung‹ des Menschen gesehen, besser gesagt in der inneren Erfahrung des Menschen, die zwar von der äußeren Erfahrung gänzlich zu unterscheiden, jedoch vom Wesen her ebenfalls empirische Erfahrung sei und insofern auch der wissenschaftlichen Methode zugänglich sei. Das Wesen der Religion ist »nicht Gegenstand der äusseren Erfahrung, von der die Geschichte berichtet«, sondern »gehört zu den Tatsachen der inneren Erfahrung, den Vorgängen und Zuständen des Seelenlebens, die wir zunächst durch eigenes Erleben und weiterhin durch Nachempfinden des von Andern Erlebten kennen, deren genauere wissenschaftliche Erkenntnis daher mittels einer psychologischen Analyse gewonnen werden muss« (Pfleiderer, 1896, S. 326). Wird also die äußere Erfahrung den exakten Wissenschaften überlassen, wie z. B. den Physiologen (bspw. Fechner) und damit der Naturwissenschaft, so wenden sich Pfleiderer und Lipsius dem geisteswissenschaftlichen Zugang zur Psyche und damit dem Programm Schleiermachers zu, indem sie Gesetzmäßigkeiten erfassen, nach denen die innere Erfahrung konstituiert wird. Insbesondere Lipsius beruft sich dabei auf Friedrich Albert Langes Theorie vom Vorstellungswechsel, die zumindest impliziert, dass es auch für die psychischen Tatsachen kausale Gesetzmäßigkeiten gibt (vgl. Lipsius, 1878, S. 43-49; 1885, S. 45-52). »Die inneren Erfahrungen unterscheiden sich von den äußeren dadurch, dass in ihr [sic! – LAN] die Vorstellung nicht auf eine räumliche Substanz, sondern auf die beharrliche Einheit des transzendentalen Selbstbewusstseins bezogen wird. Da die psychischen Phänomene aber der – wenn auch inneren – Erfahrungswelt angehören, können sie der kausalen Betrachtung unterworfen werden. Die Eigentümlichkeit der inneren Erfahrung rechtfertigt, dass dies nicht nur in Gestalt der physiologischen Psychologie geschieht, welche die psychischen Phänomene aus den Bewegungen der Materie zu erklären versucht, sondern in einer eigenständigen Wissenschaft vom kausalen Zusammenhang der psychischen Ereignisse« (Iff, 2011, S. 134).[12]

Basis aller Erfahrungen ist für Lipsius wie Pfleiderer ein (angeborener) Trieb – quasi als anthropologische Konstante –, der bei allen Menschen gleich vorhanden ist: die Selbsttätigkeit des Menschen und das daraus resultierende unmittelbare Selbstbewusstsein als »Urdatum der Wirklichkeit« (Lipsius, 1885, S. 45). In Konsequenz bedeutet das: Jede Wirklichkeit ist uns »nur insofern gewiss, als sie an der Gewissheit des unmittelbaren Selbstbewusstseins teilnimmt« (ebd., S. 120). »Die Grundlage jeder – auch der religiösen – Gewissheit ist somit für Lipsius die Selbstgewissheit des Subjekts, denn das Subjekt konstituiert die Erfahrungswelt, indem es den ihm gegebenen Stoff seinen Erkenntnisformen entsprechend

---

12 »Die Verknüpfung des Einzelnen mit anderm Einzelnen erfolgt hier ebenso wie beim Naturerkennen nach logischen Gesetzen; im Vorstellungswechsel ebenso wie in der Umsetzung der Gefühle in Vorstellungen und der Vorstellungen in Willensantriebe ist ein ebenso strenger Causalzusammenhang nachweisbar wie in den ›materiellen‹ Veränderungen der äussern Natur« (Lipsius, 1893, S. 13).

auffasst. [...] Die Wurzel der Erkenntnisformen ist die räumliche Synthesis, der Grund für die Notwendigkeit der räumlichen Anschauungsformen ist die psychophysische Organisation. Diese ist das eigentliche Apriori aller Erfahrung, auf ihr beruhen unsere Anschauungs- und Denkformen, sie ist der Grund der Erkenntnisformen« (Iff, 2011, S. 191). D. h. Wahrnehmung wird erst dann zur Erfahrung, wenn sie sich im Inneren durch ihre kategoriale/begriffliche Zuordnung in das Gefüge der Synthese einordnen lässt und damit wiederum rückspiegelnd kausale Gesetze in der Erscheinungswelt nachgewiesen werden können. Die Erfahrung »ist nicht gleichbedeutend mit der zufälligen Summe von Wahrnehmungen, sondern bezeichnet die Wahrnehmungen in ihrer logischen Verknüpfung. Den auf Grund der Empfindungsreize uns zugänglich gewordenen, in der Form räumlich-zeitlicher Anschauung von uns aufgefassten Wahrnehmungsstoff verarbeiten wir bewusst oder unbewusst durch die Formen (Kategorien) unseres Denkens, und stellen so einen inneren Zusammenhang unsrer Vorstellungen her« (Lipsius, 1893, S. 12).

Appliziert auf die religiöse Erfahrung ist ihre Basis die spezielle Ausprägung des angeborenen Triebes zum Selbst-Sein, die daraus resultierende Erkenntnis der inneren Freiheit (das Denken ist unabschließbar) und der äußeren Abhängigkeit und damit auch im gleichgeordneten Differenzpaar der menschlichen (körperlichen) Endlichkeit und der Unendlichkeit (der äußeren Welt). »Nach dieser Seite hat er [der Mensch – LAN] also die Unendlichkeit nicht an sich oder in sich als reellen Besitz, sondern ausser sich als die Macht, von der er abhängt in seiner Selbstverwirklichung« (Pfleiderer, 1869, S. 70f.). Insofern – und dies ist eine häufige Schlussfolgerung jener Zeit – wurzelt die Religion ihrem Wesen nach genau im Bestreben des Menschen, diesen Gegensatz zugunsten menschlicher Freiheit aufzulösen. Und dies gelingt nur, wenn der Mensch eine Erfahrung Gottes macht: »Damit wirkliche religiöse Erfahrung entsteht, und sich der religiöse Trieb nicht unbefriedigt im Unbestimmten verliert, muss er durch von ihm verschiedene Erfahrungen bestimmt werden. Indem der Mensch die Hilfe erlebt, nach der er um seiner persönlichen Selbstbehauptung willen verlangt, werden ihm bestimmte Erlebnisse zu Erfahrungen des Göttlichen. [...] Andererseits verarbeitet die Phantasie die Bestimmung des religiösen Triebes durch ein Erlebnis, die das religiöse Subjekt als Wirkung einer göttlichen Macht deutet, zu einer inneren Anschauung des Göttlichen. Diese innere Anschauung ist keine unmittelbare Wahrnehmung des Göttlichen, denn wir erfahren das Göttliche nur durch Vermittlung eines Endlichen. Daher entstehen die inneren Anschauungen erst durch einen Akt der Phantasie, der ›bildenden Anschauung‹, die das anregende Erlebnis, das uns die Erfahrung des Göttlichen vermittelt zum Symbol des Göttlichen verarbeitet« (Iff, 2011, S. 195). »Somit hat die Religion einen psychischen Ursprung« (ebd., S. 196). Wie diese Erfahrung aber gedeutet wird, wie sie sich veräußerlicht, welches Symbol Gottes der Erfahrung zugeordnet wird, all das ist historisch variabel.

Zumindest für den religionswissenschaftlichen Zusammenhang schließt sich an dieser Stelle der Kreis, warum die Religionspsychologie in dieser Perspektive für Pfleiderer und Lipsius interessant war: Sie bildet die Grundlage der vergleichenden Religionswissenschaft und galt bis in die Mitte des 20. Jahrhunderts als eine der vier bzw. fünf ›Hilfswissenschaften‹ der Religionswissenschaft. Hierzu zählen (Religions-)Geschichte, (Religions-)Soziologie, (Religions-)Ethnologie und (Religions-)Psychologie (vgl. Hock, 2002); Kippenberg und von Stuckrad zählen die (Religions-)Phänomenologie als eigenständige Disziplin hinzu (2003, S. 13). Psychologie ist für Lipsius wie für Pfleiderer – wie schon bei Schleiermacher – Propädeutik, also die Erkenntnis des Seelenlebens und seiner Gesetze, für jedwede Geisteswissenschaft und damit kommt ihr eine Schlüsselfunktion »für Philosophie und Theologie (zu) – nur jetzt integriert in die Religionswissenschaft –, weil es diese Disziplin ist, die den Vergleich der Religionen untereinander ermöglicht« (Iff, 2011, S. 159.).

Der Vollständigkeit halber soll abschließend darauf hingewiesen werden, dass beide sich dezidiert als Theologen – und das als systematische Theologen – verstanden und damit keineswegs an dieser Stelle stehen blieben. Mit dem so psychologisch wie historisch begründeten Phänomen ›Religion‹ lassen sich nun wiederum theologische Dogmen, wie die Offenbarung, begründen – und nicht wie bei Wobbermin postulieren. »Alle Religion ohne Unterschied der Stufe und Art ist Erhebung des Menschen über seine endliche Bestimmtheit zur Gemeinschaft mit Gott und insofern auf Offenbarung, d. h. auf wahrhaft göttliche Selbstmitteilung und Selbsterschließung zur Lebenseinheit mit sich gegründet. Diese göttliche Offenbarung kann stets als psychologisch, natürlich vermittelt, und an die Form unseres geistig-vernünftig bestimmten Lebens gebunden angesehen werden. Sie ist aber zugleich stets ein überraschendes und befreiendes inneres Erleben von letzter Ursprünglichkeit, die im Verhältnis Gottes als des absoluten Geistes zum Menschen als dem endlichen Geist begründet ist. Offenbarung ist somit das Offenbarwerden des göttlichen Geistes im menschlichen Bewusstsein überhaupt und als solche in jeder Religion erlebbar« (Iff, 2011, S. 163). Damit ist theologisch klargestellt: Das, was der Mensch in der religiösen Erfahrung denkt und fühlt, ist von Gott gegeben und kommt von ihm, es ist göttliche Selbstmitteilung. Insofern ist die Religionspsychologie nicht dasselbe wie Theologie, sondern lediglich Propädeutik. Diese Argumentation wird wiederum historisch ergänzt: »Das Christentum als geschichtliche Religion ist der Glaube an die geschichtliche Offenbarung Gottes in Jesus Christus, dem Sohne Gottes und Erlöser der Menschen« (Lipsius, 1893, S. 124). Und damit wird auch begründet, warum sich Theologie nicht in Religionswissenschaft erschöpft.

Insofern – und das ist die wissenschaftliche Leistung der beiden – gründen sie ihre Theologie auf zwei anerkannte wissenschaftliche Zugänge und legitimieren so den Platz der Theologie im wissenschaftlichen Kanon der Zeit. Dass dahinter aber weder das Ziel der Entwicklung einer Psychologie der Religion stand, noch die Idee menschliche Erfahrung als ›sinnliche‹, geschweige denn physiologische Tatsache zu erfassen, dürfte deutlich geworden sein. Es ging und geht neben der Begründung der Religionswissenschaft um die Legitimation der Theologie im wissenschaftlichen Kanon angesichts des sich verändernden Wissenschaftsparadigmas. Und dies sind gänzlich andere Gründe als die, um deren Willen Wilhelm Wundt oder William James Religion zu einem psychologischen Thema machten.[13] Sie hatten Interesse an menschlicher Erfahrung oder an höheren menschlichen Fähigkeiten – nicht an der Rechtfertigung theologischer Expertise. Insofern war und ist Religion in der Psychologie kein eigenständiger Forschungsgegenstand, sondern eine Domain *menschlicher* Erfahrung und *menschlichen* Ausdrucks unter vielen.

### 1.3.2. »Die Psychologie hat eine lange Vergangenheit, doch nur eine kurze Geschichte«[14]

Auch die Psychologie schickt sich an, Naturwissenschaft zu werden, ihre Methoden an die Naturwissenschaft anzupassen und damit ihren Auszug aus der Philosophie vorzubereiten. Wichtigster Name in diesem Zusammenhang ist nicht Wilhelm Maximilian Wundt, wie oft angeführt wird, sondern Gustav Theodor Fechner, der als Begründer der Psychophysik zunächst einen Lehrstuhl für Physik (1834-1839) an der Universität Leipzig innehatte, diesen aber aus gesundheitlichen Gründen aufgeben musste. Später wurde er erneut auf eine Professur für Naturphilosophie und Anthropologie (1843-1887) an derselben Universität berufen. »Fechner entwickelte [...] den Gedanken, es müsse zwischen Materiellem und Geistigem, Physischem und Psychischem eine zwingendlogische Verbindung geben. Diese sah Fechner [...] in der *Psychophysik*« (Lück, 1996, S. 49). Er untersuchte in zahlreichen Experimenten, wie sich die Wahrnehmung beim Menschen – insbesondere die Wahrnehmung von Gewichtsunterschieden – darstellt und wie sich diese naturwissenschaftlich untersuchen und mathematisch fassen lässt. Ergebnis seiner Untersuchungen war das erste Naturgesetz für die menschliche Wahrnehmungsleistung, das heute als *Weber-Fechnersche Konstante* bekannt ist: »Geometrisch ansteigende Reizintensitäten entsprechen arithmetisch ansteigenden Sinnesintensitäten« (ebd., S. 50). Fechner gelang es also experimentell zu belegen, dass zwischen einem Objekt, dem physikalischen Reiz und der Sinnesempfindung (Perzept) eine Beziehung besteht.

---

13 Und nicht umsonst hat Georg Wobbermin bei seiner Übersetzung der *Varieties of Religious Experience* (James, 1902) den Epilog zur Pragmatik weggelassen!

14 Im Folgenden konzentriere ich mich auf die experimentelle Psychologie, was dem Kontext wie dem Ebbinghaus'schen Zitat angemessen ist. Allerdings wird an entsprechender Stelle nicht auf Verweise auf andere Vorstellungen von Psychologie zu verzichten sein. Dies betrifft insbesondere Wundt und Dilthey.

Der 1875 nach Leipzig berufene Wilhelm Wundt war von Fechners Begründung (Gesetze) begeistert und stützte seine Forschungen auf die Einsichten Fechners, als er 1879 – vier Jahre nach einer Berufung auf eine halbe Professur für Philosophie an der Universität Leipzig – das weltweit erste Institut für experimentelle Psychologie als Privateinrichtung gründete. Interessant an dieser Institutsgründung ist vor allem, dass das Jahr 1879 als Geburtsstunde der Psychologie als eigenständiger (Natur-)Wissenschaft – getrennt von der Philosophie – gilt auch wenn der erste Lehrstuhl mit entsprechender Denomination erst 1911 in Leipzig eingerichtet wird und eine Diplomprüfungsordnung noch viel länger, nämlich bis 1941, auf sich warten lässt (vgl. Lück, 1996, S. 15). Dass die Festlegung des Gründungszeitpunkts mehr einer wissenschaftspolitischen Festlegung entspricht, da es sich um eine Institutionalisierung handelt, lässt sich vielfach belegen. Hier sei nur eine der Schriften Wundts vor 1879 zitiert, die ebenso als Begründung herangezogen werden kann. In *Grundzüge der physiologischen Psychologie* heißt es: »Das Werk, das ich hiermit der Öffentlichkeit übergebe, versucht ein neues Gebiet der Wissenschaft abzugrenzen. Wohl bin ich mir bewusst, dass dieses Unternehmen vor allem dem Zweifel begegnen kann, ob jetzt schon die Zeit für dasselbe gekommen sei. Stehen doch teilweise sogar die anatomisch-physiologischen Grundlagen der hier bearbeiteten Disziplin durchaus nicht sicher, und vollends die experimentelle Behandlung psychologischer Fragen ist noch ganz und gar in ihren Anfängen begriffen. Aber die Orientierung über den Tatbestand einer solchen im Entstehen begriffenen Wissenschaft ist ja bekanntlich das beste Mittel, die noch vorhandenen Lücken zu entdecken« (1908, S. V – Erstpublikation 1874). Wundt wird in dieser Arbeit noch insofern wichtig sein, da er auf mannigfache Weise als Lehrer vieler Protagonisten auftaucht, wenn es um die religionsbezogenen Wissenschaften geht (vgl. Absatz 1.3.3.).

Wundt begründet also nicht die experimentelle Erforschung des Psychischen, sondern setzt vielmehr die von Fechner begonnenen Experimente fort, erweitert aber den Umfang der untersuchten Sinneseindrücke ebenso wie die experimentellen Zugänge über den engen Zuschnitt der Psychophysik hinaus. Wundt und seine Assistenten experimentieren auf allen Wahrnehmungsgebieten – selbst unter Einfluss von Alkohol. An der Wundt-Forschungsstelle in Leipzig lassen sich zahlreiche Apparate, die sie benutzten, noch heute besichtigen. Ziel der Wundtschen Forschung war es nicht, interindividuelle Differenzen bei der Wahrnehmung aufzuspüren, sondern analog zur Naturwissenschaft allgemeingültige Gesetze zu erfassen und zu formulieren. Sein primärer Zugang war insofern – neben der Völkerpsychologie (1900-1920) für die höheren geistigen Fähigkeiten (vgl. Absatz 1.3.3.) – die ›zergliedernde‹ bzw. ›Elementen‹-Psychologie, die davon ausging, dass sich das Psychische aus einzelnen Elementen zusammensetze und sich der gemessene physikalische Anteil vom Psychischen subtrahieren lasse. »Es kann daher die erste Aufgabe einer jeden Wissenschaft, die es mit der Untersuchung empirischer Tatsachen zu tun hat, die Ermittlung der Elemente der Erscheinungen, als die zweite die Erforschung der Gesetze, nach denen diese Elemente zu Verbindungen zusammentreten, betrachtet werden. Die ganze Aufgabe der Psychologie ist so in den zwei Problemen enthalten: welches sind die Elemente des Bewusstseins? Welche Verbindungen gehen diese Elemente ein und welche Verbindungsgesetze lassen sich hierbei feststellen« (Wundt, 1911, S. 28).

Neben der Psychophysik, der sich auch Wundt verpflichtet sah, gab es zwei weitere Strömungen, die analog zur Naturwissenschaft den Versuch unternahmen, allgemeingültige Gesetze des Psychischen zu entdecken und zu formulieren: die experimentelle Gedächtnispsychologie sowie die Gestaltpsychologie.

Auch für den Begründer der experimentellen Gedächtnispsychologie, Hermann Ebbinghaus, waren die Schriften Fechners leitend. Diese hatten ihn so begeistert, dass er sich entschloss, »Fechners psychophysikalische Methoden auf die Gedächtnisleistung anzuwenden« (Lück, 1996, S. 52) und damit den experimentellen Kanon der Sinnesempfindungen sowie die psychologischen Zeitmessung um die exakte Naturforschung der Gedächtnisleistungen zu ergänzen (vgl. Ebbinghaus, 1885[15]). Hierfür richtete der 1886 nach Berlin auf eine außerordentliche Professur berufene Ebbinghaus mithilfe der Berufungszusage das erste Berliner Laboratorium für experimentelle Psychologie ein, wo er vor allem Mnemotechniken untersuchte. Bekannt geworden sind seine Versuche mit sinnlosen Silbenreihen, die sich besser als semantisch verknüpfte Gedichte für seine Experimente eigneten.[16] Dabei lernte Ebbinghaus die sinnlosen Silbenreihen und dokumentierte deren Vergessenskurve unter Abhängigkeit der variierenden Wiederholungen. »Trotz der Tatsache, dass es sich um eine Versuchsreihe mit nur einer Versuchsperson, mit bis dahin neuer Thematik und bislang nie zuvor verwendetem Reizmaterial handelte, gelang Ebbinghaus die Ermittlung von Gesetzmäßigkeiten, die in ihren Grundzügen auch heute noch als gültig angesehen werden.[17] Wie zu erwarten war, fand Ebbinghaus, dass nach längeren Zeitabständen häufigere Wiederholungen notwendig waren [...]. Doch konnte Ebbinghaus zudem eine spezifische nichtlineare Form der Vergessenskurve bestimmen« (ebd., S. 53).

---

15 Hierbei handelt es sich um eine überarbeitete Habilitation, die u. a. von Helmholtz betreut wurde.

16 Gedichte eignen sich insofern nicht, da sie einen semantischen und phonetischen Zusammenhang bilden, sodass man sich das bereits Vergessene einfacher wieder ins Gedächtnis holen kann als dies bei nicht zusammenhängenden ›sinnlosen‹ Silben der Fall ist. Interessant hierbei ist, dass eine solche Beobachtung durchaus in der Lage gewesen wäre, die gleiche Differenzierung zwischen ›Elementen-Psychologie‹ und ›Völkerpsychologie‹ vorzunehmen, wie es Wundt getan hat, als er die ›natürliche‹ Sprache aus dem experimentellen Untersuchungszusammenhang ausschloss. Ebbinghaus ist diesem Problem aber nicht weiter nachgegangen.

17 Diese Gesetzmäßigkeit wird in der Psychologie als Ersparnismethode bezeichnet und beschreibt die Anzahl der notwendigen Wiederholung bei Lernprozessen, die den Lernerfolg garantieren.

Berühmt wurde Ebbinghaus durch seine Auseinandersetzung mit Diltheys *Ideen über eine beschreibende und zergliedernde Psychologie* (1894). Diltheys Ideen konnten sich beim akademischen Publikum nicht durchsetzen, womit er den akademisch geführten Streit an Hermann Ebbinghaus verlor, der mit seiner Gegenrede *Über erklärende und beschreibende Psychologie* (1896) der experimentellen Methode – auch in Berlin – zum Durchbruch verhalf. Dilthey hatte sich zwar noch 1886 um Ebbinghaus' Berufung auf eine außerordentliche Professur bemüht, 1893 übergeht er jedoch dessen Bewerbung auf eine ordentliche Professur aufgrund seiner Experimente und der Verteidigung des psycho-physischen Parallelismus, die Dilthey beide ablehnt, woraufhin Ebbinghaus Berlin verlässt. Auf den Lehrstuhl wird Carl Stumpf berufen, womit Dilthey eine »gänzliche naturwissenschaftliche Radicalisierung der Philosophie« (von der Schulenburg, 1923, S. 165) verhindern will. Dennoch wird auch diese Berufung den ›Siegeszug‹ der experimentellen Psychologie nicht verhindern. Carl Stumpf ist ein Mann des Übergangs: Er hält zwar an der geisteswissenschaftlichen Methode fest, ist aber der experimentellen nicht abgeneigt. In seinem Aufsatz *Richtungen und Gegensätze in der heutigen Psychologie* (1907) vertritt er die Ansicht, dass die naturwissenschaftlich begründete experimentelle Methode nicht die hermeneutische, selbstbeobachtende ersetze, sondern lediglich ergänze. Gerhardt, Mehring und Rindert vertreten die interessante These, dass es Dilthey gar nicht um die Methode an sich gehe, sondern diese nur die Bühne abgebe. Dilthey sei es mit seiner Rede von der Radikalisierung vielmehr um die Verlagerung des Gewichts der »Interpretation des Verhältnisses von Physischem und Psychischem in materialistische Richtung« (1999, S. 176) gegangen.

Im Zusammenhang mit der experimentellen Denkpsychologie sind auch Oswald Külpe und Karl Bühler zu nennen, die wiederum die Ebbinghaus'sche Einengung auf das Messen erweitern und die systematische, experimentelle Selbstbeobachtung in die Psychologie einführen. In seinem Lehrbuch beschreibt Külpe die »Selbstbeobachtung als die Grundmethode der beschreibenden Psychologie« (1920, S. 92). Entgegen Wundt ging Külpe nicht davon aus, dass sich das Psychische in Grundelemente zergliedern lasse. Vielmehr handle es sich beim Seelenleben um eine Einheit: »Alle Einzelheiten unseres Bewusstseins werden zu Einheiten, zu Ganzen zusammengefasst, in denen eine Tendenz, ein Gedanke, ein Ziel, eine Aufgabe im Mittelpunkt stehen, während das übrige ein- und untergeordnet bzw. ausgeschaltet wird, je nachdem er dieser Tendenz dient oder fremd ist« (1920, S. 92). Solche Ganzheiten aber entziehen sich dem psychophysischen Experiment, weswegen die angemessenere psychologische Methode die (Selbst)Beobachtung[18] und später die Befragung sei, wie Bühler in der Bühler-Wundt-Kontroverse ausführen wird. Dabei stünden die Beobachtung und die

[18] Die Einklammerung erfolgt, um darauf aufmerksam zu machen, dass insbesondere Bühler nicht nur Selbstbeobachtung betrieb, sondern gemeinsam mit seiner Frau Charlotte Büh-

Befragung – Wundt nennt sie »Ausfragemethode« – keineswegs hinter dem Experiment an oder seien »Scheinexperimente« (Wundt, 1907, S. 334). Vielmehr zeige die Methode, dass sich entgegen Wundt durchaus die höheren psychischen Funktionen, wie das Denken, experimentell erforschen lassen (vgl. Bühler, 1908). So konnte die sogenannte Würzburger Schule u. a. ein der Naturwissenschaft analoges Gesetz finden, nämlich dass Gedanken unanschaulichen Charakter haben, d. h. Bedeutungen sind auch dann im Bewusstsein vorhanden, wenn sie nicht durch Worte oder Zeichen präsentiert werden, und dass das Denken insbesondere beim Problemlösen zielgerichtet ist (vgl. Lück, 1996, S. 67). Insbesondere die Betonung der Einheit des Seelenlebens verbindet die Würzburger Schule mit der letzten hier erwähnten Gruppe von Psychologen, der Gestaltpsychologie, für die diese Erkenntnis prägend sein wird.

Die vollständige Darstellung der Gestaltpsychologie würde den hier gesteckten Rahmen sprengen, weswegen ich mich summarisch auf das Wesentliche der drei großen Schulen aus Graz (Alexius Meinong[19], Christian von Ehrenfels), Frankfurt/Berlin (Max Werheimer, Wolfgang Köhler, Kurt Koffka) und Leipzig (Narziß Ach, Erich R. Jaensch, Felix Krüger) konzentriere. Allen drei gemeinsam ist die Grundidee der Einheit des Seelenlebens oder anders ausgedrückt, dass das Ganze mehr als die Summe seiner Teile sei (Beispiel: Töne vs. Melodie), womit die Gestaltpsychologen der elementarisierenden Methode Wundts entgegentraten und eine ganzheitliche Betrachtung des Psychischen ins Auge fassten. Wahrnehmung mag sich zwar auf sinnesphysiologischer Ebene messen und in Einheiten untergliedern lassen, das psychische Erleben jedoch stelle sich als unteilbares Ganzes ein. Dieses Ganze wird in dieser Tradition auch Gestalt oder Form genannt. Unterschiedliche Auffassungen bestanden insbesondere in der Beurteilung, wie dieses Ganze entstehe und welche Rolle die Gefühle dabei spielen. Experimentell konzentrierten sich die Gestaltpsychologen auf die optische, aber auch auf die akustische Wahrnehmung, wie beispielsweise Kurt Koffka, der bei Carl Stumpf in Berlin über Tonpsychologie promovierte. In einer Vielzahl von Experimenten – die bekanntesten sind wohl die Kippfiguren – fanden sich schließlich eine Reihe von Gesetzen, die sich wahrnehmungspsychologisch verallgemeinern lassen. Hier seien nur ein paar erläutert: (1) Das Gesetz von der guten Gestalt besagt, dass Menschen Formen in möglichst einfacher und einprägsamer Gestalt wahrnehmen (z. B. Viereck); (2) das Gesetz der Nähe besagt, dass gleiche Elemente mit geringerem Abstand zueinander als zusammengehö-

---

ler systematische (Fremd)Beobachtung an Kindern durchführte und daraus entwicklungspsychologische Zusammenhänge und Gesetze ableitete. Um Charlotte Bühler hier nun aber nicht nur für die naturwissenschaftliche Methode zu vereinnahmen, sei darauf verwiesen, dass sie auch mit der (geisteswissenschaftlichen) hermeneutischen Methode gut vertraut war und diese auch bei der Interpretation von Kindertagebüchern nutzte (vgl. Lück, 1996, S. 142).

19 Meinong gilt als Begründer des ersten österreichischen psychologischen Laboratoriums.

rig wahrgenommen werden; (3) das Gesetz der Ähnlichkeit besagt, dass sich ähnlich sehende Elemente (Form, Farbe) eher als zusammengehörig erkannt werden als unähnliche usw. Die Reihe ließe sich noch sehr lang fortsetzen, aber in der Tat ergaben die Experimente der Gestaltpsychologen einen ganzen Katalog an Konstanten, die bis heute in der Wahrnehmungspsychologie Geltung haben.

### 1.3.3. Wundt – der Versuch einer wissenschaftlichen Synthese

Es ist in der Psychologie viel darüber gestritten worden, welchen Stellenwert die Psychologie Wilhelm Wundts im Zusammenhang der eigenen Disziplingeschichte und der Geschichte der Wissenschaft zu Beginn des 20. Jahrhunderts im Allgemeinen einnimmt. Lange Zeit hatte die Mainstreampsychologie Wundt einseitig vereinnahmt, indem sie ihn allein auf seine Funktion als Begründer der modernen experimentellen Psychologie reduzierte und auf die 1879 erfolgte Gründung des weltweit ersten Instituts für experimentelle Psychologie als Privateinrichtung durch Wilhelm Wundt verwies. 1879 gilt deshalb als Geburtsstunde der Psychologie als eigenständige Wissenschaft, getrennt von der Philosophie.

Lange Zeit – wenn auch nicht verschwiegen – wurde sein Spätwerk ignoriert, das als eine Art Synthese der Gesamtsicht Wundts zu gelten hat (vgl. die Beiträge in Jüttemann, 2006). Jüttemann (2006a) geht entgegen dem Mainstream davon aus, dass Wundt und nicht Dilthey als Begründer der geisteswissenschaftlichen Psychologie zu gelten habe, denn er habe diese bereits vor Dilthey in der Völkerpsychologie skizziert. »Wilhelm Dilthey hat diese Auffassung in seinen berühmten ›Ideen‹ (1894) übernommen und gilt damit eigentlich zu Unrecht als der Begründer der geisteswissenschaftlichen Psychologie. Er beruft sich sogar direkt auf Wundt, wenn er von der ›höchst beachtenswerten Wendung‹ (Dilthey, 1957, S. 166) spricht, die dieser gleichsam in Reaktion auf die Ergebnisse der experimentellen Forschung vollzogen habe« (Jüttemann, 2006a, S. 24). Jüttemann ist zuzustimmen, hatte Hermann Ebbinghaus (1896) in seiner Kontroverse mit Dilthey schon auf die Nähe der Diltheyschen Position zu Wilhelm Wundt und Edward B. Titchener hingewiesen.[20]

---

[20] Inzwischen scheint sich das Blatt wieder gewendet zu haben: »Die von mir gewählten Formulierungen werde ich aber möglicherweise revidieren müssen (es wäre eine erste Korrektur dieser Art, zu der ich mich vielleicht gezwungen sehen würde). Ich behaupte ja im Grunde, Dilthey hätte von Wundt etwas gelernt bzw. sogar ›übernommen‹. Nach Gesprächen mit dem Philosophen und Diltheyexperten Lessing [...] erscheint jedoch eher die Annahme berechtigt, dass Wundt viele Gedanken Diltheys und vielleicht sogar das ganze – im *Grundriss...* von 1896 zum Tragen gekommene – Basiskonzept von Dilthey ›übernommen‹ hat, ohne dass Wundt dies in angemessener Weise zum Ausdruck gebracht hätte.

Allerdings lassen sich für beide Vereinnahmungen Argumente finden. Hier wird die These vertreten, dass mit Einbezug seiner 10-bändigen Völkerpsychologie (1900-1920) ersichtlich wird, dass Wundt – wie u. a. auch Carl Stumpf – ganz entgegen dem vorherrschenden Bild keine einseitige Präferenz für eine Methode in der Psychologie hegte, sondern vielmehr eine Synthese zwischen natur- und geisteswissenschaftlicher Psychologie suchte – jedem betreffenden Gegenstande angemessen eingesetzt: »Wenn man die elementaren Gebiete der Psychologie die ›experimentelle Psychologie‹ nennt und in ihr ein wichtiges Unterschiedsmerkmal von der älteren Psychologie sieht, die sich dieses Hilfsmittels nicht bediente, so ist das gewiß vollkommen berechtigt. Wenn man aber die ganze Psychologie die experimentelle nennt, so ist dies ebenso gewiß eine falsche Bezeichnung, weil es Gebiete gibt, die der Natur der Sache nach dem Experiment unzugänglich sind. Dazu gehört in erster Linie die Entwicklung des Denkens, dazu gehören dann aber auch eine Reihe weiterer damit zusammenhängender Entwicklungsprobleme, wie zum Beispiel der künstlerischen Phantasie, des Mythos, der Religion und der Sitte« (Wundt, 1921, S. 537).

In einem seiner ersten Werke *Grundzüge der physiologischen Psychologie*, das bis zu seinem Tod insgesamt sechs Auflagen erlebte, schlägt sich Wundt in der Tat auf die Seite der Physiologie. Und in seiner ersten experimental-psychologischen Publikation heißt es: »Derjenige Akt, der allen Wahrnehmungsprozessen vorangeht, ist die durch den äußeren Sinneseindruck hervorgerufene Empfindung. Die Empfindung kommt zustande, indem die äußere Bewegung, die den Sinneseindruck ausmacht, durch empfindende Nervenfasern zu zentralen Ganglienzellen sich fortpflanzt [...]. Die Empfindung aber, dieser erste psychische Akt, in welchen der fortgepflanzte Bewegungsprozess sich umsetzt, ist etwas vollkommen Neues, das aus den vorangegangenen Bewegungserscheinungen sich *vorerst* nicht ableiten lässt« (Wundt, 1862, S. 423 – kursiv LAN).

Allerdings – und dies gilt es festzuhalten – gilt eine solche experimentelle Sichtweise auf das Psychische nur den einfachen psychischen Vorgängen, den Empfindungen. Die Hoffnung, die sich mit dem Experimentieren verband, war, dass sich die gemessenen Einzelvorgänge irgendwann zu einem Ganzen des Psychischen zusammensetzen ließen – was bekanntlich scheitern musste. Denn aus der Addition der einfachen psychischen Vorgänge lassen sich komplexe Gebilde wie Sprache, Mythos, Religion oder Sitte nicht gewinnen. Dass Wundt dies – entgegen der landläufigen Rezeption, die davon ausgeht, dass es ein experimentelles Frühwerk und ein philosophisches Spätwerk Wundts gibt, die nichts miteinander gemein hätten[21] – bereits frühzeitig erkannt hatte, belegt ein Zitat aus dem

Diese Frage könnte unter Umständen sehr wichtig sein und müsste noch sorgfältig geprüft werden«, so Gerd Jüttemann in einer Email vom 19. Juni 2013.

21 So heißt es auf der offiziellen Webseite der Wilhelm-Wundt-Gesellschaft http://www.psych.uni-halle.de/wwg/cdrom/viewer.htm: »Mit [...] seiner *Probleme der Völkerpsychologie*, die sein Sohn Max Wundt erst posthum im Jahr 1921 herausgegeben

Jahre 1896: »Alle diese Wissenschaften, Philologie, Geschichte, Staats- und Gesellschaftslehre haben zu ihrem Inhalt die unmittelbare Erfahrung, wie sie durch die Wechselwirkung der Objecte mit erkennenden und handelnden Subjekten bestimmt wird. Alle Geisteswissenschaften bedienen sich daher nicht der Abstractionen und der hypothetischen Hülfsbegriffe der Naturwissenschaft, sondern die Vorstellungsobjecte und die sie begleitenden subjectiven Regungen gelten ihnen als unmittelbare Wirklichkeit, und sie suchen die einzelnen Bestandtheile dieser Wirklichkeit aus ihrem wechselseitigen Zusammenhang zu erklären« (Wundt, 1896, S. 4). Und konkret auf die Psychologie zugeschnitten heißt das: »Denn der Inhalt der Geisteswissenschaft besteht überall aus den aus unmittelbaren menschlichen Erlebnissen hervorgehenden Handlungen und deren Wirkungen. Insofern die Psychologie die Untersuchung der Erscheinungsformen und Gesetze dieser Handlungen zu ihrer Aufgabe hat, ist sie selbst die allgemeinste Geisteswissenschaft und zugleich die Grundlage aller einzelnen« (ebd., S. 18).[22]

Bei dieser Art von Psychologie, die für die höheren geistigen Tätigkeiten zuständig ist, wird nicht nach Kausalgesetzen gesucht, sondern von einer geistigen Wiedererzeugung im menschlichen Bewusstsein gesprochen. Statt kausaler Gesetze des Empirismus im Sinne eines bedingten Zusammenhangs entfaltet Wundt den von ihm so genannten psycho-physischen Parallelismus. Obwohl zwar unleugbar ein Zusammenhang zwischen materieller Ebene/Physiologie und Psyche besteht, ist dieser Zusammenhang jedoch nicht bedingt oder kausal, sondern folgt eigenen Gesetzmäßigkeiten und Regelmäßigkeiten, die im Wesentlichen sozio-historisch begründet sind und die durch »schöpferische Synthese« zu gewinnen seien (Wundt, 1892). Und eben nach diesen Gesetzmäßigkeiten suchte Wundt – und seine Suche dokumentiert sich am eindrucksvollsten in seiner Völkerpsychologie, die von 1900 bis 1905 in Erstauflage und nach seinem Tod in einer wesentlich erweiterten Fassung erscheint.

Dass Wundt mit diesem Ansatz gescheitert ist, die Einheit der Psychologie zu wahren und den Zusammenhang zwischen beiden Zugängen sowie den niederen und den höheren psychischen Funktionen schon in seiner Zeit suffizient zu erklären, belegt das Zitat Ernst Haeckels über die 2. Auflage von *Vorlesungen über die Menschen- und Tierseele* (1892): »In der ersten Auflage rein monistisch und materialistisch, in der zweiten Auflage rein dualistisch und spiritualistisch. Dort wird die Psychologie als Naturwissenschaft behandelt, nach denselben Grundsätzen wie die gesamte Psychologie, von der sie nur ein Teil ist; dreißig Jahre später ist für ihn die Seelenlehre eine reine Geisteswissenschaft geworden, deren

---

hatte, *verlässt Wundt sein ursprüngliches Terrain* der Individualpsychologie und wendet sich psychologischen Fragen in sozialen und kulturellen Kontexten zu« (kursiv LAN).

22 Dies ist das Zitat aus dem Gerd Jüttemann ableitet, Wilhelm Wundt habe die Diltheyschen Ideen vorweggenommen. Und in der Tat stimmen beide in der Aussage, die Psychologie sei die allgemeinste Geisteswissenschaft, quasi Grundwissenschaft, überein.

Prinzipien und Objekte von denjenigen der Naturwissenschaft völlig verschieden sind. Den schärfsten Ausdruck findet diese Bekehrung in seinem Prinzip des psychophysischen Parallelismus, wonach zwar einem ›*jeden psychischen Geschehen irgendwelche physische Vorgänge entsprechen*‹, beide aber völlig unabhängig voneinander sind und nicht in natürlichem Kausalzusammenhang stehen. Dieser vollkommene Dualismus von Leib und Seele, von Natur und Geist hat begreiflicherweise den lebhaften Beifall der herrschenden Schulphilosophie und wird von ihr als ein bedeutungsvoller Fortschritt gepriesen, um so mehr, als er von einem angesehenen Naturforscher bekannt wird, der früher die entgegengesetzten Anschauungen unseres modernen Monismus vertrat« (1899, S. 73f.).

Entscheidend für den hier betreffenden Zusammenhang ist aber weniger, ob Wundt die Psychologie nun als Geistes- oder Naturwissenschaft oder beides zugleich betrachtete. Historisch-kontingent wurde diese Frage zugunsten der Naturwissenschaft im sogenannten Lehrstuhlstreit zwischen den Philosophen und Psychologen Hermann Ebbinghaus und Wilhelm Dilthey in Berlin entschieden und deshalb die Völkerpsychologie nicht oder kaum in der Psychologie wahrgenommen (vgl. Absatz 1.3.2). Viel entscheidender ist an dieser Stelle, ob sich diejenigen Teile der Völkerpsychologie, die sich mit Religion beschäftigen, als Vorläufer der Religionspsychologie lesen lassen und somit zurecht behauptet werden kann, die Religionspsychologie sei eine genuin psychologische Subdisziplin.

An dieser Stelle gilt es, dies zu verneinen. Dass, was Wundt vorlegte, ist eine Religionsgeschichte, die auf der Höhe seiner Zeit war und die analog zu Pfleiderer und Lipsius die psychischen Vorgänge zugrunde legt. Wundt vertritt in den Bänden zur Religion die gleichen religionswissenschaftlichen ›Mainstreamthesen‹ seiner Zeit, die sich auch bei Pfleiderer und Lipsius finden: »Wie die Religionsgeschichte sich äußerlich entwickelt von den Familien- und Stammesreligionen zu den Volksreligionen, so gibt es auch eine innere Entwicklung. Von der Naturreligion führt die Entwicklung über die mythologische Religion zur ethischen Religion und zum Glauben an die Geistigkeit Gottes. [...] Der anfängliche Polydämonismus geht über in einen Polytheismus« (Iff, 2011, S. 143), um schließlich in den verschiedenen Monotheismen zu gipfeln. Allerdings gilt es zwei wichtige Faktoren entgegenzuhalten: Erstens wurde, wie bereits dargestellt, die Völkerpsychologie historisch-kontingent *nicht* rezipiert und es ergab sich daraus auch keine weitergehende religionspsychologische Tradition in der Psychologie, zweitens arbeitete Wundt zwar näher am empirischen Material als seine theologischen Pendants, allerding tat er dies als sogenannter ›Armchair-Ethnologe‹[23]: Er interpretierte kulturelle Artefakte, die Reisende und Ethnologen aus

---

23 Armchair-Anthropology bedeutet im Englischen, dass man keine eigene Feldforschung betreibt, sondern sich in seiner Forschung auf Aussagen von Missionaren, Seefahrern, Kolonialverwaltern und anderen Forschern stützt oder die von ihnen in die Heimat mitgebrachten Artefakte stützt.

allen Herren Ländern mitbrachten. Da die auf einer solchen Interpretation zustande gekommenen Thesen nicht empirischem Material entspringen, sondern Wundt diese Materialien nutzte, um seine religionsgeschichtlichen Vorstellungen zu untermauern, wurde eine solche Vorgehensweise nicht nur heute, sondern schon im frühen 20. Jahrhundert abgelehnt.

Dennoch hat Wundt ein Erbe für die psychologische Religionsforschung hinterlassen, das es nicht zu unterschätzen gilt, auch wenn dieses auf ganz anderen Wegen zurück in die Psychologie findet. Unter den Hörern seiner völkerpsychologischen Vorlesungen finden sich neben den für die Religionsforschung wichtigen Namen Émile Durkheim (Begründer der empirischen Soziologie, gilt als Urvater des Strukturalismus), George Herbert Mead (Begründer des symbolischen Interaktionismus) und Ernst Meumann (Leiter des Hamburger *Kolonialinstituts*) auch der Name des Psychologen Oswald Külpe (Begründer der gestaltpsychologischen Würzburger Schule), dessen Ansatz vor allem für die theologisch-religionspsychologische Schule in Dorpat wichtig wird, sowie die beiden Ethnologen Franz Boas (Begründer des so genannten Kulturrelativismus = cultural anthropology) und Bronisław Malinowski (Begründer des Strukturfunktionalismus = social anthropology und der Teilnehmenden Beobachtung). Es ist Franz Boas, der Wundts *anderes Erbe* (Jüttemann, 2006) bewahrt, indem er die völkerpsychologischen Ideen nach Nordamerika bringt und sie dort in die Anthropologie eingliedert: Boas definiert die von ihm begründete Schule der cultural anthropology als »combination of Völkerpsychologie, ethnology, and physical anthropology« (Klautke, 2010, p. 11). In diesem Sinne kann die Völkerpsychologie und damit auch Wundt als Urahn der Kulturanthropologie gesehen werden – und nicht als der der Psychologie (vgl. Wolfradt, 2011). Von da aus, also aus der Anthropologie, kommen dann in den frühen 1990er Jahren die Ideen wieder zurück in die Psychologie und werden sich hier u. a. mit der Rezeption der kulturhistorischen Schule verbinden (vgl. Kapitel zur *Kulturpsychologie*). Die hier vorliegende Arbeit ist diesem Ansatz verpflichtet (vgl. Kapitel zur *Kulturpsychologie und Anthropologie der Religiösen Entwicklung*).

# 2. Konvergenzen zwischen Psychologie und Theologie? Eine sozio-historische Betrachtung

Hatten wir im vorangegangenen Kapitel die historische Notwendigkeit untersucht, die zur Entwicklung von Psychologie und Theologie als getrennte Zweige führte, soll im Folgenden die Frage nach der Religionspsychologie als mögliche Konvergenz beider Disziplinen aufgeworfen werden.

Sozio-historisch lassen sich mehrere religionspsychologische Zentren ausmachen: im deutschsprachigen Raum Leipzig, Berlin, Dorpat, Wien sowie das französischsprachige Genf. Unschwer lassen sich diese Städte auch als Zentren der sich von der Philosophie emanzipierenden und als eigenständige Wissenschaftsdisziplin etablierenden Psychologie identifizieren, was jedoch nicht dazu führen darf, die deutschsprachige Religionspsychologie und Psychologie zu vermengen und in eine sozio-historische Abfolge zu bringen, wie dies in den meisten Publikationen, die in den letzten Jahren zur Religionspsychologie erschienen sind, geschieht (vgl. Holm, 1990; Henning, Murken & Nestler, 2003; Heine, 2005[24]).

Exemplarisch sei hier Godwin Lämmermann zitiert, der neben einer sehr unzureichenden Geschichte der Psychologie die Geschichte der Religionspsychologie wie folgt beschreibt – und wie sie sich so oder ähnlich bei vielen Autoren und Autorinnen finden lässt: »Als eigenständiges Forschungsfeld in diesem Sinne existiert die Religionspsychologie seit dem Übergang vom 19. in das 20. Jahrhundert. Dabei geriet die Religionspsychologie sozusagen ›zwischen die Stühle‹ und wurde zu einem wissenschaftsorganisatorischen Bastard, dessen wissenschaftliches Renommee zweifelhaft wurde. Was also die Religionspsychologie als solche anbelangt, so muss man sagen, dass ihr Thema zwar eine lange, seine spezifisch psychologische Erforschung aber nur eine sehr kurze Geschichte hat« (2006, S. 17).

---

24 Man muss Susanne Heine teilweise von der Kritik ausnehmen, da sie sich der Differenz bewusst ist, wie sie an vielen Stellen ihres Buches *en passant* dokumentiert, jedoch bleibt dem Buch der Makel anhaftend, dass hier nicht explizit Stellung bezogen wird und durch eine parallele und ineinander erzählte Geschichte der beiden Disziplinen und ihrer Protagonisten eine Abhängigkeit und sozio-historische Verbundenheit suggeriert wird, so z. B. wenn Oswald Külpe im Kapitel *Interesse der Theologie* (an Wundts experimenteller Forschung) ausführlich behandelt wird. Dass er Pfarrersohn war, ist keine suffiziente Erklärung für die Einordnung des Begründers der so genannten Würzburger Schule der Denkpsychologie in dieses Kapitel. Hervorzuheben bleibt aber in jedem Falle, dass Heine als erste bahnbrechend die Differenz zwischen Psychologie und von Theologen betriebener Religionspsychologie markiert.

Entgegen dieser ›Geschichtsschreibung‹ muss vielmehr davon ausgegangen werden, dass es sich bei der deutschsprachigen Religionspsychologie und der Psychologie im Allgemeinen um zwei sehr verschiedene Projekte handelt, die zwar auf den ersten Blick ähnlich erscheinen, teilen sie doch z. T. die Methodik, jedoch bei näherer Betrachtung zwei völlig verschiedenen Intentionen entspringen, die miteinander unvereinbar sind. Eine Religionspsychologie hat es in der Vergangenheit *in* der Psychologie nicht gegeben und lässt sich sozio-historisch für Deutschland nicht belegen – auch wenn es immer wieder Psychologen gab, die sich mit Religion und Religiosität beschäftigt haben (vgl. exemplarisch Hellpach, 1951).

Auch wenn die Religionspsychologie ›Psychologie‹ im Namen trägt, so ist sie disziplinär gesehen kein psychologisches Programm, sondern der Theologie zuzuordnen, wo sie auch heute noch vorzufinden ist:[25] als eine der vier (fünf) ›Hilfswissenschaften‹ der Religionswissenschaft (vgl. Kapitel *Flucht nach vorn*).

Dieser scheinbaren und immer wieder im Wesentlichen von Theologen belasteten Konvergenz[26] entgegenzuschreiben und herauszuarbeiten, dass zwar eine z. T. gleiche Methodik verwendet wird, diese jedoch zu anderen Ergebnissen führen sollte, ist Ziel dieses Kapitels. Zudem soll sozio-historisch nachgewiesen werden, dass zwar personelle Verbindungen zwischen den psychologischen und religionspsychologischen Vertretern bestanden, z. B. indem letztere bei ersteren Vorlesungen besuchten, jedoch die ›wissenschaftlichen Beziehungen‹, die Zusammenarbeit oder so etwas wie eine ›Schülerschaft‹ nicht nachzuweisen sind. Insofern ist die Psychologie nicht als Gründungsmutter heranziehbar, um (frühere und) heutige religionspsychologische Forschung zu legitimieren.

---

[25] Das ist immer noch die Regel, wobei dies in den letzten Jahren nicht mehr generell festgestellt werden kann, hat sich doch die Religionswissenschaft zum Teil von ihrer Mutterdisziplin Theologie gelöst und wird als eigenständige Disziplin – meist an Kulturwissenschaftlichen Fakultäten – gelehrt. Hintergrund der Emanzipation ist die Auseinandersetzung im Zuge des *cultural turn* und des *postcolonial turn*, die die fragwürdige Rolle der Missionswissenschaft (parallele oder ehemalige Denomination der Religionswissenschaftlichen Lehrstühle an den Theologischen Fakultäten) aufwarf und daraus die Konsequenz zog, Religion als eigenständigen ›Gegenstand‹ ohne christlich-normative Brille vor den Augen oder Schere im Kopf zu untersuchen bzw. eine »nicht-theologische Religionswissenschaft« (Kippenberg & von Stuckrad, 2003, S. 13) zu entwerfen. Einen schnellen Überblick über die religionswissenschaftlichen Lehrstühle, Institute und Zentren sowie deren wissenschaftliche Zuordnung findet sich auf der von der Deutschen Vereinigung für Religionsgeschichte e. V. autorisierten und herausgegebenen Dokumentation *Religionswissenschaft in Deutschland* unter http://www.dvrw.de/dokumentation/dokustart.html.

[26] Vereinzelt findet sich diese Argumentation aber auch bei psychologischen Vertretern, wie z. B. Jacob van Belzen, die mit einem solchen Verweis die Legitimität ihrer religionspsychologischen Forschung als *psychologische* Disziplin begründen wollen, indem auf das scheinbar von Anfang an vorhandene Interesse an Religion in der Psychologie verwiesen wird.

Im Einzelnen sollen im Folgenden die bereits genannten religionspsychologischen ›Wirkungsstätten‹ untersucht werden.

## 2.1. *Leipzig*

Bereits 1789 gehört die Leipziger Universität zu den vier größten deutschen Universitäten (neben Halle, Göttingen und Jena) an denen insgesamt 40% der deutschen Studenten studierten. Dass Leipzig und die anderen drei Universitätsstandorte gegen Ende des 19. Jahrhunderts zu Motoren wissenschaftlicher Entwicklung wurden, ist demnach kein historischer Zufall, sondern gründet im Ressourcenkapital, das sowohl die Konzentration der Studenten als auch der professoralen Interessen einschließt.

In der Tat kann man, wie dies Heine in ihrem Buch formuliert, Leipzig in der Zeit der Jahrhundertwende als »das Mekka der Psychologie« (2005, S. 35) bezeichnen. Damit würde man aber weder der historischen Situation noch Wundt und seinem Forschungsprojekt selbst gerecht werden. Vielmehr muss man Leipzig in der damaligen Phase als eines der naturwissenschaftlichen Zentren in Deutschland und vor allem der naturwissenschaftlichen Arbeitsmethode in der Philosophie bezeichnen, denn in Leipzig und in den Lehrveranstaltungen Wundts finden sich in jenen Tagen viele Wissenschaftler, vor allem Philosophen und Mediziner, die als (Mit-)Begründer eigener, von der Philosophie getrennter Wissenschaftsdisziplinen gelten. Um neben zahlreichen Psychologen (z. B. Wladimir Michailowitsch Bechterew, James McKeen Cattell, Stanley Hall, Oswald Külpe, Ernst Meumann, Hugo Münsterberg, Charles Spearman, Edward B. Titchener, Lew Semjonowitsch Wygotski[27] etc.) nur einige und die ihnen zugeordnete Profession zu nennen: Franz Boas (Kulturanthropologie), Émile Durkheim, Ferdinand Tönnies und George Herbert Mead (Soziologie/Ethnologie), Edmund

---

[27] Der Verweis auf die Hörerschaft Wygotskis entstammt Laucken (1998, S. 88f.). Dort heißt es: »Weiterentwickelt finden wir den Gedanken der Herkunft des Denkens aus der sprachlichen Interaktion in Wygotskis (1934/1977) Theorie des Zusammenhangs von Sprechen und Denken. Wygotski war einer der vielen später berühmt gewordenen jungen Wissenschaftler, die zeitweise bei Wundt in Leipzig studiert und hospitiert haben (andere sind z. B. Bechterew, Boas, Durkheim, Malinowski, G.H. Mead, Sapir, W.I. Thomas, Whorf).« Allerdings muss bezweifelt werden, ob Wygotski tatsächlich in Leipzig gehört hat, denn zu jener infrage kommenden Zeit war in Russland Krieg und im Wundt-Archiv in Leipzig lassen sich auch keine Dokumente für einen positiven Beleg finden (so Anneros Meischner-Metge in einer Email vom 04. August 2011). Allerdings wäre der Nachweis einer Hörerschaft Wygotskis bahnbrechend für die Geschichte der Kulturpsychologie, denn damit schlössen sich die Reihen von Deutschland nach Amerika wie Russland. Leider kann sich Uwe Laucken auch nicht mehr erinnern, wo er den Hinweis herhat. Er vermutet, dies bei Geck gelesen zu haben (Laucken in einer E-Mail vom 12. September 2011).

Husserl (Begründer der Phänomenologie – und damit der *Philosophie als strenge[r] Wissenschaft* [1911]), Emil Kraepelin (Psychiatrie), Bronisław Kasper Malinowski (Begründer der funktionalistischen Sozialanthropologie/Ethnologie), Edward Sapir und Benjamin Lee Whorf (Sapir-Whorf-Hypothese in der Linguistik), Karl Lamprecht (bekannt aus dem Methodenstreit in der Geschichtswissenschaft).

Auf einer im Jahr 2004 – dem Jahr des 100-jährigen Bestehens der *Deutschen Gesellschaft für Psychologie* – herausgegebenen CD-ROM heißt es zur Bedeutung Wundts: »Ist Wundts Leistung als Begründer einer institutionalisierten empirischen Psychologie per se kaum zu überschätzen, so darf der Multiplikatoreffekt für die Idee einer von der Philosophie losgelösten, naturwissenschaftlich orientierten Psychologie, der seinem Leipziger Institut am Ende des 19. und zu Beginn des 20. Jahrhunderts zukam, nicht vergessen werden. Wundt betreute in seiner Leipziger Zeit in den Jahren von 1875 bis 1919 nicht weniger als einhundertvierundachtzig Dissertationen [...]. Allein achtzehn seiner Doktoranden kamen aus den USA, acht aus Österreich, sieben aus Rumänien, sechs aus Rußland, sechs andere aus Serbien, drei aus Polen. Die Herkunftsländer seiner Doktoranden spannten einen Bogen von Kanada über England, Belgien und die Niederlande bis ins ferne Indien« (Wontorra, Meischner-Metge & Schröger, 2004). Man kann problemlos das Wort Psychologie durch eine derjenigen Disziplinen, die oben genannt wurden, ersetzen, der Passus würde an Gültigkeit nicht verlieren.

Erstaunlicherweise – oder der Intention des Kapitels parallel – findet sich keiner der deutsch(sprachig)en ›Religionspsychologen‹, bspw. Georg Wobbermin, Karl Girgensohn, Werner Gruehn, Gustav Vorbrodt oder Wilhelm Stählin, unter seinen Hörern, noch hat Wundt, der mit der Wissenschaftswelt seiner Zeit rege korrespondierte, mit ihnen im Briefwechsel gestanden.[28] Karl Girgensohn z. B. kommt erst 1922 nach Leipzig, wo er einen Ruf auf eine Professur für Systematische Theologie erhielt – da war Wundt bereits zwei Jahre tot. Stattdessen muss sich Wundt sehr ablehnend gegenüber denjenigen Theologen geäußert haben, die versuchten, die psychologische (experimentelle) Methode in die Theologie zu integrieren bzw. den Jamesschen biografischen Ansatz zu übernehmen, den Wundt ebenso ablehnte. So liest man bei Georg Wobbermin: »Und wenn Wundt den Wert der Jamesschen Arbeit auf den einer bloßen Beispielsammlung reduzieren will, so beruht das doch auf einer argen Unterschätzung der psychologischen Feinfühligkeit und des psychologischen Scharfblicks, wie sie James in der Behandlung seiner Beispiele bewährt. Und jedenfalls, seine psychologische Analyse religiöser Phänomene steht in keinem notwendigen Zusammenhang mit seinem Pragmatismus. Deshalb ist auch der Vorwurf, den Wundt gegen diejenigen deutschen Theologen erhebt, die die Jamessche Religionspsychologie für

---

28 Beide Quellen wurden am Wundt-Archiv in Leipzig erstellt und können dort zur Einsicht bei Frau Dr. Meischner-Metge angefordert werden, wie ich dies zur Auswertung der Hörerlisten und der Korrespondenz getan habe.

die Theologie fruchtbar zu machen gesucht haben, gänzlich hinfällig. Wundt erhebt nämlich gegen diese – und zwar mit beträchtlicher Animosität – den Vorwurf, sie hätten den Pragmatismus in die theologische Arbeit eingeführt oder wollten ihn in sie einführen. Als Begründung für diese überraschende Behauptung wird lediglich die angeblich unauflösliche Verbindung des Pragmatismus von James mit seiner Religionspsychologie genannt. Nun ich für meine Person – denn gegen Troeltsch und gegen mich richtet sich der Vorwurf von Wundt in erster Linie – lehne den Pragmatismus glatt und rundweg ab, und ich habe auch nie nur irgendwelche pragmatistische Gedanken von James übernommen oder sonst vertreten. Vielmehr führt die nähere Ausgestaltung, die ich für die religionspsychologische Arbeit für nötig halte, völlig vom Pragmatismus ab, sie führt in die genau entgegengesetzte Richtung« (1913c, S 67f.).

Um dennoch einen Konnex zum ›Gründervater‹ der Psychologie herzustellen wird auf dessen vielerwähnte aber kaum rezipierte *Völkerpsychologie* (1900-1920) verwiesen, in der Wundt zunächst zwei, dann drei der zehn Bände der Religion (Band 4, 5 und 6) widmet. Allerdings zeigt sich Folgendes sehr schnell, wenn man sich die Schriften der Protagonisten systematisch anschaut: Wundt zitiert im Wesentlichen die ›ethnologische‹ Literatur seiner Zeit – die Protagonisten der Religionspsychologie im Wesentlichen ihr theologisch-philosophisches Erbe.[29] Der einzige Theologe, den Wundt in diesem Zusammenhang zitiert, ist der Alttestamentler und Orientalist Julius Wellhausen, der jedoch nicht aufgrund seiner theologischen Einsichten, sondern wegen seiner ›ethnologischen‹ Studien zur ›Religion‹ der Araber (1897) und der Juden (1874) herangezogen wird.

Auch die bei Godwin Lämmermann (2006) zu findenden Hilfsbehauptungen, durch Wundt seien »in Deutschland bereits Ansätze zu einer experimentellen und empirischen Religionspsychologie entwickelt worden« (S. 109) und »[m]it Wundt nahm auch die nicht-theologische Religionspsychologie ihren Anfang in Deutschland« (S. 15), müssen als unzutreffend zurückgewiesen werden. Erstens beschäftigte sich Wundt nicht experimentell mit Religion, denn diese ist nach seiner Auffassung dem Experiment nicht zugänglich: »Wenn man die elementaren Gebiete der Psychologie die ›experimentelle Psychologie‹ nennt und in ihr ein wichtiges Unterschiedsmerkmal von der älteren Psychologie sieht, die sich

29 Zitiert werden bei Wundt z. B. Adolf Bastian, Franz Boas, J. G. Bourke, Oskar Dähnhardt, G. Dorsey, P. Ehrenreich, J.W. Fewkes, J.G. Frazer, L. Frobenius, Jakob und Wilhelm Grimm, J.G. Hahn, A. W. Howitt, Th. Koch-Grünberg, Mannhardt, Mooney, K. Th. Preuss, R. Smith, Ed. Stucken, E.B. Tylor, H. Usener, Theodor Waitz, Julius Wellhausen, H. Wuttke – um nur die häufigsten Zitationen in den zwei bzw. drei Bänden der Völkerpsychologie, die der Religion gewidmet sind, zu nennen. Gemeinsame Zitationen in den Werken von bspw. Lipsius und Pfleiderer mit Wundt gibt es keine einzige! Dieses Fazit entstammt dem im WS 2007/08 gemeinsam mit Jürgen van Oorschot und Markus Iff gehaltenen Forschungsseminar *Religion auf der Grundlage der Psychologie - ein Forschungsseminar zu Wundt, Dilthey, Lipsius und Pfleiderer*.

dieses Hilfsmittels nicht bediente, so ist das gewiß vollkommen berechtigt. Wenn man aber die ganze Psychologie die experimentelle nennt, so ist dies ebenso gewiß eine falsche Bezeichnung, weil es Gebiete gibt, die der Natur der Sache nach dem Experiment unzugänglich sind. Dazu gehört in erster Linie die Entwicklung des Denkens, dazu gehören dann aber auch eine Reihe weiterer damit zusammenhängender Entwicklungsprobleme, wie zum Beispiel der künstlerischen Phantasie, des Mythos, der Religion und der Sitte« (Wundt 1921a, S. 537). Und wie Pradeep Chakkarath (2003, S. 37) plausibel ausführt, blieb zweitens das ambitionierte Projekt *Völkerpsychologie* –auch *Zweite Psychologie* genannt – fruchtlos und weitgehend in der psychologischen *community* ungelesen. Insbesondere das Fehlen einer systematischen und verständlichen Methodik – über schlichte hermeneutische Bemühungen hinaus –, trägt hierzu wesentlich bei. Auch wenn Wundt seine Methode »historisch« und »genetisch« nennt, verbleibt sie auf dem Stand der Wissenschaft *vor* dem Auftreten der Naturwissenschaften und dem davon ausgehenden Druck auf die Psychologie zur Anwendung naturwissenschaftlicher Methoden.

In der akademischen Psychologie zu Wundts Zeiten standen – mit Ausnahme von Wilhelm Dilthey und Wilhelm Wundt – die Zeichen bereits auf ›Fortschritt‹, was hieß, nicht der hermeneutische, sondern der empirische Zugriff auf den menschlichen Geist war zum vorherrschenden Paradigma geworden. Geist – oder besser Psyche – wird nun nicht mehr im Sinne Herbarts als Volksgeist verstanden, sondern als einem Individuum zuord- und messbar.

Die beiden Weltkriege forcierten die in der Psychologie vorherrschende Tendenz, indem einerseits die wesentlichen Methoden u. a. bei der und für die Auswahl von Rekruten entwickelt und getestet wurden, andererseits insbesondere im Vorfeld des Zweiten Weltkrieges nahezu ein Viertel der deutschen Professorenschaft in der Psychologie aufgrund ihrer Zugehörigkeit zum Judentum Deutschland verlassen mussten. Darunter waren viele psychoanalytisch ausgerichtete Professoren, die positiv mit Kultur und Völkerpsychologie zu tun hatten und – wenn auch negativ – zumindest mit dem Thema Religion operierten. Spätestens mit dem Import des Behaviorismus aus den USA blieb in der deutschen Psychologie kein Raum mehr für Themen wie Kultur oder die völkerpsychologische Dimension, denn diese waren nicht in Schemata von Stimulus und Reaktion abbild- oder erfassbar. Auch trug die Erfahrung der Völkervernichtung, die (zudem) im Namen psychischer Höherwertigkeit geführt wurde, wesentlich dazu bei – nicht umsonst formuliert Theodor W. Adorno: »Alle Kultur nach Auschwitz, samt der dringlichen Kritik daran, ist Müll« (1973, S. 359). Dass es sich hier um eine spezifisch deutsche Entwicklung handelt, lässt sich exemplarisch am Werk Burrhus F. Skinners (1904-1990) zeigen, der sich als Behaviorist durchaus intensiv mit dem Thema ›Kultur‹ auseinandersetzte – allerdings in einer Art und Weise, die sich in Deutschland diskreditiert und damit explizit Abschied von sozialdarwinistischen Vorstellungen genommen hatte, wie sie noch das Werk Wilhelm Wundts durchziehen.

Weder in der Stadt Leipzig noch im Werk Wilhelm Wundts lässt sich somit eine Tradition der deutschen Religionspsychologie begründen – auch wenn dies aus Sicht der Religionspsychologen mehr als wünschenswert erscheint. Keiner der Protagonisten kann weder mit Wundts Schriften noch mit der psychologischen Entwicklung in Leipzig, in Verbindung gebracht werden.

Wenn Leipzig und Wundt als mögliche Konvergenzpunkte ausfallen, so bleibt zu fragen, wie es sich mit den anderen im Zusammenhang mit der Entwicklung der Religionspsychologie genannten Zentren verhält.

## 2.2. *Berlin*

Berlin findet in zweifacher Weise Erwähnung, wenn es um die Geschichte der Religionspsychologie als psychologischer Disziplin geht. Zum einen wird die Berliner Schule der Gestaltpsychologie herangezogen, die maßgeblich durch Franz Brentano (1838-1917) und Carl Stumpf (1848-1936) beeinflusst war. Allerdings bleibt unklar, inwieweit diese direkt zur Entwicklung der Religionspsychologie beigetragen haben (vgl. Henning, Murken & Nestler, 2003, S. 18f.). Belegt wird lediglich der Einfluss Brentanos auf Oswald Külpe (1862-1915) und dessen Würzburger Schule der experimentellen Denkpsychologie, die für die Dorpater ›Schule‹ der Religionspsychologie um den Systematischen Theologen Karl Girgensohn (1875-1925) richtungsweisend wurde.[30] Girgensohn hatte bei Külpe und seinem Schüler Karl Bühler (1879-1963) studiert ebenso wie er bei Carl Stumpf in Berlin Vorlesungen hörte (vgl. ebd.). Der Einfluss Stumpfs lässt sich jedoch in den Schriften Girgensohns nicht nachweisen.

Nachweisen lässt sich allerdings – neben dem Studium Girgensohns bei Külpe – eine spätere Verbindung von Girgensohn und Külpe im Geiste. Beide erscheinen im ›Editorial Board‹ der ersten Ausgabe des *Archiv für Religionspsychologie,* das ab 1914 von Wilhelm Stählin in Nürnberg herausgegeben wurde. Allerdings ist Külpe bereits 1915 verstorben, also sechs Jahre vor Erscheinen der zweiten und dritten Ausgabe 1921, sodass sich sein Engagement in Richtung Religionspsychologie nicht weiter nachweisen lässt. Bekannt ist aber, dass er trotz seiner experimentellen Methode sehr vielseitige Interessen hatte, zu denen u. a. Philosophie, Ästhetik, Kunst und Musik zählen.

Im Zusammenhang mit Külpe erwähnen Henning, Murken und Nestler den Professor für Praktische Theologie und Bischof der evangelisch-lutherischen

---

30 Auch wenn heute der Ausdruck Dorpater Schule unkritisch verwendet wird, ist Vorsicht geboten. Es handelt sich ursprünglich um einen fast nur in Schülerkreisen benutzten Ausdruck (Lorenzsonn, 1936, S. 259), wahrscheinlich um die eigene Bedeutung im fernen Dorpat zu unterstreichen oder größer zu machen.

Kirche in Oldenburg, Wilhelm Stählin (1883-1975). »Er ist deshalb hier erwähnenswert, weil er zusammen mit dem Stumpf-Schüler und nachmaligen Gestaltpsychologen Kurt Koffka (1886-1941) das 1914 gegründete und bis heute erscheinende *Archiv für Religionspsychologie* herausgab. Das Archiv für Religionspsychologie diente als publizistisches Organ für die im selben Jahr gegründete *Gesellschaft für Religionspsychologie*« (ebd., S. 19). Auch wenn der in Gießen lehrende Koffka an der Gründung ›beteiligt‹ gewesen sein sollte und es im Impressum des *Archivs für Religionspsychologie* in den ersten Bänden heißt »unter ständiger Mitwirkung von Kurt Koffka«, so scheint die Erwähnung seines Namens in diesem Zusammenhang noch keinen Beleg dafür zu liefern, dass Koffka als ›Schlüsselfigur‹ zwischen Psychologie und Religionspsychologie zu betrachten ist, denn neben ihm finden sich eine Reihe ›renommierter‹ Namen – bis hin zu US-amerikanischen. Wem der wissenschaftliche ›Betrieb‹ nicht unbekannt ist, der wird wissen, wie solche Listen, die wir heute *Advisory oder Editorial Board* nennen, zustande kommen. Belastbar im Sinne einer Mitarbeit sind diese oftmals nicht. Am wahrscheinlichsten ist, dass die Initiative zum *Archiv für Religionspsychologie* nicht dem Interesse Koffkas an der Religion, sondern der privaten Freundschaft zu Wilhelm Stählin zu verdanken ist (vgl. Heine, 2009, S. 142).

Der zweite Bezug der Religionspsychologie zu Berlin wird über die Verbindung Friedrich Daniel Schleiermacher (1768-1834) und dessen Einfluss auf den in Berlin lehrenden Philosophen und Psychologen Wilhelm Dilthey (1833-1911) hergestellt. Die Verbindung zwischen Religionspsychologie und Wilhelm Dilthey lässt sich ebenfalls nur bedingt (belastbar) belegen, denn Dilthey hatte mit seinen Ideen weitreichenden Einfluss auf viele wissenschaftliche Disziplinen, von denen keine ein Begründungsmoment reklamieren kann. So lassen sich Einflüsse bei dem Historiker Oswald Spengler, beim Philosophen Hans Lipps, dem Anthropologen und Kulturphilosophen Erich Rothacker bis hin zum Pädagogen Eduard Spranger und dem Religionsphilosophen Martin Buber nachweisen. In der Tat war Diltheys Werk nicht zuletzt für die sich entwickelnde Religionswissenschaft ein wichtiger Ideengeber, wenn sich auch die bei Henning, Murken und Nestler (2003, S. 19f.) erwähnten Namen Rudolf Otto (1869-1937) und Friedrich Heiler (1892-1967) nur schwerlich mit Religions*psychologie* in Verbindung bringen lassen.

Weder die Berliner Gestaltpsychologie noch Wilhelm Diltheys verstehende Psychologie können deshalb als ›Keimzelle‹ einer deutschen Religionspsychologie reklamiert werden – und Berlin als wissenschaftlicher Standort ebenso nicht. Mehr experimentelle Naturwissenschaft wie in Berlin und Leipzig wurde wohl in keiner anderen Universitätsstadt Deutschlands betrieben.

## 2.3. *Dorpat*

Der Bezug zu Dorpat wurde bereits angesprochen. Dieser bündelt sich, neben seinem Schüler Werner Gruehn, in der Person Karl Girgensohn. »In Dorpat, wo Girgensohn von 1907-1918 eine Professur für Systematische Theologie innehatte, bot sich ihm die Gelegenheit, die bei Külpe und Bühler erworbenen Techniken der experimentellen Psychologie anzuwenden. Die Früchte der jahrelangen Forschungen enthält sein voluminöses Hauptwerk aus dem Jahr 1921. Es trägt den Titel *Der seelische Aufbau des religiösen Erlebens*. Bei seinen Versuchen ließ Girgensohn Menschen religiöse Texte lesen und befragte sie nach den beim Lesen entstehenden Vorstellungen, Gefühlen, Impulsen« (Henning, Murken & Nestler, 2003, S. 25f.). Mehr als die Anwendung der Techniken lässt sich über die Verknüpfung allerdings nicht sagen, denn weder Karl Bühler noch Oswald Külpe haben sich schriftlich zur Religion und zur Erfassung ihrer konkret auftretenden Gestalt geäußert. Die Übernahme einer wissenschaftlichen Methode allein liefert aber noch keinen hinreichenden Beleg für die These, die Religionspsychologie sei bereits ein Projekt der ersten Stunde der akademischen Psychologie gewesen, zumal sich nachweislich – bis auf eine Ausnahme (s. u.) – nur Theologen mit der Psychologie der Religion beschäftigten. Fragwürdig wird die Darstellung, wenn Nils G. Holm (1990) die Dorpater Schule in direkter Nachfolge Wilhelm Wundts sieht und Oswald Külpe als Mitglied der Dorpater Schule aufführt (S. 13) – mehr als der *spiritus rector*, als den ihn Lämmermann (2006, S. 120) bezeichnet, war er keinesfalls. Zwar erhielt Girgensohn in der Tat seine psychologisch-methodische Unterweisung von Külpe, allerdings in Würzburg und nicht in der Absicht, im entfernten Dorpat eine ›Schule‹ der Religionspsychologie zu gründen. Eher das Gegenteil ist der Fall: »[S]o könnte man die Dorpacher[31] und Stählin eher als die Religionspsychologie der Würzburger Schule bezeichnen« (ebd.).

Zudem hatte sich Külpe in seiner Würzburger Zeit bereits von den Wundtschen Methoden verabschiedet und sich der von Berlin her kommenden experimentellen Denkpsychologie zugewandt. Auch eine direkte Nachfolge Wundts entbehrt jeder historischen Wahrheit, denn Religion gehörte bei Wundt eben nicht zur experimentellen Seite der Psychologie, sondern zur Völkerpsychologie (s. o.). Für die von Girgensohn und Gruehn verwendete Methodik hatte Wundt nur »eine geharnischte Absage« (Girgensohn, 1930, S. 672) übrig. Wundt kritisierte dabei vor allem die retrospektive Selbstbeobachtung der Probanden (vgl. Lämmermann, 2006, S. 113).

Zur Einschätzung der Ergebnisse der Dorpater Schule sei abschließend Godwin Lämmermann zitiert: »Obwohl das Buch den Untertitel *Grundtatsachen der empirischen Psychologie* trägt, kann man nicht sagen, dass es die Dorpacher Schule zu einer geschlossenen, (überzeugenden) konzeptionellen Religionspsychologie

31 Gemeint ist Dorpat.

gebracht hat. Trotz des umfänglichen Materials bleiben die Ergebnisse dürftig. Die Dorpacher Schule konnte experimentell bestenfalls zeigen, dass ein religiöses Erleben dadurch zustande kommt, dass ein menschliches Bewusstsein sich gedanklich in Verbindung zu einem religiösen Inhalt setzt« (ebd., 115) – und damit Glaube subjektiv ist und ein persönliches Geheimnis bleibt.

## 2.4. *Wien*

Wien wird über den Systematischen Theologen Karl Beth (1872-1959) ins Spiel gebracht, der in Berlin studierte und von Adolf von Harnack, Otto Pfleiderer und Wilhelm Dilthey beeinflusst war. Auch wenn Beth rückblickend notiert, das Studium bei Wilhelm Dilthey habe »Keime einer Psychologie der Religion« bei ihm gelegt (zit. nach Henning, Murken & Nestler, 2003, S. 29f.), sind ›Keime‹ noch keine Garantie dafür, dass sich die daraus entwickelnden Ideen auch in der Tat auf die Intention Diltheys zurückführen lassen. Die Übernahme von Ideen oder Methoden jedenfalls ist kein hinreichendes Kriterium für einen sozio-historischen Zusammenhang.

Ebenfalls mit Verweis auf Wien wird die Psychoanalyse in die Debatte gebracht, eine Vorläuferin bzw. eine genuine religionspsychologische Ideengeberin zu sein. »Otto Rank und Hans Sachs lassen keinen Zweifel daran, welche Bedeutung sie – und mit ihnen die ganze Freudschule – der Religion einräumen. ›In der Religion sehen wir die erste und mächtigste Hüterin aller Kulturerrungenschaften, ihr liegt es ob, die gefährlichen asozialen Triebe zu neutralisieren und dadurch die Hebung der Ethik zu ermöglichen‹. Religion wird damit als ein zum Überleben der Menschheit bislang unverzichtbares Mittel gewürdigt, das in seiner christlichen Variante auch dazu dienen kann, den zumindest im christlichen Abendland erreichten Status eines kultivierten und damit angenehmen und sicheren Lebens abzusichern. Mehr nicht. Der für die meisten Religionen konstitutive Transzendenzbezug spielt keine Rolle. Religion wird damit von Rank und Sachs als ausschließlich kulturelles Produkt des Menschen betrachtet« (Henning, Murken & Nestler, 2003, S. 32). In der Tat spielt die Religion in der Psychoanalyse eine wichtige Rolle, allerdings – und das verschweigen die Autoren geflissentlich – nur als Negativfolie. »Freud geht es nicht um die Frage nach Gott, sondern um die nach dem Gott der Menschen und nach seiner ökonomischen Funktion« (Ricoer, 1974, S. 47). Und die liegt bekanntlich in ihrer neurotischen Funktion: »Nach diesen Übereinstimmungen und Analogien könnte man sich getrauen, [...] die Religion als eine universelle Zwangsneurose zu bezeichnen« (Freud, 2002, S. 21).

Von »der ganzen Freudschule« kann gar nicht erst die Rede sein, hatte doch Freud insbesondere für die christlich-jüdische Tradition kein einziges positives

Wort übrig. Die abtrünnigen ›Söhne‹, C.G. Jung und Alfred Adler können schlechterdings nicht gemeint sein, sie begründeten bekanntlich eigene ›Schulen‹. Auch wird ihr Religionsverständnis und ihre Funktion für die Psychohygiene m. E. von vielen Theologen überschätzt – sie waren jahrzehntelang die einzigen Rezipienten der Tiefenpsychologie[32], denn Eingang in das akademische Lehrprogramm hatten ihre Theorien nicht gefunden. Tiefenpsychologie gilt als Praxis (Therapie) nicht als anerkannte Theorie.

Schließlich scheint mir ein nostrifizierendes Verhältnis zu den Schriften Otto Ranks vorzuliegen, denn seine Publikationen zum Mythos lassen sich nur schwer auf Religion als solche reduzieren, will man nicht die Bedeutung des Mythos im Gesamtgefüge der psychoanalytischen Theorie verkennen. Mythos geht nicht in Religion auf.

## 2.5. *Genf*

Bleibt Genf als letztes Zentrum religionspsychologischer Forschung der ersten Stunde. Und in der Tat lässt sich hier – und nur hier – ein sozio-historischer Zusammenhang zwischen Psychologie und Religionspsychologie finden: in der Person Théodore Flournoys. Dieser kann quasi als der ›Wundt der Schweiz‹ bezeichnet werden, hatte er doch ab 1891 einen eigens für ihn eingerichteten Lehrstuhl für experimentelle Psychologie an der Universität Genf inne. Ähnlich wie Wundt allerdings verfolgte auch er andere Interessen als die experimentelle Forschung – berühmt wurde er durch seine Studien über das Medium Hélène Smith (1900, 1902). Weniger Beachtung fand ein Werk zum Spiritismus, die *Melange des Metapsychischen und der Psychologie* (1911). Nun ist die Frage, ob man den Bereich des sogenannten ›Parapsychischen‹ der Religionspsychologie zuordnen möchte, um eine historische Gründungsfigur vorweisen zu können – ich sehe in Flournoy keinen Vorläufer oder Gründungsvater der Religionspsychologie. Insofern sind wissenschaftsgeschichtlich Aussagen, wie etwa »Flournoy begründete die Genfer Schule der Religionspsychologie (Edouard Claparède, Jean Piaget, Bärbel Inhelder)« (Henning, Murken & Nestler, 2003, S. 17) in erster Linie wissenschaftspolitische Aussagen, die keine historischen Tatsachen abbilden. Im Wesentlichen untersuchte die so bezeichnete ›Genfer Schule‹ am Institut Jean-Jaques Rousseau die allgemeine Intelligenzentwicklung des Kindes, die in der Tat auch die Entwicklung von Weltbildern einschließt. Aus diesen Studien zur generellen

---

32 Genauer müsste man einschränken, dass im Wesentlichen der tiefenpsychologische Strang der Analytischen Psychologie von C.G. Jung (vgl. bspw. Jung, 1963) rezipiert und mit ihrer Hilfe Religions›psychologie‹ betrieben wurde (vgl. Drewermann, 1984, 1985; Mann, 1973).

psychischen Entwicklung des Kindes allerdings eine »Schule der Religionspsychologie« ableiten zu wollen, überstrapaziert die Bedeutung dieses einen Bereichs kognitiver Entwicklung, zumal Flournoys Forschung zahlreiche Einzelfallanalysen hervorbrachte, »aber keine systematische Religionspsychologie« (Lämmermann, 2006, S. 110).

Zu Flournoy aber gilt es positiv festzuhalten, dass er, entgegen anderen Protagonisten aus dem Bereich der Systematischen Theologie wie z. B. Wobbermin und Vorbrodt – wie übrigens alle Psychologen seiner Zeit – in der Erforschung menschlicher wie religiöser Phänomene betonte, »dass Religionspsychologie die Existenz eines selbständigen religiösen Objekts (Gott, Engel, Geister usw.) weder zu bestätigen noch infrage zu stellen habe, denn beides läge außerhalb seines ›Zuständigkeitsbereiches‹. Stattdessen habe er von den religiösen Erfahrungen der Menschen auszugehen und sie genau unvoreingenommen zu untersuchen« (Henning, Murken & Nestler, 2003, S. 17, vgl. Vergote, 1970, S. 15).

## 2.6. *Fazit*

Zusammenzufassen bleibt, dass sich sozio-historisch keine Konvergenzen zwischen der deutschsprachigen Religionspsychologie und der Psychologie um die Jahrhundertwende belegen lassen, vielmehr handelt es sich um »geistesgeschichtliche Stränge« (Henning, Murken & Nestler, 2003, passim), die sich je nach Argumentationsintention so oder so zueinander konstruieren lassen.

Sichtet man weiterhin die verschiedenen Ansätze, die sich als Religionspsychologie der damaligen Zeit bezeichneten oder bezeichnet werden, so trifft man auf ein ganzes Potpourri an verschiedenen Vorstellungen und Traditionen, die es eigentlich verbieten, von einem Wissenschaftsgebiet zu sprechen, auch wenn vermeintlich derselbe Name hierfür verwendet wird. Es ist nun einmal etwas durchaus anderes, eine Transzendenz ausschließend, (1) Menschen nach ihrem religiösen Erleben zu fragen oder deren Erfahrungen zu rekonstruieren (bspw. Girgensohn, Stählin) oder (2) über psychologische Methoden einen Gottesbeweis zu führen (Vorbrodt, Wobbermin) oder (3) mittels psychologischer Erkenntnisse (z. B. der Affekte) aus der Lektüre der Prophetenbücher die historische Existenz der Propheten ebenso wie deren Inspiration durch Gott beweisen zu wollen (vgl. Hölscher, 1914).

Sozio-historisch korrekt verorten muss man vielmehr den Beginn religions*psychologischer* Forschung im deutschsprachigen Raum etwa zu Beginn der 1990er Jahre, wobei Constantin Klein und Heinz Streib erst jüngst für die 1990er und darauffolgenden Jahre feststellten: »In den folgenden Jahren erschienen weitere Übersichtsdarstellungen, die mehrheitlich nicht von Psychologen, sondern von Theologen verfasst wurden und so zugleich ein Manko wie auch ein

Potenzial der deutschsprachigen Religionspsychologie zeigen: Problematisch ist, dass durch die stärkere theologische Bearbeitung des Felds teils genuin psychologische Konzepte und Forschungsbefunde unberücksichtigt oder unverstanden bleiben« (2011, S. 197). In diesem Zusammenhang sind neben den Publikationen aber auch die zahlreichen Tagungen zum Thema ›Religion & Psychologie‹ der *International Association for the Psychology of Religion* sowie die 14. Tagung für Entwicklungspsychologie im September 1999 unter dem Schwerpunktthema *Kultur, Moral, Religion aus entwicklungspsychologischer Sicht* zu nennen.

# 3. Religion – ein Gegenstand der Psychologie?[33]

In einer jüngeren Publikation von Jacob A. van Belzen, dem bekanntesten und renommiertesten Vertreter der europäischen Religionspsychologie, ist hierzu zu lesen: »Religionspsychologie [...] ist einer der ältesten Zweige der Psychologie im Allgemeinen. Zur Religionspsychologie haben nahezu ohne Ausnahme alle Gründungsväter der Psychologie beigetragen, ob man sich nun das Werk von Wundt, Flournoy, James, Hall, Freud, Münsterberg, Janet, Bühler, Stern oder so vielen anderen anschaut. Zur Religionspsychologie ist überdies von unzähligen später führenden Köpfen in der Psychologie beigetragen worden: Man schaue sich Allport, Fromm, Maslow, Jung, Skinner, Külpe, Thouless usw. an« (Belzen, 2008, vgl. Wulff, 1997).

Damit mag van Belzen zwar richtig liegen, jedoch begründet ein solcher Hinweis Religionspsychologie noch nicht als eigenständigen Zweig der akademischen Psychologie – wie ich herausgearbeitet habe. Vielmehr muss man ihm entgegenhalten, dass es eine Religionspsychologie in der Vergangenheit *in* der Psychologie nicht gegeben hat, was sich sozio-historisch auch nicht belegen lässt – weder für Europa noch für Amerika. Religionspsychologie war und ist historisch bedingt Teil der Theologie resp. Religionswissenschaft und entstand zu einer Zeit, als die empirisch-naturwissenschaftlichen Methoden zu effizientem, erfolgreichem Wissen führten und zu erheblichem zivilisatorischem Fortschritt beitrugen – und die philosophischen und theologischen Programme in der zweiten Hälfte des 19. Jahrhunderts auf beiden Kontinenten dadurch in Rechtfertigungsdruck gerieten (vgl. Popp-Baier, 2009, S. 9). In Europa kamen die Fechnersche Psychophysik und Külpes Denkpsychologie bestimmten Theologen dazu gerade recht. Die ›psychologische Methode‹ sollte die Wahrheit der Religion (vgl. Vorbrodt, 1895) oder den Gottesbeweis erbringen (vgl. Wobbermin, 1913). Das waren und sind nicht die gleichen Ziele, mit denen Wilhelm Wundt (1905-09) oder William James Religion zu einem psychologischen Thema machten. Wundt und James hatten Interesse an menschlicher Erfahrung oder an höheren menschlichen Fähigkeiten – nicht an Transzendenz oder höherer Wahrheit. Insofern war und ist Religion *in* der Psychologie kein eigenständiger Forschungsgegenstand, sondern eine Domain menschlicher Erfahrung und menschlichen Ausdrucks unter vielen.

Und daran hat sich bis heute in der akademischen Psychologie nichts geändert. Zwar gibt es in der *American Psychological Association* (APA) eine eigene Division *Psychology of Religion* (Nr. 36) und die APA weist in ihren *Ethischen Prinzipien*

[33] Der Inhalt dieses Kapitels geht auf Allolio-Näcke (2009, 2011) zurück.

*für Psychologen* explizit darauf hin, dass Religion als eine bedeutsame Dimension der persönlichkeitsbedingten Variabilität ernst zu nehmen sei (vgl. APA, 1992, S. 1601), jedoch gibt es weder in Deutschland noch in den USA einen Lehrstuhl oder eine Professur für Religionspsychologie (vgl. Belzen, 2008). Selbst in den Niederlanden, wo es »die höchste Zahl an Lehrstühlen und anderen akademischen Stellen für Religionspsychologie in Europa« (Belzen, 2008) gibt, sind diese nicht in der Psychologie, sondern an Theologischen Fakultäten oder konfessionellen Hochschulen zu finden.

In der Psychologie wird dennoch das Thema ›Religion‹ behandelt, aber wie bereits zu ihren Anfängen als eine Form menschlicher Erfahrung und menschlichen Ausdrucks unter vielen. Insofern ist es nicht erstaunlich, dass sich sowohl in fast allen psychologischen Einzelfächern Studien zur Religion finden als auch fast alle psychologischen, theoretischen Schulen sich mit Religion beschäftigt haben – jedoch nicht anders als mit anderen Gegenständen. Insofern gibt es bisher weder eine eigenständige psychologische Theorie der Religion bzw. Religiosität, die den Menschen und seine Psyche als Ganzes erfasst, noch ein eigenständiges methodisches Instrumentarium hierzu.

Aber auch außerhalb der Psychologie werden viele heterogene Zugänge unter den Begriff ›Religionspsychologie‹ gefasst, sodass sich auch hier keine eigenständige abgrenzbare wissenschaftliche Teildisziplin abzeichnet. So finden sich neben einer »streng *empirisch,* quantifizierenden Religionspsychologie (Grom, 2007; Moosbrugger, Zwingmann, Frank, 1996; Zwingmann & Mossbrugger, 2004), [auch...] *theologisch* verstandene (Fraas, 1993), [...] *religionswissenschaftlich* eingebettete (Zinser, 1988; Stolz, 2005), [...] *phänomenologisch* orientierte (Wyss, 1991, Wit, 1996), [...] *kulturwissenschaftlich* abgeleitete (Popp-Baier, 1993, 1998; Belzen, 1997) oder [...] *psychoanalytisch* begründete (Henseler, 1995) Psychologie[n] der Religiosität«[34] (Utsch, 1998, S. 13). Insofern ist es ratsam – schon aus Gründen der Abgrenzung zur Psychologie – Ulrike Popp-Baiers Vorschlag zu folgen, eher von *Religionsforschung* oder *religious studies* als von Religionspsychologie zu sprechen, denn diese »wird inzwischen in einer Vielfalt von Disziplinen betrieben. Dazu gehören u. a. Philosophie, Theologie, Archäologie, historische Wissenschaften, Sprachwissenschaften, Anthropologie, Soziologie, Rechtswissenschaften, Politologie, Psychologie etc.« (2009, S. 9). Insbesondere *religious studies* »könne diese ›second-order tradition‹ (Capps,1995, S. xvi) der multi-, inter- und bisweilen auch transdisziplinären Religionsforschung angemessener« (Popp-Bayer, 2009, S. 9) zum Ausdruck bringen.

Dennoch löst diese begriffliche Erfassung dessen, was von wem wie untersucht wird, noch nicht das eigentliche Dilemma, das sich im Begriff *Religionspsychologie* widerspiegelt und über das es sich, meines Erachtens, noch einmal nachzudenken lohnt: der Zusammenhang von Psyche und Religion, der bis heute

34 Jahreszahlen der Ausgaben wurden aktualisiert, sofern Neuauflagen vorhanden sind.

– trotz der Fülle an wissenschaftlichen Untersuchungen – weitgehend unverstanden geblieben ist. Denn einerseits lässt sich mit Utsch (1998, S. 171) insbesondere für die Psychologie eine »szientistische Einseitigkeit« (Religionspsychologie ohne Religion) postulieren, wenn die »psychologisch rubrizierten Bewußtseinsaktivitäten die als religiös beanspruchten Inhalte« dominieren. Andererseits lässt sich insbesondere für die Theologie/Religionswissenschaft eine »fundamentalistische Einseitigkeit« (Religionspsychologie ohne Psychologie) postulieren, wenn »die zur Substanz erklärten Inhalte einer religiösen Tradition« die Forschungslandschaft dominieren, wobei sich die kulturwissenschaftliche Religionsforschung der jüngsten Jahre hiervon wohlwollend distanziert hat (vgl. Kippenberg & von Stuckrad, 2003; Nehring & Valentin, 2008).

Es gibt aber auch Vertreter, die sich mittlerweile einer solchen Debatte entziehen. Aufgrund begriffsgeschichtlicher Studien und z. T. auch aufgrund der entsprechenden Debatten um die Definition von Religion sehen sie keine Möglichkeit, »das Alltagskonzept *Religion* in ein für wissenschaftliche Zwecke geeignetes analytisches Konzept umzuwandeln und plädieren daher für eine Verabschiedung des Religionsbegriffs aus dem terminologischen Arsenal der Sozial-, Geistes- oder Kulturwissenschaften. Der Religionsbegriff sei für die Gegenwartsforschung wie auch für historische oder auch kulturvergleichende Forschung ungeeignet. Sowohl diese Diagnose wie auch ihr radikaler Therapievorschlag sind u. a. bei Asad (1993), Dubuisson (2003), Feil (2000), Fitzgerald (2000), McCutcheon (1997) und Wilfred C. Smith (1962) zu finden« (Popp-Baier, 2009, S. 24). So heißt es bspw. bei Jonathan Z. Smith: »There is no data for religion. Religion is solely the creation of the scholar's study. It is created for the scholar's analytic purposes by his imaginative acts of comparison and generalization« (1982, p. XI).

Statt dieser Absage an die Brauchbarkeit eines solchen Konzepts sehe ich mit Utsch (1998, S. 171) eher einen Mittelweg als Lösung: »Einer komplementären, dialog- und kritikfähigen Integration von Theologie und Psychologie«. Dabei fiele es laut Mann (1973, S. 60) der Religionswissenschaft zu, Religion hinsichtlich ihrer psychologischen Funktion zu untersuchen, und der Psychologie, die Psyche hinsichtlich ihrer religiösen Funktion zu erforschen.

Wenn wir also feststellen, dass Religion bisher kein spezifisches Thema (in) der Psychologie war und ist, heißt dies noch nicht, dass Religion dies nicht sein kann oder sollte. Vielmehr lässt sich für die Vergangenheit zeigen, dass es im Wesentlichen sozio-historische Gründe waren, die eine psychologische Beschäftigung mit dem Gegenstand verhinderten; um nur Schlaglichter zu nennen: die Barthsche Offenbarungstheologie, die gegen jede Empirie zu Felde zog; die zwei Weltkriege und deren militärische Interessen an der Psychologie; der Verlust der psychoanalytischen Tradition durch namhafte jüdische Psychologen; der behavioristische Theorieimport aus den USA; der gescheiterte Versuch einer kognitiven Wende und schließlich der steinige Weg einer Kulturpsychologie, die in Auseinandersetzung mit einer kognitivistischen und neurowissenschaftlichen akademischen Psychologie um die Rückgewinnung von Sinn und Bedeutung für die psychologische Forschung kämpft.

Beantwortet man also die Frage nach der Möglichkeit einer Religionspsychologie positiv, so gilt es weiter zu fragen, welchen spezifischen Gegenstand eine solche haben kann und sollte – nicht zuletzt als eine Abgrenzungsbegründung zur Theologie und Religionswissenschaft. Utsch (1998) hat in einer Metaanalyse religionswissenschaftlicher Forschungen folgende Gegenstände identifizieren können:

## *3.1. Religiosität (religiosity) bzw. Religiös-Sein (religiousness)*

Religiosität steht als Sammelbegriff für religiöses Bewusstsein, religiöses Erleben, religiöses Verhalten, für die religiöse Grundeinstellung. Damit entspricht er dem Psychischen im Allgemeinen – allerdings unter dem Attribut des (meist unbestimmten) Religiösen. Solche Bestimmungen führen dann dazu, dass religiösen Menschen andere Bewusstseins-, Erlebens- oder Verhaltenszustände zugeschrieben werden, denn sie divergieren ja vom ›Normalen‹, indem diese – wie auch immer –›religiös‹ sind. Ein für mich immer wieder verwunderndes Beispiel hierfür ist Jacob A. van Belzen, der genauso argumentiert, wenn er fragt: »[G]anz generell sollte gefragt werden: In welcher Art von Wirklichkeit bewegt sich ein religiöser Mensch? Gibt es da aus psychologischer Perspektive Gemeinsamkeiten und Unterschiede zu Märchen, Phantasien, Mythen, Wahn, Ideologie und ähnlichen Wirklichkeiten?« (2006, S. 199; 2008).

Jakob van Belzen ist damit jedoch nicht der Einzige, der Religions- und Mythenforschung miteinander verknüpft bzw. beide auf eine vergleichbare Analyseebene hebt. Wer so vorgeht – und das betrifft fast die gesamte (ethnologische) Anthropologie der Religion (vgl. jüngere Übersichten und Einführungen wie z. B. Bowie, 2006; Barnard & Spencer, 2007) – tradiert einen überkommenen Konnex, der sich ideengeschichtlich ins 18., 19. und ins frühe 20. Jahrhundert zurückverfolgen lässt. Damals glaubte man, Religionsgeschichte als Entwicklungsgeschichte (Historiogenese) beschreiben zu können, die (1) dem unilinearen Entwicklungsgedanken folgend von den Mythen zu den Weltreligionen aufsteige (vgl. exemplarisch Wundt, 1905-09) und (2) einer analogen Entwicklung der Ontogenese mit der Phylogenese oder Historiogenese entspräche (vgl. Morss, 1990; Kim, 1997). Hier wäre zu prüfen – und dies gilt auch für Praktiken wie Hexerei und Schamanismus –, ob diese durchaus vorkommenden Phänomene mit dem kompatibel sind, was als religiös beschrieben wird. Letztere sind durchaus im Kontext der Medizin anzusiedeln, d. h. sie können, müssen aber nicht *per se* mit Religion verknüpft sein. Hier gilt es im Sinne der Historischen Anthropologie statt von einem übergreifend gleichen inhaltlichen Phänomen von historisch variablen und kulturell unterschiedlichen Phänomenen auszugehen, auch wenn sie auf den ersten Blick ähnlich erscheinen.

Allerdings scheint die Frage Belzens noch etwas anders gelagert zu sein, wenn er Mythos und religiöses Denken mit Wirklichkeit verknüpft und damit evoziert, zwischen religiösen und nicht-religiösen Menschen bestehe eine Wahrnehmungsinkongruenz. Dies kann erstens angesichts der Vielzahl an Menschen, die sich als religiös oder – analog – als nicht-religiös bezeichnen, wohl kein gangbarer Weg der Psychologie sein. Und zweitens ist angesichts der experimentellen psychologischen Forschung an den biologisch bedingten Wahrnehmungsprozessen wohl kaum zu zweifeln. Maximal infrage gestellt werden kann also nicht die Wirklichkeit, sondern deren (nachträgliche) Interpretation.

Die Kehrseite der Medaille lässt sich mit einem Zitat von Bernhard Grom belegen, der schreibt: »Religiöse Gefühle unterscheiden sich einzig in ihrer kognitiven Komponente, durch ihre Bewertungen, Überzeugungen und Inhalte, durch ihre Intentionalität von anderen Gefühlen und sind dadurch als religiös gekennzeichnet« (1992, S. 249). Lehnt man also ab, dass Religion mehr als eine Perspektive auf die Welt ist, so gelangt man zu dem Schluss, dass ›religiös‹ eigentlich nur eine Unterkategorie des ›Normalen‹ ist. Und diese Vorgehensweise ist die am häufigsten anzutreffende in der psychologischen Religionsforschung, wobei das Attribut ›religiös‹ je nach Kontext ganz Unterschiedliches bedeuten kann: Anzahl der Gottesdienstbesuche, christliches Moralsystem (z. B. Oser & Gmünder, 1996; Oser, 2004), veränderte Gefühlswelt etc. Religion wird somit zerlegt, auf einen Ausschnitt reduziert und – bestenfalls – werden diese Befunde in Beziehung zueinander gesetzt. Allerdings ist schon die damalige »zergliedernde Psychologie« ihrem Ziel, die Gesamtheit der Psyche zu erfassen, nicht nähergekommen. Empirische Befunde allein sprechen noch nicht für sich – wir sind *After the fact* (Geertz, 1996) und brauchen deshalb eine angemessene Theorie.

Grundsätzlich kann man die Begriffe ›Religiosität‹ (*religiosity*) bzw. ›Religiös-Sein‹ (*religiousness*) verwenden, jedoch macht dies nur dann Sinn, wenn hinreichend verstanden wird, was das Bindestrichwörtchen ›religiös‹ bedeutet bzw. auf welchen konkreten psychischen Gegenstand es gerichtet ist. Allein wie Kirkpatrick & Hood zu fordern, »alternative Rahmenmodelle zur Untersuchung der religiösen Motivation, Überzeugung und des religiösen Verhaltens in Betracht zu ziehen« (1990, S. 460), erscheint nicht fruchtbar, da das eigentliche Problem bleibt, auch wenn als potenzielle Modelle einer psychologischen Erfassung der Religiosität die Bindungstheorie, die Attributionstheorie und das Modell der Religiosität als Bewältigungsverhalten vorgeschlagen werden. Insbesondere die Konstruktion *Religiosität als* z. B. Lebensstil (vgl. Streib, 1997) erlebt analog zur Ausdifferenzierung der Bindestrichwissenschaften seit den 1990er Jahren Konjunktur. Allerdings operieren diese Modelle auf der gleichen Ebene der Zergliederung und umgehen die Herausforderung einer Zusammenschau (Theorie) der Religion. Wenn man so vorgeht, muss man sich bewusst sein, dass man mit einer mehr oder weniger aussagekräftigen *Analogie* arbeitet und nicht etwa ein in der Tat ähnliches oder gleiches Phänomen vor sich hat. So kann man durchaus das Funktionieren eines Ameisenstaates studieren, diesen aber als Modell für *den* Staat schlechthin zu setzen, überstrapaziert den Vergleich. Gleiches gilt für Staatszeremonien, die wie religiöse Rituale anmuten, oder Gefühle, die wie religiöse zu sein scheinen, wenn Massensportarten die Menschenmenge erfassen (Stichwort: ›Fußball ist Religion‹).

## 3.2. *Spiritualität/Frömmigkeit (in Anlehnung an William James ›private Religion‹)*

In der Literatur wird Spiritualität als »Gestaltwerdung eines Glaubens im Alltag, seine Lebenspraxis« (vgl. Sudbrack, 1992, 2002; Ruhbach, 1988; Thilo, 1990; Barth, 1993) bezeichnet. Oft findet man auch den Begriff der ›gelebten Religion‹ (vgl. Daiber & Lukatis, 1991) oder in klassischerer Formulierung ›persönlichen Religion‹, worunter James »THE FEELINGS, ACTS, AND EXPERIENCES OF INDIVIDUAL MEN IN THEIR SOLITUDE, SO FAR AS THEY APPREHEND THEMSELVES TO STAND IN RELATION TO WHATEVER THEY MAY CONSIDER THE DIVINE« versteht (James, 1902, Online-Zitat). Auch hier ist nicht eindeutig, was »Gestaltwerdung des Glaubens« meint, denn darunter können sowohl die privaten und sozialen Verhaltensweisen eines gläubigen Menschen als auch dessen Grundhaltung, die sich in allen Facetten seines Lebens auswirkt, gefasst werden. In der Regel wird in der empirischen Forschung zur Spiritualität oft eine Nähe zum soziologischen Modell des ›Lebensstils‹ erkennbar (vgl. Barth, 1993, 12f.), womit aber meines Erachtens die existenzielle Dimension der Religion verflacht und verfehlt wird. Religion ist nicht nur eine Weltanschauung, in ihr kristallisiert sich mehr, das nicht durch eine andere Weltanschauung (z. B. ökologischer Lebensstil) substituiert werden kann.

Für die Psychologie scheint Spiritualität somit kein brauchbares Konzept zu sein, denn wie bei Religiosität ist das, was darunter gefasst wird, zu weitläufig – wenn der Akzent, wie hier, auf soziale Phänomene gesetzt wird. Zudem lässt sich einwenden, dass der Begriff seinen spezifischen Bezug auf ›Religion‹ eingebüßt hat und heute auf Erlebnisse bei und im Umgang mit Esoterik, fernöstlichen Entspannungstechniken (z. B. Qigong) oder der *New Age* Bewegung Anwendung findet (vgl. Moré, 2006), da offensichtlich ähnliche Motive hierfür zugrunde liegen.

### 3.3. *Transzendenzerfahrung*

Da Transzendenz an sich eine philosophische Kategorie ist, bietet es sich für die Psychologie an, *Erfahrungen der Transzendenz* zu untersuchen. Transzendenzerfahrung wird definiert als »Innere Wahrnehmung des menschlichen Bezogenseins auf eine überweltliche, unendliche Wirklichkeit, vermittelt durch die Erkenntnis der menschlichen Endlichkeit« (Utsch, 1998, S. 91). Grundsätzlich mit der Kategorie einverstanden, findet sich in der Literatur jedoch eine problematische Verengung dessen, was man als Transzendenz begreift. Diese rührt direkt aus der theologischen Tradition der Religionsforschung, die anschaulich eine Definition zu einem ontologischen Begriff erhebt: die Bezogenheit von Mensch und Gott. Insofern ist es auch nicht verwunderlich, dass die meisten empirischen Untersuchungen hierzu die Frage nach dem Gottesverhältnis der Probanden stellen, statt nach Grunderfahrungen der Transzendenz – und der mit ihr verbundenen Grenzerfahrungen – zu fragen, wie dies unter anderem Luckmann (1991) getan hat, der Transzendenz in drei Stufen aufteilt: Kleine Transzendenzen, die das Biologische übersteigen (Selbstbewusstsein), mittlere Transzendenzen, die die eigene (psychische) Unmittelbarkeit übersteigen (z. B. das Innenleben einer anderen Person), und große Transzendenzen, die sich auf etwas beziehen, das nur als Verweis auf eine andere, außeralltägliche und als solche nicht erfahrbare Wirklichkeit erfasst wird.

So sympathisch und horizontöffnend eine solche Konzeption ist, steht und fällt sie mit der Plausibilität des phänomenologischen Erfahrungsbegriffs – und dieser wurde bereits grundlegend von Habermas (1981; vgl. auch Hahn, 1994) kritisiert. In den Worten von Popp-Baier: »Wenn man beim Erfahrungsbegriff nicht bei den Bewusstseinsleistungen eines egologischen, von der Welt getrennten Subjektes anknüpft und letztlich Erfahrung als Konstitutionsleistung eines ›biologischen Organismus‹ konzipiert, sondern wenn man [...] davon ausgeht, dass ›Ich‹ mich immer schon als Teil einer Umwelt und Mitwelt erfahre und verstehe, dass ich nicht einmal mein ›Ich‹ in Abgesetztheit erfahre, sondern dabei immer schon der Umwelt verhaftet bin (vgl. Heidegger, 1995), dann verschwinden die Transzendenzen [...]. Damit verschwindet dann aber auch die Erfahrungsgrundlage, welche die Klassifikation der Vielfalt der verschiedenen Phänomene als *religiöse* hätte legitimieren können« (2009, S. 18).

Man kann aber auch – und das ist gleichermaßen herausfordernd – anders mit dem Bezogensein des Menschen umgehen, wie dies Utsch (1998) versucht hat. Die von ihm als anthropologische Grundbestimmungen des Menschen erfassten Kategorien Intentionalität, Perspektivität, Historizität, Reflexivität und Leiblichkeit sieht er nicht als eigenständige Prinzipien, sondern als Ausprägungen eines »einheitlich anthropologischen Funktionsprinzips« (ebd., S. 67) der Bezogenheit: Intentionalität als Bezogenheit zur Welt, Perspektivität auf Bedeutung/Sinn hin, Historizität auf Zeit, Reflexivität auf sich selber und Leiblichkeit auf den eigenen Leib. Was er allerdings vergisst oder so nicht in das Modell einbindet, ist die Dimension Gottes oder der Transzendenz, denn ich erhebe Religiosität als Rückbezüglichkeit (›re-legere‹) zu einem Nicht-Immanenten ebenso zu einem anthropologischen Grundmoment und ordne sie in seine Reihung ein.

| **Merkmal** | **bezieht sich auf** |
|---|---|
| Intentionalität | Welt |
| Perspektivität | Sinn und Bedeutung |
| Historizität | Zeit |
| Reflexivität | Ich |
| Leiblichkeit | Körper |
| Religiosität (re-legere) | Transzendenz / Gott |

Tabelle nach Utsch (1998, S.65ff.); letzte Dimension LAN

## 3.4. *Glaube*

Auch diese mir sympathische Kategorie ist weitgehend für die Psychologie dadurch diskreditiert worden, dass sie in Anlehnung an die christliche Theologie sehr speziell gefasst und verengt wurde. So wird Glaube in der Literatur oft als »[i]ndividuelle Antwort auf die Betroffenheit durch eine Wirklichkeit, die den Menschen ›unbedingt‹ angeht« (Utsch, 1998, S. 92; vgl. Tillich, 1961), gefasst. Warum Glaube als ein unbedingter Bezug auf die »Betroffenheit durch eine Wirklichkeit« konzipiert sein muss, bleibt anthropologisch weitgehend unhinterfragt. Glaube kann und sollte man aber weiter und offener definieren, z. B. als persönliche Sinngebung des Daseins, wobei man damit allerdings wieder in Abgrenzungsschwierigkeiten bzw. Verengungen zu und auf den Weltanschauungsbegriff gerät. Ob die von Jürgen van Oorschot und mir entwickelte Definition, Glaube sei »das unbedingte Vertrauen oder Sich-Verlassen auf etwas oder jemanden, wissenschaftlich relevant meist in Gestalt der selbstverständlichen Voraussetzungen eigenen Denkens, Fühlens und Lebens, thematisierbar in der Frage nach der fundamentalen Anthropologie« (Oorschot & Allolio-Näcke, 2006, Abs. 3), eine mögliche psychologische Alternative ist, bleibt zu diskutieren. Festzuhalten ist, dass in dem zu Unrecht von der akademischen Psychologie verfemten Glaubensbegriff das größte anschlussfähige Potenzial liegt.

## 3.5. *Mystik*

Mystik wird als ein intensiv-religiöses Einheitserlebnis begriffen, »jene Form des Gottesumganges, bei der die Welt und das Ich radikal verneint werden, bei der die menschliche Persönlichkeit sich auflöst, untergeht, versinkt in dem unendlichen Einen der Gottheit« (Heiler, 1923, S. 249). Auch hierbei handelt es sich um eine von der christlichen Theologie stark beeinflusste Definition. Allerdings lassen sich wiederum Alternativen finden, die es zu erwägen gilt. Zu denken ist etwa an solche Dinge, wie das sogenannte Flow-Erleben (vgl. Rheinberg, 2006; Csíkszentmihályi, 2008), das den Menschen als bewusstes Ich aufhebt und mitreißt. Im Alltag relevante Parameter wie Zeit und Raum werden plötzlich – wenn nicht irrelevant – so zumindest unwichtig, sodass die Person mit dem eigenen Tun oder dem eigenen Zustand verschmilzt. Allerdings wäre dann Mystik eine bestimmte Form des Flow-Erlebens, nämlich wenn ein Transzendenzbezug vorliegt. Folgt man dieser Subsumtion, dann müsste man die Frage nach einer eigenständigen Religionspsychologie zurückweisen. Zudem – und dies wiegt schwerer – würde man Religion auf ein zu kleines Moment menschlicher Erlebensfähigkeit reduzieren, wenn man Mystik zum Untersuchungsgegenstand erwählt.

## 3.6. *Das Heilige/Numinose/Ultimate/Absolute/ganz Andere*

Hierbei handelt es sich um »[r]eligionswissenschaftliche Begriffe zur Beschreibung einer überweltlichen, *transzendenten* Wirklichkeit« (Utsch, 1998, S. 93). Religion wäre dann psychologisch betrachtet »erlebnishafte Begegnung mit dem Heiligen und antwortendes Handeln des vom Heiligen bestimmten Menschen« (Mensching, 1938, S. 18f.). Solche Begriffe sind m. E. für die Psychologie als Kategorien ausgeschlossen, da sie das, was psychische Realität bedeutet, überschreiten. Zudem treffen sie ontologische Aussagen über das, was vom Menschen her nicht erfasst, sondern seriöser Weise von psychologischer Seite nur als Grenze bzw. Grenzbegriffe beschrieben werden kann.

## 3.7. *(Religiöse) Kontingenz*

Kontingenz ist eine anschlussfähige Kategorie, die allerdings in der Psychologie bisher kein Pendant hat, da der Zusammenhang, auf den sie sich bezieht, psychologisch bisher nicht ausreichend erfasst wurde: der Zusammenhang zwischen Geschehnis und Deutung (*contingence* = Endlichkeit, Geschichtlichkeit, Zufälligkeit; vgl. Müller, 1989, S. 45). Dass es diesen Zusammenhang gibt, weiß die Psychologie, eine suffiziente Theorie hierzu wurde bisher jedoch nicht vorgelegt. Erklärungen wie bei Utsch, reichen in diesem Zusammenhang nicht aus, wenn er schreibt: »Weil es das Sicherungsbedürfnis des Menschen beruhigt, jedes Lebensereignis in einen subjektiv stimmigen, sinnvollen Begründungs- und Erklärungszusammenhang zu bringen, weisen die unerklärlichen Menschheitsfragen – Frankl (1983, 236) spricht z. B. von der ›tragischen Trias‹ Leid, Schuld und Tod – auf die Möglichkeit einer *transzendenten* Deutung hin« (1998, S. 94). Damit wäre zwar der Sinngebungsakt erklärt, nicht aber das Handeln einer Person, das diesem vorausging. Will man dieses nicht aus der psychologischen Theoriebildung ausschließen, bedarf es geeigneter Modelle, die Handlung und Deutung miteinander psychisch vermitteln. Einen interessanten Ansatz hierzu bietet Barbara Zielke (2004), wobei dieser nur angedeutet, nicht jedoch ausgearbeitet wird.

Hat Nancy Tuana (2006) *nicht willkürlich verfügbares* oder *nicht mental repräsentiertes Wissen* als Teil und Ergebnis von veränderlichen sozialen Praktiken der Suche nach ›Evidenzen‹ sowie ihrer Begründung und Bewertung herausgestellt, geht Zielke weiter, indem sie zusätzlich die Dimension des Körpers ins Spiel bringt. Dies tut sie allerdings weiterführend und anders als die bisherige anthropologische Forschung dies problematisiert hat. In diesen Kontexten taucht der Körper entweder selbst als Symbol auf (vgl. Bowie, 2006) oder wird nicht als selbstständiger Träger von religiösem Wissen verstanden, sondern als Teil eines Rituals in den Blick genommen (vgl. Bowen, 2008).

Ausgehend von den psychologischen Wissensbegriffen (propositionalem und prozeduralem bzw. explizitem und implizitem) gelangt Zielke zu der Erkenntnis, dass all diesen Formen die Dimension des Alltagswissens bzw. Umgangswissens als kulturelles, soziales und praktisches Wissen entgeht; mehr noch, letztendlich lässt sich auch das als implizit bzw. prozedural gefasste Wissen auf propositionales bzw. explizites Wissen zurückführen, denn »prozedurales Wissen erhält seinen eigenen Status [...] nur durch seinen Referenten, nämlich ›Tun‹. Die Repräsentation betreffend unterscheidet prozedurales Wissen sich vom deklarativen Fakten- und Regelwissen nur durch eine gewisse Automatisierung des Abrufs der für die Handlung notwendigen Regeln. [...] Diese Regeln selbst liegen [...] jedoch wieder als sicheres Wissen vor, da sie gerade durch ihre spezifische Struktur einer ›Wenn-dann-Aktion‹ *genau festlegen*, wie die Handlung unter bestimmten Bedingungen auszuführen ist« (Zielke, 2004, S.

61f.). Demnach gilt: Wissen und Nichtwissen bleiben in der Psychologie Dimensionen des abstrakten Denkens und werden als abstrakte Lern- oder Vergessensvorgänge gefasst. Intelligenz aber braucht einen Körper, wie schon Hubert Dreyfus (1993, S. 658) zutreffend feststellte.

Da Wissen auch in anderen Formen vorliegen kann, z. B. in sozialen Praktiken und eher durch ›Mitmachen‹ im Sprachspiel (vgl. Zielke, 2004, S. 246) als über abstrakte Begriffe erlernt wird, stellt sich für Zielke die Frage nach der Lokalisation von praktischem Wissen beim Individuum. Sie kommt zu dem Schluss: Da »[d]as praktische Wissen [...] nicht dem handelnden Subjekt für sich allein und intentional verfügbar, aber auch nicht [...] Element anonymer Strukturen ist« (ebd., S. 341), muss es im Körper lokalisiert werden: Es ist »die *inkorporierte* Erfahrung des Subjekts mit der sozialen Welt« (ebd.), die Pierre Bourdieu (1979) mit seinem *Habitusbegriff* beschreibt. Wenn der Habitus sowohl Erfahrung, Subjekt als auch Welt umfasst, »gewährleistet er auch einen gewissen Grad an individueller Auslegung der sozialen Regeln, die, indem sie über den *Habitus* inkorporiert werden, in eigene, subjektive Konstruktionen umgeformt werden« (Zielke, 2004, S. 341), und ist in der Lage, das bisher unvollständig erscheinende psychologische Programm des individuellen Wissens um die Frage der *Leiblichkeit* zu ergänzen. Der Körper handelt entsprechend dem ihm innewohnenden Wissen, das erst im Nachgang reinterpretiert und gedeutet werden muss.

## 3.8. *Fazit*

Insofern bedarf es mit Popp-Baier nicht nur einer »eindeutige[n] Beschreibung von *Religion*«, sondern darüber hinaus des Mutes, eigenständig systematisch-theoretisch zu denken, statt die Lösung des religionspsychologischen Theorieproblems in der Übernahme einer Antwort zu suchen, die für ein anderes Problem formuliert wurde (vgl. Foucault, 1994, S. 268), wie das bei den meisten Theorien der Art ›*Religion als...*‹ der Fall ist. Deshalb soll im Dialog mit den vorliegenden Theorien zur Religiösen Entwicklung aus den Theologien wie aus jüngeren kulturpsychologischen Kontexten ein eigener theoretischer Ansatz entwickelt werden, der auf eine Definition des ›*Religiösen als...*‹ verzichtet und stattdessen mit Blick auf die Phänomenebene argumentiert. Da es aber notwendig sein wird, dasjenige, was beschrieben werden soll, zu benennen, um sprachfähig zu bleiben, werde ich den Gegenstand der Einfachheit halber mit dem umfassendsten Begriff bezeichnen, nämlich mit ›Religion‹ selbst. Dieser ist weit genug, um all das zu erfassen, was phänomennah in den Zugehörigkeitsbereich fällt: Glauben, religiöse Sprache, (religiöse) Praktiken, (religiöses) Erleben, Urteilen und Denken, Emotionen, soziale Beziehungen, moralische wie weltbildliche Anschauungen etc. Im Laufe der Argumentation wird sich nämlich zeigen, dass –

wenn man am Alltag der Menschen entlang beschreibt – sich keiner der Utschschen Gegenstände als geeignet herausstellt, privilegiert untersucht zu werden, weil ein Herauslösen eines einzelnen Phänomens dieses ebenso entstellt wie das Ganze der religiösen Praxis aus dem Blick geraten lässt.

# 4. Religion als Gegenstand theologischer Entwicklungstheorien

Wenn man sich nun auf einen dieser Gegenstände einigen und diesen zum psychologischen Untersuchungsgegenstand erheben würde, so stellen sich dem Entwicklungspsychologen die sich anschließenden Fragen: Wie entwickelt sich Religion beim Menschen? Individuell und/oder kollektiv? Und entwickelt sie sich bei jedem Menschen gleich (dies wäre die anthropologische Frage)?

Zwar ließe sich gerade auf die letzte Frage eine Reihe von berühmten Persönlichkeiten aus Psychologie, Soziologie und Ethnologie nennen, die belegen, dass Religion ein allgemeinmenschliches Phänomen ist, aber nur wenige haben eine Entwicklungstheorie derselben vorgelegt. Als Psychologe hatte sich Wilhelm Wundt daran versucht, jedoch keine individualpsychologische Theorie entworfen, sondern eine völkerpsychologische (1900-1920) – und diese würde unseren heutigen Wissenschaftskriterien nicht mehr gerecht (s. o.).

Allen drei Wissenschaften ist aber gemeinsam, dass sie Religion als anthropologische Konstante des Menschen bejahen (vgl. exemplarisch Durkheim, 1981). Bisher ist keine menschliche Kultur entdeckt worden, die nicht religiöse Elemente (tradiert zumeist als soziale Artefakte wie Kultgegenstände) entwickelt hätte. Dennoch sollte man zweifeln (dürfen), ob es sich hierbei immer um Religion handelt, hat doch André Leroi-Gourhan (1981) überzeugend dargelegt, dass viele als religiös interpretierte archäologische Befunde der Vorgeschichte ganz profane Grundlagen hatten, statt in ein religiöses Ritual- oder Deutungsmuster eingebunden zu sein.

Ebenso sollte man behutsam sein, wenn man auf die individuelle Ebene wechselt und Religion als eine menschliche Konstante postuliert, so wie es die kulturvergleichende Forschung lehrt. Ein in zwei Kulturen gleiches Phänomen muss nicht die gleichen Ursachen und Zwecke haben, ebenso wie unterschiedliche Phänomene gleiche Ursachen und Zwecke haben können (vgl. Allolio-Näcke, 2005, Abs. 21ff.). Damit kann man zwar postulieren, dass es auf kollektiver Ebene wahrscheinlich Religion in allen Kulturen ab dem Beginn der Sesshaftigkeit gibt, ob diese sich jedoch in allen Kulturen und bei jedem Menschen gleich entwickelt, bleibt offen.

Drittens sollte man mit unilinearen und einfachen Ableitungen zurückhaltend sein, denn aus den Schriften Wygotskis (1972) wissen wir, dass das Denken ontogenetisch nicht immer das Gleiche ist, was wir als Erwachsene unter Denken verstehen. Erst die Verbindung von Denken und Sprache macht es zu dem, was uns dann als Erwachsene entgegentritt. Insofern müssen die immer wieder postulierten ›strukturellen Wurzeln‹ der Religiosität, nämlich die »affektiven Grunderfahrungen von Aufgehobenheit, Versorgtsein, Vertrauen und Anerkennung«

(Utsch, 1998, S. 216f.) diesbezüglich gründlich hinterfragt werden. Bisher geschieht dies von keinem mir bekannten Ansatz.

Alle bisher verfügbaren Modelle gehen davon aus, dass Religion ein universelles Phänomen ist, das sich in der Entwicklung des Individuums gleich ausprägt. Bevor einige dieser Modelle vorgestellt werden, seien wenigstens die zwei wichtigsten Vorläufer erwähnt: sowohl David Elkind (1961, 1962, 1963) als auch Ronald Goldman (1964), die an Piaget orientierte Entwicklungsmodelle vorgeschlagen haben. Elkind legte drei Untersuchungen zu verschiedenkonfessionellen Kindern im Alter von 5-14 Jahren vor, die trotz der unterschiedlichen Konfessionen erstaunliche Gemeinsamkeiten aufwiesen. Goldman konnte Gleiches in Bezug auf das Bibelverständnis zeigen. Da ihre Arbeiten aber überholt und quasi von den neueren Ansätzen ›inkorporiert‹ wurden, wird auf eine dezidierte Darstellung verzichtet.

| **Piaget – kognitive Entwicklung** | **Goldman – Entwicklung des rel. Denkens** |
|---|---|
| **Präoperationale Phase**<br>Anschauliches Denken in Symbolen; zu keiner Perspektivübernahme fähig (Egozentrismus); Rigidität des Denkens (Zentrierung auf einen Aspekt): präkausales Denken; Anthropomorphismus; magisches Denken (Animismus); Artifizialismus | **Intuitives religiöses Denken**<br>Religiöse Inhalte werden unsystematisch, fragmentiert und häufig in magischer Weise erfasst; Gott wird anthropomorph gedacht; häufig transduktive Schlussfolgerungen |
| **Konkret-operationale Phase**<br>Konkreter Objektbezug; Fähigkeit. Dinge nach verschiedenen Aspekten zu ordnen; direkter Vergleich mit Anfassen; konkrete Denkoperationen (*der* Hund); kein Problem mehr mit Klassen, Zahlen, Serien; hypothetisch-deduktives Denken | **Konkretes religiöses Denken**<br>Magische und animistische Elemente verschwinden; religiöse Konzepten werden in einer zunehmend in einer zusammenhängenden und objektiven Weise verstanden – obwohl ihre symbolisch-metaphorische Natur nicht verstanden wird |
| **Formal-operationale Phase**<br>Probleme können vollständig auf hypothetischer Ebene gelöst werden; logische Schlussfolgerungen, geistiges Variieren von Variablen (Kombinatorik) | **Abstraktes religiöses Denken**<br>Religiöse Konzepte werden in hypothetisch-deduktiver Weise reflektiert, wobei Symbole auch als Symbole verstanden werden |

Rechter Teil der Tabelle nach Oser, Scarlett & Bucher (2006, S. 958)

## 4.1. *Entwicklung der religiösen Persönlichkeit bzw. des religiösen Bewusstseins bzw. des religiösen Urteils*

Das wichtigste und am häufigsten diskutierte Modell im europäischen Forschungskontext ist die Theorie der *Entwicklung des religiösen Urteils*, das von seinen Schöpfern, Fritz Oser und Paul Gmünder, erstmals 1978 anlässlich des Kongresses der Arbeitsgemeinschaft Katholischer Katechetikdozenten vorgestellt und seither mehrfach modifiziert sowie empirisch untersucht wurde. Bei diesem Stufenmodell handelt es sich um ein universalistisches *strukturgenetisches Modell*, d. h. die religiöse Denk*struktur* entwickelt sich trotz verschiedener Glaubensinhalte in allen Religionen und auch bei Nicht-Glaubenden gleich. »Wir postulieren [...]: Die Tiefenstruktur religiöser Identität und die grundsätzliche Entwicklungssequenz sind universell« (1988, S. 23). Elemente religiöser Denkstrukturen wären z. B. Sinnschaffung, Hoffnung und Transzendenz.

Als religiöses Urteil bezeichnen Oser und Gmünder ein »subjektives Muster der Beziehung des Menschen zu einem Letztgültigen (Gott)« (1988, S. 15), besser noch die Beziehungstrias von Subjekt-Letztgültiges-Subjekt. Dieses subjektive Urteil ist entwicklungsspezifisch, denn obwohl sich jeder Mensch dieselben Fragen stellt »Theodizee, Weltentstehung, Leid und Tod, Chance und Glück« (ebd., S. 16), fallen die Antworten in unterschiedlichen Lebensaltern anders aus. Dabei lässt sich in zwei Ebenen differenzieren: Struktur und Inhalt. »Inhaltlich spiegelt sich dies wider in der Herausarbeitung einer religiös fundierten Sinnerschließung, einer religiös fundierten politischen Anschauung, einer religiös fundierten Kosmologie und Metaphysik, einer religiös fundierten Ethik, eines religiös fundierten Engagements am anderen Menschen« (ebd.). Allerdings, so die strukturgenetische Annahme, ist der Inhalt lediglich Ausdruck der strukturellen Entwicklung und wirkt nicht auf die zugrundeliegenden Strukturen zurück. Entwicklung verläuft also unterhalb der sprachlichen Ebene. D. h. auf struktureller Ebene »geschieht es dadurch, dass die Wieder-in-Beziehungsetzung eines Letzten, eines Unbedingten zum jeweiligen Ich in einer neuen Situation je neu geleistet wird« (ebd.).

Um eine solche Struktur zu begründen, postulieren Oser und Gmünder analog zu Piagets mathematischer, logischer Mutterstruktur eine religiöse Mutterstruktur, die »nach Abzug aller logischen, ontologischen, moralischen, sozialen, kulturellen Formen und Partikel religiös ist« (1988, S. 58). Das heißt, »Sinn und Zweck dieses Unterfangens besteht darin, einen religiösen Bereich zu postulieren, der nicht mehr auf etwas anderes zurückgeführt werden kann« (ebd.). Es handelt sich bei einer Mutterstruktur um nicht mehr hintergehbare kognitive Grundstrukturen, aus denen sich alle (Unter-)Strukturen ableiten lassen, so z. B. bei der logisch-mathematischen Struktur die Entwicklung der Mengenbegriffe, des Zeitbegriffs, der logischen Operationen etc. Religion, genauer hier die Relation zum Ultimaten, wird somit als eine in sich selbst begründete Entwicklung postuliert, die sich unabhängig von der Sozialisation, von kulturellen Praktiken, sprachlichen Einkleidungen etc. vollzieht.

Nach Oser und Gmünder vollzieht sich diese strukturelle Entwicklung als unilineare Stufenfolge, die nicht-umkehrbar ist und somit Regressionen ausschließt. Auch hierfür ziehen sie, um den Entwicklungsprozess zu beschreiben, die von Piaget erarbeiteten Kriterien heran, die dazu dienen, eine Stufe von einer anderen zu unterscheiden. Diese Kriterien sind: (1) Qualitative Verschiedenheit, (2) unumkehrbare Sequenzialität, (3) strukturierte Ganzheit jeder einzelnen Stufe und (4) hierarchische Differenzierung und (Re)Integration (1988, S. 75). In einer späteren Publikation von 1992 finden sich zusätzliche entwicklungspsychologische bzw. strukturgenetische Gesetzmäßigkeiten: je höhere Reversibilität[35], Selbstregulierung, Nichtüberspringbarkeit, Transformation, Subsumption (1992, S. 69).

Folgende Stufen lassen sich nach dem Modell unterscheiden:[36]

| **Entwicklungsstufen des religiösen Urteils** |
|---|
| Stufe 0: *Perspektive der Innen-Außen-Dichotomie.* Das Kind weiß, entweder ich bewirke, oder etwas wirkt auf mich. Es ist noch ganz innen oder ganz außen. Vom kognitiven Standpunkt aus ist dies eine vorreligiöse Haltung. |
| **Stufen der Abhängigkeit** |
| Stufe 1: *Orientierung an absoluter Heteronomie (Deus ex machina).* Das Letztgültige greift aktiv in die Welt ein; der Mensch erlebt sich als reaktiv. |
| Stufe 2: *Orientierung an »do ut des«* (»Ich gebe, damit du gibst«). Das Letztgültige wird noch als allmächtig angesehen, aber der Mensch kann auf das Letztgültige einwirken. |
| **Stufen der Loslösung** |
| Stufe 3: *Orientierung an absoluter Autonomie* (Deismus). Der Mensch ist selbst verantwortlich für die Welt und sein Leben. Das Letztgültige wird entweder bewusst in seiner Existenz bestritten oder in einen eigenen Zuständigkeitsbereich verwiesen.<br>Beginnender Atheismus steht oft einer ›orthodoxischen‹ Ausprägung des Urteils gegenüber (Oser, 1992, S. 68) |
| Stufe 4: *Orientierung an vermittelter Autonomie und Heilsplan.* Die Freiheit des Menschen wird wieder an ein Letztgültiges zurückgekoppelt. In den Wirrnissen des eigenen Lebens wird ein sinnhafter Plan erkannt. |

35 »Höhere Reversibilität meint ein je differenzierteres, freieres und intensiveres Kommunikationsverhältnis Subjekt-Subjekt-Letztgültiges«. Es meint auch eine »flexiblere Aufnahme von konkreten religiösen Inhalten« (1988, S. 102).

36 In der Literatur finden sich verschiedenste Varianten der Stufen, insbesondere im Hinblick auf ihre qualitative Bestimmung. Interessant ist, dass die Stufe 6 teils mit hinzugerechnet, teils nur als wahrscheinlich postuliert wird.

| **Stufen der kommunikativen Integration** |
|---|
| Stufe 5: *Orientierung an religiöser Intersubjektivität.* Völlige Vermittlung von Letztgültigem und Dasein; es wird eine universelle Perspektive eingenommen, die andere Religionen und Kulturen einschließt; es bedarf keiner äußeren Organisation mehr, um religiös zu existieren. |
| Stufe 6: *Orientierung an (universaler) Kommunikation und Solidarität*, und zwar unter voller Beachtung und Integrierung ihres indikativischen Status. Empirisch nicht bewiesen, nur postuliert.[37] |

Allerdings lassen sich der Natur der Sache gemäß strukturelle Entwicklungen nicht *per se* erfassen, sondern können nur sprachlich, das heißt auf der Inhaltsebene, erschlossen werden. Insofern entsprechen die in der Tabelle wiedergegebenen qualitativen Beschreibungen der Stufen dem inhaltlichen Aspekt des religiösen Urteils von dem auf die dahinterliegende Struktur geschlossen wird. Erstere erheben Oser und Gmünder, indem sie einer Versuchsperson (VPN) zu einer Dilemmageschichte (s. u.) spezifische Fragen (semi-klinisches Methode = halbstandardisiertes Interview) stellen und die VPN in verschiedenen Lebensphasen unterschiedliche Antworten gibt. Exemplarisch sei hier das sogenannte Paul-Dilemma wiedergegeben (insgesamt verwenden Oser und Gmünder acht verschiedene Dilemmageschichten, von denen im Wesentlichen immer wieder drei benutzt werden: Paul-, Hiob- und das Wechseldilemma; die Paul-Geschichte ist allerdings die prominenteste und zur Erhebung meist benutzte).

> »Paul, ein junger Arzt, hat soeben sein Staatsexamen mit Erfolg bestanden. Er hat eine Freundin, der er versprochen hat, dass er sie heiraten werde. Vorher darf er als Belohnung eine Reise nach England machen, welche ihm die Eltern bezahlen. Paul tritt die Reise an. Kaum ist das Flugzeug richtig aufgestiegen, meldet der Flugkapitän, dass ein Motor defekt ist und der andere nicht mehr zuverlässig arbeitet. Die Maschine sackt ab. Alle Sicherheitsvorkehrungen werden sofort getroffen – Sauerstoffmasken, Schwimmwesten usw. werden verteilt. Zuerst haben die Passagiere geschrien, jetzt ist es totenstill. Das Flugzeug rast unendlich schnell zur Erde. Paul geht sein ganzes Leben durch den Kopf. Er weiß, jetzt ist alles zu Ende. In dieser Situation denkt er an Gott und beginnt zu beten. Er verspricht – falls er gerettet wird –, sein Leben ganz für die Menschen in der Dritten Welt einzusetzen und seine Freundin, die er sehr liebt, sofern sie ihn nicht begleiten will, nicht zu heiraten. Er verspricht, auf ein großes Einkommen und Prestige in unserer Gesellschaft zu verzichten. Das Flugzeug zerschellt auf einem Acker – doch wie durch ein Wunder wird

[37] Hierzu Oser in einem Interview 1989: »(E)s gibt keine Möglichkeit, eine Person auf Stufe 6 zu interviewen. Denn damit würde ich sie aus der Meditation bzw. aus der totalen Einigkeit mit Gott gerade herausreißen und in die Metakognition über diesen Prozess herunterzerren. Das wäre nicht nur unethisch, sondern würde auch nichts bringen, denn in dem Moment, in dem ich diese Struktur abrufe, ist sie nicht mehr da. Auf den niedrigeren Stufen brauche ich zwar die Strukturen auch, um die Welt zu bewältigen; dort aber kann ich sie abrufen, nicht aber auf der mystischen Stufe. Mit aller Klarheit muss gesagt sein, dass die oberste mögliche Stufe von Theologen und Religionsphilosophen bearbeitet werden muss – und nicht von einem Empiriker« (Bucher & Reich, 1989, S. 246).

Paul gerettet! Nach seiner Rückkehr wird ihm eine gute Stelle in einer Privatklinik angeboten. Er ist aus 90 Anwärtern aufgrund seiner Fähigkeiten ausgewählt worden. Paul erinnert sich jedoch an sein Versprechen, das er Gott gegeben hat. Er weiß nun nicht, wie er sich entscheiden soll« (1988, S. 119). Soll Paul sein Versprechen an Gott halten? Warum oder Warum nicht?

Die im Anschluss an das Paul-Dilemma von der VPN gegebenen Antworten lassen sich nun anhand von sieben Dichotomien bewerten, wobei mit zunehmender Entwicklung »ein je qualitativ ›besseres‹, adäquates Gleichgewicht der Begriffspaare ermöglicht« wird (1988, S. 41). Die betreffenden Dichotomien, von denen Oser und Gmünder meinen »universelle religiöse Deutungsmuster zu beschreiben« (ebd., S. 43f.), sind folgende:

| |
|---|
| Heiliges vs. Profanes |
| Transzendenz vs. Immanenz |
| Freiheit vs. Abhängigkeit |
| Hoffnung (Sinn) vs. Absurdität |
| Vertrauen vs. Angst |
| Dauer (Ewigkeit) vs. Vergänglichkeit |
| funktional nicht Durchschaubares (Unerklärlich Geheimnisvolles) vs. funktional Durchschaubares (Kontrollierbares) |

Aus den Bewertungen berechnen Oser und Gmünder dann in einem aufwändigen Verfahren den sogenannten *Religious Maturity Score* (RMS) einer Person, um diese in ihrem Entwicklungsverlauf abbilden und sie mit anderen vergleichen zu können. D. h. ein qualitatives Maß wird in ein quantitatives Maß umgesetzt, um ›harte Daten‹, wie sie allein in der ›Mainstream-Psychologie‹ zählen, zu erhalten.[38] Zwar hatten Oser & Gmünder diesen Wert zum Zwecke von Interventionsstudien entwickelt, d. h. religionspädagogisch Menschen zu helfen und zu begleiten, auf eine höhere Stufe zu wechseln (vgl. Oser, 2004, S. 29), doch hat sich die Anwendung der RMS-Werte im Laufe der Zeit verselbstständigt. Hatte Oser 1989 noch in einem Interview die Kritik an diesem Wert und seiner Ermittlung zugestimmt und die Anwendung desselben zur Ermittlung der erreichten Stufe zurückgenommen – unter anderem wegen der von Burgard (1989, S. 113) zu

38 Es ist generell zu beobachten, dass Oser & Gmünder die neuesten methodischen Trends anwenden – wenn auch verspätet im Vergleich zur Psychologie. Allerdings werden die Analysen und vor allem die Ergebnisse nicht besser, nur weil man methodisch *up-to-date* ist. Ganz im Gegenteil entstanden so Aufsätze, die nicht hätten publiziert werden sollen (hierzu Oser selbst in Bucher & Reich, 1989, S. 252) oder aber die in ihrer Aussage sehr ›dünn‹ sind (bspw. Di Loreto & Oser, 1996).

Recht vorgetragenen Skalenniveaudiskrepanz[39] –, so wendet er diesen Wert bis heute dennoch weiterhin an (vgl. bspw. Di Loreto & Oser, 1996). Dies führt insbesondere bei internationalen Vergleichsstudien zu fragwürdigen Schlussfolgerungen, wenn sie auf diesen Werten basieren (vgl. Di Loreto & Oser, 1996, Räsänen, 2003) und die RMS-Werte bis in den Zehntel-Bereich interpretieren – auch wenn diese, laut Oser, zur Einstufung der Personen keine Aussagekraft haben. Die zunehmende Orientierung an den sich verändernden Methoden in der Psychologie (seit Mitte der 1990er Jahre z. B. das Testen von Hypothesen, Signifikanztests, Korrelationen etc.; vgl. Oser, Fetz, Reich, & Valentin, 2003; Schenker & Reich, 2003)[40], ohne die die Studien bisher ausgekommen waren, kann nicht darüber hinwegtäuschen, dass hier der Interpretationsspielraum zugunsten der wissenschaftlich-verantworteten Zurückhaltung bevorzugt wird.

Oser und Gmünder deuten das unterschiedliche Antwortverhalten in Bezug auf die genannten Dichotomien als Entwicklungsprozess des religiösen Urteils, der mit zunehmendem Alter »qualitativ komplexer und integrierter« (1988, S. 18) oder »autonomer, differenzierter und universeller« (Oser, 1988, S. 48) und in Bezug auf die Mensch-Letztgültiges-Relation gesprochen »inniger, integrierter und ideografischer« (ebd.) wird. Diese Postulate beruhen auf empirischer Überprüfung, die allerdings nur für die ersten 5 Stufen vorliegen, weder die Stufe 0 noch 6 sind empirisch geprüft. Allerdings legten die »gewonnenen und reformulierten Stufen 1-5 [...] es dann aber doch von der immanenten Entwicklungslogik her nahe, eine mögliche Stufe 6 zu postulieren [...]. Da diese Stufe nicht empirisch überprüfbar war, besitzt sie vorläufig ›nur‹ postulatorischen und regulativen Charakter« (1988, S. 94f.) – und daran hat sich bis zum heutigen Tage nichts geändert, obwohl seither eine Vielzahl von empirischen Untersuchungen zum Entwicklungsmodell des religiösen Urteils vorgelegt wurden.

Zentralkriterium der religiösen Entwicklung des religiösen Urteils ist die Beziehung zum Letztgültigen. »Anders formuliert ist das religiöse Urteil Ausdruck jenes Regelsystems einer Person, welches in bestimmten Situationen das Verhältnis des Individuums zum Ultimaten überprüft. Es ist nicht notwendig, dass dieses Verhältnis in jeder wichtigen Situation überprüft wird, aber es ist möglich. [...] Jede Person verfügt also über einen Satz von Regeln, die sich selbst aktivieren, wenn die Person in das erwähnte Verhältnis zum Ultimaten (Gott) tritt. Die Person aktiviert also durch den Akt des religiösen Urteilens religiöse Strukturen, um eine bestimmte kontingente Wirklichkeit in einer bestimmten Weise

---

39 »Die berechneten RMS-Werte (Religious Maturity Score) beanspruchen Intervallskalenniveau, die Stufen des religiösen Urteils allerdings ›nur‹ Ordinalskalenniveau« (Burgard, 1989, S. 113).

40 »Auch die moderne Religionspsychologie stand und steht vor ähnlichen Problemen. Sie hat sich u. a. deshalb mit Energie dem Instrumentarium moderner empirischer Psychologie geöffnet, weil sie so aus dem Geruch eines bloßen Zuliefererbetriebes für partikulare kirchliche Interessen herauskommen konnte (Paloutzian, 1983; Meadow & Kahoe, 1984)« (Heimbrock, 1988, S. 193).

zu integrieren« (1988, S. 28). Dennoch scheint es zwingende Situationen zu geben, die eine Verbindung zum Ultimaten bzw. die Aktualisierung des je eigenen Verhältnisses zu ihm erfordern. Als solche benennen Oser und Gmünder: (1) Auseinandersetzungen mit Kontingenzsituationen, (2) Sinngebung bezüglich des eigenen Lebens, (3) Interpretation religiöser Botschaften, (4) Beten oder innere, meditative Zwiegespräche (vgl. S. 1988, S. 48). Während sich die beiden ersten tatsächlich universell begründen lassen, zumindest was die Differenz Atheist/religiöser Mensch betrifft, scheinen die beiden letzteren Situationen eher auf den religiösen Menschen beschränkt. Einer solchen Interpretation kommen die Autoren allerdings zuvor, indem sie feststellen: Eine »Situation hat anthropologische, zwischenmenschliche und transzendente Dimensionen, ob nun die Person das wahrnimmt oder nicht« (1988, S. 29f.). Danach unterhält auch der atheistische Mensch – ob er will oder nicht – nach wie vor Beziehungen zum Ultimaten (zur Kritik s. u.).

## 4.2. *Kritik an der Theorie der Entwicklung des religiösen Urteils*

### 4.2.1. Alleinstellungsmerkmal/unabhängige Mutterstruktur

Einer der zentralen Kritikpunkte an der Theorie Osers und Gmünders ist sicherlich die grundlegende Anfrage an das Modell, in welcher Relation es zu den einzelnen Entwicklungstheorien steht, auf die sich Oser und Gmünder stützen und ob diese dem Projekt zuträglich oder entgegengesetzt sind.

Um ihre These der universalen unilinearen Entwicklung des religiösen Urteils abzusichern, bedienen sie sich gleich drei psychologischer Entwicklungsmodelle, die sie zur Grundlage und Referenz nehmen: (1) Piagets strukturgenetischen Ansatz, (2) Eriksons Modell der psychosozialen bzw. Identitätsentwicklung und (3) Kohlbergs Modell der Moralentwicklung – wobei sie nur den Rückgriff auf (1) und (3) explizit offenlegen, derjenige auf (2) erfolgt in einer Fußnote (1988, S. 20) sowie im Anhang (ebd., S. 220f.). Je nach Argumentationsverlauf bedienen sie sich eklektizistisch verschiedener Elemente aus den Theorien und kombinieren sie.

#### *a) Genereller Bezug:*

Nun lässt sich fragen, in welchem Verhältnis die Entwicklung des religiösen Urteils zu den bereits erwähnten anderen Entwicklungstheorien steht, umfasst doch die religiöse Dimension sowohl soziale als auch moralische Anteile. Zunächst unterscheiden Oser und Gmünder generell, welches Relationsverhältnis des Subjekts von der jeweiligen Theorie erfasst wird. Dieses lässt sich wie folgt darstellen:

| Intelligenzentwicklung (Piaget) | Moralentwicklung (Kohlberg) | Religiöse Entwicklung |
|---|---|---|
| Subjekt-Objekt-Bezug | Subjekt-Subjekt-Bezug | Subjekt-Letztgültiges-Subjekt-Bezug[41] |

Der wesentliche Unterschied besteht also darin, dass es sich beim Relationsverhältnis nicht um eine Dyade, sondern eine Triade handelt, die eher am Sozialmodell, denn am Objektmodell orientiert ist, was – verständlicher Weise – eine Reihe von Kritiken, insbesondere im Hinblick auf Bezüge zur Piagetschen Theorie ausgelöst hat. Denn damit stellt sich die Frage nach der generellen Vergleichbarkeit beider Theorien (Objektbezug vs. Letztgültiges, das eben nicht als Objekt gedacht werden kann). So kritisiert Clark Power grundlegend: »Die Schwierigkeit in der Verwendung eines Piagetschen Ansatzes zur Untersuchung religiöser Konzepte hat m. E. mit der *Natur des Gegenstands* zu tun. Gott oder das Ultimate ist kein Objekt wie die anderen endlichen Objekte, und die Piagetschen Methoden, die zur Untersuchung der Beziehung zwischen Objekten – seien es physische oder soziale Objekte – eingesetzt werden, müssen modifiziert werden« (1988, S. 122; vgl. Zwergel, 1989, S. 53.).

Als zweites Unterscheidungskriterium führen Oser und Gmünder die Sequenzialität der Entwicklungen der Teilbereiche an. »Entscheidend ist, dass sich die Bezugsfelder durchdringen, d. h. dass also der dritte Bezug für ein und dieselbe Wirklichkeit ohne die beiden ersten sinnlos ist. Trotzdem ist es möglich, Denkmuster für jeden Bezug struktural zu isolieren. [...] Die entworfene Hierarchie bezieht sich auf die dritte, die religiöse Entwicklung, wenn sie auch die ersten beiden Bezugssysteme impliziert« (Oser, 1988, S. 69). Das heißt, die Entwicklung des religiösen Urteils läuft der Intelligenzentwicklung wie der moralischen Entwicklung nach, denn diese müssen bereits fortgeschrittener sein als die jeweilige Stufe im Oser-Gmünder-Modell, da sie Voraussetzungen der religiösen Entwicklung sind. Wie allerdings dann das Postulat der Unabhängigkeit der Mutterstruktur aufrechterhalten werden kann, müssen sich die Autoren fragen lassen. Es gelingt ihnen nicht, diese Unabhängigkeit suffizient zu begründen. Einmal versuchen sie sich auf den Definitionsanteil zurückzuziehen, wenn sie

41 Später taucht unverständlicher Weise immer Subjekt-Subjekt-Letztgültiges auf, ohne dass dies erklärt wird. Nur ein Satzfehler oder mit tieferer Bedeutung?

feststellen: »Moral hingegen beschäftigt sich mit anderen Fragen, nämlich damit, ob die Zuteilung von materiellen und geistigen Gütern nach einer bestimmten Reversibilität erfolgt, also nach Prinzipien, die generalisierbar sind. Die Aussage, dass sich Kontingenzbewältigung [...] nicht auf Moral reduzieren lässt, dies, obwohl oder gerade weil religiöses Handeln immer auch schon moralisches Handeln beinhaltet, hängt von der jeweiligen Definition ab, was das eine oder das andere sei« (1988, S. 59). Oder aber sie geben – außer theologischen Spekulationen – keine suffiziente Abgrenzung bzw. Gegenstandsbestimmung an, um zu dem – kryptischen – Schluss zu kommen: »Als Ontogenese religiösen Bewusstseins ist die stufenweise Entfaltung und Differenzierung dieser Dimension aber etwas Eigenständiges, von anderen Strukturbereichen klar Unterscheidbares« (1988, S. 60). Warum die Autoren hier allerdings von Bewusstsein[42] – an anderer Stelle sprechen sie auch synonym von der *Entwicklung der religiösen Persönlichkeit* bzw. *Entwicklung der religiösen Identität* – und nicht (mehr) vom Urteil sprechen, bleiben sie den Lesern als Antwort schuldig, mögen sich auch hierfür zwei Gründe anführen lassen. Zum einen dient dies der Zurückweisung einer spezifischen Nähe zum Kohlbergschen Entwicklungsmodell der Moral, das, wie ich noch zeigen werde, eine sehr enge Vorlage für das *religiöse Urteil* darstellt. Zum anderen resultiert der ›Bezeichnungsmix‹ vermutlich aus der Konfusion mit dem jeweiligen Referenzmodell, dass Oser und Gmünder für verschiedene Zusammenhänge zugrunde legen: So rekurriert – wie bereits ausgeführt – das religiöse Urteil auf die Entwicklungstheorie des moralischen Urteils von Lawrence Kohlberg, die Identitäts- und Persönlichkeitsentwicklung verweist auf die Identitätstheorie Erik H. Eriksons und die Bewusstseinsentwicklung auf die Theorie der Intelligenzentwicklung Jean Piagets. Dass allerdings die Theorien des Urteilens, der Persönlichkeits-, Bewusstseins- und Identitätsentwicklung dabei ganz unterschiedliche ontologische Grundannahmen zugrunde legen, lassen die Autoren unerwähnt.

### *b) Piaget*

Piagets Entwicklungsmodell (1976, 1977, 1978) sieht vor, dass es zu einem Wechsel von einer niedrigeren auf eine höhere Stufe kommt, wenn Erfahrungen nicht mehr in die vorhandenen Strukturen/Begriffe integriert werden können (Assimilation). Diese Diskrepanz löst eine Veränderung auf der relativ ›trägen‹ Strukturebene aus, sodass diese umgeformt werden muss. Piaget nennt diesen Prozess

---

42 »Allerdings ist [...] festzuhalten, dass die Strukturtheorie religiöser Entwicklung nicht das ganze religiöse Bewußtsein einer Person zu fassen vermag, auch wenn ich darauf insistiere, dass dieser Ansatz doch relevante Sinnschaffungsprozesse festzuhalten vermag« (Oser, 1988, S. 87).

»Akkomodation«. Obwohl Oser und Gmünders Modell im Wesentlichen auf diesen strukturgenetischen Annahmen beruht,[43] postulieren sie für das religiöse Urteil einen anderen Transformationsprozess: den der (Identitäts-)Krise (Eriksons Modell). »Letztlich sind Indikatoren dieser Transformation immer Krisen, in denen etwas aufgegeben wird und etwas neues entsteht« (1988, S. 20). Weder verwendet Piaget den Begriff der Krise noch findet sich im Eriksonschen Modell der Rückgriff auf Piagets strukturgenetischen Ansatz. Vielmehr ist Piagets Zugriff ein biologistisch *struktur*genetischer. Nicht umsonst sind die Begriffe Assimilation und Akkomodation der Biologie entlehnt, während Eriksons Modell – psychoanalytisch inspiriert – auf sozialer Ebene und damit auf der *Inhalts*seite operiert. D. h. die Gründe, die für die jeweiligen Tranformationen (Entwicklungsstufen) angenommen werden, können nicht gegensätzlicher sein, was jedoch kein Hindernis für Oser und Gmünder zu sein scheint, beides in einem Modell zu vereinen. Im konkreten Falle hieße das, eine Argumentation aus dem psychosozialen Modell Eriksons als Begründung für einen biologistischen Entwicklungsschritt anzuführen, wie folgendes Zitat zeigt: »Für die Stadien sind die lebensgeschichtlichen Erfahrungen bedeutungsvoll. Sie bewirken vermutlich den Wandel von einem Stadium zum anderen. Eine neue, höhere Struktur bedingt eine Ausdifferenzierung noch zu nennender Merkmale, aber auch eine breite Integration des Beziehungsaspekts« (ebd., S. 25f.). Damit erheben sie ein inhaltliches Kriterium (Bedeutung) zu einer Struktur und begehen damit denselben Fehler, wie einst Lawrence Kohlberg, der ab einer bestimmten Stufe seiner Arbeit, Eriksons Ideen neu bewertet, uminterpretiert und gewichtig in sein Modell eingearbeitet hat (vgl. Kohlberg, 1979). Dafür handelte er sich eine Reihe harter und berechtigter Kritik ein, die im Wesentlichen darin konvergiert, dass er die strukturale Ebene verlassen (vgl. Gibbs, 1979) und mit den Eriksonschen Ideen Inhalte zu Strukturen erklärt hatte, woraus Ethnozentrismus (vgl. Simpson, 1974; Vine, 1986) sowie ideologische und geschlechtsspezifische Einseitigkeit (vgl. Gilligan, 1984; Sullivan, 1977; Shweder, 1982) resultierten.

Neben der von Clark Power geäußerten generellen Kritik, ob es sich bei Piagets Gegenständen nicht um etwas fundamental Anderes gehandelt habe, als beim Ultimaten angenommen werden muss, wirft Nicola Slee Oser und Gmünder zu Recht vor, mit ihrem Rekurs auf die ›reine Lehre‹ Piagets nicht auf dem Theoriestand der Zeit zu sein: »Überdies akzeptieren viele Untersuchungen kritiklos Piagets Darstellung der kognitiven Entwicklung als Norm und übertragen sie unterschiedslos auf Daten zum religiösen Denken. Nur sehr wenig wurde von der zunehmenden Kritik an Piaget und von post-piagetschen Entwicklungen in der [...] Psychologie Notiz genommen« (1988, S. 142). Hierbei ist zuallererst an Lew S. Wygotskis Reformulierung der Piagetschen Entwicklungslogik zu denken, die erstens die Entwicklungslinie vom egozentrischen, egologischen Individuum

43 Vgl. die Verwendung von Assimilation und Akkomodation (1988, S. 25); ebenso wie das Äquilibrationsprinzip im Allgemeinen (ebd., S. 27 und 224).

zum sozialen Menschen vom Kopf auf die Füße stellt als auch der Sprache statt den kognitiven Strukturen den Primat einräumt, indem die Inhalte auf die Strukturen wesentlich einwirken, deren Entwicklung prägen und somit keine Unabhängigkeit postuliert werden kann – letztlich würde dann auch das für Oser und Gmünder wichtige Postulat der Universalität hinfällig.

Hatte Piaget zudem die allgemeine Entwicklung in der Logik vom Subjektiven/Undifferenzierten hin zum Objektiven/Differenzierten beschrieben, ergänzt der Kulturpsychologe Ernst E. Boesch diese Entwicklungslogik um den parallelen Prozess der ›sekundären Subjektivierung‹: »Die rationale Umwelt wird in dem Maße in einer neuen Weise subjektiv, als wir sie mit handlungsrelevanten Bedeutungen erfüllen« (Boesch, 1980, S. 96). Damit ist auch Boeschs zentrales Anliegen, die subjektiven *Sinnstrukturen*, die mit einer (Wieder)Aneignung der Umwelt einhergehen, zum Hauptthema der Psychologie zu erheben, klar. Für das Modell von Oser und Gmünder bedeutet dies nicht nur – wie sie auch annehmen –, dass die Mensch-Letztgültiges-Relation mit zunehmenden Alter »inniger, integrierter und ideografischer« (Oser, 1988, S. 48) wird, sondern es müsste darüber hinaus auch die sozial gewünschte und von der Intelligenzentwicklung abhängige Kommunikationsfähigkeit »qualitativ komplexer und integrierter« (ebd., S. 18) oder »autonomer, differenzierter und universeller« (ebd., S. 48) werden sowie die ›Regression‹ auf sehr subjektive, undifferenzierte Sichtweisen der Relation zulassen. Das korrespondiert zumindest mit Befunden an älteren und sehr alten Menschen (vgl. Koenig, 1994) ebenso wie mit literarischen Beschreibungen der z. B. christlichen Mystik, wie sie sich bspw. bei Theresa von Avila finden, die das Ultimate nicht abstrakter erlebt, sondern vielmehr und zunehmend körperlich bis dahin, dass sie sexuellen Verkehr mit dem Ultimaten zu ihren Erfahrungen zählt (vgl. Werbik, 2007, S. 282f.). Wenn Oser und Gmünder feststellen, »(d)ie religiöse Mutter-Struktur beinhaltet damit ein ganz spezifisches Rationalisierungspotential, sie bewegt sich auf einem spezifischen Niveau der *Sinn-Frage*, indem sie als Letztberufungsinstanz nicht nur Orientierungsbedürftigkeit, sondern in der Frage nach absolutem Sinn auch dem fundamentalen Rechtfertigungsbedürfnis des Menschen Ausdruck verleiht« (1988, S. 63), so kann man ihnen zu Recht eine einseitige Verengung auf die *Ratio* und die Vernachlässigung z. B. der Affekte vorwerfen: »Beide, Piaget und Kohlberg, konzentrieren sich bei der Untersuchung der menschlichen Entwicklung auf den Aspekt der *Logik* [...]. Für sie sind die Stufen der kognitiven und moralischen Entwicklung dadurch bestimmt, in welchem Maße sich diese Stufen der voll ausgebildeten Logik annähern oder sich von dieser unterscheiden. Die Theorien der religiösen Entwicklung von Fowler und Oser übernehmen diese rationale Konstruktionsweise einer Stufenhierarchie, die auf Logik gründet« (Schweitzer, 1988, S. 267; vgl. auch Ebert, 1981, S. 462; Fraas, 1983, S. 105; 1984, S. 81; Grom,

1981, S. 133; Schweitzer, 1985, S.321).[44] Statt allein auf den ›absoluten Sinn‹ zu setzen, würde ihnen Boesch den subjektiven Sinn entgegenhalten, der weitaus wichtiger für das menschliche Handeln ist, denn nur dieser ist in der Lage kontextabhängig Lebensereignisse zu deuten und in die je eigene Biografie einzuordnen. ›Absoluter Sinn‹ dagegen bewegt sich auf einer generellen heilsgeschichtlichen Dimension, die im alltäglichen Umgang mit den Dingen und Herausforderungen des Lebens nur sehr wenig zu tun hat, wollte man nicht in einen Fatalismus verfallen oder an eine Omnipräsenz göttlichen Handelns und Eingreifens glauben und sich somit jeder Handlungsfähigkeit berauben.

### *c) Kohlberg*

Zum Verhältnis der Entwicklungstheorie des moralischen Urteils zu derjenigen des religiösen Urteils ließe sich wohl inzwischen ein eigenes Buch schreiben, wollte man alle Aspekte berücksichtigen, die es kritisch zu hinterfragen gilt. Ich werde, mich auf die wichtigsten beschränken, nämlich auf die Fragen, was Gegenstand der Theorie Osers und Gmünders ist und was ihr Instrumentarium misst.

Um diese Aspekte zu verdeutlichen, habe ich beide Stufenmodelle inkl. der Stufenbeschreibungen zunächst parallelisiert, was wie folgt ausfällt:

| **Religiöses Urteil** | **Moralisches Urteil** |
|---|---|
| Stufe 0: *Perspektive der Innen-Außen-Dichotomie.* Das Kind weiß, entweder ich bewirke oder etwas wirkt auf mich. Es ist noch ganz innen oder ganz außen. Vom kognitiven Standpunkt aus ist dies eine vorreligiöse Haltung. | Stufe 0: transzendentale Basis für moralische Urteile |
| **Stufen der Abhängigkeit** | **Präkonventionelle Ebene** |
| Stufe 1: *Orientierung an absoluter Heteronomie (Deus ex machina).* Das Letztgültige greift aktiv in die Welt ein; der Mensch erlebt sich als reaktiv. | Stufe 1: *Orientierung an Strafe und Gehorsam.* Die von Autoritäten gesetzten Regeln werden befolgt. |
| Stufe 2: *Orientierung an »do ut des«* (»Ich gebe, damit du gibst«). Das | Stufe 2: *instrumentell-relativistische Orientierung »do ut des«* (»Ich gebe, damit |

[44] Noch aus einer anderen Richtung wird Kritik an der Theorie und ihrer Ratio- oder Logikorientierung geübt: vonseiten der Psychoanalyse, die moniert, es werde die Dimension des Unbewussten vernachlässigt (vgl. Englert, 1985, S. 355; Fraas, 1984, S. 81; Mette, 1983, S. 213).

| | |
|---|---|
| Letztgültige wird noch als allmächtig angesehen, aber der Mensch kann auf das Letztgültige einwirken. | du gibst«). Erkenntnis der Gegenseitigkeit menschlichen Verhaltens. |
| **Stufen der Loslösung** | **Konventionelle Ebene** |
| Stufe 3: *Orientierung an absoluter Autonomie* (Deismus). Der Mensch ist selbst verantwortlich für die Welt und sein Leben. Das Letztgültige wird entweder bewusst in seiner Existenz bestritten oder in einen eigenen Zuständigkeitsbereich verwiesen.<br>Beginnender Atheismus steht oft einer ›orthodoxischen‹ Ausprägung des Urteils gegenüber (Oser, 1992, S. 68) | Stufe 3: *interpersonale Konkordanz – »good boy«-Orientierung.* Erwartungen anderer werden erkannt, man will selbst Erwartungen anderer entsprechen. |
| Stufe 4: *Orientierung an vermittelter Autonomie und Heilsplan.* Die Freiheit des Menschen wird wieder an ein Letztgültiges zurückgekoppelt. In den Wirrnissen des eigenen Lebens wird ein sinnhafter Plan erkannt. | Stufe 4: *Orientierung an Gesetz und Ordnung.* (An)Erkenntnis der Bedeutung moralischer Normen für das Funktionieren einer Gesellschaft. |
| **Stufen der kommunikativen Integration** | **Postkonventionelle Ebene** |
| Stufe 5: *Orientierung an religiöser Intersubjektivität.* Völlige Vermittlung von Letztgültigem und Dasein; es wird eine universelle Perspektive eingenommen, die andere Religionen und Kulturen einschließt; es bedarf keiner äußeren Organisation mehr, um religiös zu existieren. | Stufe 5: *legalistische Orientierung am Sozialvertrag.* Moralische Normen werden hinterfragt und nur solche anerkannt, die gut begründet sind.<br>Nur 25% der Menschen erreichen diese Stufe. |
| Stufe 6: *Orientierung an (universaler) Kommunikation und Solidarität*, und zwar unter voller Beachtung und Integrierung ihres indikativischen Status.<br>Empirisch nicht bewiesen, nur postuliert. | Stufe 6: *Orientierung am universalen ethischen Prinzip.* Moralbegründung orientiert sich an der zwischenmenschlichen Achtung, dem Vernunftstandpunkt. Konflikte sollen argumentativ gelöst werden.<br>Nur weniger als 5% erreichen diese Stufe. |

Stufe 7: transzendentale Begründung von moralischen Urteilen (Religiosität), erst hier wird es möglich grundlegende Probleme wie das Leiden Unschuldiger zu lösen.[45]

Jedem dürfte auffallen, dass sowohl das Stufenmodell generell als auch die inhaltlichen Stufenbeschreibungen, wenn nicht parallel, so doch sehr nahe zueinander verlaufen. Wollte man es überspitzt formulieren, so kann man sagen, Oser und Gmünder haben das Kohlbergsche Modell lediglich durch den Bezug auf das Ultimate (re)formuliert, wobei der Sozialbezug zum Transzendenzbezug transformiert wird. So ist der Mensch auf der Stufe 1 stets reaktiv und befolgt entsprechende Vorgaben; auf der Stufe 2 wächst ihm Handlungsspielraum zu; auf den Stufen 3 und 4 wird ein das Individuum übergreifender ›Plan‹ als notwendig erkannt; und Stufe 5 (Oser) und 6 (Kohlberg) zielen auf eine Koexistenz und wechselseitige Anerkennung. Die Stufe 3 im Modell Osers und Gmünders nimmt eine Sonderstellung ein, über die es eine breite Debatte gibt und die weiter unten ausführlich dargestellt wird.

Zurecht lässt sich nachfragen, wo denn der grundlegende Unterschied zwischen beiden Modellen liegt und ob nicht trotz des Transzendenzbezugs lediglich erneut moralisches Urteilen abgefragt wird (vgl. z. B. Grom, 1986, S. 70; Neuenzeit, 1985, S. 203; Schmidt, 1984, S. 34, Bukow, 1989, S. 71). Diese Anfrage wird vor allem dadurch unterstützt, dass sich Oser und Gmünder auf die gleiche Methodik einlassen, die auch Kohlberg anwandte, um das Urteil zu erfassen. Auch hier soll eine Parallelisierung der verwendeten Dilemmata als erster augenscheinlicher Zugriff dienen:

| **Das Paul-Dilemma** | **Das Heinz-Dilemma**[46] |
|---|---|
| »Paul, ein junger Arzt, hat soeben sein Staatsexamen mit Erfolg bestanden. Er hat eine Freundin, der er versprochen hat, dass er sie heiraten werde. Vorher darf er als Belohnung eine Reise nach England machen, welche ihm die Eltern bezahlen. Paul tritt die Reise an. Kaum ist das Flugzeug richtig aufgestiegen, meldet der Flugkapitän, dass ein Motor defekt ist und der | »Eine Frau, die an einer besonderen Krebsart erkrankt war, lag im Sterben. Es gab eine Medizin, von der die Ärzte glaubten, sie könne die Frau retten. Es handelt sich um eine besondere Form Radium, die ein Apotheker in der gleichen Stadt erst kürzlich entdeckt hat. Die Herstellung war teuer, doch der Apotheker verlangte zehnmal mehr dafür, als ihn die Produktion gekostet hatte. Er hatte 2.000 Dollar für das Radium bezahlt |

45 Vgl. Kohlberg, 1995c, S. 117-122.

46 Aus: Kohlberg, Lawrence (1995). *Die Psychologie der* Moralentwicklung. Frankfurt am Main: Suhrkamp.

andere nicht mehr zuverlässig arbeitet. Die Maschine sackt ab. Alle Sicherheitsvorkehrungen werden sofort getroffen – Sauerstoffmasken, Schwimmwesten usw. werden verteilt. Zuerst haben die Passagiere geschrien, jetzt ist es totenstill. Das Flugzeug rast unendlich schnell zur Erde. Paul geht sein ganzes Leben durch den Kopf. Er weiß, jetzt ist alles zu Ende. In dieser Situation denkt er an Gott und beginnt zu beten. Er verspricht – falls er gerettet wird –, sein Leben ganz für die Menschen in der Dritten Welt einzusetzen und seine Freundin, die er sehr liebt, sofern sie ihn nicht begleiten will, nicht zu heiraten. Er verspricht, auf ein großes Einkommen und Prestige in unserer Gesellschaft zu verzichten. Das Flugzeug zerschellt auf einem Acker – doch wie durch ein Wunder wird Paul gerettet! Nach seiner Rückkehr wird ihm eine gute Stelle in einer Privatklinik angeboten. Er ist aus 90 Anwärtern aufgrund seiner Fähigkeiten ausgewählt worden. Paul erinnert sich jedoch an sein Versprechen, das er Gott gegeben hat. Er weiß nun nicht, wie er sich entscheiden soll« (1988, S. 119).

Soll Paul sein Versprechen an Gott halten? Warum oder Warum nicht?

und verlangte 20.000 Dollar für eine kleine Dosis des Medikaments. Heinz, der Ehemann der kranken Frau, suchte alle seine Bekannten auf, um sich das Geld auszuleihen, und er bemühte sich auch um eine Unterstützung durch die Behörden. Doch er bekam nur 10.000 Dollar zusammen, also die Hälfte des verlangten Preises. Er erzählte dem Apotheker, dass seine Frau im Sterben lag, und bat, ihm die Medizin billiger zu verkaufen bzw. ihn den Rest später bezahlen zu lassen. Doch der Apotheker sagte: ›Nein, ich hab das Mittel entdeckt, und ich will damit viel Geld verdienen.‹ Heinz hat nun alle legalen Möglichkeiten erschöpft; er ist ganz verzweifelt und überlegt, ob er in die Apotheke einbrechen und das Medikament für seine Frau stehlen soll.«

Sollte Heinz das Medikament stehlen oder nicht?

Was die beiden machen ist, dass sie den Probanden ein Dilemma vorlegen, das nicht nur ein innerweltliches Problem wie bei Kohlberg thematisiert, sondern dessen Hauptmerkmal die Beziehung einer Person zu einem Letztgültigen (Gott) ist. Allerdings, so insbesondere die Kritik von Clark Power, der gemeinsam mit Lawrence Kohlberg zum Thema Religion und Moral publizierte (vgl. Power & Kohlberg, 1980; Kohlberg & Power, 1981), bleibe auch mit dem Adressatenwechsel das Grundproblem erhalten: ein moralischer Konflikt, nämlich der, ein Versprechen einzuhalten oder es zu brechen. Das Problem ändert nicht sein Wesen, nur weil das Ultimate ins Spiel kommt. Und deshalb sind einige Stufen der Oser-Skala in Wahrheit moralische und nicht religiöse Stufen – insbesondere die

Grundstufen 1 bis 3. Das deshalb, weil auf diesen Stufen konkrete Handlungsentscheidungen erforderlich sind und keine Reflexionen »über die Beziehung des Endlichen und Natürlichen zum Unendlichen und Übernatürlichen« (Power, 1988, S. 113) stattfinden, die erst ab Stufe drei eine Rolle spielen. Dennoch argumentiert er geschickt, denn er erkennt das Dilemma grundsätzlich als religiöses an, moniert aber, die »wichtigste strukturelle Schwäche von Osers Theorie [...], dass alle seine Daten anhand von Dilemmata gewonnen sind, die ausschließlich *religiös-moralische Fragen* aufwerfen« (ebd., S. 117) – oder anders ausgedrückt: Oser und Gmünder reduzieren Religion auf den tatsächlich vorhanden moralischen Aspekt.

Weitergehend fordert Power die Überprüfung, »ob ein Individuum bei der Lösung verschiedener religiöser Probleme, die nichts mit moralischen Fragen zu tun haben, dieselbe Stufe des Urteilens anwendet« (ebd.). Nur dann könne exakt zwischen Moralentwicklung und religiöser Entwicklung unterschieden werden. Bis dahin könne nicht die Rede davon sein, dass Oser und Gmünder ›echte‹ Entwicklungsstufen einer eigenen Struktur entdeckt hätten (vgl. ebd., S. 118).

Oser nimmt diese Kritik auf und verteidigt seine Position wie folgt: Es »ist zu sehen, dass, wenn in der Dilemmageschichte das Wort ›Gott‹ nicht auferscheint und unsere auf die Tiefenstruktur gerichteten Nachfragen sich nicht auf ein Letztgültiges beziehen, viele Probanden das Dilemma anscheinend ohne religiöse Überlegungen zu lösen versuchen. Wenn das Wort ›Gott‹ aber eingebracht wird, so geschieht ein Übergang zu einer ganz anderen, eben religiösen ›Mutterstruktur‹ [...]. Der tiefere Grund für diesen Sachverhalt liegt darin, dass grundsätzlich und letztlich das religiöse Urteil unabhängig von anderen Strukturen ist« (Oser, 1988, S. 78). Damit wäre ›Gott‹ Auslöser eines Grundstrukturwechsels im Denken, was wenig plausibel erscheint. Allenfalls wird eine neue Ebene hinzugenommen, denn logisches und moralisches Urteil werden dadurch nicht ausgeschaltet oder ersetzt.

Es lässt sich abschließend fragen, ob nun das moralische Urteil das religiöse moralische Urteil einschließt oder ob Religion lediglich auf die in ihr *auch* enthaltenen Elemente reduziert wird – einig sollte man sich darüber sein, dass hier nicht Religion, sondern Moral untersucht wird. Insofern eignet sich dieses Modell keineswegs zur Beantwortung der Frage, wie sich das religiöse Urteil entwickelt; gleichzeitig ist es ein Beispiel dafür, wie etwas ›Religiöses‹ untersucht wird, das nicht religiös ist bzw. keine religiöse Grundlage hat.

Der Vollständigkeit halber sei angemerkt, dass Oser und Gmünder selbst nicht immer klar zu sein scheint, was sie mit religiöser Mutterstruktur meinen: Strukturen, Repräsentationen, Disposition, eins oder mehrere? Im dargestellten Beispiel ist das Wort ›Gott‹ (also Inhalt) Auslöser für einen Grundstrukturwechsel. Wenn sie an anderer Stelle aber feststellen: »An dieser dichotomischen Grunderfahrung entzündet sich alle Tätigkeit des theoretischen und praktischen Intellekts: Religion, Mythos, Philosophie, Wissenschaft, Politik, Kunst usw.« (Oser & Gmünder, 1988, S. 63), müssen sie sich fragen lassen, wozu man bei einer

Quelle mehrere Grundstrukturen braucht, wenn sie alle vom Intellekt her gesteuert werden. An wieder anderer Stelle wird die Mutter-Struktur als Handlungsdisposition bezeichnet (ebd., S.66) und an wieder anderer Stelle wollen sie den Begriff der »kognitiven Repräsentation der ›religiösen Wirklichkeit‹ vorbehalten« (ebd., S. 65).

### 4.2.2. Das Struktur-Inhalt-Problem

Ein weiterer wichtiger und umfassende Kritik auslösender Aspekt der Theorie der Entwicklung des religiösen Urteils ist das sogenannte Struktur-Inhalt-Problem, das, seit es struktur-genetische Modelle gibt, zu heftigen Kontroversen geführt hat. Auch heute ist hierzu kein Konsens absehbar, auch wenn Lawrence Kohlberg den Kompromissvorschlag unterbreitet, von ›harten‹ und ›weichen‹ Stufen zu sprechen (vgl. Kohlberg et al., 1983, S. 219f.). In Bezug auf Oser und Gmünders Stufentheorie beanstanden insbesondere Bucher (1986, S. 201ff.), Garz (1989), Grom (1986, S. 70), Schweitzer (1985, S. 323) und Lämmermann (2003, S. 227-230) die Konfusion von Struktur und Inhalt und weisen den Anspruch auf universelle Gültigkeit der Theorie zurück. Es ist wieder Clark Power, der diese Kritik aufnimmt und positiv weiterführt, indem er die Umformulierung der letzten Stufen fordert, »die gegenwärtig mit Hilfe der Begrifflichkeit jüdisch-christlicher Tradition formuliert« sind (1988, S. 115).[47] Weniger behutsam, aber treffender, ist der Theologie-leitet-Theorie-Vorwurf durch Nipkow: »Wenn Oser [...] seine Stufen 4 und 5 beschreibt [...] folgt er einem philosophisch-theologischen Denkmodell, das typisch dort in der protestantischen und katholischen Theologie anzutreffen ist [...], wo man apologetisch versucht, einen nachchristlichen, auf Kant zurückgehenden tranzendentalphilosophischen Denkansatz mit dem Begriff Gottes zu versöhnen. Hierbei wird der biblische Gott zu einer regulativen Idee, zu einem Begriff für ein ›metaphysisches *a priori*‹ (Oser, 1988, S. 54; diese Argumentation generell für alle Stufen nutzend Schweitzer, 1987, 134ff.). Es soll mit logischer Stringenz für die Konstruktion einer ultimaten Instanz und einer durch sie ermöglichten wahrhaft menschlichen Praxis eine denknotwendig gültige Wahrheitsgrundlage liefern« (1988, S. 272).

Nicht ohne Augenzwinkern schlägt Power sodann folgende – bereits weiter oben angemahnte – Grundmodifikation hin zu einer ›Kulturpsychologie‹ vor: »Angesichts der theistischen Einbettung der höheren Stufen ist es wohl angemessener, Fowlers und Osers Theorien als eine Beschreibung der *religiösen Entwicklung von Theisten innerhalb der jüdisch-christlichen Tradition* anzusehen. So

[47] Analog hierzu meint Heimbrock (1985), die höchste Stufe verkörpere das Denken von Philosophie- und Theologieprofessoren – und ist somit keine dem Alltag angemessene Stufenformulierung.

gesehen sollte dann Wygotskis (1972) Ansatz zum entwicklungsbezogenen Enkulturationsprozess mehr Aufmerksamkeit gewidmet werden. Ein solcher Ansatz wird dem Einfluss, den der jeweilige historische und soziale Zusammenhang auf die Entwicklung ausübt, viel besser gerecht als der Piagets« (1988, S. 115).

Wie eine solche Kulturpsychologie aussehen kann, hatte denn auch Döbert angedacht, wenn er die Dimensionen von Inhalt und Funktion – oder anders formuliert Bedeutung und Sinn – in den Mittelpunkt einer Entwicklungstheorie des ›Religiösen‹ stellen will. »Man muss sozusagen über Inhalte und Funktionen gehen, konkreter gesprochen also über gesellschaftlich angebotene ›Schablonen‹ von Sinn (z. B. Gott), die erst durch Strukturentwicklung entziffert werden, und über Bedürfnislagen, auf die religiöser Sinn antwortet, um die gesuchte Verknüpfung herstellen zu können« (1988, S. 144). Alles, was man auf einer solchen Ebene erfasst, sind – und können – nicht Strukturen, sondern nur Oberflächenphänomene sein, und dazu gehört neben moralischem Bewusstsein eben auch religiöse Entwicklung, da sie sich nur *inhaltlich* kennzeichnen lässt. »In unseren Stadienbeschreibungen tauchen diese Objekte (magische Gottheit, personifizierter Gott, *deus absconditus* – LAN) als gegebene, stadienspezifische Elemente auf, die nun weiter verknüpft werden müssen. Und Elemente sind [...] Inhalte von Entwicklungsstadien« (ebd. S. 148) – oder in Piagets eigener Terminologie beschreibt Döbert hier ›Begriffsbildung‹ (vgl. ganz ähnlich Oerter, 1996, S. 36; Seiler & Hoppe-Graf, 1989). Das heißt, die von Oser und Gmünder behaupteten Strukturen sind eigentlich inhaltliche Elemente (Stufenbeschreibungen), während die von ihnen bezeichneten Elemente Funktionen sind (Dichotomien, anhand derer die Stufenbeschreibungen bewertet werden): Freiheit des Menschen, Sinn und Hoffnung, Vertrauen, Todesbewältigung, Kontrolle über die Umwelt etc. (Döbert, 1988, S. 148). Funktionen sind sie deshalb, weil sie Ableitungen einer ›Superfunktion‹ sind, nämlich der der Kontingenzbewältigung – und diese bliebe als einzige über das Leben konstant. So betrachtet, ist denn auch Döberts Fazit und seine Absage an eine Theorie der religiösen Entwicklung nicht verwunderlich: »Wenn Religion es also mit Kontingenzbewältigung zu tun hat, dann muss man eigentlich zu dem Schluss kommen, dass religiöse Entwicklung mit Ich-Entwicklung identisch ist und keiner gesonderten Entwicklungslogik bedarf« (ebd., S. 154).

»Ich weise diese Position zurück. Selbst wenn die Trennung von Struktur und Inhalt nicht vollkommen gelingt, so ist der Kern dieser Entwicklung universalisierbar« (Oser, 1988, S. 82) – kein Wunder, dass Fritz Oser in dieser Vehemenz vor allem diese Kritik zurückweist, denn würde er sie ernst nehmen, wäre nicht nur dem Strukturargument (Religion liegt in der Natur und nicht in der Kultur des Menschen), sondern auch dem Universalismusargument (jeder Mensch ist religiös) der Boden entzogen.

### 4.2.3. Universaler Stufenverlauf

Ein letzter großer Diskussionsstrang lässt sich identifizieren: Die Frage nach der notwendigen Stufenabfolge (unilineare Entwicklung) und die damit verbundene Bewertung der höheren Stufe als die ›bessere‹ Stufe sowie der damit einhergehenden inhaltlichen Frage, ob die Stufen 3 bis 5 richtig identifiziert sind (vgl. Fetz & Bucher, 1987; Englert, 1986, S. 266; Schweitzer, 1985, S. 324, Zwergel, 1989, S. 55). Dreh- und Angelpunkt stellt dabei die Stufe 3 dar, die eine Sammelstufe ist und ein weites Spektrum von Menschen umfasst, das von Atheismus und Agnostizismus bis hin zu religiösem Fundamentalismus reichen kann. Gegen die Stufen 4 und insbesondere 5 spricht, dass beide nur von sehr wenigen Menschen erreicht werden. Über Stufe 6 wird im Wesentlichen nicht diskutiert; selbst Oser und Gmünder räumen ein, dass diese Stufe lediglich »postulatorischen und regulativen Charakter« trägt (1988, S. 94f.) – oder anders formuliert eine wünschenswerte Erwartung sei.

Wie bereits erwähnt, nimmt Clark Power insbesondere die Stufen 1 bis 3 als zutreffend an, gibt aber für die dritte Stufe zu bedenken, ob nicht hier eine Konfundierung von Inhalt und Struktur vorliegt, die zwangsläufig dazu führt, dass Atheisten und Agnostiker auf dieser Stufe identifiziert und auf sie ›festgenagelt‹ werden und bleiben. Der schlichte Grund hierfür ist die allgemeine Intelligenzentwicklung des Menschen, die in ein Stadium kommt, wo atheistisches Denken erstmals möglich wird, »weil menschliche Ereignisse nun auf rein säkulare Weise erklärt werden können. Diejenigen, die eine theistische Perspektive aufrechterhalten, müssen sich auf eine Art voluntaristischen Glaubens verlassen, da ihnen die Systemperspektive der Stufe 4 [...] noch fehlt. Alle höheren Stufen ab der vierten beschreiben Möglichkeiten, ein bewusstes Verhältnis zu Gott aufrechtzuerhalten [...]. Durch solche Kriterien werden alle Atheisten und Agnostiker grundsätzlich als Stufe 3 eingestuft. Jedoch sind die Erklärungen, mit denen die einzelnen ihren Atheismus und Agnostizismus rechtfertigen, enorm verschieden« (Power, 1988, S. 118).

Einen generellen ›Bruch‹ meint Zwergel (1989) in der Stufenfolge des religiösen Urteils zu erkennen. Diesen verortet er zwischen der dritten und vierten Stufe, da, wenn die dritte Stufe die Atheismusphase sei, die vierte logischerweise nicht die dritte Stufe in sich aufnehmen könne. Insofern ist Stufe drei, keine Stufe zwischen zwei und vier, sondern ein ›Neuansatz‹ nach dem Scheitern auf Stufe zwei. Das würde auch erklären, warum die Stufe drei zwei ›Extremgruppen‹ umfasst: religiöse Eiferer und Atheisten (vgl. Schweitzer & Bucher, 1989). Nur im ersten Fall kann von der neuen Stufe drei auf vier fortgeschritten werden, während der Versuch, zu einer kohärenten kognitiven Struktur zu gelangen, bei Atheisten scheitert (vgl. Zweigel, 1989, S. 55). Zudem und entgegengesetzt zu Power – und theoretisch plausibler – geht Zwergel davon aus, dass nicht die Stufen 1 bis 3 als Stufen der strengen Stufenkriterien anzusehen sind, sondern die Stufen 4 und 5. Das setzt aber voraus, dass zwischen Stufe 2 und 4 kein Stufenwechsel, also keine echte Transformation, sondern nur eine Filiation stattfindet, wie es Zwergel selbst nennt (1989, S. 55; vgl. zur letzten These Räsänen, 2003, S. 204).

Die Stufe drei wird von vielen anderen Autoren als problematisch identifiziert. Bei Burgard (1989) resultiert die Einstufung der Probanden aus der Verwechslung von Urteilen über religiöse Phänomene mit dem religiösen Urteil, so dass sich auf dieser Mischstufe sowohl religiöse, aber nicht-kirchliche Personen (vgl. Schweitzer & Bucher, 1989, S. 126) als auch Atheisten wiederfinden. Erstere fällen ein religiöses Urteil, letztere beurteilen Religion. Ähnliches behaupten Schweitzer & Bucher, wenn sie von einer Konfundierung der operativen und metakognitiven Entwicklung sprechen, was lediglich bedeutet, dass sich das Urteil auf einer kontinuierlichen Höherentwicklungslogik bewegt oder aber religionskritisch aus dem logischen Abfolgesystem ausschert (vgl. ebd., S. 143f.).

Döbert (1988) identifiziert einen vierten Grund, warum die meisten (westeuropäischen) Menschen, die anhand der Dilemmata-Geschichten untersucht wurden, letztlich auf Stufe 3 verharrten: Das was früher mit Religion verbunden war, nämlich grundsätzlich Kontingenz zu bewältigen, hat sich nun diversifiziert, wird von anderen gesellschaftlichen Bereichen übernommen und macht somit nicht nur Religion und religiöse Überzeugungen überflüssig, sondern auch die Kontingenzbewältigung als solche. Damit vertritt er nicht eine simple (und oftmals falsche) Säkularisierungsthese, sondern führt seine kulturpsychologische Perspektive fort, indem er nicht nur die Kultur, sondern auch die Geschichte des religiösen Urteils anführt (vgl. auch Nipkow, 1988, S. 274, Oerter, 1996, S. 38). So übernahm der moderne Sozialstaat die Gesamtsicherung des Lebens, sodass »Situationen, in denen Kontingenzen bewältigt werden müssen, heute erheblich seltener [...] auftauchen. Die Kontingenzen, die immer noch in den Alltag einbrechen, werden weitgehend von *profanen Agenturen* abgearbeitet (Gesundheitssystem, Therapieangebote) – und genau das fordert das Denken auf Stadium 3« (Döbert, 1988, S. 159). In seinen Augen bliebe der Religion letztlich nur *ein* Spezifikum zuhanden – und dieses muss ein Marker für religiöse Entwicklung bleiben: »Das ›Heilige‹ der substanziellen Religionsdefinition ist eine sehr spezifische Substanz, für die es in letzter Instanz keinen vollen Ersatz gibt. In dem Punkt irrt jede radikal funktionalistische Definition von Religion, stelle sie auf ›Kontingenzbewältigung‹« um (ebd., S. 161f., vgl. auch Oerter, 1996).

Meines Erachtens würde es bereits ausreichen, statt des Ultimaten die letzte Kontingenzbewältigung, die jedem Menschen verblieben ist, in den Mittelpunkt der Untersuchung zu stellen, um eine ›religiöse‹ Entwicklung diagnostizieren und behaupten zu können: Die Frage nach dem Tod. Religion ist und bleibt die einzige Institution, die eine – wenn schon nicht ›befriedigende‹ – so zumindest eine beruhigende Antwort gibt.

Schließlich äußern Seiler und Hoppe-Graf (1989, S. 80ff.) grundsätzliche Bedenken an den Unterscheidungskriterien der Stufen. So merken sie an, dass Oser und Gmünder eher der *Harvard-Schule* um Kohlberg und Selman bei der Definition der Unterscheidungskriterien folgen und nicht denen von Piaget.[48] Daraus ergäbe sich bereits der entscheidende Unterschied, dass Piaget ein Äquilibrationsmodell, das von Oser und Gmünder ein Strukturtransformationsmodell sei (vgl. auch Josephs & Wolgast, 1996).[49] Insofern könne man nicht die gleichen Grundannahmen, warum es zur Transformation komme, voraussetzen. Es sei nämlich ungeklärt, was diesen Vorgang in Oser und Gmünders Modell auslöst; im Falle Piagets ist dieser Prozess klar als Äquilibration (bestehend aus Akkommodation und Assimilation) benennbar. Damit seien die Kriterien hierarchischer Differenzierung und (Re)Integration fragwürdig.[50] In der qualitativen Verschiedenheit sehen sie gar kein Kriterium, denn diese resultiere lediglich aus der adäquaten Definition der einzelnen Stufen (vgl. Kohlberg, 1995a, 161). Und Invariabilität und strukturierte Ganzheit könne man nur in Längsschnittstudien testen, weswegen sie Postulate bleiben (vgl. Kohlberg, 1995b, S. 177f.). Für die strukturierte Ganzheit gelte weiterhin, dass diese eine Gleichzeitigkeit der einzelnen Veränderungen voraussetze. Da dies aber realistisch nicht zu haben ist, kann nur relative Gleichzeitigkeit angenommen werden. Und selbst dann wäre die Frage, welcher Zeitraum noch als ›gleichzeitig‹ gelte.

Diese Kritiken haben im Gegensatz zu allen anderen in der Tat zu zahlreichen Einlassungen und Modifikationen der Theorie der Entwicklung des religiösen Urteils geführt, wenn auch nur in einem passiv-argumentativen Stile. So formulieren Oser und Gmünder neben den oben beschriebenen Stufenkriterien [(1) Qualitative Verschiedenheit, (2) unumkehrbare Sequenzialität, (3) strukturierte Ganzheit jeder einzelnen Stufe und (4) hierarchische Differenzierung und (Re)Integration etc.] weitere Zusatzannahmen, da sich auch neben der Kritik in verschiedenen empirischen Untersuchungen Unstimmigkeiten ergeben hatten, die insbesondere den postulierten sequenziellen und unilinearen Entwicklungsverlauf infrage hätten stellen können. Hierzu formulieren Sie die folgenden fünf Thesen:

a) »Wir nehmen an, dass es eine universale Grundstruktur der Entwicklung gibt, die nicht mit probabilistischen oder ähnlichen Modellen beschrieben werden kann. Das Individuum steht auf einer bestimmten Stufe, in einem

---

48 Lothar Krappmann macht daraus sogar eine Tugend (1989, S. 229), indem die Aufgabe der Orientierung an Piaget nicht zu einer Integration, sondern auch zu Brüchen führen könne.

49 Josephs und Wolgast (1996, S. 44) sprechen mit Bezug auf Piaget dem Modell generell ab, entwicklungspsychologisch zu sein, da es Produkte (Stufen) untersuche und keine Prozesse, wie z. B. Akkommodation und Adaption.

50 Auch hierin sieht Krappmann eher positives. Man müsse gar nicht nach einem solchen inhärenten Motor suchen, sondern könne davon ausgehen, »[d]ie Entwicklungsdynamik entspringt vielmehr den sozialen Lebenszusammenhängen, wie Glaubenstraditionen in der sozialen Umwelt, der Religionsunterricht und die Lebenserfahrungen« (1989, S. 229f.).

bestimmten Bereich: die nächste Stufe hat eine qualitativ andere Struktur, obwohl sie die vorhergehende integriert.

b) Es ist möglich, dass das Individuum seine Stufe nicht zur Anwendung bringt, weil es z. B. religiös nicht sensibilisiert ist, weil keine religiöse Rollenübernahme möglich ist, weil bestimmte Abwehr-Mechanismen es verhindern, weil die Situation nicht relevant genug ist oder weil keine Zeit zur Verwendung der aufgebauten Strukturen vorhanden ist und Entscheidung vor der Begründung gefordert wird.

c) Wir nehmen an, dass die kulturelle Entwicklung den Aufbau der individuellen Stufen hemmt und fördert und sie zugleich inhaltlich prägt. Bestimmte Inhalte sind zu bestimmten Zeiten nicht relevant, und sie bringen deshalb keine religiöse Argumentation hervor.

d) Wir glauben, dass auch die soziale Praxis der Sinnstiftung die religiösen Strukturen fördert oder hemmt. [...] Damit ist gesagt, dass die Strukturen sich unterschiedlich in verschiedenen Kulturen oder Zivilisationen ausprägen. Denn sie haben je eine andere Funktion der Bewältigung jener unerklärbaren Zusammenhänge, die ohnehin in einer jeweilig partikularen Weise transzendiert werden. Trotzdem sind sie – nach unserer Annahme – universell.

e) Wir glauben, dass höhere Reversibilität des religiösen Urteils etwas sozial Wünschbares darstellt« (1988, S. 109f.).

Damit wird zwar nicht das gesamte Theoriegebäude infrage gestellt, es werden aber gewichtige ›Schlupflöcher‹ geöffnet, um den zu erwartenden Abweichungen argumentativ zu begegnen. In a) wird eine Vorhersagbarkeit der Qualität der nachfolgenden Stufe negiert, sodass prinzipiell jede Entwicklung als ›qualitativ anders‹ eingestuft werden kann. In b) wird die Möglichkeit geschaffen, einen Probanden in Kontinuität zu wähnen, wenn er auch in einer (bisher immer noch ausstehenden) Längsschnittuntersuchung eine der zu durchlaufenden Stufen nicht zeigt. Mit c) und d) werden provisorisch salvatorische Klauseln ausgesprochen, die sich z. B. auf einige sozialistische und kommunistische Staaten anwenden lassen (und damit dem historischen und kulturellen Argument Rechnung getragen). Zwar besitzen diese Menschen eine religiöse Veranlagung, aber die religiöse Mutterstruktur kann sich nicht entsprechend entwickeln, da sie nicht angesprochen oder unterdrückt wird. Welchem Zweck e) zu dienen scheint, bleibt unklar.

## 4.2.4. universelle Gültigkeit

In fast allen Publikationen behauptet Fritz Oser die universale Gültigkeit seiner Theorie (vgl. Oser, 1982, S. 6, 25, 45; Oser & Gmünder, 1988, S. 23, 48, 109f.), die sich vor allem auf die Unumkehrbarkeit der Stufenabfolge als auch der generellen universellen, kulturunabhängigen Entwicklung bezieht. So heißt es pointiert und exemplarisch: »(I)ntercultural studies have shown that [...] the development of religious judgement is a universal phenomenon, which, however, proceeds more or less rapidly depending on the nature of the religion concerned. [...] The analysis of a longitudinal study by Ornella Di Loreto and Fritz Oser (1996) showed that the basic assumptions about the developmental process are incontrovertible« (Oser et al., 2003, S. 165).

Doch Oser ist nicht der einzige, der die interkulturelle Validität seiner Theorie ›mantraartig‹ vorträgt. Insbesondere Publikationen nach 1996 gehen selbstverständlich davon aus. Offensichtlich hat es seither niemand unternommen, die Belegstudien selbst zu sichten, statt diese ›Wahrheit‹ von anderen zu übernehmen. Schaut man sich diese vier Studien (Dick, 1982; Tamminen 1991, 1994; Di Loreto & Oser, 1996; Räsänen, 2003) nämlich an, so bleibt nicht viel an Belegen übrig, die harten Wissenschaftskriterien entsprechen.

Da Di Loreto und Oser als auch Räsänen und Tamminen Kohorten christlicher Konfessionen heranzogen, wird zunächst – und ausschließlich (!) – auf die Lizenziatsarbeit von Dick (1982) verwiesen, in der der Autor das Modell an Kohorten des Mahayana-Buddhismus (Indien, Staat Himachal Pradesh), des Hinduismus/Jainismus (Indien, Staat Rajasthan) und des Immanismus (Rwanda, Préfecture Butare) – einer schriftlosen Stammesreligion – untersucht.[51] Zudem erhob er die Daten einer rwandische Christenstichprobe als Vergleichsgruppe.

Bereits im einleitenden Teil schränkt Dick selbst den Universalismusanspruch Oser und Gmünders ein, denn sie behaupten, »jeder Mensch kann, vermittelt durch qualifizierte Erfahrungen, die religionsträchtig sind, die religiöse Mutter-Struktur [...] potentiell aktivieren« (1982, S. 25). Dick wertet diese Aussage als starke Einschränkung (»inhaltliche Bedingung«) »und gerne möchte man differenzierte Angaben über diese qualitativen, aufs Religiöse bezogenen Erfahrungswerte kennen« (1982, S. 115). Eine Seite weiter entschuldigt sich der Autor sogar beim Leser, dass auch seine Studie hinsichtlich dieser qualifizierten Erfahrungen keine Aussage zulässt – womit er *en passant* seine Studie als interkulturelle Belegstudie für die Universalität des Modells entwertet. Denn richtigerweise reflektiert er, dass die wichtigen Fragen (*Was* die jeweils kulturell verschiedenen Einflussinhalte charakterisiert und *wie* diese wirksam sind) beantwortet werden müssten, um etwas Universelles herausschälen zu können, sonst bliebe nur zu sagen, Kultur habe in *irgendeiner Weise* Einfluss. Schließlich kommt er hinsichtlich des Desiderats zu folgendem Schluss: »Wie diese Prozesse

51 Dick erwähnt eine weitere Studie an Mohammedanern (sic!) und Juden in Jerusalem unter der Leitung von Prof. Mordecai Nisan (Hebrew University Jerusalem). Allerdings konnten deren Ergebnisse bzw. eine Publikation zu dieser Studie nicht ermittelt werden. Insofern gehe ich weiterhin davon aus, dass Dicks Untersuchung die einzige ist, die sich mit nichtchristlichen Kohorten beschäftigt (Dick, 1982, S. 117).

aber geschehen und unter welchen Bedingungen, das ist die *einzig* forschungsrelevante Problemstellung. Und genau an dieser Stelle müssen wir den Leser ›enttäuschen‹: Diesem Postulat konnte vorliegende Arbeit nicht entsprechen, die Gründe aber [...] sind so mannigfaltig, dass sie dieses Fazit plausibel entschuldigen können« (kursiv LAN – ebd. S. 116). Gegen eine solche Auslegung haben sich Oser & Gmünder immer wieder verwehrt, indem sie darauf hinweisen, dass Kultur in der Tat Einfluss hat – jedoch nur insofern, dass sie die religiöse Entwicklung beschleunigt bzw. verlangsamt oder sogar hemmt (vgl. 1988, S. 109f.).

Auch wenn man sich auf diese Argumentation einlässt, hält die Dicksche Untersuchung weitere Probleme bereit, die sie als wissenschaftlich belastbare Quelle disqualifiziert – zumindest sie als belastbare interkulturelle Belegstudie zu zitieren, die für die universale Gültigkeit bürgt: So lässt Dick wissen, dass es sich bei den Kohorten nicht um Zufallsstichproben handelt, sondern um Samples, die ihm vorgegeben wurden und die Stichproben seien hinsichtlich des Religionskriteriums nicht unabhängig, da der Buddhismus wie der Jainismus aus dem Hinduismus hervorgegangen sind (ebd., S. 117f.). Auch für die rwandische Gruppe räumt er ein, diese sei nicht repräsentativ, »da sie nicht schriftlos und schon gar keine Stammesreligion mit Ahnenverehrung ist und letztlich in Form geheimer Genossenschaften praktiziert wird« (ebd., S. 119). In jeder Stichprobe befanden sich 32 Personen, wobei nicht erreicht werden konnte, dass sich diese in allen Stichproben gleich verteilten, wie dies folgende Idealverteilung vorsieht:

| | 8-9 | 12-14 | 16-18 | 25-45 |
|---|---|---|---|---|
| Männlich | 4 | 4 | 4 | 4 |
| weiblich | 4 | 4 | 4 | 4 |

Selbst wenn alle Zellen diesem Ideal folgend besetzt wären, ist der Aussagegehalt zweifelhaft, wie der Autor selbst einräumt, denn »(e)ine Zellenbesetzung von nur vier Personen [...] grenzt an das absolute Minimum, um überhaupt welche Aussagen – auch rein deskriptiver Natur – darüber ableiten zu dürfen« (ebd., S. 120). Da diese aber nicht erreicht werden konnte, sondern sich alle vier Stichproben hinsichtlich der Alters- und Schichtzugehörigkeit unterscheiden, sind diese auch nicht vergleichbar und insofern für eine kultur*un*abhängige und universelle Aussage nicht brauchbar.

Auch die Erhebung der Aussagen zur Dilemmaerzählung lässt die Frage nach der Vergleichbarkeit zu den ›Originalstudien‹ zweifelhaft erscheinen, wurden doch die Dilemmasituationen umgeschrieben, um den kulturellen wie sozialen Bedingungen gerecht zu werden. So wird von Seiten der Hindus und Buddhisten bemängelt, »das Element des Gelübdes (als Tauschhandel) beinhalte [...] eine deutlich christliche Note, dessen implizites Schema der Sünden- und Strafmusterung in der hinduistisch-buddhistischen Philosophie eher befremdend wirkt«

(ebd., S. 129). Auch räumt der Autor ein, dass sowohl in der tibetischen Stichprobe als auch in Rwanda beim Verständnis des Elements ›Verzichts auf Karriere‹ ein »stellenwertverschiebender Effekt festzustellen zu sei« (ebd.). Da also kein semantisches Differential erhoben wurde und zudem dieser Effekt angenommen werden muss, ist nicht zu belegen, dass das verwendete modifizierte Instrument ›Dilemmageschichte‹ den drei Gütekriterien von Testinstrumenten entspricht: Ob das Dilemma in Indien das Gleiche misst wie in Europa, muss grundsätzlich bezweifelt werden (Reliabilität), ebenso wie die veränderten Geschichten wohl nicht das messen, was sie messen sollen (Validität). Da teilweise Freunde und Bekannte der Interviewer von denselben befragt wurden, ist nicht gewährleistet, dass die erhobenen Aussagen dem Objektivitätskriterium entsprechen (Unabhängigkeit vom Testleiter).

Insofern kommt Dick – sich all dieser Probleme bewusst – lediglich zu einer deskriptiven Auswertung, die keinen Vergleich zulässt (ebd., S. 142). Als Fazit stellt er in allen vier Stichproben den Entwicklungstrend, den das Modell vorschlägt, fest, wobei dieser bei der rwandischen Stammesreligion nur auf sehr niedrigem Niveau zu finden ist und bei den Hindus erst nach dem 18. Lebensjahr einen qualitativen ›Sprung‹ über die 3. Stufe hinaus ausweist (ebd., S. 143-151).

All diese Punkte zusammennehmend muss festgestellt werden, dass auch das am Ende gezogene Fazit keinesfalls zitationsfähig ist (als Beleg für die Universalität der Theorie) – schon gar nicht als ›Beleg‹ »that [...] the development of religious judgement is a universal phenomenon«, wie eingangs zitiert. Und schon gar nicht lässt sich behaupten: »Kalevi Tamminen's (1991, 1994) studies of Finnish pupils, and Andreas Dick's (1982) studies of Hindus, Jains, and Buddhists in India, as well as adherents of an African religion in Rwanda, have demonstrated the intercultural validity of the theory. The age trend until 25 years is ›perfect‹, statistically speaking« (Schenker & Reich, 2003, S. 180).

Bevor ich auf die beiden anderen Studien eingehe, die als entsprechende Belege genannt werden, sei noch auf ein wichtiges Detail der Dickschen Untersuchung hingewiesen. Dieses ist nämlich schon deshalb nicht zitierfähig, weil es nicht auf religiöses Urteilen, sondern auf Denken hin formuliert ist: »Abschließend [...] können wir festhalten, dass unsere Arbeitshypothese in ihrer Tendenz bestätigt wurde, das heißt, dass wir in jeder von uns gewählten Stichprobe einen sequentiellen Stufenverlauf des *religiösen Denkens* feststellen können« (kursiv LAN – Dick, 1982, S. 151). Dass dies nicht nur ein Schreibfehler ist, belegt eine weitere Sequenz am Ende der Publikation. Dort heißt es: »So darf [...] die Frage aufgeworfen werden, ob in unserer Dilemmageschichte gerade für Kinder (und umso mehr für jene ohne Schulbildung) nicht ausschließlich die Komponente ›kognitiv-logische Denkstruktur‹ als notwendig-aber-nicht-hinreichende-Bedingung für moralisches und religiöses Denken [...] stufenentscheidender wirkt als das gesamte religiöse Urteil. Unser gewähltes Dilemma verlangt durch die inhärente Ablaufstruktur von den VPN eine ›logische‹ Strukturierung des Materials« (ebd., 217).

Diese Aussage impliziert oder, so meine ich, bestätigt die Annahme, dass bis zu einem bestimmten Alter bzw. äquivalent zu einer bestimmten Stufe nicht irgendeine unabhängige religiöse Mutterstruktur für die Aussagen der VPN verantwortlich ist, sondern die Intelligenzentwicklung *entscheidend* für die Darstellungs- und Ausdrucksweise ist und es bis *dato* gar keiner religiösen Struktur bedarf, weil sich die Aussagen über *alle Gegenstände* gleichen (s. u.).

Die weiteren interkulturellen Studien wurden sämtlich in Finnland erhoben und stammen von Kalevi Tamminen (1991, 1994) und Antii Räsänen (2003), die – wie selbstverständlich – mit den zweifelhaften RMS-Werten operieren. Auch die Studie von Tamminen (1994) ist nach eigenen Aussagen nicht repräsentativ und hinsichtlich der Untersuchungsfaktoren unausgewogen (ebd. S. 84f.): So sind fast alle Versuchspersonen lutherischen Bekenntnisses, sodass keine Vergleichsgruppe herangezogen werden kann; es sind überwiegend Frauen; und schließlich weist die Stichprobe »differences in the number of highly, academically educated persons in different age groups« auf (ebd.).

*Figure 2: Development of Religious Judgement. The Distribution of Subjects into Stages in Different Age Groups.*

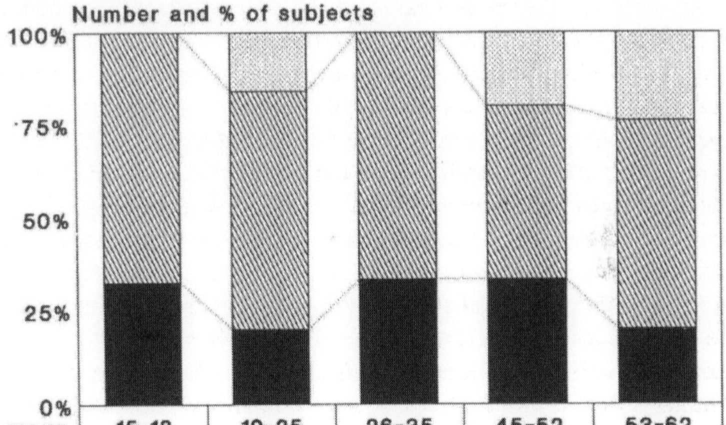


| Age group | 15-18 | 19-25 | 26-35 | 45-52 | 53-62 |
|---|---|---|---|---|---|
| Stage 4 | 0 | 4 | 0 | 3 | 6 |
| Stage 3 | 27 | 16 | 10 | 7 | 14 |
| Stage 2 | 13 | 5 | 5 | 5 | 5 |

Abbildung (ebd., S. 88)

Die Studie kommt zu den in der Abbildung dargestellten Ergebnissen, die, wie von Tamminen selbst dargelegt, von den Ergebnissen der Erhebungen von Oser & Gmünder in der Schweiz abweichen. Tamminen vermutet, »differences may also relate to contrasts in cultural and theological (partly a Catholic – Lutheran) background« (ebd., S. 89), was laut Universalismusanspruch als Erklärung auszuschließen wäre. Zudem stellt die Studie gravierende Geschlechtsunterschiede fest und kommt in Bezug auf die Stufenabfolge zu dem verblüffenden Ergebnis »The third of Oser's developmental stages is problematic. The people placed in it are widely divergent in their religious thought. In this study this stage was made up of many religiously committed and active people, and, on the other hand, of many young ›atheists‹. We can say that these young people place (sic!) in this stage because of the *content* of their belief. They have not necessarily progressed in their thinking through a typical second stage. Many have grown critical towards Christian faith already in their home situation. Some of these young people will undoubtedly after their critical phase move not to the fourth stage but to the second – or stay in stage 3, but for other reasons« (kursiv LAN – ebd., S. 106). Nimmt man hinzu, dass Tamminen weiterhin feststellt, dass Personen ihrer Stichprobe zwar in die Stufe vier einzuordnen waren, jedoch nie auf Stufe drei verweilt hätten (ebd., S. 109), so bleibt auch hier nicht viel übrig, was für eine interkulturelle Bestätigung des Modells zitierbar ist.

Auch die Studie von Räsänen ist nur bedingt als Beleg zitierbar, kommt die Autorin doch selbst zu dem Schluss: »Die Resultate dieser Untersuchung unterstützen mit gewissem Vorbehalt die Auffassung, nach der die Entwicklung der religiösen Struktur in verschiedenen Kulturen gleichartigen Gesetzmäßigkeiten unterliegen würde. Die Hinweise auf die Kulturverbundenheit religiöser Äußerungen werden gleichfalls zu einem gewissen Punkt durch das finnische Material bekräftigt. Die Kulturverbundenheit kann im Hintergrund geschichtlicher Ereignisse betrachtet werden« (2003, S. 207). Hinter dem gewissen Vorbehalt verbirgt sich, dass die Probanden Schwierigkeiten hatten, »das vorgeführte religiöse Dilemma zu interpretieren und es zu lösen« (ebd., S. 197), woraus Einstufungen resultieren, die stark von Oser & Gmünders Untersuchungen abweichen und *nicht* für die postulierte Stufenabfolge sprechen. Zudem widerspricht sich die Autorin selbst, wenn sie im obigen Zitat den Einfluss von Kultur und Geschichte einräumt und dennoch zu dem Ergebnis kommt: »Zu Beginn meiner Untersuchung wurde die Hypothese aufgestellt, dass die eigenen Erfahrungen eventuell in einer Verbindung mit der Entwicklungsstufe des religiösen Urteils stehen. Die Hypothese erwies sich als falsch. Die Ergebnisse meiner Untersuchung sind eigentlich recht logisch. (sic!) Diesen Resultaten zufolge besteht kein Zusammenhang zwischen einem religiösen Dilemma im eigenen Leben und einer hohen religiösen Entwicklungsstufe. Eigene Erfahrungen über (sic!) religiöse Dilemmata oder Leiden fördern den Entwicklungsprozess keineswegs. Diese Ergebnisse können als Stütze [...] strukturalistischer Theorien angesehen werden, d. h. die Annahme einer invarianten Sequenz« (ebd., S. 208). Erstens muss ein persönliches, individuelles Ereignis nicht dazu führen, dass kulturelle Einflüsse ausgeschlossen werden können; und zweitens muss sich die Autorin fragen lassen, was der fehlende Einfluss einer Erfahrung auf die Einordnung in eine Entwicklungsstufe mit einer Bestätigung der invariaten Sequenz zu tun hat. Die Fragestellung wie die erhobenen Querschnittsdaten lassen hierrüber gar kein Urteil zu, weswegen auch diese Studie als Beleg für die interkultureller Validität ausfällt.

Nachdem *keine* der interkulturellen Untersuchungen als Beleg für die Universalität der Theorie herangezogen werden kann, bleibt allein noch die Frage nach der universellen invariaten Stufenabfolge zu klären. Als Beleg hierfür wird die einzige publizierte Längsschnittstudie von Ornella Di Loreto und Fritz Oser (1996) herangezogen. Die Studie berichtet über zwei von drei Messzeitpunkten, T1 (1988) und T3 (1994-96). Über die Ergebnisse zu T2 (1991/92) erfährt der Leser nichts.

| | | Altersgruppe 5-7 | Altersgruppe 11-13 | Altersgruppe 15-16 |
|---|---|---|---|---|
| Geschlecht | Männlich<br>Weiblich | 10 | 18 | 15 |
| Wohnort | Stadt<br>Land | 16 | 14 | 16 |
| Konfession | Reformiert | 7 | 19 | 11 |
| | Katholisch | 5 | 12 | 20 |
| | Ohne Konf. | 1 | - | - |
| | Ohne Angabe | 13 | 1 | - |
| Summe | | 26 | 32 | 31 |

T1 = 1988, N = 89

| | | Altersgruppe 5-7 | Altersgruppe 11-13 | Altersgruppe 15-16 |
|---|---|---|---|---|
| Geschlecht | Männlich<br>Weiblich | 7 | 6 | 8 |
| Wohnort | Stadt<br>Land | 8 | 8 | 6 |
| Konfession | Reformiert | 6 | 9 | 5 |
| | Katholisch | 5 | 4 | 9 |
| | Ohne Konf. | 1 | - | - |
| | Ohne Angabe | 3 | 1 | - |
| Summe | | 15 | 14 | 14 |

T3 = 1994-1996, N = 43

Auffallend ist, dass der Verbleib in der Studie von T1 (N=89) auf T3 (N=43) stark abnimmt, wobei im Wesentlichen diejenigen ausscheiden, deren religiöse Zugehörigkeit nicht bekannt ist, da diese Angabe nicht im Fragebogen ausgefüllt wurde. Diese Gruppe erscheint doch aber, wenn sich darin die Nicht-Religiösen wiederfinden,[52] die interessanteste zu sein, wenn es zu belegen gilt, dass nicht nur religiöse, sondern alle Menschen eine religiöse Entwicklung aufgrund der religiösen Mutterstruktur zumindest bis Stufe drei durchlaufen.

Es genügt ein Blick auf die Altersangaben der Kohorten und die Erhebungszeitpunkte, um Zweifel an dem hier Berichteten zu begründen. So fanden der erste Erhebungszeitpunkt im Jahr 1988 statt, und der hier verglichene dritte in den Jahren 1994-1996. Nimmt man die niedrigste Differenz, so liegen 6 Jahre zwischen den Erhebungszeitpunkten, was heißt, dass aus der hier berichteten ersten Erhebung nur diejenigen verblieben, die sich in der jüngsten Gruppe befanden und folglich auch nur über diese Aussagen zulässig sind. Zudem kann so nicht geprüft werden, ob die Probanden alle Stufen sequentiell durchlaufen haben, da sich die jüngste Kohorte durch den Erhebungszeitraum T3 auf die letzten beiden Altersgruppen verteilt; die anderen Altersgruppen sind der Erhebung quasi schon ›entwachsen‹. Es handelt sich also um eine sehr kleine Stichprobe von 26 zu T1, die zudem auf 14 zu T3 sinkt. Da über T2 nicht berichtet wird, können also seriöser Weise auch die offensichtlich hinzugenommenen neuen Probanden der jüngsten Kohorte nicht für die Aussagen herangezogen werden. Diese aber schlagen sich statistisch gesehen in den absoluten Zahlen der zweiten und dritten Gruppe nieder, sodass die Verbleibrate noch geringer als 14 sein dürfte und somit keine valide statistische Aussage zulässig ist. Und dies ebenso nicht, wenn nur eine *Interrater-Reliabilität* von 76% zugrunde liegt. Wie beide Autoren zu der Aussage kommen, »[d]ie Reliabilität unserer Methode ist also recht gut – annähernd so gut wie gute quantitative Testverfahren«, kann einem empirisch arbeitenden Psychologen nicht plausibel vermittelt werden.

Nimmt man dennoch an, die berichteten Zahlen seien für einen Längsschnitt aussagekräftig (und wenn auch nicht wissenschaftlich nachvollziehbar, so doch forschungslogisch richtig), dann verbleiben folgende Ergebnisse:

1. »Man erkennt […], dass ab etwa 18 Jahren – vorläufig – keine Entwicklung mehr stattfindet, d. h., wenn die Jugendlichen einmal Stufe 3 erreicht haben, gibt es kaum mehr Entwicklungen. Es scheint so, als ob sich in unserer Stichprobe ein vorläufiger Ceiling-Effekt bemerkbar macht. Vermutlich ist der Entwicklungsschritt von Stufe 3 weg ein Schritt, der erst im Erwachsenenalter vollzogen wird – wenn überhaupt« (Di Loreto & Oser, 1996, S. 73).
2. »Es sieht demnach so aus, als ob die jüngeren ›Generationen‹ die religiöse Entwicklung durchliefen« (ebd., S. 74).

52 Die Annahme beruht darauf, dass in beiden Stichproben nur je eine Person angab, keiner Konfession zuzugehören, was unwahrscheinlich ist.

3. »Insgesamt kann man festhalten, dass die Entwicklung des religiösen Urteils in dem Sinne universal ist, dass weder Geschlecht noch Konfession eine Rolle spielen. Es kommt im letzteren Fall also nicht auf die spezifisch religiösen Inhalte an« (ebd., S. 76f.).
4. »Anzumerken ist [...], dass keine der befragten Personen regrediert« (ebd., S. 77).

Das erste Ergebnis ist insofern problematisch, als dass es sich nur auf die Stufe drei bezieht und damit jede Person einschließt, auch nicht-religiöse Menschen. Das setzt voraus, auch entgegen der Selbstwahrnehmung des Menschen, eine religiöse Entwicklung anzunehmen, die erst auf Stufe drei bewusst mit dem Abwenden vom Ultimaten beendet wird. Damit ist aber kein Beleg erbracht, dass es sich in der Tat um die *religiöse* Mutterstruktur handelt, die für die Entwicklung verantwortlich ist, denn erst mit Erreichen der vierten Stufe kann ausgeschlossen werden – will man einem nicht-religiösen Menschen nicht unterstellen, dennoch im Inneren religiös zu sein –, dass nicht (nur) die allgemeine Intelligenzentwicklung oder die Moralentwicklung für diese Entwicklungsfolge verantwortlich sind (vgl. Burgard, 1989, der von einer Verwechslung von Urteilen über religiöse Phänomene mit dem religiösem Urteil ausgeht). Immerhin sind sich die Autoren dessen bewusst, auch wenn das nicht erklärt, wie die Autoren daraus die Aussagen (1) und (2) rechtfertigen. Sie stellen zu der erreichten Stufe drei zu T3 fest: »Jetzt wäre der Moment gekommen, bei dem man festzustellen *beginnen* kann, warum sich manche Menschen zu religiös reifen Menschen entwickeln und warum manche nicht« (Di Loreto & Oser, 1996, S. 83 – kursiv LAN). Eine solche, diese Entwicklung weiterverfolgende Publikation, ist mir jedoch nicht bekannt.

Die zweite Aussage entspricht einer Vermutung und keinem Ergebnis. Wahrscheinlich hängt diese Aussage mit der folgenden zusammen: »Weiter ist klar, dass wir nicht genau wissen, was sich hinter dem Faktor Alter verbirgt« (ebd.). Damit führen sie aber selbst die Oser und Gmünder-Theorie *ad absurdum*, wenn sich die Mutterstruktur nicht mehr an der körperlichen und geistigen Entwicklung festmachen lässt! Mit Alter meinen die Autoren dabei ein Sammelsurium an weichen Einflussfaktoren, wie religiöse Erziehung, Familienklima etc. und geraten in Gefahr, ihre religiöse Mutterstruktur zugunsten einer Sozialisationsthese aufzuweichen.

Die dritte Aussage ist eine eingeschränkte, da sich die Universalität nur auf Geschlecht und Konfession bezieht, nicht aber auf den Wohnort, an dem das Kind aufwächst. Die Studie stellt fest, »dass die ländliche bzw. die städtische Umgebung zwar in jungen Jahren einen Einfluss auf die religiöse Entwicklung hat, dass dieser Effekt aber mit zunehmendem Lebensalter verschwindet« (ebd.). Was dies bedeutet, bleiben die Autoren schuldig, denn Alter und Wohnort zusammen klären 76% der Varianz auf, ohne dass die Autoren sagen können, was damit erklärt ist. Es ist demnach denkbar, dass sich die fehlenden religiösen Inhalte auf anderer Ebene als über die sprachlich vermittelten Symbole wiederfinden und niederschlagen, bspw. in der Sozialisation in einer religiösen Familie oder in einer nicht religiösen städtischen Umgebung.

Die vierte Aussage liegt auf dem gleichen Niveau wie die erste. In allen mir bekannten empirischen Erhebungen wurden vermutete Regressionen, die als Kohorteneffekte ›wegerklärt‹ wurden, nie bis zum 18. Lebensalter beobachtet. Allerdings bestätigt das noch nicht das Modell, denn belegen müsste man ja, dass die als Kohorteneffekte eingestuften ›scheinbaren‹ Regressionen (bspw. Räsänen, 2003, S. 201) keine Regressionen sind.

Letztlich lässt die Studie – wohlwollend gelesen – lediglich eine Tendenz erkennen, dass die angenommene Entwicklungsfolge Stufe eins bis Stufe drei bestätigt werden kann, allerdings – und das ist der Haupteinwand – die Entwicklung sicher nicht auf die religiöse Mutterstruktur zurückgeführt werden kann. Insofern ist auch hier fragwürdig, ob diese Erhebung als Beleg für die Universalität der Theorie und des Modells herangezogen werden kann.

Festzuhalten bleibt also, dass weder der Universalitätsanspruch noch der Entwicklungsaspekt empirisch belegt werden konnten, auch wenn dies durch die Zitierung der eher fragwürdigen Studien immer wieder suggeriert wird. Belegt ist lediglich, dass Menschen in bestimmten Lebensaltern den in den ›Stufen‹ genannten Beschreibungsformen zugeordnet werden können, die mit ebensolcher Berechtigung auch als sozialisationsabhängig (vgl. Bukow, 1989), sprachabhängig[53] (vgl. Seiler & Hoppe-Graf, 1989) und von der allgemeinen Intelligenzentwicklung wie Moralentwicklung abhängig erklärt werden können. Es kann also keineswegs die Rede davon sein, dass »Stufen des religiösen Urteils *Fakten* sind« (Bucher & Reich, 1989, S. 7) oder »der Härtetest für das Konstrukt ›religiöses Urteil‹ gelungen« ist (Oser, 2004, S. 34).

## 4.2.5. noch mehr Kritik

Auch wenn nicht im Einzelnen näher darauf eingegangen werden kann, so sollen die weiteren Kritikpunkte hier summarisch angeführt werden:

1. Das dem Modell zugrundeliegende religionspädagogische Anliegen ist von vornherein anwendungsorientiert und normativ, und verfehlt so die neutrale Beobachtung wie die eigentliche Untersuchungseinheit, die nicht allein beim Individuum liegen kann, weil Individuum und Umwelt die Untersuchungseinheit darstellen (vgl. Josephs & Wolgast, 1996, S. 44).

---

[53] »Es stellt sich berechtigterweise die Frage nach der Rolle der Sprache und der Gewandtheit im Ausdruck als Indikator der religiösen Mutter-Struktur. Religiöse Dilemmata setzen Beherrschung der religiösen Sprache voraus« (Räsänen, 2003, S. 203; vgl. das Kapitel zu *Kulturpsychologischen Ansätzen*).

2. Der Begriff des ›Ultimaten‹ sei nicht exakt genug bestimmt (vgl. Fetz & Bucher, 1987; Döbert, 1988). Worauf Oser und Gmünder zu Recht erwidern: der Mensch kann letztlich nie *wissen*, ob es Gott oder etwas anderes ist, er kann diese Dimension nur in Beziehungen *erfahren* (vgl. 1988, S. 77).
3. Die Theorie der Entwicklung des religiösen Urteils enthalte keinerlei Betrachtung der sozialen Dimension (vgl. Fraas, 1983, S. 154; Schweitzer, 1985, S. 322, Josephs & Wolgast, 1996, S. 43) oder der Alltagsdimension von Religion (vgl. Buckow, 1989, S. 74). Zumindest für die Stufe 5 weisen die Autoren diese Kritik zurück, stimmen aber einer ähnlichen Kritik von J. W. Fowler zu, die Theorie sei nicht umfassend genug. So fehlten gewisse Dimensionen, sodass das religiöse Urteil nur dazu da sei, das kindliche religiöse Denken zu beschreiben, nicht aber den ganzen Menschen.
4. Die Beschreibung von religiösem Denken als Ausdruck logischer Denkmuster bediene sich einer diesem Bereich nicht angemessenen Sprache. Es wäre sachentsprechender, sich auf imaginative und symbolische Formen der Repräsentation der Welt zu beziehen (vgl. Heimbrock, 1985; 1988) – was insbesondere bei Kindern nicht ganz unproblematisch ist (vgl. Oser & Gmünder, 1988, S. 83). Bittner geht in seiner Kritik noch weiter und spielt die Jahrhunderte alte Schleiermachersche Karte des Gefühls. Ein religiöses Urteil sei kein »Verstandesurteil, sondern als ein Gefühlsurteil, nicht in Analogie zum moralischen, sondern zum ästhetischen Urteil zu konstruieren« (1988, S. 184).[54]
5. Oser und Gmünders Beschreibungsmodell deckt sich nicht mit der empirischen Erhebung. Vielmehr ist unklar, was erhoben wird. »Allen zitierten Untersuchungen ist jedoch gemeinsam, dass die Befragten mit religiösen Konzepten kognitiv umgehen können, selbst wenn sie keinen personalen Bezug zu diesen haben […] Dies gilt auch für das von Oser & Gmünder […] benutzte Paul-Dilemma, einer *hypothetischen* Situation, in der die religiöse Thematik durch den Inhalt vorgegeben wird, und in der sich auch die Ablehnung von Religion auf der Stufe 3 herauslesen lässt. Allerdings werden dadurch Urteile und *Denken über Religion* mit *religiösem Denken* und Urteilen gleichgesetzt. Der Schluss liegt nahe, dass wir zwar die Strukturkomponenten der Theorie von Oser und Gmünder beschreiben und diese Beschreibungen zur Grundlage von Messoperationen machen können, dass wir aber noch nicht genau wissen, *was* wir eigentlich messen: Religiöses Urteil (Oser und Gmünder), Kontingenzbewältigungsurteil (Fetz & Bucher, 1986), oder

---

54 »Um zu unterscheiden, ob etwas schön sei oder nicht, beziehen wir die Vorstellung nicht durch den Verstand auf das Objekt zum Erkenntnisse, sondern durch die Einbildungskraft (vielleicht mit dem Verstande verbunden) auf das Subjekt und das Gefühl der Lust oder Unlust desselben. Das Geschmacksurteil ist also kein Erkenntnisurteil, mithin nicht logisch« (Kant, 1922, S. 271)

einfach: *Urteile über die Entscheidungen in den Dilemmata von Oser und Gmünder?«* (Burgard, 1989, S. 116f.).

6. Insbesondere Helmut Reich hat immer wieder darauf hingewiesen, dass sich die Entwicklung des religiösen Urteils nicht unabhängig von der Entwicklung des Weltbildes vollzieht. Oser und Gmünder berücksichtigen diesen Aspekt nicht und wären auch nicht bereit, diesen zu integrieren, obwohl mehrere Stufenbeschreibungen des religiösen Urteils Weltbildelemente enthalten (vgl. Reich, Fetz & Valentin, 1989). Im Jahr 2003 erschien eine Studie, die diesem Desiderat Rechnung trägt und genau das belegt, was Reich bereits mehrfach angedeutet hat: Weltbild und religiöses Urteil sind nicht trennscharf voneinander zu unterscheiden (vgl. Oser et al., 2003).
7. Ich möchte noch einen weiteren Punkte ergänzen: Die Stufe eins entspringt entwicklungslogisch dem Nichts, da die Stufe null, einer nicht-religiösen oder vorreligiösen Stufe entspricht. Das Modell hat somit keinen Ausgangspunkt, sondern setzt bereits mit einer Entwicklung ein, die selbst nicht erklärbar ist. Die Stufe 0 weist zudem keine Beziehungsdimension auf, die aber bereits auf Stufe 1 mitpostuliert wird. Damit verfehlt die Stufenfolge die systematische Integration des Eriksonschen Modell der psychosozialen bzw. Identitätsentwicklung (vgl. Oser & Gmünder, 1988, S. 20, S. 220f.), die jedoch behauptet wird.

## 4.3. Theorie des Wachstums im Glauben, Stufen des Glaubens bzw. die Suche nach Sinn

Unabhängig von Oser und Gmünders Theorieentwurf entstand in den USA ein weiteres Entwicklungsmodell, das ebenfalls als strukturgenetisches Stufenmodell einzuordnen ist: die *Stages of Faith* (1974, 1981, 1995) oder in deutscher Fassung *Stufen des Glaubens* (1991) des Theologen James W. Fowler. Im Vorwort zur deutschen Ausgabe charakterisiert Nipkow den Ansatz treffend: »Fowlers Ansatz ist gegenüber allen genannten Ansätzen breiter. Seine Fragestellungen beziehen die Denkentwicklung und die Entwicklung des moralischen Urteils sowie des Weltbildes ein, um zugleich über sie hinauszugehen. Sie umschließen etwa auch die für die religiöse Entwicklung so aufschlussreiche Dimension des Symbolverständnisses. Zu beachten sind auch die Querverbindungen zur allgemeinen Persönlichkeitspsychologie« (1991, S. 10). Beanspruchen Oser und Gmünder bereits eine sehr große Spannweite an Theorien (Piaget, Erikson, Kohlberg), die in ihrer eigenen zusammenfließen, so wird das Spektrum bei Fowler noch um ein Vielfaches erweitert. Dabei tritt neben die Entwicklung des Denkens die der Einbildungskraft, neben die Moralentwicklung die Entwicklung der symbolischen Repräsentation, »extatische Intuition und logische Deduktion« (S. 118); das heißt neben den Theorien von Piaget, Erikson und Kohlberg werden auch noch die von Selman[55] und Kegan (Noam & Kegan, 1982; Kegan, 1986) herangezogen.

Ähnlich wie Oser und Gmünder erhebt auch Fowler den Anspruch, »eine allgemeine und möglicherweise universelle Theorie der Glaubensentwicklung« (1991, S. 20) vorzulegen, wenn auch die Formulierung zeigt, dass er vorsichtiger aufzutreten weiß. Statt von Universalität spricht er davon, »dass sich ihre formalen Beschreibungen verallgemeinern lassen und kulturvergleichend getestet werden können« (ebd., S. 118f). Auch ist Fowler in der Offenlegung seiner theologischen Vorrausetzungen insofern ›ehrlicher‹, als er sie nicht *en passant* einfließen lässt, sondern diese zu Beginn ›mit Ross und Reiter‹ nennt, sodass dem Leser durchweg klar ist, dass es sich um eine in eine religionspsychologische Theorie gegossene theologische Sicht handelt, was bis in die Konzepte hinein greifbar wird, die sich als Theologoumena erweisen, z. B. wenn Fowler z. B. von »Entwicklung *im* Glauben« (stages *in* faith) statt von »Entwicklung *des* Glaubens« (stages *of* faith) sprich. Insofern entzieht er der Kritik – die natürlich und zu Recht vorgetragen wird – bereits den Boden.

### 4.3.1. Der Gegenstand: Menschlicher Glaube

Welchen Stellenwert und Umfang der Gegenstand ›Glaube‹ in der Fowlerschen Theorie einnimmt, lässt sich bereits an der Gewichtung im Buch ablesen. Bevor er überhaupt in die Darstellung seiner *Stufen des Glaubens* und damit in den eigentlichen Entwicklungsverlauf einsteigen kann, nimmt die Auseinandersetzung mit dem Gegenstand des Glaubens bereits mehr als die Hälfte des Buches ein. Dabei wird der Glauben in all seinen Facetten beleuchtet, in denen er auftritt, was zu einer Fülle an Definitionen führt, die mehr oder weniger nebeneinander stehen und den Gegenstand eher verschwinden lassen, statt ihn durch eine umfassende theoretische Definition, die man hier vermuten könnte, zu schärfen. Verwirrend ist, dass Fowler nicht mit der kindlichen Entwicklung beginnt, sondern eine Art theologisches Prolegomenon voranstellt, in dem er das anthropologische Fundament entfaltet, auf dem die Entwicklung des Glaubens fußt. Im Stufenmodell selbst würde dies sozusagen der Stufe null entsprechen, die eigentlich keine genuin religiöse Stufe ist bzw. diese nicht zum Stufenmodell ›des Glaubens‹ gehört, da es die Voraussetzungen des Glaubens klärt, nicht das Entstehen des Glaubens selbst.

Seine theologischen Ankerpunkte stellen dabei die Arbeiten H. Richard Niebuhrs und Paul Tillichs dar. Bei ihnen findet Fowler die anthropologische Verankerung des Glaubens, die dessen Universalität begründen soll und die es rechtfertigt, Glauben auch bei jenen zu postulieren, die sich nicht explizit dazu

---

[55] Hier sein Konzept der sozialen Perspektivübernahme, das stark am Kohlbergschen Modell orientiert ist (vgl. Selman, 1984).

bekennen: Bei Tillich ist dies die Formel des »letzten Anliegens«, also dasjenige, »worauf wir in unserem Leben setzen« (Fowler, 1991, S. 27), aus dem bei Niebuhr dann »die Suche nach einem übergreifenden, integrierenden und tragenden Vertrauen in ein Wert- und Machtzentrum wird, das es wert ist, unserem Leben Einheit und Sinn zu geben« (ebd.). Insbesondere Niebuhr begründet diese Suche nach dem letzten Anliegen mit der Erfahrung, die der Mensch in seinen ersten Beziehungen macht: Vertrauen und Treue oder aber Misstrauen und Verrat. Vertrauen und Treue als Werte, die in den ersten sozialen Beziehungen des Säuglings zur Mutter/zum Vater erfahren werden, stellen demnach das anthropologische Fundament des Glaubens dar, der zwar als »universales menschliches Verlangen« (ebd.) in den ersten Entwicklungsmonaten ausgeprägt wird, sich jedoch in Bezug auf Gott/das Transzendente erst im Laufe der weiteren Entwicklung des Menschen ausbildet.

Wenn Glauben also nicht ureigen eingestiftet ist oder von Gott her kommt, muss er im Menschen erzeugt werden.[56] Dies geschieht, wie bereits angedeutet, in der Mutter-Vater-Kind-Triade oder in einer der beiden Dyaden eines Erwachsenen zum Kind. Dass hierbei nicht irgendeine Person die Rolle des Erwachsenen einnehmen kann, ist sicher durch die puritanischen christlichen Traditionen der Konfessionen in den Vereinigten Staaten zu erklären – die aktuelle amerikanische psychologische Forschung hatte diesen aus der christlich-bürgerlichen Tradition kommenden – ausschließlichen – Konnex bereits überwunden, z. B. in der Debatte um die Bindungstheorie (vgl. Dornes, 1997; Papoušek et al., 1987).[57] Es ist erstaunlich, dass Fowler keinen Bezug auf die Bindungstheorie nimmt, sondern stattdessen auf das ›Urmodell‹ psycho-sozialer Entwicklung bei Erik H. Erikson zurückgreift, lagen doch 1981 zumindest die zentralen Schriften John Bowlbys (1951, 1953, 1969, 1973, 1979, 1980) vor.[58]

Was also in der Dyade/Triade vermittelt wird, ist Vertrauen oder die Erfahrung von »Loyalität und Verlässlichkeit« (Fowler, 1991, S. 37), die Fowler auch mit dem Theologoumenon »Bundesstruktur« belegt (ברית, ebd., S. 39). Von ihr

56 Leider behält Fowler diese Position nicht stringent bei, denn er behauptet später: »Als solcher ist der Glaube ein wesentlicher Teil des ›Charakters‹ oder der ›Persönlichkeit‹ eines Menschen« (1991, S. 112). Allerdings würde ich das nicht allzu überbewerten, da dem psychologischen Laien nicht ohne weiteres die Tradition der differentiellen Psychologie präsent ist.

57 Ein zentraler Kritikpunkt, der für unsere Debatte von Bedeutung ist der Umstand, dass der bei Bowlby kaum eine Rolle spielende Vater aufgewertet wurde ebenso wie auch andere (sogar Fremde) Bezugspersonen den Status der primären Bezugsperson in der Bindungsdyade einnehmen können.

58 Fairerweise sei darauf hingewiesen, dass trotz des offensichtlichen Zusammenhangs die Bindungstheorie bis heute im Kontext der gesamten Religionspsychologie kaum rezipiert wurde: »[D]ie empirischen Brücken zwischen Bindungstheorie und Religionspsychologie sind allerdings noch dünn und z. T. eher als Hypothesen formuliert« (Kainz & Slunecko, 2004, S. 127). Einer der wenigen, der solche Hypothesen formuliert hat, ist L. A. Kirkpatrick (1992, 1994, 1999).

aus gelingt es dem Menschen sich immer größeren realen Gruppen, später auch virtuellen Gruppen und Gebilden, zuzuwenden und mit ihnen in Loyalität und Verlässlichkeit zu leben. Im Fundament des Glaubens liegt demnach die gesamte Grundstruktur sozialer Verhältnisse begründet: Das heißt, auch Unternehmen, Universitäten und der Staat beruhen letztlich auf der gesellschaftlichen Keimzelle Familie und deren vertrauensvoller Beziehungsstruktur.

Wie sich dieser Glaube an das Transzendente im Entwicklungsverlauf ausdrückt, ist nicht unabhängig von den Inhalten, sondern wird quasi von ihnen genährt. Sie determinieren die Formen des Glaubens zwar nicht, aber sie geben Ausdrucksmuster hinein, durch die der sich entwickelnde Mensch seine sozialen Beziehungen wie letztlich auch die Beziehung zu Gott/zum Transzendenten begreifen und ausdrücken kann. »Glauben [...] ist die Art und Weise des Menschen oder der Gruppe, auf den transzendenten Wert und die transzendente Macht zu antworten, wie sie durch die Formen der kumulativen Tradition wahrgenommen und ergriffen werden. Glaube und Religion sind in dieser Sicht reziprok. [...] Glaube wird geweckt und nährt sich aus Elementen der Tradition« (ebd., S. 31).[59] Wichtig dabei ist, dass im Verlauf der Entwicklung zwei verschiedene Phänomene aufeinander treffen, die nicht im Beginn ihrer Entwicklung bereits miteinander verbunden sind: Die menschliche Erfahrung des Vertrauens in sozialen Beziehungen und die von Gott kommende Annahme des Menschen. Dies ist insofern hervorzuheben, da aus theologischer Perspektive durchaus eine interne gemeinsame Logik postuliert werden kann, nämlich dass grundsätzliches Vertrauen nur deshalb in der menschlichen Beziehung erfahren werden kann, weil diese sich in der Menschwerdung Gottes im Weltlichen spiegelt.

Tradition ist demnach notwendig, um über symbolische Formen zu verfügen, die Sinnkonstruktionen erlauben – was auch impliziert, dass die eigentliche Glaubensentwicklung erst mit der Sprachfähigkeit auf Stufe eins beginnt (vgl. Lämmermann, 2006, S. 243). Denn nur diese Sinnkonstruktionen erlauben es, sich letztlich auf einen bestimmten Gott/eine unbestimmte Transzendenz zu verlassen: »Die Wert- und Machtzentren, die göttlichen Wert *für uns* haben, sind deshalb die, die uns Sinn und Wert verleihen und versprechen, uns in einer gefährlichen Welt der Macht zu tragen« (Fowler, 1991, S. 39 – kursiv LAN). Erst nachdem die symbolischen Formen es uns erlauben, *für uns* Sinn zu generieren, erreicht der Glaube ein Stadium, das bei Fowler Einbildungskraft heißt: einen umfassenden Sinnrahmen, eine Synthese der gemachten *Erfahrungen* mit verschiedenen Menschen, in verschiedenen Interaktionen und Institutionen mithilfe *symbolischer Formen*. »Glauben als imaginativer Prozess wird geweckt und geformt durch diese Interaktionen und durch die Bilder, Symbole, Rituale und begrifflichen Vorstellungen – sofern sie mit Überzeugung angeboten werden –

59 Fowler bezieht sich hierbei auf die Religionsdefinition von Smith als »kumulative Tradition« in *The Meaning and End of Religion* (1962).

in der Sprache und dem alltäglichen Leben derer, mit denen wir lernen und aufwachsen. Glauben ist dann eine aktive Art und Weise des Erkennens und des Zusammenfügens eines gefühlten Sinnes (*sense*) oder eines Bildes von der Bedingung unseren Lebens, als Ganzes genommen. Er macht aus den Kraftfeldern unseres Lebens eine Einheit« (ebd., S. 46).[60] Dieser umfassende Sinnrahmen ist es auch, der die transzendenten Macht- und Wertzentren »sowohl trägt als auch aus Ihnen hervorgeht. Der entscheidende Punkt ist, dass der Glaube die Formung unserer Initiativen und Antworten, unserer Beziehungen und Bestrebungen im täglichen Leben beeinflusst, indem er uns dazu befähigt, sie vor dem Hintergrund eines umfassenderen Bildes von dem zu *sehen*, was wahre Macht, wahren Wert und den wahren Sinn des Lebens ausmacht. Dieses umfassende Bild mag zum großen Teil stillschweigend und ungeprüft sein und funktionieren, ohne dass man sich dessen bewusst ist oder über es nachdenkt. Auf der anderen Seite können wesentliche Teile davon Ausdruck gefunden haben oder explizit geworden sein in Ritual, Mythos, Symbol oder Erzählung, oder in der systematischeren Gestalt einer Theologie oder Philosophie« (Fowler, 1991, S. 49).[61]

An dieser Stelle verlässt Fowler letztlich die Ebene, die sich sowohl theologisch als auch nicht-theologisch sinnvoll lesen lässt und wechselt von einer Darstellung, die durchaus auch ein Entwicklungspsychologe unterschreiben könnte, in Aussagen über Wahrheit, Realität und die Existenz Gottes. So garantiert die Wahrheit des umfassenden Sinnrahmens nicht mehr nur die Beziehung zwischen Menschen, die Variabilität der Ereignisse in Kombination mit den Symbolen, sondern erst durch »Ereignisse und Augenblicke der Enthüllung (Offenbarung)« (ebd., S. 52); erst dann *ist* er Realität (vgl. ebd.). Auch wenn die von Fowler betrachtete Seite des Glaubens diejenige ist, die er menschlich nennt, so werden diese im Lichte der Voraussetzung des Existenz Gottes schließlich zu »Antworten auf Handeln und Sein [...], das uns [...] transzendiert« (ebd., S. 54).

---

60 Interessant dabei ist, wie Fowler sich Erkenntnisprozesse vorstellt: Hier steht nicht die soziale Beziehung am Anfang, sondern das Bild. Bilder gehen den Begriffen voraus und verbinden »›Information‹ mit Gefühl« (1991, S. 47). In ihnen wird »das meiste, was wir wissen« (ebd., S. 46) gespeichert. Dann folgen die Begriffe und schließlich die Grenzbegriffe, die zu fassen versuchen, was dem Erkennen verborgen ist (und sich im Glaubensinhalt niederschlägt). Wird den Begriffen die ›Logik der rationalen Gewissheit‹ zugeordnet, so entspricht den ›Grenzbegriffen‹ die ›Logik der Überzeugung‹ (vgl. ebd., S. 122). Letztere sei schließlich die umfassendere, denn sie »kontextualisiert, qualifiziert und begründet« erstere (ebd.).

61 Insbesondere bei der Frage nach dem ›Wahren‹ kann sich Fowler nicht von seiner theologischen Position emanzipieren – schlimmer jedoch ist, dass er hier in Muster zurückfällt, die letztlich in der Theologie selbst bereits verabschiedet wurden: den Gottesbeweis durch die Psychologie erbringen zu wollen. Der Glaube wird so zum Mittler »zwischen der Wahrheit an sich und der Wahrheit, die sich inmitten der Relativität des menschlichen Lebens und der menschlichen Geschichte artikuliert« (Fowler, 1991, S. 36, wobei er Smith, 1962, S. 71ff. zitiert).

Auf Seite 112 findet sich die nach den bisherigen Befunden »formalste und umfassendste Weise«, Glauben in all den hier dargestellten Facetten zu beschreiben: »Die entwickelten und sich entwickelnden Formen, in denen Menschen ihr Selbst, Andere und die Welt erfahren (wie sie sie konstruieren), als bezogen auf und beeinflusst von den letzten Bedingungen der Existenz (wie sie sie konstruieren), und in denen sie Zweck und Sinn, sowie Vertrauen und Loyalitäten ihres Lebens gestalten im Licht des Charakters des Seins, des Werts und der Macht, die die letzten Bedingungen der Existenz bestimmen.«

Damit bindet Fowler den theologischen Teil genuin in die Entwicklungstheorie ein, was vom psychologischen Standpunkt aus gesehen, abzulehnen ist, und was dem Ganzen eine Dimension hinzufügt, die wissenschaftlich nicht zu überprüfen ist. Letztlich muss man in der Gesamtbetrachtung der Darstellung – trotz der Behauptung Fowlers, seine Stufentheorie sei keine Theologie (vgl. 1991, S. 310) – zu dem Fazit kommen, dass es sich bei der Gesamttheorie, auch wenn sie im Wesentlichen den Grundmustern menschlicher Entwicklung entspricht, um eine in Entwicklungspsychologie gegossene Theologie Niebuhrs handelt.

## 4.3.2. Das Stufenmodell

**Stufe 0:** *undifferenzierter Glaube*

**Stufe 1:** *Intuitiv-projektiver Glaube (intuitive-projective faith).* Nachdem sich in den ersten Lebensmonaten das Grundvertrauen des Kindes gebildet hat, entwickelt das Kind im Alter von etwa 2-7 Jahren seine Vorstellungskraft, die Grundlagen für *faith* werden gelegt.
This stage may be described as *impressionistic faith, imaginative faith, unordered faith* (age: 3/4-7/8 approximately)

**Stufe 2:** *Mythisch-wörtlicher Glaube (mythic-literal faith).* Das Kind kann nun auch seinen Glauben beschreiben. Das geschieht vor allem bildhaft. Gott ist z. B. oben, das Böse ist unten. Auch wird Gott oft in anthropomorphen Metaphern z. B. als alter Mann mit Händen oder Füßen beschrieben.
This stage may be described as *ordering faith, narrative faith* (6/7-11/12 approximately, and some adults)

**Stufe 3:** *Synthetisch-konventioneller Glaube (synthetic-conventional faith).* Diese Stufe beginnt sich im Alter zwischen 12 und 13 Jahren auszubilden, aber auch viele Erwachsene kommen nie über diese Stufe hinaus. Es entwickelt sich langsam eine eigene Glaubensidentität, der Heranwachsende und auch manch ein Erwachsener ist hier sehr von dem Feedback der ›significant others‹ bzw. seinem sozialen Umfeld abhängig. Der Glaube wird darum ›konventionell‹ genannt. Die Fragmente werden zusammengesetzt, passen aber oft noch nicht zusammen, daher heißt die Stufe auch »synthetisch«.

This stage may be described as conforming faith (age: 11/12-17/18 approximately, and many adults).

**Stufe 4:** *Individuierend-reflektierender Glaube (individuative-reflective faith).* Das Individuum beginnt, aus den Konventionen herauszutreten, eigene Positionen auch entgegen seinem Umfeld zu entwickeln und zu behaupten.
This stage may be described as *choosing faith, either/or faith* (age: from approximately 17/18 onwards, or from the 30s or 40s onwards)

**Stufe 5:** *Verbindender Glaube (conjunctive faith).* Die Mehrschichtigkeit von verschiedenen Glaubensaussagen wird erkannt, es beginnt auch eine gewisse Erkenntnis des eigenen Glaubens aus der Sicht anderer Glaubenstraditionen. In gewisser Weise wird die Relativität des eigenen Glaubens erkannt, auch wenn die eigenen Positionen und der eigene Glauben dadurch nicht aufgegeben werden. Der Glaube gewinnt eine gewisse Weite. Nur wenige Erwachsene erreichen diese Stufe und meist auch erst im höheren Erwachsenenalter.
This stage may be described as *balanced faith, inclusive faith, both/and faith* (age: rare before 30)

**Stufe 6:** *Universeller/Universalisierender Glaube (universalizing faith).* Nur sehr wenige Menschen wie Mahatma Gandhi, Mutter Theresa, Martin Luther King oder Jesus Christus haben diese Stufe erreicht, darum ist sie bei Fowler weniger empirisch belegt, als ein Postulat. Die Person lebt radikal so, als ob das, was Christen das ›Himmelreich‹ nennen, bereits real wäre. Der Mensch kann sich selbst verleugnen und sich ganz in die Sache des Glaubens eingeben. Fowler führt hier hauptsächlich bekannte Personen an, die mehrfach für ihren Glauben gestorben sind.
This is a very rare stage and something of an extrapolation from stage 5. It may be described as *selfless faith* (age: very rare and usually only in later life).

Die ersten vier Stufen sind auf das Individuum und dessen individuelle Glaubensentwicklung gerichtet, während die Stufen fünf und sechs zurückkehren zum Ausgangspunkt, den Voraussetzungen des Glaubens, nämlich die Erfahrung der Verbundenheit mit anderen Menschen: »Auf das Ganze gesehen, findet eine Bewegung nach außen in Richtung auf Individuation hin statt, die in Stufe vier kulminiert. Dann kehrt die Bewegung in den Stufen fünf und sechs um in Richtung auf die Teilhabe und Einheit mit früheren Stufen, wenn auch auf ganz verschiedenen Ebenen von Komplexität, Differenzierung und Integration. Jede Stufe stellt eine Erweiterung der Sichtweise und der Wertung dar, die mit einer parallel verlaufenden Steigerung in der Gewissheit und Tiefe, in der man ein Selbst wird, verbunden ist und zu qualitativen Steigerungen in der Vertrautheit mit dem Selbst – den Anderen – der Welt führt« (Fowler, 1991, S. 291). Zur Feststellung eines Stufenwechsels benennt Fowler acht Kriterien – an anderer Stelle spricht er von sieben (ebd., S. 315.) –, an denen man eine Veränderung ablesen kann:

| |
|---|
| Form der Logik |
| Rollenübernahme |
| Form des moralischen Urteils |
| Grenzen des sozialen Bewusstseins |
| Verortung von Autorität |
| Form des Weltzusammenhangs |
| Symbolfunktion |
| Intrinsische/extrinsische Motivation |

Diese acht Kriterien dienen Fowler nach der empirischen Erhebung, die mittels Leitfadeninterview und qualitativer Auswertung erfolgen, dazu, die Personen den einzelnen Stufen zuzuordnen. Das Leitfadeninterview besteht aus insgesamt vier Teilen: (1) einem biografischen, (2) einem Lebensereignissen gewidmeten, (3) einem nach Werten und Glaubensinhalten fragenden sowie (4) einem religionsbezogenen Teil.

Die Stufen werden nicht in der strengen Variante verstanden, wie sie Kohlberg ansetzt und auch Oser und Gmünder darauf abzielen. ›Inhalt‹ und ›Struktur‹ lassen sich nicht trennscharf voneinander abgrenzen, vielmehr wirkt das eine reziprok auf das andere zurück (vgl. ebd., S. 118). ›Inhalte‹, die die Glaubensentwicklung primär bestimmen, sind (1) Wertzentren: »Darunter verstehe ich Gegenstände, Gedanken oder Personen, die bewusst oder unbewusst den größten Wert für uns haben« (ebd., S. 293), (2) Bilder von Macht und die Mächte selbst sowie (3) die ›master stories‹, »die wir uns erzählen und mit denen wir die Ereignisse, die in unserem Leben einbrechen, interpretieren und auf sie antworten. Unsere ›master stories‹ charakterisieren die Muster der handelnden Macht, die den letzten Sinn unseres Lebens erschließen« (ebd., S. 294).

Neben die rein kognitiven Strukturen, die Piaget und Kohlberg untersuchen, treten in Fowlers Modell die »affektiven, wertenden und bildhaften Modi der Erkenntnis« (ebd.), sodass kein eindimensionales Entwicklungsmodell vorliegt, sondern mindestens vier Entwicklungsstränge verfolgt werden müssen, um eine Gesamtentwicklung ›Glauben‹ abbilden zu können. Drittens muss Fowler auf das Postulat der ›unumkehrbaren Sequenzialität‹ verzichten, denn konsequenterweise setzen affektive und bildhafte Modi der Erkenntnis andere Strukturen voraus, als die rein logische Deduktion. »Wenn man sich in diese Richtung bewegen will, muss man Denkweisen auf den Begriff bringen, die Bilder, Symbole und synästhetische Verschmelzungen von Sinnen und Gefühl verwenden. Es bedeutet, dass wir sogenannte regressive Bewegungen berücksichtigen müssen, in denen die Psyche zu vorbegrifflichen, vorsprachlichen Modi und Erinnerungen zurückkehrt und zu ursprünglichen Quellen kraftbringender Energie, die sie dann mit den daraus resultierenden Neukonstruktionen der Erfahrungswelt zu Bewusstsein bringt« (Fowler, 1991, S. 123). Neben dem Verzicht auf einige Kriterien fügt

Fowler dem Ganzen noch eine weitere Bedingung hinzu, die entwicklungsauslösend wirken kann: die Offenbarung. Auch sie sei in der Lage ›Lebenskrisen‹ auszulösen, die Fowler gleichberechtigt neben das Ungleichgewicht von Subjekt und Umwelt stellt – und dabei dezidiert ›Inhalt‹ und ›Struktur‹ vermengt. Spielt sich letzteres auf einer strukturellen Ebene ab, so ist die bei Erikson entlehnte ›Krise‹ eine an Sinn- und Bedeutungskonstruktion gebundene und damit eine auf der Inhaltsseite verortete.

Akzeptiert man diese ›Abstriche‹ sowie den Offenbarungszusatz so gleicht das Modell in allen anderen Kriterien den strukturgenetischen Modellen, auch wenn es – strenggenommen – nicht als ein solches bezeichnet werden darf, da ja die Besonderheit darin besteht, dass der grundsätzliche Entwicklungsmodus ausschließlich auf der strukturellen Ebene verläuft. So erfasst und beschreibt das Modell laut Fowler strukturelle Merkmale des Glaubens: »Sie liefern verallgemeinerungsfähige formale Beschreibungen von integrierten Reihen von Erkenntnis- und Bewertungsoperationen. Diese stufenähnlichen Positionen sind in einer Reihenfolge aufeinander bezogen, die wir für invariant halten. Jede neue Stufe integriert die Operationen aller vorhergehenden Stufen und führt sie weiter« (ebd., S. 118f.).

## 4.4. *Kritik an der Theorie des Wachstums im Glauben*

### 4.4.1. Alleinstellungsmerkmal

Ähnlich wie bei Oser und Gmünders Modell ist fraglich, ob es sich bei den Glaubensstufen um ein eigenes Modell handelt oder ob nicht verschiedene Vorstellungen und theoretische Versatzstücke zu einer zwar stringent erscheinenden, aber eklektizistischen Stufentheorie zusammengeführt werden. Dies treffsicher festzustellen, ist schwierig, denn Fowler schreibt im typisch-nordamerikanischen Essaystil, ohne konsequent Quellen zu benennen. Insofern ist ein häufiger Vorwurf seiner Kritiker, er müsse sich mehr mit der verwendeten Literatur auseinandersetzen (vgl. Parks, 1988, S. 107), um den Nachvollzug von eigenen und fremden Gedanken zu ermöglichen. Dies trifft insbesondere für Baldwin, Goldman, Elkind und Allport zu.

Dennoch sind auch hier die Handschriften Jean Piagets und Lawrence Kohlbergs unverkennbar. Stufe 0 wird zwar mit anderen Quellen belegt, entspricht aber exakt der von Kohlberg ins Spiel gebrachten Vorstufe der moralischen Entwicklung. Stufe 1 postuliert einen Zusammenhang, der nicht bewiesen werden kann. Wahrscheinlich könnte man hier auf eine eigene Stufe des Religiösen verzichten und stattdessen das wegweisende Piagetsche Stadium ansetzen. Das wäre konsequent, denn in Fowlers Modell entwickelt sich der Glaube erst in einem späteren Stadium und nicht von Geburt an.

Auf Stufe 2 wird inhaltlich statt strukturell argumentiert, obwohl der Ansatz ein strukturgenetischer sein will. Das Gott anthropomorph beschrieben wird, ist keine Glaubensaussage, sondern eine in dieser Entwicklungsstufe des Denkens typische Beschreibungsform (s. u.), weswegen Kinder, wie man bereits bei Piaget nachlesen kann (Piaget & Inhelder, 1972, S. 113f.), in diesem Alter alles Mögliche als belebt und bewegt beschreiben, z. B. Wolken. Insofern wäre auch hier zu fragen, ob es sich bei dieser um eine genuine Stufe der Glaubensentwicklung handelt oder nicht vielmehr eine der allgemeinen Intelligenzentwicklung.

Auf Stufe 3 und 4 wechselt Fowler ins Kohlbergsche Modell konventioneller Moral und überträgt dies auf den Glauben. Stufe 5 ist kaum und Stufe 6 gar nicht (Fowler führt eine Person an) empirisch belegt. Hierbei handelt es sich im Wesentlichen um Postulate – oder theologische Wünsche.

Die einzelnen Bezüge und Versatzstücke werden in der folgenden Tabelle zugeordnet:

| | |
|---|---|
| **Stufe 0:** *undifferenzierter Glaube* | Theologische Anthropologie (Tillich/ Niebuhr)<br><br>Kohlbergs Stufe 0: transzendentale Basis für moralische Urteile |
| **Stufe 1:** *Intuitiv-projektiver Glaube (intuitive-projective faith).* Nachdem sich in den ersten Lebensmonaten das Grundvertrauen des Kindes gebildet hat, entwickelt das Kind im Alter von etwa 2–7 Jahren seine Vorstellungskraft. Die Grundlagen für *faith* werden gelegt. | Eriksons 1. Stadium<br><br>Piagets sensomotorisches Stadium<br><br>Piagets präoperationales Stadium |
| **Stufe 2:** *Mythisch-wörtlicher Glaube (mythic-literal faith).* Das Kind kann nun auch seinen Glauben beschreiben. Das geschieht vor allem bildhaft. Gott ist z. B. oben, das Böse ist unten. Auch wird Gott oft in antropomorphen Metaphern z. B. als alter Mann mit Händen oder Füßen beschrieben. | Piagets präoperationales Stadium; insb. Animismus<br><br>Piagets konkret-operationales Stadium |
| **Stufe 3:** *Synthetisch-konventioneller Glaube (synthetic-conventional faith).* Diese Stufe beginnt sich im Alter zwischen 12 und 13 Jahren auszubilden aber auch viele Erwachsene kommen nie über diese Stufe | Kohlbergs Stufe 3: *interpersonale Konkordanz – ›good boy‹-Orientierung:* Erwartungen anderer werden erkannt, man will selbst Erwartungen anderer entsprechen. |

| | |
|---|---|
| hinaus. Es entwickelt sich langsam eine eigene Glaubensidentität. Der Heranwachsende und auch manch ein Erwachsener ist hier sehr von dem Feedback der ›significant others‹ bzw. seinem sozialen Umfeld abhängig. Der Glaube wird darum ›konventionell‹ genannt. Die Fragmente werden zusammengesetzt, passen aber oft noch nicht zusammen, daher heißt die Stufe auch »synthetisch«. | Kohlbergs Stufe 4: *Orientierung an Gesetz und Ordnung.* (An)Erkenntnis der Bedeutung moralischer Normen für das Funktionieren einer Gesellschaft. |
| **Stufe 4:** *Individuierend-reflektierender Glaube (individuative-reflective faith).* Das Individuum beginnt, aus den Konventionen herauszutreten, eigene Positionen auch entgegen seinem Umfeld zu entwickeln und zu behaupten. | Kohlbergs Stufe 5: *legalistische Orientierung am Sozialvertrag.* Moralische Normen werden hinterfragt und nur solche anerkannt, die gut begründet sind. |
| **Stufe 5:** *Verbindender Glaube (conjunctive faith).* Die Mehrschichtigkeit von verschiedenen Glaubensaussagen wird erkannt, es beginnt auch eine gewisse Erkenntnis des eigenen Glaubens aus der Sicht anderer Glaubenstraditionen. In gewisser Weise wird die Relativität des eigenen Glaubens erkannt, auch wenn die eigenen Positionen und der eigene Glauben dadurch nicht aufgegeben werden. Der Glaube gewinnt eine gewisse Weite. Nur wenige Erwachsene erreichen diese Stufe und meist auch erst im höheren Erwachsenenalter. | Kaum empirisch belegt<br>Theologischer Wunsch nach Ökumene |
| **Stufe 6:** *Universeller/Universalisierender Glaube (universalizing faith).* Nur sehr wenige Menschen wie Mahatma Gandhi, Mutter Theresa, Martin Luther King oder Jesus Christus haben diese Stufe erreicht, darum ist sie bei Fowler weniger empirisch belegt, als vielmehr ein Postulat. Die Person lebt radikal so, als ob das, was Christen das ›Himmelreich‹ nennen, bereits real wäre. Der Mensch kann sich selbst verleugnen und sich ganz in die Sache des Glaubens eingeben. Fowler führt hier hauptsächlich bekannte Personen an, die mehrheitlich für ihren Glauben gestorben sind. | Nicht empirisch belegt<br>Entspricht Niebuhrs Theologie |

Anders als von mir vertreten, meint Reich (2004, S. 45), Fowler folge bis zur Stufe 4 ganz Piaget, um dann auf »postformale Denkstufen« umzuschwenken. Allerdings würde dies dem Fowlerschen Ansatz nicht gerecht, da er – wie oben beschrieben – mindestens vier verschiedene Entwicklungsstränge verfolgt, die zur Beschreibung von Glauben notwendig sind: Neben religiösen entlehnt er auch die »Stufen der sozialen Entwicklung, der moralischen Entwicklung und der Selbstentwicklung« (Oser, 2004, S. 28). Ungeachtet dessen ist genau das sein theoretisches Problem, denn durch diese theoretische ›Überlast‹ entsteht in der Tat der Eindruck, »dass das Spezifische des Religiösen nur noch wenig greifbar wird« (ebd.; vgl. Power, 1988, S. 121). Zieht man die Stufen ab, die sich auch mittels Piaget oder Kohlberg beschreiben lassen und denen Clark Power zu Recht vorwirft, ihnen fehle der notwendige Bezug zum Unbedingten (vgl. ebd., S. 111), bleibt – wie oben beschrieben – nur noch die Theologie Niebuhrs übrig, die von Stufe 0 zu einem ökumenisch-reflektierten und religionstoleranten Handeln (Stufe 5) sowie schließlich zu einem eschatologischen ›Himmelreich auf Erden‹ führt (Stufe 6). Ob sich damit noch ein eigener Gegenstand ›Glauben‹, der sich zudem noch entwickelt, begründen lässt, mag in Zweifel gezogen werden (s. u.). Oser und Gmünder hatten bereits 1988 geäußert: »Anstatt das spezifisch Religiöse zu betonen, wird hier ein Konglomerat von Stufenkonzeptionen anderer Provenienz (Logik, Rollenübernahme, moralisches Urteil, ›locus of authority‹, Weltverständnis, symbolische Interaktion usw.) vorgelegt, das als Ganzes erst glaubensmäßige Welterfahrung ermöglicht« (S. 52) – was nicht weniger bedeutet, als dass das Modell die *Voraussetzungen* zum Glauben beschreibt und nicht den Gegenstand selbst.

Schließlich kommentieren Hood et al. (1996, S. 53) abschließend, »that Fowler's conceptualization is abstruse and complex« und dies wäre letztlich auch der Grund, warum kaum jemand dieses Modell empirisch weiterverfolgt habe.

## 4.4.2 Stufenverlauf, insbesondere Stufe 6

Hervorzuheben ist – im Gegensatz zu Oser und Gmünder –, dass das Modell in der Lage ist, einen Anfangspunkt der Entwicklung zu beschreiben, nämlich das (Ur-)Vertrauen zur Mutter, das den Grundstein für das/den Glauben legt. Allerdings erscheint mir nicht logisch stringent begründet, warum dieses das Fundament *für Glauben* ist – und nicht grundlegend für die Identitätsentwicklung des Menschen sein soll, wie dies bei Eriksons Entwicklungsmodell der Fall ist. Vielleicht ist der Grund simpler als der Wissenschaftler annimmt: »Ich habe es leichter gefunden, den Einfluss Piagets und Kohlbergs auf unsere Arbeit auf Papier zu bringen, als den von Erikson. Ich glaube, das liegt daran, dass Eriksons Einfluss auf mich von stärker allgemeiner und schwerer fassbarer Art war; er hat mich in Überzeugungstiefen angerührt, die die kognitiv-strukturellen Theoretiker nicht angesprochen haben. So unsystematisch und unbefriedigend es auch scheinen mag, ich muss es einfach sagen, dass Eriksons Arbeit Teil des interpretatorischen Denkinstrumentariums geworden ist, das ich für die Erforschung der Glaubensentwicklung mitbringe« (Fowler, 1991, S. 129). Dass dem nicht widersprochen werden kann, zeigt sich bis hinein in die Wortwahl von ›Treue‹ und ›Krise‹, die unzweifelhaft zu Leitbegriffen bei Erikson gehören.

| Alter | Psychosoziale Krisen/Identitätsstaus | Normativer Leitbegriff |
|---|---|---|
| 1. Jahr | Ur-Vertrauen vs. Ur-Misstrauen | Hoffnung |
| 2. und 3. Jahr | Selbstbestimmung vs. Scham und Zweifel | Wille |
| 4. und 5. Jahr | Initiative vs. Schuld | Zweck-Orientierung |
| 6. Jahr bis zur Pubertät | Werksinn/Leistung vs. Minderwertigkeit | Kompetenz |
| Adoleszenz | Identität und Ablehnung vs. Identitätsdiffusion (Rollenverwirrung) | Treue |
| Beginn des Erwachsenenalters | Intimität und Solidarität vs. Isolierung | Liebe |
| Mittleres Erwachsenenalter | Schöpferkraft (Generativität) vs. Stagnation und Selbstabsorption | Für-Sorge |
| Spätes Erwachsenenalter | Integrität (Ganzheit des Ichs) vs. Verzweiflung | Weisheit |

Tabelle nach Erikson (1965, S. 189ff.)

Naheliegender scheint mir aber zu sein, dass Fowler etwas anderes untersucht als Entwicklungsstufen des Glaubens: »Bei ihm könnte man [...] eher von unterschiedlichen Stilen des Glaubens (Faith) sprechen. Dass diese Stile (undifferenzierter Glaube, intuitiv-projektiver Glaube, mythisch-liberaler Glaube, individuativ-reflektierter Glaube, universalisierender Glaube) Komplexitätsunterschiede aufweisen, ändert nichts daran, dass sie eher ganzheitliche Glaubensempfindungen wiedergeben als psychologische Urteilsformen«, mutmaßt z. B. Oser (2004, S. 28). Zwar mag bezweifelt werden, ob die Lebensstilforschung dieser Aussage zustimmen würde. Ebenso ist fraglich, ob man sich einen intuitiv-projektiven Glauben ›zulegen‹ möchte. Fakt jedoch bleibt die Erkenntnis, dass das Modell zu breit angelegt ist, als dass das Spezifikum noch erkennbar bliebe. So schreibt auch Power: »Fowlers Stufen sind wegen ihres umfassenden Charakters [...] vom Verlust ihrer Identität bedroht.« Es geht »um die Gefahr, dass seine Stufen als *Stufen des Ichs* oder als *Stufen der Weltanschauung* verstanden werden können. Das Problem liegt [...] darin, dass die Verbindung zwischen Fowlers empirisch begründeter Beschreibung seiner Stufen und seiner Theologie der Glaubensentwicklung nicht genügend tragfähig ist. Die zweite Gefahr besteht in der Möglichkeit einer *Reduktion* seiner Stufen *auf die Aspekte*, aus denen sie sich aufbaut (sic!)« (1988, S. 121). Anders nämlich als auf Stufen 5 und 6 treten keine metaphysischen und religiösen Themen zutage, was wiederum der bereits oben gestellten Frage nach der Notwendigkeit der Stufen für die *Glaubens*entwicklung entspricht. So hatten auch Oser und Gmünder (1988, S. 51) Zweifel daran geäußert, ob es sich überhaupt um Stufen handelt bzw. ob diese überhaupt eine eigenständige Identität aufweisen, schließlich könne man einzelne Komponenten auch mit dem »körperlichen Wachstum« korrelieren. Überdies scheint den meisten der Kritiker die Stufenbezeichnung willkürlich, da sie sich – trotz der Bezeichnung Glaubensstufen – aus ganz anderen theoretischen Strömungen speisen (vgl. Kohlberg & Power, 1981; Broughton, 1986; Fernhout, 1986; Wallwork, 1980).

Abschließend seien die beiden letzten Stufen diskutiert, wobei insbesondere letztere die meisten Reaktionen auslöste. Da beide Stufen nur spärlich bis gar nicht belegt sind, wird ihre Existenz bezweifelt. Zudem weisen sie, wie eben ausgeführt, eine andere empirische Basis auf als die vorangegangenen Stufen – sind diese aus den klinischen Interviews destilliert worden, so sind Stufen 5 und 6 dezidiert theologische Positionen, die mit Beispielbiografien belegt werden. »[D]aher [...] erscheint die Stufe 6 nicht als Evolution der psychosozialen Strukturen, wie sie von den Stufen 1 bis 5 beschrieben werden, d. h. die verwendeten Beispiele belegen nicht, [...] was Fowler behauptet: eine qualitativ neue Form aller sieben Glaubensaspekte, wie er sie beschreibt« (Kegan, 1982, S. 114). Gerade diese theologische Nähe führt bei Kritikern entweder zu der Faszination, dass sie diese fundamentaltheologische Stufe »elegant« und »attraktiv« (Parks, 1988, S. 93) finden, oder aber sie löst tiefe Ablehnung aus; so sei die Stufe 6 »in einem hohen Maße von der Lebenswelt des Theoretikers bestimmt« (Hoehn, 1983, S. 79) oder »wie ein Professor mit einer durchgeformten Sicht des Universums« (Keen, 1978, S. 103); oder noch grundsätzlicher: »Fowlers Vorstellung vom Endpunkt der Entwicklung, die wohl eher in ein einsames prophetisches Martyrium führt als zu einer Gemeinschaft in wechselseitiger Belebung, wirft eine Reihe grundlegender Fragen auf« (Philbert, 1982, S. 122).

Insofern kommen sowohl Buchanan (1987) als auch Parks (1988) zu dem Ergebnis, dass es wohl besser gewesen wäre, »die Fragen einer Entwicklung jenseits von Stufe 5 offen zu lassen für zukünftige Untersuchungen, die mit der Methodologie, wie sie den ersten fünf Stufen zugrunde liegt, hätten eingehalten [werden] können« (Parks, 1988, S. 99). Das bedeutet schlichtweg, die Stufe 6 als mögliche letzte Stufe des Modells zu streichen.

### 4.4.3. Das Struktur-Inhalt-Problem

Darauf, dass sich die Trennung von Struktur und Inhalt, wie sie von strukturgenetischen Modellen gefordert wird, in Fowlers Modell nicht durchhalten lässt, hat er selbst hingewiesen. Allerdings fragt Kegan (1986, S. 114) mit Recht nach einer angemessenen Erklärung dafür, wenn dennoch für ein strukturgenetisches Modell plädiert wird – allein dies festzustellen reicht sicherlich nicht aus. Und den Einfluss von Tradition (Religion, Symbole) auf kognitive Strukturen zu postulieren, widerspricht allen Grundannahmen der Strukturgenetiker.

Für solche Fälle nun hatte Kohlberg den Kompromissvorschlag unterbreitet, von ›harten‹ und ›weichen‹ Stufen zu sprechen (vgl. Kohlberg, 1995d, S. 256). Allerdings scheint auch dieses Kritierium nicht auszureichen, um eine nicht-inhaltliche Stringenz des Modells zu erreichen: »Ohne eine übergeordnete logische Struktur (logical ›master structure‹) mangelt es Fowlers Stufen des Glaubens an Einheit, zumindest an den strengen Kriterien harter Stufen gemessen. Allerdings räumen auch Kohlberg, Levine & Hewer (1984a) ein, dass dies nicht unbedingt ein Nachteil ist, da ›die Stärke der harten Stufen darin ihre Grenze findet, dass sie die Weltanschauungen, die in religiösem oder ethischem Sinne eine Einheit bilden, in getrennte Bereiche aufteilen müssen‹ (S. 238)« (Kegan, 1986, S. 116f.). Was sich so vermittelnd anhört, ist nichts anderes, als dass hier nicht ein Konstrukt ›Glaube‹ gemessen wird, sondern ein ganzes Bündel an konfundierten Konstrukten. Interessant ist dennoch, dass kaum ein Kritiker vorträgt, das Modell sei *kein* strukturgenetisches – trotz der vielen dargestellten Mängel. Selbst Oser und Reich sprechen – recht freundlich – lediglich von einer »Übergewichtung der Inhalte« (1992, S. 78f.).

### 4.4.4. Definition von Glauben

Ein vierter wichtiger Kritikpunkt ist die sehr breite und durchaus konfuse Glaubensdefinition Fowlers, die seinem Stufenmodell zugrunde liegt. Hier zeichnet sich in etwa die gleiche Diskussionslinie ab, die sich bereits um die Spezifik des Modells entspann (s. o.). Bei Fowler finden sich drei umfassende Definitionen:

> »Glauben als ein allgemein zum Menschen gehöriges, universelles und sich dynamisch entwickelndes Phänomen mit der Wirkung, religiöse und säkulare Menschen dazu zu befähigen, die Rolle des Wertens (valuing) und des Sinnschaffens oder Sinnfindens (composing/finding of meaning) in ihrem Leben zu benennen und zu bekräftigen« (1991, S. 15f.).

> »Der Glaube ist die Art und Weise eines Menschen oder einer Gruppe, in das Kräftefeld des Lebens einzutreten. Er ist unser Weg, den vielfältigen Kräften und Beziehungen, die unser Leben ausmachen, einen Zusammenhang und einen Sinn zu geben.

> Der Glaube ist die Weise, in der ein Mensch sich selbst in Beziehung zu anderen sieht, auf dem Hintergrund eines gemeinsam anerkannten Sinns und gemeinsamer Ziele« (ebd., S. 26).
>
> »Die entwickelten und sich entwickelnden Formen, in denen Menschen ihr Selbst, Andere und die Welt erfahren (wie sie sie konstruieren), als bezogen auf und beeinflusst von den letzten Bedingungen der Existenz (wie sie sie konstruieren), und in denen sie Zweck und Sinn, sowie Vertrauen und Loyalitäten ihres Lebens gestalten im Licht des Charakters des Seins, des Werts und der Macht, die die letzten Bedingungen der Existenz bestimmen (so wie sie in ihren operativen Bildern von ihnen – seien sie bewusst oder unbewusst – erfasst sind)« (ebd., S. 112).

Liegen diese drei Formaldefinitionen neben den wiederkehrenden Elementen von ›Beziehung‹ und ›Sinn‹ bereits weit auseinander, so finden sich im Argumentationsverlauf eine Fülle von Definitionen, die Glauben in der ein oder anderen Weise näher spezifizieren und auf einen bestimmten Aspekt hin präzisieren. Um nur einige hier zu zitieren: Glauben als »Konstruktion von Sinn oder als Bindung an einen Sinn« (Fowler, 1991, S. 16); »Glauben als die Ausformung von Beziehungsstilen von Personen zu ihren Nächsten, zu sich selbst und zu ihrer Welt im Lichte ihrer Bilder einer letzten Umwelt zu untersuchen« (ebd., S. 19); »Der Glaube ist ein unerschöpfliches Geheimnis« (ebd., S. 23) – wie wollte man dies wissenschaftlich untersuchen?; »Glaube ist interaktiv und sozial« (ebd.) usw.

Dass ein solches ›Potpourri‹ an verschiedenen Definitionen negative Reaktionen auslöst, liegt auf der Hand. Als zwei zentrale Gründe für die umständliche wie ausufernden Definitionen sehen die Kritiker (1) den Versuch »auch nichtreligiöse Formen eines persönlich verbindlich gewordenen Lebensglaubens« einzuschließen (Nipkow, 1991, S. 10) sowie (2) die Konfusion eines psychologischen und eines theologischen Glaubensbegriffs (vgl. Nipkow, 1988, S. 286f.).

Letzteres hat insbesondere in den USA unter Theologen und Gläubigen heftige Ablehnung ausgelöst, wie Parks schreibt: »Wie Harvey Cox in seiner [...] Reaktion auf Fowlers Definition sagte, ›liegt in dieser Definition von Glaube etwas, das alle verletzt‹. Es scheint, dass es für Nordamerikaner sehr leicht und zugleich extrem schwierig ist, diese Definition von Glaube zu hören. [...] Glaube wird hier in so radikaler Weise als transzendent verstanden, dass er sich nur ›ereignen‹ kann (Huebner, 1986, S. 516). Im Allgemeinen wird Glaube dabei in (christlich) religiöser Terminologie definiert« (1988, S. 95f.). Eine ähnlich gelagerte Frage stellt Nipkow in Stellvertretung der Gläubigen: »Diese Definition von ›Glaube‹ macht eine tiefreichende Affinität zwischen einer Theologie korrespondierender Bundespartner und einer Psychologie des aktiv interagierenden und fortschreitenden menschlichen Geistes deutlich. Wie aber steht es mit einem Kind und seinem einfachen, festen Gottesvertrauen oder einem geistig behinderten Erwachsenen, die beide von einem anderen Verständnis des Glaubens aus gesehen den theologischen Sinn christlichen Glaubens vollständig erfüllen?« (1988,

S. 286f.). Andererseits muss entgegengesetzt werden, dass auch für nichtglaubende Menschen (und Wissenschaftler) eine solche Definition ungewöhnlich ist, beschreiben diese Menschen ihr Handeln doch gerade nicht in dieser Kategorie, da sie dem gesellschaftlichen Bereich der Religion vorbehalten ist (vgl. Canziani, 1959, S. 417).

Aus dem ersten Feld der Kritik lässt sich zunächst einmal festhalten, dass mit dieser Definition nicht der Glaube, sondern ein »ganzheitlicher Glaubensakt« (Oser & Gmünder, 1988, S. 52) erfasst wird. Um dies zu vermeiden, schlagen einige Kritiker vor, Glauben spezifischer zu definieren. Andere fragen zu Recht, warum nicht noch weitere Aspekte in die Definition einfließen, da sie auch für die Glaubensentwicklung wichtig seien: So sollte ›Vertrauen‹ einen der sieben Aspekte der Glaubensentwicklung darstellen (vgl. Fernhout, 1986, S. 85; Moran, 1983, Kap. 6). Es wird weiterhin die Frage gestellt, ob Kategorien wie ›Wille‹ und ›Humor‹ nicht ebenso fundamental und systematisch für die Glaubensentwicklung seien (vgl. Loder, 1982, S. 138). Und schließlich wird gefragt, warum Erfahrungen hier ausschließlich positiv oder neutral behandelt werden und nicht Erfahrungen der Angst, der Leere, des Leidens, der Furcht usw. eine zentrale Stellung einnehmen (vgl. Wallwork, 1982, S. 374), denn überhaupt sei der emotionale Aspekt dem kognitiven nach- und untergeordnet und komme zu kurz – was der protestantischen Tradition nach wohl aber nicht dem Handeln der Menschen entspräche (ebd., S. 375). Um es pointierter zu sagen: Der Primat der Erkenntnisfähigkeit gegenüber dem Gefühl (Vertrauen, Liebe, Loyalität, gerechte Wut etc.) führt dazu, »dass bei Fowlers Beschreibung von Entwicklung am Ende Stufen statt Personen herauskommen« (Parks, 1988, S. 102). Diese Kritik muss Fowler bewegt haben, denn von den wenigen Dingen, die er von der Kritik übernimmt, ist der stärkere Einbezug der Affekte in der 2. Auflage von *Stages of Faith* (Kapitel 4) einer der sichtbarsten.

Konstruktiver geht Clark Power mit der Frage nach der Definition um, gehört er doch zu denen, die das Modell wohlwollend lesen und sich für eine Schärfung der Definition starkmachen: »An anderer Stelle (Power & Kohlberg, 1980) habe ich bereits die Behauptung vertreten, dass religiöser Glaube auf zwei recht verschiedene, jedoch komplementäre Weisen begriffen werden kann: entweder als ein weithin *stillschweigendes Vertrauen* darauf, dass die Wirklichkeit die menschliche Suche nach Sinn rechtfertigen kann, oder als *ausdrückliche Anerkennung* eines transzendenten oder letzten Prinzips. Glaube in diesem ersten Sinne [...] bildet einen Horizont für alle menschliche Erfahrung. Er existiert unthematisch und vorbegrifflich in dem Vertrauensgefühl und der Zielhaftigkeit, mit denen wir den Aufgaben des Alltagslebens nachgehen. [...] Ich neige dazu, Fowlers Glaubensstufen für eine Beschreibung dieses stillschweigenden Glaubens zu halten, da sie zumindest bis Stufe 6 der expliziten Anerkennung einer letzten Realität im Sinne eines theistischen Gottes, eines pantheistischen Kosmos oder eines Nirwana-Zustandes weder besondere Aufmerksamkeit schenken noch diese überhaupt voraussetzen« (1988, S. 11f.). Glauben als stillschweigendes Vertrauen, das jeder menschlichen Erfahrung bekannt und auch vorbegrifflich vorhanden sein kann, grenzt schon an eine kulturpsychologische Definition, die am Lebensalltag und Pragmatismus der Menschen ansetzt. Allerdings ist die Frage, worin dann die Spezifik dieses Glaubens (*faith*) gegenüber Glauben (*belief*) besteht? Wäre erster dann der passive, zweiter der aktive Vertrauensakt? Oder bedürfte es Glauben (*faith*) gar nicht mehr in der Definition, denn Glauben (*belief*) kann von der Intensität ja ebenso stark sein, und, wie die Definitionen oben zeigen, bedarf es nicht notwendigerweise eines Transzendenzbezuges.

### 4.4.5. Universelle Gültigkeit

Zurecht werfen Kritiker Fowler vor, seine Stufentheorie sei »antipluralistisch und herablassend« (Hoehn, 1983, S. 79). Exemplarisch wird dann auf Stufe 6 verwiesen, die bis auf Mutter Theresa nur Männer als Beispiele anführe, von denen bis auf Mahatma Gandhi alle der christlich-westlichen Tradition entstammten (vgl. Parks, 1988, S. 98). Das widerspräche dem Grundsatz der universellen Gültigkeit und drücke vielmehr die Vermengung der Stufen mit herrschenden sozialen (Klassen) und patriarchalen Hierarchien (Geschlechterverteilung) aus (vgl. Broughton 1986, S. 97; Buchanan, 1987). Allein die Beschreibung und die dabei verwendeten Metaphern schlössen die Erfahrung von Frauen aus (vgl. Harris, 1986, 115ff.; Ochs, 1983, Kap. 9; Parks, 1988, S. 105f.). Insbesondere letzterer Kritik hat sich Fowler gestellt und daraufhin seine Stufenbeschreibungen verändert – allerdings nur unzureichend, wie Parks findet: Es »dominiert hier weiterhin die Dynamik des sich individuierenden statt des verbundenen Selbst« (1988, S. 106).

Schließlich sei auf die dem Modell zugrundeliegenden semi-klinischen Interviews hingewiesen, die ebenfalls keine Kulturneutralität oder Universalität aufweisen. Vielmehr entstammen mehr als 96% der Probanden der jüdisch-christlichen Tradition und sind weiße Amerikaner des Mittelstands: 45% Protestanten, 36,5% Katholiken, 11,2% Juden, 3,6% Orthodoxe. In Kombination mit den folgenden Aussagen zu den Konsequenzen im Kulturvergleich ist die oben gewählte Metapher ›herablassend‹ noch milde formuliert.

Ähnlich wie Oser und Gmünder erhebt auch Fowler den Anspruch, »eine allgemeine und möglicherweise universelle Theorie der Glaubensentwicklung« (1991, S. 20) vorzulegen, statt von Universalität spricht er davon, »dass sich ihre formalen Beschreibungen verallgemeinern lassen und kulturvergleichend getestet werden können« (ebd., S. 118f.). Trotz dieser Zurückhaltung hinsichtlich der rezenten Religionen, scheint Fowler hinsichtlich historischer Religionen bzw. der Glaubensentwicklung in vergangenen Zeiten diese Haltung nicht an den Tag zu legen. So behauptet er, dass sich die Stufenfolge auch an historischen Personen nachvollziehen lasse und damit auch zeitinvariabel sei, wofür er als

Beispiel die Glaubensentwicklung des Paulus durchexerziert (ebd., S. 316ff.). Daraus entpuppt sich seine individuelle Stufentheorie auch als Entwicklungstheorie von glaubenden Gruppen (ebd., passim, exemplarisch S. 318) und sogar als historiogenetische, denn mit ihr lasse sich auch die Höherentwicklung der Religionen beschreiben – so argumentiert Fowler zur Verteidigung seiner 6. Stufe (vgl. ebd., S. 224ff.). Es sei in der Tat das jüdisch-christliche Denken als die fortschrittlichste religiöse Glaubensentwicklung anzusehen – und es schade auch nicht, die aus der jüdisch-christlichen Tradition gewonnenen Kategorien und Stufenbeschreibungen auf andere Religionen anzuwenden – denn in kulturübergreifenden Untersuchungen würden sich die »westlichen und christlichen Befangenheiten« (Fowler, 1991, S. 315f.) eliminieren und dadurch stelle sich die Richtigkeit der Stufenfolge sowie »die Möglichkeit [ihrer] universellen Wahrheit und Brauchbarkeit« (ebd., S. 224) heraus.

Eine solche Vorstellung des unilinearen Entwicklungsverlaufs ist das Erbe des 19. Jahrhunderts, des Kolonialismus sowie des Sozialdarwinismus, die – nicht zuletzt auch als Argument für den Holocaust – in den Zweiten Weltkrieg mündeten. In der ›Logik der unilinearen Entwicklung‹ (vgl. Morss, 1990, 1996) vereinen sich »die neo-lamarckistische These über den einheitlichen Weg der Entwicklung der Zivilisation« (Kim, 1997, 269) und die darwinistische Idee der ›natürlichen Selektion‹, nach der schlecht oder wenig angepasste Individuen bzw. Stämme, Arten, Gruppen etc. zugunsten der besser ausgestatteten und angepassten aussterben. Als Gesamtkonstrukt jedoch »ist die Logik des universalen Entwicklungsgedankens weder auf Darwin noch auf Lamarck zurückzuführen. Vielmehr spielt der Darwinismus bzw. Lamarckismus als eine ideologische Konstruktion des Kolonialismus bei der Formulierung des universalen Entwicklungsgesetzes eine entscheidende Rolle. Mit anderen Worten: Das universelle Gesetz der Entwicklung, das sämtliche Veränderungsprozesse umfassen soll, ist eine ideologische Konstruktion« (ebd., S. 270). Weder ist es im Jahr 1974, als das Buch erstmalig erschien, nachvollziehbar, wie Onto- und Historiogenese parallel gesehen und in eins gesetzt werden können, noch wie Onto- und Gruppengenese zueinander in Bezug gesetzt werden, so als handle eine Gruppe wie ein Individuum und entwickle ›einen Glauben‹, der dann wiederum charakteristisch ist für die einzelnen Gruppenmitglieder.

## 4.4.6. noch mehr Kritik

Auch wenn nicht im Einzelnen näher darauf eingegangen werden kann, sollen die weiteren Kritikpunkte hier summarisch angeführt sein:

1. Das Modell wurde zumindest bis Stufe 4 aus semi-klinischen Interviews deduziert, basiert auf einer Querschnittserhebung an verschiedenen Personen

zum selben Zeitpunkt. Ob die so gefundenen Unterschiede, die in eine mögliche Entwicklungsreihenfolge gebracht wurden, tatsächlicher Glaubensentwicklung beim Einzelmenschen entspricht, kann nur mittels einer Längsschnittstudie belegt werden.

2. Mit der Inklusion von Transzendenz (in Form von Offenbarungen) zu den vom Menschen ›objektiv‹ nachvollziehbaren Erfahrungen, verlässt Fowler alle empirische Wissenschaft und kündigt den Konsens religionspsychologischer Forschung über den Ausschluss der Transzendenz auf.
3. Heywood (1986) äußert grundsätzliche Bedenken, ob die Entwicklungstheorie Piagets überhaupt mit der Stufentheorie Fowlers kompatibel sei. Exemplarisch diskutiert er, ob Piagets ›Logik der rationalen Gewissheit‹ zugunsten einer umfassenderen ›Logik der Überzeugung‹ bei Fowler erweitert werden könne. Schließlich kommt er zu dem Schluss, dass eine solche Erweiterung der Intention Piagets zuwiderläuft, da »Fowler, um Piagets Theorie zu einer Theorie des Glaubens zu erweitern, deren strukturalistische Voraussetzungen umgehen muss«, sich aber gleichzeitig zur Entfaltung seiner eigenen Stufentheorie darauf stützt (vgl. Slee, 1988, S. 138).
4. Elfriede Billmann-Mahecha kritisiert, Fowler spreche Kindern jegliches Bild- und Metaphernverständnis ab, wenn er meine, »dass Kinder im Grundschulalter die religiösen Bilder und Geschichten nur wörtlich verstehen können« (2003, S. 128). »Damit würde man die Kinder aber völlig missverstehen. So konnte z. B. der Religionspädagoge Rainer Oberthür an Praxisbeispielen sehr eindrucksvoll zeigen, dass bereits Zweit- und Drittklässler/innen Metaphern durchaus verstehen und eigenständig interpretieren können« (ebd.).

## 4.5. *Rollen(übernahme)theorie*

Als Alternative zu den gängigen Stufentheorien hat Hjalmar Sundén bereits in den 1960er Jahren eine Theorie der Rollenübernahme vorgelegt, die meines Erachtens viele Potenziale birgt, jedoch wegen ihrer typisch skandinavisch-biblizistische Ausrichtung und ihrer psychoanalytischen Grundlagen kaum Beachtung fand. Allerdings haben Rollentheorien in Soziologie und Psychologie eine lange Geschichte (so bezieht sich auch Kohlberg des Öfteren auf diesen Theoriestrang; vgl. Kohlberg, 1995a, S. 165) – und nicht nur deshalb verdient Sundéns Ansatz auch hier Beachtung. In deutscher Übersetzung liegen drei seiner Bücher vor: *Die Religion und die Rollen. Eine psychologische Untersuchung der Frömmigkeit* (1966), *Gott erfahren. Das Rollenangebot der Religionen* (1975) und *Religionspsychologie: Probleme und Methoden* (1982).

## 4.5.1. Gegenstand: Die (religiöse) Rolle

Mit dem Voranschreiten der Publikationen in der Zeit verändert sich auch das, was als grundlegendes Konzept dieses Ansatzes angesehen werden kann: die Rolle und deren Übernahme. 1966 beschreibt Sundén noch recht diffus, was er unter einer Rolle versteht, wenn er diese als »die Totalsumme der Kulturmuster [...], die mit einem bestimmten Status verbunden sind«, definiert. »Eine Rolle [...] umfasst die Haltungen, Werte und Verhaltensweisen, welche die Gesellschaft allen Personen zulegt, die einen gewissen Status besitzen« (S. 7), wobei die Übernahme sehr konkret bis hin zu Handlungen, Tonfall und Gebärden gedacht ist (ebd., S. 13). Etwas präziser wird das Rollenkonzept dann, wenn 1982 die Modellvorstellung und die Präzisierung des mit ›Gesellschaft‹ vorgestellten sozialen Zusammenhangs erfolgt, indem er eine Rollendefinition von Anne-Marie Rocheblave-Spenlè übernimmt: »Eine Rolle ist ein Verhaltensmodell, das zu einer bestimmten Position hinleitet, die der einzelne einnimmt in einem interaktionellen Ensemble (einem interaktionellen System)« (S. 37f.; vgl. Rocheblave-Spenlè, 1962, S. 153). Damit ist eine Rolle ein Verhaltensimperativ, wie man sich in einem bestimmten Sozialstatus, der der betreffenden Person von der konkreten sozialen Umgebung zugeschrieben wird und der sich durch bestimmte Haltungen, Werte und Verhaltensweisen auszeichnet, verhalten soll. Damit ist keinesfalls, auch wenn hier der Modellbegriff fällt, etwas wie das Bandurasche Konzept des *Lernens am Modell* (1976) gemeint, denn Sundéns Rollenmodell beruht nicht auf Beobachten und Nachahmen, sondern wurzelt in der konkreten Interaktionssituation, also dem Mitmachen, wie man es später auch bei einigen kulturpsychologischen Ansätzen finden kann. Eine Rolle eignet man sich nicht abstrakt intellektuell an, sondern man nimmt sie ein, füllt und agiert sie aus. Dabei wird aber nicht nur die je eigene Rolle verinnerlicht, sondern in der Interaktion wird »die Rolle des Partners zu einem Muster [...], das dem Wahrnehmungsinhalt Struktur zu geben vermag« (Sundén, 1966, S. 38). Eine Rolle zu übernehmen bedeutet, auch die Rolle des anderen zu verinnerlichen, denn nur über den Spiegel seiner Rolle im Verhalten zu meiner Rolle lässt mich gewahr werden, wie ich diese Rolle auszufüllen habe. Damit ist die Rolle, die wir verinnerlichen von Anfang an etwas, das nur in der sozialen Interaktion entsteht und das streng genommen nicht eine Rolle, sondern ein verinnerlichtes Rollenverhältnis umfasst – auch dies ist ein Punkt, den kulturpsychologische Modelle betonen. »Take the role of the other«, bedeutet also, »to put oneself sufficently in the other's place to anticipate how the other will respond« (Turner, 1956, S. 316ff.; vgl. Sundén, 1966, S. 9). Daraus ergibt sich folgerichtig die Unterscheidung von Rollenübernahme (Aneignung der jeweiligen Rolle) und Rollenaufnahme (sich in den anderen hineinversetzen zu können) (vgl. ebd.), auch wenn Sundén die Begriffe nicht stringent gebraucht, was dazu zwingt, im jeweiligen Kontext prüfen zu müssen, wovon der Autor spricht. Damit wird die Rolle zum Schlüsselmodell menschlicher Kommunikation (s. u.). Zunächst erfolgt Kommunikation non-verbal und befähigt nur zur Rollenübernahme, bis sie später verbal erfolgt und dann auch die Rollenaufnahme ermöglicht. Wichtig ist eine weitere Erkenntnis, die aus der bisherigen Ableitung erwächst und die Vorwegnahme kulturpsychologischer Modelle weiter vervollständigt: »Religiöse Erlebnisse sind ohne religiöse (sic!) Referenzsystem, ohne religiöse Tradition, ohne Mythos und Ritus undenkbar« (Sundén, 1966, S. 27) – vermittelt über konkrete Interaktionen mit konkreten Individuen. »[J]edes Erlebnis von Christus muss spezifische ›Gehirnkonstellationen‹ voraussetzen, d. h. das Individuum muss sich die christliche Tradition auf solche Weise angeeignet haben, dass es durch irgendeine Identifikation die Rolle Christi antizipieren kann« (1966, S. 54f.). Damit verbunden ist die Vorstellung, das Religiöse habe nur Bestand und sei wirklich, weil es nichts Privates ist, sondern etwas, was man mit anderen gemeinsam hat. »Die wirklich sichere Welt, auf die man sich verlassen kann, besteht aus Bezugssystemen, die von ganzen Gruppen umfasst werden. Solche kann man auch Normen nennen und gerade Kraft dieser Normen können wir uns miteinander verständigen. Versteht man etwas und wird man verstanden, dann handelt es sich um etwas Wirkliches; es sind dann die Wahrnehmungsinhalte gedeutet und mittels derjenigen Systeme ergänzt worden, welche die ganze Gruppe gemeinsam hat. [...] So verhält es sich auch mit der religiösen Welt« (1966, S. 87). Letztlich kann ein Mensch den Glauben auch verlieren, wenn dieser nicht »durch die Erfahrung eine Stütze erhält« (ebd., S. 88). Da aber jedes Ereignis potenziell als Gottes Handeln interpretiert werden kann, bedarf es der Übereinstimmung solcher Erfahrungen mit dem Glauben anderer. Erst »dann wird der Glaube von einzelnen Menschen als Erkenntnis bezeichnet. Jeder reife fromme Mensch muss deshalb eine Erkenntnis von Gott haben« (ebd., S. 90).[62]

Wenn dem so ist, beruhe die Unvereinbarkeit von ›Glauben‹ und ›Wissen‹ lediglich darauf, dass Menschen, die in ihrer Kindheit religiös (fromm) erzogen wurden, dieses religiöse Element im Persönlichkeitskern tragen und für sie deshalb kein unaufhebbarer Widerspruch zwischen beiden Modi besteht bzw. »wird der erwachsene Mensch auf irgendeine Weise meistens eine für das Subjekt befriedigende Lösung des Problems Glauben und Wissen finden« (ebd., 351ff.). Probleme mit dem Gegensatz hätten demnach nur diejenigen, die nicht in einem religiösen Umfeld aufgewachsen sind bzw. in einem Umfeld, das religiöse Traditionen ablehnt, sodass sie von einer grundsätzlichen Unvereinbarkeit beider Modi ausgingen. Weiter unten wird hierauf zurückzukommen sein.

---

62 Die Wichtigkeit der gemeinschaftlichen Bekräftigung bezüglich dessen, was geglaubt wird und was als Gotteserfahrung anerkannt werden kann, verdeutlicht Sundén an Mariä Himmelfahrt, das nur von Katholiken, Christi Himmelfahrt dagegen von beiden Glaubensrichtungen anerkannt wird (1966, S. 130). Dass damit eine implizite Abwertung der ›Echtheit‹ von Glaubensinhalten einhergeht, ist dem den Marienkult ablehnenden Protestanten Sundén wahrscheinlich entgangen.

Widersprüchlich zu dem bisher Dargestellten ist die Behauptung Sundéns, Kinder eigneten sich Rollen im Spiel an, was eine Voraussetzung darstelle »im späteren Leben vorwegzunehmen, wie andere sich verhalten« (1966, S. 7). Ob dies seinen frühen Überlegungen zuzurechnen ist oder nicht, im Spiel jedenfalls übt das Kind die Rolle ein, statt sie sich anzueignen. Sie wird im Spiel immer und immer wieder aufgeführt, damit sie zu dem wird, was sie für uns ist: eine zweite Haut, in die man schlüpft, ohne es zu merken. Dabei besitzt der Mensch viele Rollen (z. B. Vater, Lehrer, Freund, Ehemann etc.), die sich in ihrer Gesamtheit zu seinem ›Ich‹ verdichten (ebd., S. 8). Jedoch nicht zu einem statischen ›Ich‹, sondern zu einem dynamischen, sich stets weiterentwickelnden, dem Rollen zuwachsen, aber auch wieder abhanden kommen – weil sie nicht mehr den aktuellen sozialen Interaktionen angemessen sind. »Die kulturelle Ausrüstung eines Menschen besteht zum großen Teil aus Rollen, die er von seiner Umgebung übernommen hat. Dazu gehört auch seine Beteiligung an der religiösen Tradition der Gesellschaft, und diese ihrerseits dürfte im Wesentlichen aus Rollen im psychologischen Sinn bestehen« (Sundén, 1966, S. 10). Im Laufe des Lebens eignet sich der Mensch auf diese Weise eine ganze Reihe von Rollen an, die – im Normalfall – nicht in Konflikt geraten, weil in einer konkreten Situation nur jeweils eine ›aktiv‹ und die anderen ›latent‹ vorhanden sind (vgl. Sundén, 1966, S. 17ff.).

## 4.5.2. Die Rollenübernahme – das Entwicklungsmodell

Ähnlich wie bei Fowler, ist auch bei Sundén die Mutter-Kind-Dyade die entscheidende Voraussetzung für den gesamten Rollenübernahmemechanismus. »Die Voraussetzung für die Rollenaneignung überhaupt scheint eine frühzeitig eintretende Identifikation[63] zwischen Kind und Mutter zu sein; die Aneignung der Mutterrolle durch das Kind ist die Voraussetzung für die Aneignung aller anderer Rollen« (1966, S. 8), womit Sundén im Einklang mit der psychoanalytischen Tradition (Freud, Erikson etc.) steht. Auch wenn man heute nicht prinzipiell von der Mutter und ihrer Rolle, sondern von der primären Bezugsperson spricht, liegt dieser theoretischen Setzung zugrunde, dass ein Entwicklungsmodell – will es Entwicklung nachzeichnen – eines Ausgangspunktes bedarf, und dieser liegt in der ersten Interaktionsdyade, die die kindliche Entwicklung prägt. Damit wird anders als bei Oser und Gmünder der Ursprung der Religion nicht in den Kopf eines Einzelnen bzw. in eine Art kognitive Struktur verlagert, die sich aus sich

[63] Offensichtlich verwendet Sundén auch diesen Begriff nicht einheitlich-systematisch, denn er bedeutet hier nicht, was er im späteren Entwicklungsverlauf, bei Einüben der Rolle bedeutet, »dass man Handlungen, Tonfall, Gebärden eines anderen Menschen übernimmt und sie auf längere oder kürzere Zeit zu seinen eigenen macht« (Sunden, 1966, S. 13).

selbst heraus entwickelt, weil sie bereits biologisch-genetisch angelegt ist, sondern wird in den sozialen Interaktionsraum eingebettet und in der religiösen Tradition begründet. Individuelle Kenntnis der Religion erhält der Mensch also in der Interaktion mit anderen Menschen und nicht weil die Religion dem Menschen eingestiftet ist.

Recht schnell – hier hätte man, wie später bei den kulturpsychologischen Alternativen deutlich wird, noch weitere Entwicklungsschritte nennen können –, wendet sich Sundén dann der Funktion der Sprache zu, die dann die Rollenübernahme quasi dezentriert, also im Stande ist, sich aus der konkreten sozialen Interaktion herauszulösen im Stande ist, sodass neben der Funktion der Rollenübernahme nun auch die Funktion der Rollenaufnahme möglich wird. Nimmt man diesen Gedanken ernst, so sind Kinder nicht vor der Ausprägung einer gewissen Sprachfähigkeit (wie ausgeprägt muss diese sein?) in der Lage, sich in eine andere Person hineinzuversetzen, und somit auch nicht fähig, deren Rolle adäquat aufnehmen können. Im konkreten Falle der religiösen Rolle hat dies wichtige Konsequenzen für die religionspädagogischen Konzepte im Umgang mit Kindern.

Auch wenn nicht direkt von Sundén erwähnt, setzt dieses Modell also voraus, dass das Kind neben der Sprach- auch in der Denkfähigkeit ein bestimmtes Niveau erreicht haben muss, ehe sich Religion entwickeln kann – hier in Form einer religiösen Rolle. Statt eine Sonderzone der Entwicklung zu postulieren (Oser und Gmünder) oder ein theoretisches Sammelsurium entwicklungslogisch zusammenzubinden (Fowler), füllt Sundén dieses Desiderat, indem er die Religion klar den grundlegenden Entwicklungsschritten jedes Menschen *nachfolgen* lässt – auch damit nimmt er vorweg, was kulturpsychologische Alternativen behaupten werden (siehe Kapitel *(Kultur)Psychologische Alternativen*). Sprachfähigkeit benötigt das Kind, um die Vorstellung, eine andere Person zu sein, überhaupt entwickeln zu können. Denkfähigkeit (mindestens bis zur konkret-operationalen Phase[64]; vgl. Piaget, 1974; Paul, 1966) ermöglicht erst eine Transformation der Beziehung zur Zeit, d. h. sie ermöglicht die Antizipation von Zukunft und damit die Möglichkeit, Verhalten vorherzusagen (was letztlich zuverlässig erst im Stadium der formal-operationalen Phase der Fall ist).

Nachvollziehbar und aus psychologischer Perspektive völlig unproblematisch wäre, wenn Sundén diese Entwicklungstheorie dort belassen hätte, wo er sie her hat, nämlich aus der konkreten Interaktionssituation mit Menschen und der dabei auftretenden Konfrontation mit verschiedenen, also auch religiösen Rollen. Schließlich bieten sich im Lebensverlauf eine Reihe von Rollen an: das

64 Naheliegend ist das Zeitverständnis in den Begriffen zu erfassen, die Verhältnisse von vorher und nachher widerspiegeln, z. B. ›gestern‹ und ›morgen‹, ›Früh‹, ›Mittag‹, ›Abend‹. Letzteres gelingt Kindern bereits mit 4-5 Jahren, Ersteres scheint mehr Zeit zu benötigen, um verinnerlicht zu werden, 4- bis 5jährige Kinder verwechseln beide Begriffe noch häufig.

fromme Verhalten der Eltern, ein anderer hilfsbereiter Mensch, ein anderer Glaubender, der brave Messdiener, der hilfreiche Diakon etc.

Schwieriger wird es aber, wenn Sundén postuliert, dass sich solche Rollenaneignungen auch über Mythen oder das Studium der Bibel ergeben.[65] Insbesondere da, wo über die Rollenaneignung des historischen bzw. in der Bibel beschriebenen Jesus die Gottesrolle angeeignet wird (ebd., S. 29), erscheint die Argumentation psychologisch – theologisch vielleicht nicht – fragwürdig. Zwar lässt sich zeigen, dass Kinder am Modell lernen (vgl. Bandura, 1976), dass man damit aber eine Gottesrolle antizipiert, ist psychologisch nicht begründbar. Dass aber auch das Lernen am Modell begrenzt ist, zeigen nicht nur viele psychologische Studien, sondern auch z. B. konfessionell gebundene Straftäter.

In einer an die Wundtsche Völkerpsychologie erinnernde Entwicklungsgeschichte der Religion auf historiogenetischer Ebene versucht Sundén schließlich zu begründen, warum man auch beim Lesen der Bibel zu einer religiösen Rollenübernahme und -aufnahme gelangen kann, denn religiöse Rollen sind nichts anderes als »soziale Rollen, weil sie psychologisch gesehen genauso Erfahrung erzeugen« (Sundén, 1966, S. 10f.). Diese Erfahrung erschöpft sich aus der reichen Tradition der Menschheitsgeschichte, die sich über die ›getanzte Religion‹ bei oralen Kulturen (ebd., S. 11)[66] – was also noch als soziale Interaktion gelten kann, wenn es sie denn tatsächlich gegeben hat – bis hin zu den Buchreligionen erstreckt. »Wenn die religiöse Tradition schriftlich fixiert ist, enthält sie eine Anzahl von Erzählungen über Situationen, wo der Mensch im Verhältnis zu dem Gott oder den Göttern einen bestimmten Status besitzt, zu dem eine bestimmte Rolle gehört. Alle, die diese Tradition kennen, können sich mit einem dieser

---

65 Vollständigkeitshalber sei erwähnt, dass Rollenaufnahme nach Sundén auch im Traum erfolgen kann, da sich diese aber nicht auf die Religion beschränkt, wird sie hier nicht weiter diskutiert.

66 Sundén beschränkt sich in seiner Argumentation jedoch nicht auf den historischen Kontext, sondern wiederholt diese Argumentation auch für rezente orale Traditionen: »Unter vielen schriftlosen Völkern werden bestimmte Rollen durch den Tanz ausgestaltet, so dass man Götter und Geister wahrnehmen und mit ihnen umgehen kann. […] *Die rituelle Aktion ist überhaupt ein Rollenspiel, deren Wahrnehmungsaspekt im allgemeinen übersehen oder unterschätzt wird*« (Sundén, 1982, S. 47; vgl. 1966, S. 11). Angemerkt sei an der Stelle, dass Sundén für diesen Befund eine sehr zwielichtige Quelle zitiert: Richard Thurnwalds (1869-1954) *Psychologie des primitiven Menschen* (1922). Thurnwald arbeitete am Museum für Völkerkunde in Berlin. Gemeinsam mit William Stern und Otto Lipmann, die das *Institut für angewandte Psychologie und Psychologische Sammelforschung* leiteten, entwickelte er ein diagnostisches Manual für Forschungsreisende und Vertreter kolonialer Berufe zur Kategorisierung und Erforschung fremder Kulturen. Thurnwalds Leitfaden erschien im Jahre 1912 unter dem Titel *Vorschläge zur psychologischen Untersuchung primitiver Menschen*. Das Manual beinhaltete Anleitungen für die Untersuchung verschiedenster psychischer Leistungen. Dies entsprang aber keineswegs rein wissenschaftlichem Interesse, sondern stellte sich in den direkten Dienst der Kolonialpolitik. Es ging Thurnwald um eine Klassifikation der Kulturen hinsichtlich ihrer Verwertbarkeit als Arbeitskraft.

Menschen identifizieren, und die Identifikation hat dann zur Folge, dass sie die Rolle des Gottes aufnehmen« (ebd., S. 13). Um dies zu belegen, folgen bei Sundén (1966) zwei Bekehrungserzählungen, die anschaulich verdeutlichen sollen, dass die Lektüre der Bibel zur Übernahme einer religiösen Rolle tauglich ist.

Nun darf man sich nicht vorstellen, Sundén behaupte man könne Gott (direkt) erfahren bzw. dessen Rolle übernehmen; vielmehr bleibt er dem methodologischen Kriterium des Ausschlusses der Transzendenz treu. Identifikationsfiguren in den biblischen Geschichten sind immer konkrete menschliche Personen oder Kollektive, deren Rollen übernommen werden können. Aber – und hier wird deutlich wozu Sundén die Differenzierung von Rollenübernahme und -aufnahme braucht – mit der Übernahme der Rolle nimmt der Bibelleser auch die Rolle Gottes auf. »Die Bibel enthält sehr viele Berichte über Menschen, die eine Begegnung mit Gott bzw. Christus hatten. Wir können einige dieser Rollen übernehmen. In dem Augenblick, indem dies geschieht, nehmen wir auch die Rolle ›Gott‹ auf, d. h. wir spielen diese Rolle nicht, sondern wir empfangen bestimmte Erwartungen in Bezug auf das, was Gott tun wird, und diese Erwartungen sind nicht willkürlich, weil Gott sich den Menschen in einer tausendjährigen Geschichte dargeboten und durch eine Person, nämlich Jesus Christus, mit und an den Menschen gehandelt hat. Alles, was die Bibel über Gott sagt, wird zu einem gewaltigen Muster und auf eben dieses Muster und seine Teilmuster werden die zum Gehirn dringenden Impulse geleitet, wenn ein Mensch die Rolle Gott aufgenommen hat« (Sundén, 1975, S. 20f.; vgl. Sundén, 1982, S. 38). D. h. die Rolle Gottes kann der Mensch nicht übernehmen, die eines Menschen bzw. eines Kollektivs jedoch schon. Indem er eine der vielen Rollen, die die Bibel anbietet, zu einer bestimmten Zeit in einer bestimmten Situation übernimmt, nimmt er auch die Rolle Gottes auf, die sich durch Übernahme weiterer Rollenangebote der Bibel zu einem umfassenden Wahrnehmungsmuster, das mit jeder neuen Rollenübernahme komplexer und gefestigter wird, verdichtet, was Sundén »*verallgemeinerte Gottesrolle*« (1982, S. 48) nennt.[67] Ob es sich dabei wirklich um ein Wahrnehmungsmuster und nicht vielmehr um ein Interpretament handelt,[68] muss eigens diskutiert werden. Denn wenn die *verallgemeinerte Gottesrolle* »der Referenznahmen wird, mit dessen Hilfe [der Mensch – LAN] seine Erlebniswelt bearbeitet« (1966, S. 17; vgl. S. 88), werden absurden Interpretationen die Tore geöffnet: »In welcher Art von Wirklichkeit bewegt sich ein religiöser Mensch?

---

67 Ebenso verhält es sich auch mit den übernommenen Rollen von konkreten Menschen, sie verdichten sich zu einer »verallgemeinerten Menschenrolle« (1982, S. 48) und diese bildet quasi den ›Verstehensanker‹ für menschliches Handeln. In diesem Kontext wäre es in der Tat spannend dem Vorwurf des Euro- und Christozentrismus an die Formulierung der Menschenrechte, die man als eine Ableitung aus einer solchen verallgemeinerten Menschenrolle verstehen kann, nachzugehen.

68 Sundén weist eine solche Deutung vehement zurück. Bei Erfahrungen Gottes, handelt es sich nicht nur um »eine Art Deutung« (1966, S. 106), sondern um ein Wahrnehmungsmuster, das ein solches Erleben ermöglicht.

Gibt es da aus psychologischer Perspektive Gemeinsamkeiten und Unterschiede zu Märchen, Phantasien, Mythen, Wahn, Ideologie und ähnlichen Wirklichkeiten?« (van Belzen, 2006, S. 199; vgl. van Belzen, 2008). Vielmehr spricht aus psychologischer Perspektive vieles für die Variante des Interpretaments, mit dessen Hilfe (allgemeine, alltägliche) Erfahrungen hinsichtlich der Ursächlichkeit Gottes verstanden werden.

Neben dem Argument, dass »Millionen und Abermillionen die Rolle ›Gott‹« (1982, S. 38f.) über die Bibel kennenlernten und somit eine religiöse Entwicklung durchliefen, formuliert Sundén ein Weiteres: die Kodifizierung der Gottesrolle. Die Rolle Gottes wird durch die Begrenzung der Handlungsoptionen durch Kanoninisierung insoweit festgestellt, dass die durch sie ermöglichten, endlichen Erfahrungen stets nur die gleichen sein können.[69] Damit gewinnt Sundén neben dem Argument der (kollektiven) Tradition auch das Argument der individuellen Erfahrung. »Zieht man in Betracht, dass die Rolle kodifiziert ist und dass sie als Wahrnehmungsmuster darum von Generation zu Generation, von Einzelmensch zu Einzelmensch funktionieren konnte, dann begreift man, dass das Gotteserlebnis reproduzierbar ist, was von den Illusionen nicht gilt, hingegen von der Erfahrung« (ebd., vgl. 1966, S. 230). Mag diese Argumentation noch überzeugen – wenn auch die Vielfalt, mit der Gott in der Bibel in Erscheinung tritt, eher gegen eine eineindeutige Kodifizierung spricht –, ist der nächste Ableitungsschritt ein unzulässiger, wenn Sundén folgert: »Es gibt also eine religiöse Erfahrung, weil es eine Rolle ›Gott‹ gibt« (ebd.). Und weiter: »*Wer die in der Bibel gegebene Rolle Gott kennt, kann bisweilen Ereignisse als Gottes Handeln identifizieren*« (ebd., S. 40).

Nun könnte man sich ›spitzfindig‹ darüber unterhalten, ob nicht die Rolle ›Gott‹ einer literarischen Tradition entstammt und insofern das Argument wieder fruchtbar gemacht werden kann. Jedoch behauptet er Gottes Existenz durch diesen indirekten Schluss, »weil Gott sich den Menschen in einer tausendjährigen Geschichte dargeboten und durch eine Person, nämlich Jesus Christus, mit und an den Menschen gehandelt hat« (1975, S. 20). Indem er an dieser Stelle das bisher sorgfältig eingehaltene Kriterium des Ausschlusses der Transzendenz über Bord wirft, tritt er in die Tradition der im Kapitel *Flucht nach vorn* dargestellten theologischen Versuche, über die Religionspsychologie bzw. die menschliche Erfahrung einen indirekten Gottesbeweis zu führen und damit seine Existenz zu begründen. Dieser Überschritt ist jedenfalls für die Religionspsychologie unmöglich und abzulehnen.[70]

---

69 Das setzt voraus, dass Sundén sich mit ›kodifizieren‹ auf den Codex beruft, also ein in Holzbretter zusammengefasster Pergamentstapel (Buch) und damit nicht eine Normzuschreibung meint.

70 Ob dies auch für die rezente theologische Systematik gilt, in der solche indirekten Gottesbeweise bis ins 20. Jahrhundert üblich waren, vermag ich nicht zu beurteilen (vgl. Kapitel *Flucht nach vorn*).

## 4.6. *Kritik an der Rollen(übernahme)theorie*

Sundéns Ansatz weist – verglichen mit den anderen Ansätzen – im Kindheitsstadium wesentliche Innovationen auf, die es festzuhalten gilt: (1) Ohne Tradition und Ritus, keine religiöse Entwicklung, denn Kenntnis erhält das Kind von der Tradition in der konkreten Interaktion mit Menschen; (2) man kann den Glauben wieder verlieren, wenn er nicht gestärkt wird; (3) Religiosität ist ein spätes Entwicklungsprodukt, denn sie setzt Sprache (Dezentrierung) voraus; und (4) damit wird der Sprache – zwar nicht der Entwicklungsmotor –, aber immerhin eine Zentralstellung zugewiesen. Diese gilt es für einen eigenen Theorieentwurf zu berücksichtigen, entsprechen sie doch allen kulturpsychologischen Überzeugungen.

Was allerdings seine Verhaftetheit in seiner Zeit und Gesellschaft und seine bibeltreuen Überschritte anbetrifft, die ihn verleiten, den Boden der sozialen Interaktion zugunsten der identitätsstiftenden Lektüre der Bibel zu verlassen, muss sich Sundén folgender Kritik aussetzen:

### 4.6.1. zu starres Rollenkonzept

Sundéns Rollen(übernahme)theorie ist zwischen Rollenübernahme und Rollenaufnahme angesiedelt. Während die Rollenübernahme ganz im handfesten Sinne so gedacht ist, dass man eine Rolle, gedacht als ein Verhaltensmodell mit dem bestimmte Werte, Haltungen und Verhaltensweisen verbunden sind, übernimmt, ist die Rollenaufnahme eine Art und Weise, sich in ein Gegenüber hinein versetzen zu können bzw. an seiner Stelle handeln zu können. Die Rollenübernahme setzt eine sehr starre Vorstellung von einem gesellschaftlichen Status und den damit verbundenen Erwartungen voraus. Dies scheint seiner Zeit und Sundéns Gesellschaft geschuldet, denn heute hätte man Schwierigkeiten jeder Person klare Rollen zuzuschreiben, selbst wenn sie in ›klassischen‹ Rollen agieren (hier ist z. B. an das ›homosexuelle Pfarrhaus‹ zu denken). Aber auch die Vorstellung der bindenden Wirkung der Bibel trägt zu einem sehr statischen Rollenverständnis bei, denn die dort vorkommenden Rollen begreift Sundén dezidiert auch als *soziale* Rollen, »weil sie psychologisch gesehen genauso Erfahrung erzeugen« (1966, S. 10f.). Nur sind diese extrem starr, denn sie gehen nicht über die beschriebenen Eigenschaften und Handlungen einer Person hinaus. Insofern muss Sundén nicht jeden Menschen, der mit Gott in Berührung kommt, im Kopfe haben, wenn er eine Rollenübernahme postuliert, sondern herausgehobene biblische Gestalten, wie Mose, Abraham, die Propheten – aber auch z. B. Paulus. Hiob allerdings scheint er nicht im Sinn gehabt zu haben, denn so sehr man hier nach einem positiven Gottesbild sucht, das Leiden Hiobs verbleibt in einer Aporie. Dies führt zum zweiten Kritikpunkt.

### 4.6.2. sola scriptura – Überschätzung der Schrift

»Alles, was die Bibel über Gott sagt, wird zu einem gewaltigen Muster und auf eben dieses Muster und seine Teilmuster werden die zum Gehirn dringenden Impulse geleitet, wenn ein Mensch die Rolle Gott aufgenommen hat« (Sundén, 1975, S. 20f.). Allein an diesem Satz kann man das ganze Ausmaß erkennen, welches Sundén der *Schrift* zutraut. (1) Man muss die Bibel *ganz* lesen, um das ›gewaltige Muster‹ Gott zu erfassen. Eine Teillektüre reicht nicht aus, führt aber zumindest zu Teilmustern, die vom Gehirn verarbeitet werden können. (2) Die Lektüre ermöglicht die Aufnahme der Rolle Gottes durch die Übernahme der Rolle eines biblischen Akteurs, der in irgendeinem Kontakt zu Gott steht. Damit überfordert Sundén den Menschen in zweifacher Weise. Die Rollenübernahme versetze ihn in die gleiche Position und Lage wie die Person, deren Rolle er übernommen hat.[71] Schon dies schließt weitestgehend ein größeres Maß an Subjektivität aus, denn – wie oben ausgeführt – enthält die Rollenübernahme kein dynamisches Moment von Veränderung, von Entwicklung der Rollen. Sie werden lediglich tradiert (Was für sein Ansinnen, die Aufnahme der Gottesrolle durch Bibellektüre, durchaus hilfreich ist, weil sich ja nichts verändert; und somit die Rollen, die über- und aufgenommen werden, immer die gleichen sind.) Die zweite Überforderung besteht darin, dass mit der Übernahme einer Rolle diejenige Gottes mit aufgenommen wird, d. h. man ist nicht nur in der gleichen Position und Verfassung wie die Person, deren Rolle man übernimmt, man übernimmt auch noch deren Gottesbeziehung. Dies geht sogar soweit, dass »*[w]er die in der Bibel gegebene Rolle Gott kennt, kann bisweilen Ereignisse als Gottes Handeln identifizieren*« (1982, S. 40). Dies beschränkt sich aber nicht auf Ereignisse, die in der Bibel beschrieben werden. Beide Vorstellungen sind kaum realistisch, für einen streng an die Wirkung der *Schrift* glaubenden Menschen, mag dies jedoch eine wünschenswerte Vorstellung sein.

### 4.6.3. Atheismus als Abfall von der Religion

Nimmt man Sundéns Vorstellung ernst, so muss man ebenso wie bei Fowler Atheismus als eine Abirrung vom Wege interpretieren. Zwar haben sie die gleiche Voraussetzung in der Mutter-Kind-Dyade erworben, jedoch nicht die Tradition erlebt, die sie zu religiösen Menschen macht. Würde Sundén an dieser Stelle

71 Da die Rollenübernahme, laut Sundén, bis hin zu Tonfall und Gebärden reicht, scheint eine rein aus der Literatur übernommene Rolle hierzu nicht hinreichend erfassbar zu sein.

innehalten, wäre dem nichts entgegenzusetzen. Jedoch scheint er den Menschen auch zu unterstellen, sie wollten nicht in der religiösen Tradition leben, wenn sie sich »gegen die religiöse Gestaltung wehren und es vorziehen, [statt von Gott – LAN] von dem anonymen Zufall zu reden« (1982, S. 40f.). 1966 hatte er in diesem Zusammenhang noch von »traumatischen Erlebnissen« gesprochen (S. 359), die als »wirkliche Wurzeln« für den Atheismus verantwortlich sind. Es ist daher nicht verwunderlich, dass auf diese Anmerkungen ein Kapitel zur Bekehrung folgt, das Bekehrung als »Sonderfall des allgemeinen Gesetzes für die Persönlichkeitsbildung« (ebd., S. 384) definiert. Areligiöse Haltungen erklärt Sundén nämlich damit, dass »der früh ausgebildete Persönlichkeitskern ein abwehrendes Reaktionssystem im Verhältnis zu der religiösen Tradition und zu deren Vertretern enthält« und dieses führe dazu, alle »denkbaren Argumente« zu benutzen, »um eine areligiöse Haltung zu rechtfertigen« (1966, S. 351ff.). Insofern schwingt bei einer areligiösen Haltung eine unabgeschlossene Persönlichkeitsbildung mit, die sich darin zeige, Glauben und Wissen als zwei berechtigte Erkenntnisweisen zu akzeptieren. Dieselbe Argumentationsfigur beschließt denn auch das 1966 erschienene Buch *Die Religion und die Rollen*, denn analog zu Wissen und Glauben, »[wird] die Religionspsychologie der Rolle [...] durch eine Psychologie der kosmischen Ordnung und Vergeltung ergänzt werden müssen« (ebd., S. 437).[72]

## *4.7. Theologie und Psychoanalyse – Psychoanalytische Theorie religiöser Entwicklung*

Bereits 12 Jahre bevor Fritz Oser und Paul Gmünder das erste Mal ihr strukturgenetisches Modell präsentierten und 8 Jahre vor der Erstpublikation von *Stages of Faith* durch James Fowler publizierte der belgische (kath.) Theologe und Psychoanalytiker Antoon Vergote seinerseits eine *Psychologie religieuse* (1966), die bereits 1970 auch in einer deutschsprachigen Ausgabe erschien. Vergote wurde in katholischer Theologie ebenso wie in Philosophie promoviert, lebte dann eine Zeit lang in Paris, wo er u. a. bei Jacques Lacan, Françoise Dolto, Maurice Merleau-Ponty, Claude Lévi-Strauss und Jean Piaget Seminare und Vorlesungen besuchte, woraus sich die spätere theoretische Ausrichtung seiner Religionspsychologie ablesen lässt: von Lacan und Dolto bezieht er die psychoanalytischen

72 Hierbei bezieht er sich ganz offensichtlich auf William James' kosmisches Bewusstsein, das er dem individuellen gegenüberstellt und an dem das individuelle Bewusstsein teilhat (vgl. James, 1920, S. 466f.; 485f.).

Theorieteile, die sich im Wesentlichen auf den Ödipuskomplex mit seiner Zentralstellung des Vaters[73] und die Urhordentheorie reduzieren lassen;[74] von Merleau-Ponty und Lévi-Strauss lernt er die ethnologisch präzise Beobachtungsgabe sowie die Fähigkeit, phänomennah zu beschreiben; Piaget liefert schließlich die allgemeine entwicklungstheoretische Grundlage, ohne aber mit seinem konstruktivistischen Modell Vorbild zu sein. Schließlich – und das soll an biografischem Hintergrund genügen – gründet er, zurück in Belgien, die sogenannte *Belgische Schule der Psychoanalyse*, eine Ausgründung aus der *Société Française de Psychanalyse*, und lehrte an der zu diesem Zeitpunkt noch nicht gespaltenen Katholischen Universität Löwen Religionspsychologie, an welcher er Direktor des bis heute an der Université catholique de Louvain existierenden *Centre de Psychologie de la Religion* war.

Wie an der Jahreszahl erkennbar, erscheint die zentrale Arbeit zur Religionspsychologie kurz vor dem Ende des behavioristischen Paradigmas und noch vor kognitiven Wende. Eine günstige Zeit also, eine psychoanalytische Theorie zu vertreten – was jedoch auch durch die französischsprachigen Anteile in Belgien begünstigt wurde, spielt(e) die Psychoanalyse in Frankreich und den angrenzenden französischsprachigen Gebieten von jeher eine starke Rolle. Dass überhaupt eine psychoanalytische Arbeit erschien, mag aber auch dem bis heute geltenden Fakt geschuldet zu sein, dass viele Theologen ganz offensichtlich eine gewisse Affinität zur Psychoanalyse zeigen, während die akademische Psychologie sie weitgehend ignoriert(e).

Zunächst ist festzuhalten, dass Vergote *nicht* den Anspruch erhebt, eine universal gültige Theorie aufzustellen, sondern »gewisse Richtlinien im religiösen Wachstum des Menschen, wie es in der westlichen Welt in Erscheinung tritt, herauszuarbeiten« (1970, S. 352). Damit ist Vergote seiner Zeit weit voraus, denn der vom Behaviorismus vertretene Universalismus bleibt als Erbe dem auf ihn folgenden Kognitivismus erhalten und prägt noch immer die psychologische Theorielandschaft. Er ist seiner Zeit aber auch deshalb weit voraus, weil er berücksichtigen möchte, dass sich die kindliche Sicht der Dinge von der Sicht der Erwachsenen – zumal der wissenschaftlich tätigen – wesentlich unterscheidet und somit jeder Versuch, die kindliche Entwicklung nicht behavioral zu beschreiben, eine Übersetzungsleistung erfordert (vgl. ebd., S. 351). Schließlich rückt Vergote die Begriffsbildung, wenn auch nicht in den Mittelpunkt, so doch

73 Eben diese Vaterfigur, die sowohl in der Psychoanalyse als auch in der katholischen Theologie im Ausdruck des Gott-Vaters zentral ist, bildet das Scharnier, durch das Vergote den »Dialog zwischen Glauben und zeitgenössischer Kultur« begründen möchte und das die Grundlage »des Zusammenspiels von Psychoanalyse und Theologie« bildet, wie es auf seiner Webseite heißt (vgl. http://theo-psy.net/AntoonVergoteDeutsch.aspx). Wo genau diese Verbindung in seiner Entwicklungstheorie zu finden ist, wird dieses Kapitel herausarbeiten.

74 Dabei ist spannend, dass sich Vergote dennoch im Wesentlichen auf die ›Urtheorie‹ Freuds bezieht und nicht auf die spezifische Neuausrichtung durch Lacan.

an prominente Stelle und führt so ›nebenbei‹ *Sinn* und *Bedeutung* als Grundkategorien psychologischer Theoriebildung ein (vgl. ebd., 353f.). Diese drei Positionen werden in ihrem kritischen Potenzial erst in den späten 1980er/frühen 1990er Jahren – ohne Rekurs auf Vergote (!)[75] – so artikuliert, dass sie wissenschaftlich wahrgenommen werden und zu verschiedenen kritischen Psychologien, indigenen Psychologien wie Kulturpsychologien führen.

### 4.7.1. Die Voraussetzungen der religiösen Entwicklung des Kindes- und Jugendalters

Der Hauptunterschied zu den strukturgenetischen Modellen liegt in der vollständigen Verlagerung der Religionsentwicklung beim heranwachsenden Menschen in die Tradition und Sozialisation. »Die Gottesidee keimt nicht spontan im Geiste des Kindes; doch begünstigen gewisse psychische Bedingungen eine frühzeitige Übernahme des religiösen Erbes. [...] Die religiöse Bereitschaft des Kindes kann sich jedoch nur entfalten, wenn sie von Anfang an erzieherisch beeinflusst wird« (Vergote, 1970, S. 355). In der psychoanalytischen Tradition stehend sieht Vergote die Familie als Sozialisationseinheit und Ort der Weitergabe religiöser Tradition. Sie ist »Vorbild der religiösen Beziehungen und der religiösen Werte zugleich« (ebd., S. 356). Dabei ist Erziehung in diesem Kontext weit zu verstehen, denn zunächst geht es nicht um Unterweisung, sondern um unterschwellige Prozesse, wobei sich einerseits das religiöse Handeln und Sprechen der Eltern in die »Gemütserfahrung« des Kindes einschreiben, andererseits ihre Geborgenheit (Mutter) wie Autorität (Vater) Vorbild für jene Gefühlslagen sind, die sich später auch im Verhältnis zu Gott zeigen. Diese frühe wie vorintellektuelle Erfahrung von Beziehung, Geborgenheit und Autorität garantiert auch, die »Stabilität der religiösen Einstellungen«, die sich empirisch belegen lassen (vgl. ebd., S. 356f.).

Neben dieser Sozialisationserfahrung identifiziert Vergote »gewisse psychische Bedingungen«, die dafür sorgen, dass sich das tradierte religiöse Erbe beim Kind ›einnisten‹ kann. Diese lassen sich anhand der von Piaget identifizierten allgemeinen Intelligenzentwicklung beschreiben, die von der affektiven Ichbezogenheit bis hin zu magischen Glaubens- und Verhaltensformen reicht. Entgegen allen anderen Traditionen sieht Vergote im magischen oder animistischen Stadium keinen Antagonisten zur religiösen Entwicklung, sondern innovativ eine notwendige Bedingung für die Übernahme von religiösen Vorstellungen

75 Der Grund hierfür ist durchsichtig: Religion war bis in die 1990er Jahre kein Thema der Psychologie wie in Kapitel *Konvergenzen zwischen Psychologie und Theologie?* erläutert, weswegen man thematische Schriften zu Religion, zumal von einem Theologen, schlichtweg ignorierte.

und Bildern (vgl. hierzu ähnlich Mähler, 1995). Im Rekurs auf Piagets Untersuchungen zum Weltbild des Kindes konstatiert er: »Ein solch ›intentionales‹ Weltbild hat nicht unmittelbar religiösen Charakter; doch verbinden religiös erzogene Kinder diese immanente Gerechtigkeit spontan mit dem Willen Gottes selbst. Hier wie im Glauben an Gott, an seine Vorsehung birgt die kindliche Psyche – unabhängig von jeder religiösen Unterweisung – eine affektive Bereitschaft in sich, die der Gottesglaube ansprechen kann« (1970, S. 366). Magische Vorstellungen, wie sie beim Kind als normales Entwicklungsstadium auftreten, sind Voraussetzungen für das Religiöse. Letzteres löst aber nicht einfach die magischen Vorstellungen ab, sondern sie verbinden sich zunächst mit diesen zu einer »harmlosen Mischverbindung«, »die man als eine rudimentäre Form des Glaubens betrachten muss; [...] sie ist eine religiöse Einstellung, die Gott durch affektive und imaginäre Vorstellungen, die diesem Alter entsprechen, zu erkennen sucht« (ebd., S. 367). Wichtig scheint mir die Feststellung, dass Magisches und Religiöses – zumindest in bestimmten Entwicklungszeiten – nicht getrennt werden können oder als einander ablösend gedacht werden, auch wenn diese Nähe immer wieder von Theoretikern der religiösen Entwicklung aus ›durchsichtigen Gründen‹ – Religion sei nichts Irrationales bzw. historiogenetisch nicht mit der magischen Umgangsform mit Gottheiten zu vergleichen – bestritten wird. Der Vorteil einer solchen Betrachtung liegt nämlich darin, dass sie erklären kann, warum sich auch beim erwachsenen, religiös reiferen Menschen durchaus religiös-magische Vorstellungen neben rationalisierenden finden lassen; bspw. wenn Ideen eines sinnvollen Welt- und Lebensplanes, an dem Gott beteiligt ist, neben Vorstellungen existieren, die noch immer davon ausgehen, man könne Gottes Plan durch Gebete, Geschenke oder Versprechen etc. beeinflussen. Auch sie sind – wie die Grunderfahrungen in der Familie – das tiefliegende Fundament, auf dem die Religion aufsitzt, und die nur schwer zu verändern sind. Insbesondere deshalb, weil das magische Denken nach Vergote »als ein affektives und imaginäres Schema dem Kind hilft, sich in den religiösen Kult einzugliedern« (ebd., S. 369), wobei neben den intellektuellen Aspekt derjenige des Kultus, also der körperlichen Einübung tritt. »Soweit sie das ritualistische Verhalten in die symbolischen und institutionalisierten religiösen Handlungen einführen, leben sie einen magisch-religiösen Ritualismus« (ebd., S. 370). Leider führt Vergote an dieser Stelle nicht aus, welchen Stellenwert die körperliche Teilnahme am Kult in Form von ritualisierten, symbolischen und institutionalisierten religiösen Handlungen für den sich entwickelnden wie reifen Glauben haben. Dieses Desiderat gilt es in einer eigenen Entwicklungstheorie der Religion aufzugreifen.[76]

---

76 Gemeint ist das präreflexive Mitmachen an Ritualen, das präreflexive Nachvollziehen symbolischer und institutionalisierter religiöser Handlungen. Damit wird Wissen in den Körper hineinbewegt, das tiefer liegt als das reflexiv erlernte Wissen (vgl. Zielke, 2004, S. 324ff.).

Nach diesen doch recht innovativen Ideen bei der Konzeption religiöser Entwicklung folgt überraschender Weise eine sehr konservative, in der klassischen Psychoanalyse verhaftete Entfaltung des Entwicklungsprozesses. Zudem sind viele der geäußerten Vorstellungen Vergotes von seiner theologischen Ausbildung als katholischer Priester geprägt, die ein konfessionell und theologisch bestimmtes Welt- und Menschenbild transportieren, z. B. wenn er konstatiert: »Der Glaubende weiß um die radikale Andersheit Gottes, mit Schrecken hat er sie entdeckt, und dennoch wagt er es, sein Vertrauen auf ihn zu setzen« (ebd., S. 363). Schließlich bleibt seine Entwicklungstheorie auch in den gesellschaftlichen Vorstellungen seiner Zeit verhaftet, was man ihm nicht vorwerfen kann, denn er will ja Grundzüge der religiösen Entwicklung, wie sie sich in der westlichen Welt zeigt, beschreiben (vgl. ebd., S. 352). Dennoch zementiert und reproduziert er obsolete Vorstellung, z. B. wenn er zwar innovativ gegenüber allen anderen Ansätzen geschlechtsspezifische Unterschiede in der religiösen Entwicklung konstatiert, diese aber (eher) biologisch begründet sieht und das alte Vorurteil ›männlich gleich rational, weiblich gleich affektiv‹ wiederholt (vgl. ebd., S. 370ff.; S. 378).

## 4.7.2. Die religiöse Entwicklung des Kindes

Die Keimzelle der Religion sieht Vergote auf beiden Seiten: der religiösen Sozialisation wie der religiösen Bereitschaft des Kindes. Allerdings setzt er den Akzent bei der Sozialisation, denn »[d]ie Gottesidee keimt nicht spontan im Kinde« (1970, S. 355). Es bedarf vielmehr einer Anregung aus der Umwelt, um die vorhandene religiöse Bereitschaft fruchtbar werden zu lassen; oder ins Gegenteil gewendet: Ohne religiöse Sozialisation kann die religiöse Bereitschaft des Kindes nicht aktiviert werden. Dass es eine solche Bereitschaft gibt, begründet Vergote mit den Experimenten Piagets zum ›intentionalen Weltbild‹: »Hier wie im Glauben an Gott, an seine Vorsehung birgt die kindliche Psyche – unabhängig von jeder religiösen Unterweisung – eine affektive Bereitschaft in sich, die der Gottesglaube ansprechen kann« (ebd. S. 366). Damit gelingt es Vergote, religiöse Entwicklung nicht als isolierten Entwicklungsprozess wie bei Oser und Gmünder oder Fowler zu begreifen, sondern als einen domainspezifischen, der – trotz gemeinsamer Wurzel je nach Umfeld anders ausgeprägt wird – eine wichtige Vorstellung aufgreift, die auch von Kulturpsychologen geteilt wird. Religiöse Entwicklung ist also kein Sonderweg, sondern eine der Entwicklungsmöglichkeiten, die dem Menschen als Potenzial eignen und im Sozialisationsprozess ausgebildet werden können.

Als wichtigsten Sozialisationsort benennt Vergote die Familie, wobei interessanterweise nicht wie bei Fowler oder Sundén die Mutter-Kind-Dyade im Vordergrund steht, sondern die Vater-Mutter-Kind-Triade die notwendige Bedingung für die religiöse Entwicklung darstellt. Dies begründet er damit, dass

»die familiäre Struktur virtuell religiös [sei]; und umgekehrt wird die [christliche – LAN] Religion zutiefst von der Psychologie der Familie geprägt« (1970, S. 356). Die Familie – so Vergote weiter – sei »das Vorbild der religiösen Beziehungen und der religiösen Werte zugleich« (ebd., S. 356), wobei Geborgenheit (Mutter) wie Autorität (Vater) gleichermaßen in das (gesunde) Gottesbild des Kindes einflössen. Habe ein Kind diese stabilen Beziehungen zu den Eltern in dieser Form nicht, könne es nicht an die religiöse Welt der Eltern glauben und ist somit »zu schweren Störungen seines Gemütslebens verurteilt« (ebd., S. 357). Anders ausgedrückt, wird es ein deformiertes Gottesbild entwickeln, dem das Gleichgewicht zwischen Autorität und Geborgenheit fehlt. Damit wird die Religiosität als Beziehung zu Gott eins zu eins mit der Beziehungsqualität innerhalb der Familie gesetzt, was problematisch ist.

Den Beginn des religiösen Ausdrucks sieht Vergote im Alter von 3 bis 4 Jahren gegeben, wenn das Kind in der Lage ist, seine in der Beziehungsqualität der Familie erworbenen Gottesvorstellungen zu artikulieren. Interessant ist, dass er damit in etwa den gleichen Zeitraum ansetzt, wie Seiler und Hoppe-Graff (s. Kapitel *Kulturpsychologische Ansätze*), die davon ausgehen, dass Kinder im Alter von 4 bis 5 Jahren über einen (einfachen) Gottesbegriff verfügen. Warum allerdings Vergote die religiöse Entwicklung nur am (affektiv-intellektuellen) Gottesbild festmacht, bleibt offen, hatte er doch innovativ auf die vorintellektuelle (körperlich verankerte) Erfahrung sowie die körperliche Teilnahme an Ritualen hingewiesen, die für eine religiöse Entwicklung so wichtig seien. Diese Aspekte geraten mit seiner Konzentration auf die Entwicklung des Gottesbildes vollständig aus dem Blick, weshalb zu fragen ist, ob das nun weiter Ausgeführte noch einer religiösen Entwicklungstheorie entspricht oder lediglich die Herausbildung eines Gottesbildes nachvollzieht, was nur einen kleinen Teilbereich religiöser Entwicklung darstellt und den Handlungsaspekt vernachlässigt.

In der folgenden Tabelle sind die Ausführungen zur Entwicklung des Gottesbildes beim Kind (S. 358-362) stichwortartig zusammengefasst:

| Entwicklungsstadium | Charakteristik |
|---|---|
| **Beginn mit 3-4 Jahren**<br>**›Goldenes Zeitalter der Religion‹ geprägt durch die Ambivalenz des Heiligen**<br>**(Rudolf Otto[77])** | - kann sich ein Bild Gottes machen<br>- erlebt die Wirklichkeit des Göttlichen als ein mit einer Märchenwelt vergleichbares Reich des Wunderbaren<br>- tritt dem Religiösen in Respekt und Furcht nahe<br>- das Gottesbild profiliert sich hinter dem der Eltern, besonders des Vaters; Verwandlung des Göttlichen in |

77 Vergote zitiert ihn als W. Otto

| | |
|---|---|
| | die väterliche Wirklichkeit: Das Verständnis der heiligen Welt wird konkreter, indem es sich auf die affektive Beziehung zum Vater gründet<br>- das Gottesbild wird mit der Elternvorstellung vermengt: Ganz wie die Eltern ist Gott im Erleben des Kindes ein allmächtiges und allwissendes Wesen, und wie sie hat er die Aufgabe, das Kind zu beschützen<br>- das Gottesbild ist imaginär und affektiv zugleich<br>- Die familiäre Pietät überträgt sich von den Eltern auf Gott: in Gefühlen der Abhängigkeit, des Vertrauens, der Geborgenheit und der Achtung |
| **5-7 Jahre** | - das Kind beginnt, Gott bewusst von den Eltern zu unterscheiden, denn es entdeckt die Grenzen, Widersprüche und Fehler der Eltern; der Unterschied geht aber noch nicht so weit, sie zu trennen<br>- es entwickelt sich ein universaleres Gottesbild (Gott als Schöpfer aller Dinge)<br>- es denkt eine dramatische Welt: Gott als Macht des Guten und der Teufel als Macht des Bösen, die im ständigen Kampf liegen<br>- anthropomorphe Gottesvorstellung |
| **6-11 Jahre** | - der Gottesbegriff vergeistigt sich sukzessive: 6 bis 7 Jahre: anthropomorphe Vorstellung; 8 bis 11 Jahre: Gott wird als Mensch gedacht, der eben kein Mensch ist, sondern im Himmel über den Engeln thront und nicht angefasst werden kann<br>- der Gottesbegriff ist mit Gefühlen der Pietät, des Vertrauens, der Bewunderung und Furcht getragen und weist darum zugleich über das rein Menschliche hinaus: er erhält damit einen symbolischen Wert (hat aber |

| | |
|---|---|
| | noch keine vollständige symbolische Qualität) |
| **ab 12 Jahre**[78] | - es erwacht ein geistigerer Gottesbegriff: Gott ist überall, unsichtbar und man kann ihn nicht zeichnen<br>- Kinder nehmen nun die symbolische Funktion der Zeichen deutlich wahr und entwickeln einen entsprechenden Gottesbegriff |

Wie aus der Tabelle deutlich wird, ist die Kindheit im Wesentlichen von der Übertragung der affektiven Beziehungsqualität von Mutter und Vater auf das Gottesbild geprägt, wobei beide sich im Gottesbild vereinen und die affektive Grunderfahrung des Glaubenden begründen, »dass die Individuen mehr und mehr die religiöse Furcht für normal empfinden, als natürlichen Begleiter des Vertrauens. [...] Der [erwachsene – LAN] religiöse Mensch bewegt sich zwischen beiden Polen; er lebt in einer Harmonie von Gegensätzen« (1970, S. 363).

Parallel – wahrscheinlich aber verzögert – zu diesem affektiven Entwicklungsprozess vollzieht sich die intellektuelle Entwicklung, die Vergote im Anfangsstadium analog zu Piaget, später in der Pubertät analog zu Freud begreift. So lebe das dreijährige Kind noch im Stadium des Egozentrismus, glaube, dass andere ebenso dächten und empfänden wie es selbst, und weise noch keine Innen-Außen-Trennung auf. Erst die Herausbildung von »Realitätsprinzipien,[79] Sprache und [...] Eifersucht und die Vorgänge des Ödipuskomplexes befreien nach und nach aus der Ichbezogenheit und führen zur Anerkennung der Dinge und des Anderen« (S. 365). Interessant und innovativ an dieser Passage ist der Rekurs auf die Sprache als einer der drei Entwicklungsmotoren. Noch interessanter aber ist, dass Vergote ganz ähnlich einer kulturpsychologischen Vorstellung die Bedeutung der Begriffe sowie der Zeichen und Symbole betont. So beschreibt er den Prozess der Begriffsentwicklung wie folgt: »Sobald es [das Kind – LAN] seiner Religion gegenüber eine kritische Haltung einzunehmen beginnt, muss es seine ersten Vorstellungen durch angemessenere Begriffe ersetzen können, sonst läuft es Gefahr, Gott mit solchen Begriffen zu identifizieren, die in seinem Erleben einst wohl gültig waren, nun aber im negativen Sinn als infantil bezeichnet werden müssen« (ebd., 353f.). Diese Begriffe aber entwickelt es nicht gänzlich allein, sondern es entnimmt sie dem sozialen Umfeld – oder in Vergotes

78 Interessant ist, dass er als einziger Geschlechtsunterschiede thematisiert, die man auch erwarten würde: Jungen hinken den Mädchen bei der religiösen Entwicklung hinterher.

79 Das Realitätsprinzip als Teil des Ichs ist nach der klassischen Psychoanalyse der Antagonist zum Lustprinzip des Es. Das Realitätsprinzip löst das Lustprinzip jedoch nicht ab, sondern modifiziert dessen Geltung dahingehend, die Lustbefriedigung unter Berücksichtigung zur herrschenden Umwelt zu gestalten.

Worten: »Das Kind anerkennt die religiösen Zeichen, die ihm die Gesellschaft anbietet, und tritt damit in das Leben der religiösen Institution ein« (ebd., S. 370).

Es bleibt daher zu fragen, wie nun affektive und intellektuelle Entwicklung zusammenhängen. Die affektive Komponente bildet den Grundstein und liegt in der Beziehungsqualität zu den Eltern. Sie ist eine frühe wie vorintellektuelle Erfahrung. Auf dieser sitzen die magischen Vorstellungen der Intelligenzentwicklung auf, die auch schon Piaget beschrieben hat, wie z. B. Artifizialismus, Animismus und Anthropomorphismus. Diese magischen Vorstellungen wären nicht möglich, ohne die Zeichen und Riten, die das Kind durch seine gesellschaftliche Prägung erworben hat (vgl. ebd., S. 370), woraus eine »Mischverbindung von religiösen und magischen Vorstellungen« (ebd.. S. 367) resultiert. »Denn die Riten und Zeichen haben Anteil am Leben der Gesellschaft. So erwächst die magisch-religiöse Glaubensvorstellung aus einer doppelten psychischen Bewegung. Das Kind anerkennt die religiösen Zeichen, die ihm die Gesellschaft anbietet, und tritt damit in das Leben der religiösen Institution ein. Andererseits, indem es sich ihr eingliedert, trägt es ihr Gefühlskräfte zu, die man als ritualistisch bezeichnen könnte« (ebd.). Schließlich emanzipiert sich das Kind von den magischen Glaubensanteilen, beginnend im Prozess der Entwicklung bzw. Anerkennung des Realitätsprinzips und endend mit der Lösung des Ödipus-/Elektrakomplexes, wobei sich auf der intellektuellen Seite zunehmend die symbolische Funktion der Zeichen durchsetzt und der symbolische Gottesbegriff den affektiv geprägten, magisch-religiösen »ersetzt« (1970, S. 353).

Allerdings scheint mir »ersetzt« der falsche Begriff zu sein, denn unter der Bedingung, dass das Realitätsprinzips das Lustprinzip nicht ablöst, sondern in ein neues Verhältnis zur Realität setzt und damit transformiert, müsste Vergote davon ausgehen, dass der Gottesbegriff nicht ersetzt, sondern der erstere in den zweiten transformiert wird, wobei dessen Charakteristika erhalten bleiben und von Zeit zu Zeit bei geeignetem Anlass auch beim Erwachsenen wieder in Erscheinung treten. Dieser sprachlich-intellektuelle Transformationsprozess wird sowohl in den darzustellenden kulturpsychologischen Ansätzen als auch im eigenen Theorieentwurf eine entscheidende Rolle spielen. Ob Vergote das Potenzial dieser Begriffstransformation– und damit den transformierten Erhalt der magischen Vorstellungen – erkannte und in seinem Text intendierte, kann nicht zuverlässig festgestellt werden, jedoch legt seine Gesamtkonzeption eine solche Sicht nahe. Falls er diese Intention hatte, so wäre dies ohne die Kenntnis der Wygotskischen bzw. den Schriften Boeschs bemerkenswert.

### 4.7.3. Die religiöse Entwicklung des/der Jugendlichen

»Die intellektuelle Entwicklung, das Erwachen der Freundschaft, die Schuld im Zusammenhang mit der aufkommenden Sexualität, die Krise der Unabhängigkeit und das Erwachen des Ichs bilden die bedeutsamen Komponenten der Religion des Jugendalters«, wie Vergote klassisch am psychoanalytischen Modell bleibend zu Beginn seines 2. Kapitels des 2. Teils *Abriss einer genetischen Religionspsychologie* (S. 374) schreibt.

Vergote verdeutlicht die Entwicklung des Gottesbildes in dieser Lebensphase wie folgt:

| Entwicklungsstadium | Charakteristik |
|---|---|
| **9-10 Jahre**<br>**attributive Phase** | - Das Kind stellt sich Gott in dieser Phase vermittels attributiver Bestimmungen vor, die es aus dem Religionsunterricht übernimmt<br>- drei Gruppen von Attributen:<br>1. objektive Attribute: Größe, Allwissenheit, Allgegenwart, Geistigkeit<br>2. subjektive Attribute: die sittlichen Eigenschaften Gottes, wie Güte und Gerechtigkeit<br>3. affektive Attribute: Stärke, Schönheit |
| **12-13 Jahre**<br>**Phase der Verpersönlichung Gottes** | - der attributive Ansatz genügt nicht mehr<br>- der Hauptakzent liegt nun auf den Erscheinungsweisen Gottes als Herrscher, Erlöser und Vater – diese drei Themen verlieren jedoch langsam ihre Spezifität und vermischen sich |
| **15-16 Jahre**<br>**Phase der Verinnerlichung** | - Subjektive Themen strömen nun in den Gottesbegriff ein: Liebe, Gebet, Gehorsam, Vertrauen im Dialog, Zweifel, Verlassenheit und Furcht; die ausschlaggebendsten Motive sind dabei Vertrauen im Dialog und Furcht<br>- Gott als Vertrauter der inneren Selbstgespräche<br>- Gefühl des Angenommenseins durch Gott/Christus |

Vergote beschäftigt sich leider nur wenig mit der Übergangszeit von 12 bis 15 Jahren und legt den Akzent auf die postödipale Phase. Dennoch erfährt man einiges.

Wesentlicher Entwicklungsmotor ab dem 12. Lebensjahr ist die »erwachende Sexualität«. Sie »bringt mit ihren Masturbationsproblemen eine spezifisch psychologische Schuld mit sich, die sich durch Gefühle des Versagens und sozialer Isolierung kennzeichnen. Der Junge leidet mehr darunter als das Mädchen« (1970, S. 379).[80] Zwei Lösungsansätze neben der Identifizierung mit dem Aggressor als Lösung des Ödipuskomplexes bzw. dem analogen Vorgang bei Mädchen sind (1) die Freundschaft, um die soziale Isolierung aufzuheben, und (2) die Entwicklung eines sittlichen Ideals des Ichs, um den Schuldgefühlen etwas entgegenzusetzen.

In der Freundschaft erleben die Heranwachsenden das Angenommensein auf eine neue Art und Weise, denn sie bewegen sich von den Eltern weg zu anderen Bezugspersonen und ermöglicht so eine Ausweitung des bestehenden Gottesbildes, sodass die bisherigen ihm zugedachten Attribute um neue erweitert werden (müssen). Die Heranwachsenden erfahren in der Freundschaft eine »affektive Teilhabe an der Welt, [...d]iese Stimmung begünstigt oft das Entstehen einer Religiosität pantheistischen Charakters: Sie erleben Gott in Einheit mit der Natur und erfahren die symbolischen Entsprechungen der Welt in einer Sphäre des Heiligen« (ebd., S. 377). Ab dem 15. Lebensjahr schaffen sich die Heranwachsenden aus den Erfahrungen der Freundschaft in Gott ein »Ideales Gegenüber, dem man nicht genügen kann« (S. 378). Beim Jungen werde dieses Ideal als reines und vollkommenes Sein vorgestellt, das »oft gar seiner geschichtlichen Dichte und personalen Realität verlustig geht« (ebd.), und beim Mädchen wird Gott zum idealen Vertrauten, »der alles versteht und sich ihm ganz schenkt« (ebd.) – beide Ideale sind also die Keimzelle dessen, was sich später nach der Heirat wiederrum in der Familie wiederholt: die ›Vereinigung‹ von Mann und Frau zur Vervollkommnung des Gottesbildes und zur Ausprägung einer idealen Gottesbeziehung.

Die Entwicklung eines sittlichen Ideals des Ichs stellt die zweite Flanke dar, mittels der die Sexualität und die damit einhergehenden Problematiken bewältigt werden können. Die auf Vervollkommnung strebende ethische Sicht speist sich nach Vergote aus dem noch immer vorhandenen Narzissmus. Denn was der Ödipuskomplex auf der Ebene der Sexualität auslöst, wiederholt sich in »einer affektiven Erfahrung und einer intellektuellen Bewußtheit. So ist es nur natürlich, dass sich der Jugendliche in seinen ethischen Einstellungen eindeutig auf die Vervollkommnung seiner selbst konzentriert« (1970, S. 380). Die Religion ist dabei Sinn- und Richtungsgeberin der ethischen Ziele und Motive, zugleich aber

[80] Wieder ein sehr prägnantes Beispiel, wie seine eigenen gesellschaftlichen Wertungen und moralischen Vorstellungen in seine Theoriebildung einfließen.

auch Nutznießerin, denn die Religion erhält im besten Falle mit dem ethischen Ideal eine die affektive ablösende, neue Basis.

Das Lob auf die Freundschaft und das sittliche Ich-Ideal darf aber nicht darüber hinwegtäuschen, dass beide auch Gefahren in sich bergen, denn im Alter zwischen 15 und 19 Jahre, so nimmt Vergote – eine empirische Studie an 350 Probanden zitierend – an, komme es auch zur Abwendung von der Religion. So sei zwar der religiöse Zweifel der Hauptmotor dieser Entwicklung, aber Freundschaft und ethisches Ideal trügen ihr Scherflein bei. Die Freundschaft kann zum »Rückgang des religiösen Lebens [...] durch ein Nachlassen der affektiven Idealisierung und eine wachsende Anteilnahme am Leben der Mitmenschen« auslösen, »sobald sich die Jugendlichen voll in ihre Umwelt eingegliedert haben« (ebd., S. 378). In Bezug auf das ethische Ideal »entdecken viele Gläubige, dass die Verwirklichung einer menschlichen Ethik ein spezifisch menschlicher Auftrag ist, und dass sie es nicht nötig haben, ihn religiös zu begründen« (ebd., S. 380). Sie wenden sich deshalb vom Glauben ab, weil sie ihn »zu sehr mit dem Bemühen um eine menschliche Ethik identifiziert« haben (ebd.).

Hauptmotor aber ist vor allem der religiöse Zweifel, der als Lösung der Krise dient – ein anderer Terminus für Ödipuskomplex, den Erikson verallgemeinert hat und jedem Lebensalter eine spezifische Krise zuordnet – und zur Entwicklung einer dauerhaften und ›reifen‹ Religion führt. Die Krise ist also notwendiges Moment und Chance in der religiösen Entwicklung. Oder in Vergotes theologischem Überschritt: »Mag der Mensch auch seine Zielsetzungen in seinem eigenen Leben, in der Welt und zusammen mit seinen Mitmenschen tatsächlich realisieren, so kann er sich dazu ebenso gut für die Religion entscheiden wie für einen atheistischen Humanismus. Denn ein Gott, den viele Menschen als Ziel ihrer Strebungen, ihrer Bedürfnisse und Wünsche anbeten, ist zu menschlich, um wahrhaft ein Ganz-Anderer zu sein, und trotzdem zu absolut, um nur Abbild des Menschen zu sein« (ebd., S. 387).

Vergote identifiziert eine Hauptquelle und zwei Nebenquellen[81] für den religiösen Zweifel im Jugendalter, der im Alter von 15 Jahren nachlässt und bis zum 18. Lebensjahr zur Ruhe kommt, um eventuell im späteren Leben »auf mehr intellektuelle Weise, jedoch nicht weniger intensiv« zurückzukehren (1970, S. 385). (1) »Der Jugendliche hat seine Innenwelt entdeckt, er befindet sich dadurch in voller Krise und sucht sich nun seine eigene Freiheit« (ebd., S. 383). Typischerweise rebelliert er/sie in dieser Zeit gegen die Eltern – und damit auch gegen deren Pendant ›Gott‹. Da der/die Jugendliche bisher immer in Abhängigkeit von den Eltern und einem auch zu fürchtenden Gott stand, strebt er/sie nun nach voller Autonomie in dem er/sie diese Bande kappt. Dass dies keine einfachen Ablöseprozesse sind, also Religion nicht leichtfertig aufs Spiel gesetzt wird, zeigt sich darin, dass die Mehrheit nicht die Autorität der Eltern/der Religion ver-

81 Vergote selbst differenziert hier nicht, er spricht von »drei Quellen« (1970, S. 383).

wirft, sondern nur temporär infrage stellt und sistiert, um zu einer »persönlichen Glaubensentscheidung« (ebd.) zu gelangen. Der notwendige religiöse Zweifel ermöglicht also eine persönliche Glaubensentscheidung.

Des Weiteren benennt Vergote zwei Nebenquellen, die den religiösen Zweifel speisen: (2) die Verkennung der normalen Entwicklung des Gefühlslebens, das neben den Schuldgefühlen auch »Glück, Selbstbesitz und affektive Vereinigung mit dem anderen« (ebd.) bereithält. Da der/die Jugendliche diese Spannung nicht ertragen kann, ist er/sie versucht, die sittlichen und religiösen Gesetze zu verwerfen. In dieses Feld falle, so Vergote, auch die »oftmals erfahrene Unfähigkeit, den Ansprüchen der Reinheit zu genügen« (ebd., S. 384),[82] und (3) die allgemeine Vertrauenskrise in die Mitmenschen, allen voran die Eltern. Diese kann zur »Angst vor der Sinnlosigkeit der Existenz« (ebd.) führen, wenn die affektive Beziehung zu den Eltern nicht mehr tragfähig ist. Zwar könne diese durch Sinnstiftung kompensiert werden, allerdings gelänge dies nur in seltenen Fällen. Auch hier betont Vergote, dass Religion im Regelfall deshalb nicht verworfen, sondern temporär infrage gestellt und sistiert werde, sofern keine pathologischen Ursachen für das Gefühl der Sinnlosigkeit vorliegen.

### 4.7.4. Die religiöse Entwicklung des/der Erwachsenen

Auch wenn Vergote hierfür keinen eigenen Abschnitt vorsieht, so erfährt man doch Wesentliches über die Entwicklung in der Postadoleszenz, denn die religiöse Entwicklung hat mit der Überwindung des Ödipuskomplexes wie dem religiösen Zweifel noch nicht seinen Höhepunkt erreicht. Mit der Überwindung des Ödipuskomplexes wie dem religiösen Zweifel gewinnt der/die Gläubige die Freiheit, nun ohne Zwang und Abhängigkeit »viel freier über den Sinn des Daseins« (1970, S. 385) nachzudenken, wobei er sich die Religion quasi erneut zu eigen macht – sprich in ein persönliches stimmiges Ganzes transformiert. Dieser Prozess dauert ca. bis zum 30. Lebensjahr, bis »der Mensch [...] einen wahren, persönlichen Glauben erreicht und dessen transzendente Zielsetzung erkennt. Die allgemeine Erfahrung zeigt, dass nach der Reifezeit die ganze religiöse Bildung umgestaltet werden muss« (ebd.). Allerdings, so betont Vergote, sei diese Entwicklung kein Selbstläufer wie Beruf und Elternschaft, sondern muss in der Auseinandersetzung mit der eigenen Religiosität erarbeitet werden. Zwar verzichtet Vergote im Gegensatz zu Oser und Gmünder bzw. Fowler darauf, einzelne Stadien dorthin zu benennen, kommt jedoch nicht umhin, einen idealen Zielpunkt der ›reifen Religion‹ zu benennen: »die schöpferische Freiheit, die Öffnung zum Anderen in seiner Andersheit, die Versöhnung und Sohnschaft, die menschliche

---

[82] Wieder ein Hinweis, wie seine eigene Konfession seine ›dichte Beschreibung‹ beeinflusst. Statt von Sexualität zu sprechen, wird nur die affektive Vereinigung erwähnt ebenso wie die Erwähnung des kultischen Begriffs der Reinheit.

Solidarität, die Integration der Gottesbeziehung und des zeitlichen Engagements« (ebd., S. 386).

Und auch hier zeigt sich, wie bei den bereits zitierten Autoren Oser und Gmünder bzw. Fowler, dass das letztliche Postulat einer ›Endstufe‹ religiöser Entwicklung eher einer theologischen als einer entwicklungspsychologischen Bestimmung entspricht. Vergote denkt die reife Religion als Verwirklichung des trinitarischen Gedankens: Der Mensch wird zum schöpferischen Subjekt, das sich der Freiheit der Welt und den anderen erwachsenen Subjekten zuwenden kann. Analog eignet er sich die Rolle Christi an – ausgesöhnt mit sich selbst und der Welt. Dem entspricht eine Ethik der Nächstenliebe, einer erwachsenen Frömmigkeit und eines entsprechenden Umgangs mit sich selbst.

In seiner eigenen Logik als katholischer Priester ist dieser Abschluss gerechtfertigt, denn »[h]at die Psychologie die religiöse Entwicklung bis ins Erwachsenenalter erforscht, muss sie sich zurückziehen vor der konkreten Gemeinschaft Gottes mit dem Menschen« (ebd., S. 386), weil die Normen der Psychologie nicht ausreichen würden, dieses Verhältnis zu erfassen. »Die reife Religion vollzieht bewusst die Trennung zwischen Gott und den psychischen Strebungen des Menschen. Sie verwandelt die Wunschreligion in echte Religiosität. Hüten wir uns darum vor dem Trugschluss wissenschaftlicher Mythen, die den erwachsenen Menschen und seine Religion oft auf rein psychologische Elemente zurückführen« (ebd.).

## 4.8. *Kritik an der psychoanalytischen Theorie*

Vergotes Ansatz weist im Kindheitsstadium wesentliche Innovationen verglichen mit den anderen Ansätzen auf: (1) Verzicht auf eine Universaltheorie, (2) Religion ist keine Sonderentwicklung neben anderen, (3) methodologische Anerkennung des kindlichen Denkens als ein dem Erwachsenen fremdes Denken, (4) anhaltende Begriffsbildung als zentraler Entwicklungsmotor der religiösen Entwicklung, (5) Religionsentwicklung kommt nicht ohne Tradition und Erziehung aus, (6) das Religiöse sitzt auf einer vorintellektuellen Erfahrung auf und beginnt erst im Alter zwischen 3 bis 5 Jahren, (7) Vorstellung des Magischen als notwendiger Entwicklungsschritt, um ein religiöses Verständnis zu entwickeln, und (8) statt den Atheismus als ›Abfall von Glauben‹ zu betrachten, setzt er die »persönliche Glaubensentscheidung« als Grundmuster der Entwicklung – gespeist vom religiösen Zweifel – ein. Diese Aspekte gilt es für einen eigenen Theorieentwurf zu berücksichtigen, entsprechen sie doch alle kulturpsychologischer Überzeugung. Zu prüfen bleibt für den eigenen theoretischen Entwurf, ob die benannten Geschlechtsunterschiede so gravierend sind, dass sie berücksichtigt werden müssen, oder ob lediglich davon auszugehen ist, dass die Jungen wie in allen anderen Entwicklungsbereichen den Mädchen ›hinterherhinken‹.

Darüber hinaus allerdings überwiegt sowohl beim Adoleszenz- als auch im Erwachsenenalter Vergotes katholisches Sozial- und Moralverständnis gegenüber der bemerkenswerten Beobachtungsgabe beim Kindesalter.

### 4.8.1. Theologische Überstrapazierung der Psychoanalyse

Man mag zur Psychoanalyse stehen wie man will, aber in Vater und Mutter die Gottesprinzipien zu erkennen, wäre selbst Sigmund Freund zu weit gegangen. Mehr noch, bei Vergote entspricht das menschliche Handeln dem himmlischen Handeln, zwar nicht analog, wie noch bei den Griechen gedacht würde, jedoch im Lebensverlauf: Von Vater und Mutter erfährt das Kind die Gottesprinzipien Geborgenheit und Autorität, die es im Entwicklungsverlauf beide auf Gott überträgt und in ihm vereint – Gott ist nicht nur der Liebende, sondern auch der zu Fürchtende. In der Adoleszenz steht er als idealer Partner zur Verfügung, was beim Jungen dazu führt, dass dieses Ideal enttäuscht werden muss (Autorität des Vaters), während das Mädchen in ihm den idealen Vertrauten findet, der alles versteht (Geborgenheit der Mutter). So finden der junge Mann und die junge Frau zusammen und bilden auf Erden erneut das ab, was im Himmel zusammenkommt: eine Vereinigung von beiden Prinzipien in der Ehe, aus der schließlich der Zyklus neu beginnt, indem die Eltern einem Kind das Leben schenken. Dabei soll man Mutter und Vater ehren, indem man eine stabile Beziehung zu beiden pflegt, damit beide Prinzipien im Gleichgewicht sind und keine Störung des Gemütslebens verursacht wird, die ihrerseits ein deformiertes Gottesbild nach sich zöge. »Amen«, müsste man an dieser Stelle hinzufügen. Dass hier die Psychoanalyse für eine theologische Grunderzählung benutzt wird, liegt auf der Hand und ist daher als ernstzunehmende Entwicklungstheorie zurückzuweisen.

### 4.8.2. Katholische Moral und Sozialethik als Leitkategorien ab der Adoleszenz

Mit der erwachenden Sexualität kippt Vergotes Entwicklungsbeschreibung in ein ›moralines‹ und sozialethisches Weltbild, das seinem Katholizismus wie seiner Zeit geschuldet ist. Dass die Ehe als die Keimzelle ›gesunden Glaubens‹ fungiert, mag man noch der Zeit anrechnen, in der Vergote lebt, ebenso dass die Unterschiede zwischen den Geschlechtern biologisch angelegt sind und darin zum Ausdruck kommen, dass der Junge (eher) rational und das Mädchen (eher) affektiv reagiert. Letzteres ließe sich aber auch auf dem Hintergrund der Paradieserzählung theologisch lesen, denn Eva ist diejenige, die sich von der Schlange verführen lässt und deshalb immer der religiösen Entwicklung Adams unterlegen bleibt. Während er nach einem sittlichen Ideal des Ichs strebt, geht sie ganz in der Freundschaft (zum Jungen) auf.

Dass Sexualität im Jugendalter nur in Form von Masturbationsproblemen und der »Unfähigkeit, den Ansprüchen der Reinheit zu genügen« (1970, S. 384) thematisiert wird, ist aus entwicklungspsychologischer Perspektive zurückzuweisen. Hier werden katholische Moralvorstellungen auf Entwicklungsprozesse appliziert, die einen wesentlichen Beitrag zur psychosexuellen Entwicklung leisten: Selbstbefriedigung muss als eine notwendige und ›normale‹ Praxis auf dem Weg zu einer ›gesunden‹ und partnerschaftlichen Sexualität angesehen werden, denn nur wenn ein/e Jugendliche/r lernt, was ihm/ihr gut tut, ist er/sie in der Lage, auch einem anderen Menschen Gutes zu tun. Der/die Jugendliche übt zudem die eigene Körperbeherrschung ein, indem er/sie die Funktionen, die der Körper bereithält, entdeckt und sicher einübt. Wer nicht weiß, wie sein Körper reagiert, weiß ihn auch nicht im Geschlechtsakt zu beherrschen. Mit der Figur der Reinheit holt Vergote zudem einen kultischen Begriff in den Entwicklungsverlauf, der dort nichts zu suchen hat. Befleckung und Verunreinigung, die die Teilnahme am Kult ausschließen, wie in Levitikus 15 ausführlich dokumentiert, sind kultische und keine entwicklungspsychologischen Kategorien. In der Verwendung der kultischen Kategorien bei Vergote werden diese zu moralischen und gipfeln in der Schuld, die mit Sexualität verbunden wird. Hier ist Vergote wieder bei der Psychoanalyse und den moralischen Vorstellungen der Zeit, in der die psychoanalytische Theorie entstand.

### 4.8.3. Endstufe der religiösen Entwicklung entspricht einer Theologie

Ähnlich wie bei Oser und Gmünder, aber auch bei Fowler und Sundén, gipfelt die religiöse Entwicklung in einer Theologie; bei Vergote in einer trinitarischen Vorstellung, die bereits mit der Keimzelle Vater-Mutter-Kind angesprochen ist. Diese Endstufe der Entwicklung mündet in der Freiheit des Subjekts, das in sich ruhend, ausgesöhnt mit sich dem/der Anderen in Nächstenliebe begegnen kann. Dabei orientiert sich das Subjekt an Jesus Christus und eignet sich dessen Handeln in der Welt an. Das dann vorherrschende Gottesverhältnis möchte Vergote dem psychologischen Zugriff entziehen, denn es lasse sich mit psychologischen Kriterien nicht erfassen und abbilden; es bleibt ›Geheimnis des Glaubens‹. Dass es sich bei einer solchen Vorstellung eher um einen Entwicklungswunsch, denn um ein zulässiges Vorgehen handelt, ist offenkundig.

# 5. Zusammenschau und Würdigung der Entwicklungsmodelle

Ungeachtet der Kritik an den Modellen, insbesondere den struktur-genetischen, zeigen sie vor allem zwei wesentliche Merkmale auf, die es zu würdigen gilt:

## 5.1. *Verallgemeinerbare Grundtendenzen*

(1) Auf eindrückliche Weise verdeutlichen alle drei Modelle die *Komplexität des Gegenstands.* Religion ist aus psychologischer Perspektive nicht abschließend in einem eindimensionalen Modell fassbar, auch wenn insbesondere Oser und Gmünder dies zu erzwingen versuchen. Allein der Rückgriff beider strukturgenetischer Modelle (neben anderen) auf die Theorien von Piaget, Kohlberg und Erikson zeigt den komplexen Anspruch, den die Mutterstruktur ›Religion‹ in sich vereinen soll(te): kognitive, moralische und psycho-soziale Entwicklung. Wie eine solche Struktur noch einmal parallel zu der der allgemeinen (Intelligenz)Entwicklung entstehen soll(te), ist kaum plausibel darstellbar – dagegen spricht das Gesetz der Sparsamkeit (Parsimonie bzw. Ockhams Rasiermesser). Dass die religiöse Struktur bereits entwickelte Versatzstücke der allgemeinen (Intelligenz)Entwicklung nutzt, ist wiederum für Strukturgenetiker nicht hinnehmbar, da damit ihre grundlegenden Axiome verletzt würden.

Bei Sundén und Vergote stellt sich das Komplexitätsproblem noch einmal auf ganz andere Weise, nämlich dass Religion zwei Dimensionen hat: eine kollektive wie eine individuelle; beide sind zudem plural. Das religiöse Angebot entstammt der Tradition, die notwendigerweise nicht religiös sein muss. Je nach Ausprägung dieser Tradition verinnerlicht das Individuum bestimmte Normen und Sinnangebote, was nicht heißt, dass nicht auch andere Sinnangebote verinnerlicht und mit der religiösen Deutung verknüpft werden können. Plural heißt bei Sundén aber auch, dass die möglichen Rollen, die aus der sozialen Umgebung und aus den Schriften der Bibel dem Individuum angeboten werden, ein Vielfaches dessen überschreiten, was ein Individuum in seinem Leben als passgenaue Erfahrung für die je eine zu übernehmende Rolle erleben kann. Plural würde dann konsequent aber auch bedeuten, dass nicht alle Rollenanteile der Gottesrolle angeeignet werden, wenn nicht alle möglichen in der Bibel beschriebenen Rollenübernahmeangebote ausgeschöpft werden können. Letztlich würde eine solche Annahme bedeuten, dass es für alle Menschen *den* Gott gar nicht gibt, sondern er nur in der Art und Weise für jeden persönlich erfahrbar wird, wie er bei Rollenübernahmen aufgenommen wurde. Soweit allerdings würde Sundén wohl nicht gehen, sonst müsste er nicht über die Kodifizierung der Gottesrolle sprechen, um damit die regelmäßig gleiche Erfahrung unterschiedlicher Individuen mit der Gottesrolle zu begründen. Komplexität lässt sich aber auch reduzieren, wie man bei Vergote sehen kann: Gott ist nicht für jeden da, denn er ist nicht allen Menschen zugänglich. Er bleibt denen Vorbehalten, die ihn als ›Ganz-Anderen‹ anerkennen.

(2) Alle drei Modelle zeigen zudem die *Tendenz der allgemeinen Entwicklung* bzw. ihrer Entwicklungsvoraussetzungen auf, sodass die *Entwicklung* des Religiösen als sehr wahrscheinlich angenommen werden kann, statt von etwas statisch Gegebenem zu sprechen. Dabei ist es wiederum egal, ob Entwicklung bei den Strukturgenetikern aus einer biologischen, eigenständigen Anlage erwächst oder aber bei Sundén und Vergote als später Entwicklungsschritt auf die bisher vorhandenen entwickelten Systeme aufsetzt. Umstritten ist und bleibt die Frage nach der phylogenetischen Entwicklung der Religion, z. B. ob diese tatsächlich in ›tanzender Form‹ praktiziert wurde, als auch die Parallelität zwischen Historio-/Phylogenese und Onto-/Autogenese. Ebenso ist fraglich, ob sich die Religionsentwicklung parallel zur ›Normalbiographie‹ abbilden lässt, wie dies Vergote versucht. Letztere allerdings lassen sich nicht (kultur)psychologisch beantworten, sondern bleiben Fragestellungen der Kultur- und Sozialanthropologie sowie der Religionsgeschichte.

Warum sich diese Modelle – insbesondere von Oser und Gmünder sowie Fowler – letztlich bis heute halten konnten und noch immer Referenzpunkt und Lehrgegenstand der Religionspädagogik sind, liegt weniger in ihrem überzeugenden theoretischen Gehalt begründet als vielmehr in der pragmatischen Dimension, die sie anmahnten und ausgelöst haben. So ist es u. a. Friedrich Schweitzer und Karl Ernst Nipkow zu verdanken, gezeigt zu haben, dass »bei Gleichnissen, Gerechtigkeitsvorstellungen und Gotteskonzepten die beschriebenen kognitivistischen Theorien eine wichtige Hilfe bei der Planung von Unterricht darstellen« (Büttner, 2011, S. 210ff.). Sie mahnen nämlich zur Individualisierung und Elementarisierung der vermittelten Inhalte und damit zur Differenzierung des Religionsunterrichts nach dem Alter bzw. dem erreichten Entwicklungsniveau der Kinder bzw. Jugendlichen. So hielt die Dimension der Rezeption – neben der Vermittlung von theologischem und sachlichem Gehalt – Einzug in die Klassenzimmer (vgl. Schweitzer, 1997).

Dass hier keine Fortschreibung bzw. Weiterentwicklung stattfand, liegt zum einen im Mangel an Alternativen begründet, aber auch darin, dass Religionspsychologie nur ein sehr kleines Segment religionspädagogischer Lehre und Forschung ausmacht. Die seit den späten 1970er Jahren erschienenen religionspsychologischen Arbeiten sind kaum mehr theoretisch, als vielmehr empirisch auf Einzelphänomene ausgerichtet gewesen oder erschöpfen sich in historischen Darstellungen oder solchen, die der Phänomenbreite gerecht werden wollen und deshalb Dimensionen, die der akademischen Entwicklungspsychologie fremd sind, in den Blick nehmen, z. B. Zungenreden, Mystik, Halluzination, Vision etc. Mangelnde Rezeption psychologischer Forschung kann man Religionspädagogen zwar vorwerfen, jedoch hat die akademische Psychologie ihrerseits kaum etwas zur Theorieentwicklung beigetragen – fühlt(e) die sich doch für das Thema ›Religion‹ nicht zuständig bzw. konzentriert(e) sich selbst auf empirische Klein- und Kleinststudien.

Erst in den 1990er Jahren wurden wieder Stimmen laut, die nach einer Theorie der Religionsentwicklung fragten. So lässt sich bei Wulff nachlesen: »[I]n the long run [...] the psychology of religion and its practioners will be best served if we not only recognize the limitations of these theories and their associated research techniques, but also strive to develop new ones more faithful to the traditions and life experience of the persons we seek to understand« (1993, S. 185). Und die letzte Ausgabe des Standardwerkes *The Psychology of Religion. An empirical approach* von Hood, Hill und Spilka ruft förmlich nach einer neuen theoretischen Debatte: »However, a single major integrative theory of religious development remains an elusive goal« (2009, p. 88).

## 5.2. *Sich ergebende Grundfragen für einen theoretischen Entwurf*

### 5.2.1. Nature or Nurture

Godwin Lämmermann hat den Aspekt *nature or nurture* einmal wie folgt auf den Punkt gebracht: »Die Kontroverse zwischen [...] den religionspsychologischen Modellen könnte man exemplarisch auf die Frage hin konkretisieren: Sind Babys religiös?« (2006, S. 225). Er argumentiert hierbei, dass Religion – definiert als Denken – natürlich in dem Alter noch nicht vorhanden sein kann, dass aber Religion – definiert als Gefühl – selbstverständlich vorhanden sei, nämlich in Form des Urvertrauens zu den Bezugspersonen. Lämmermann ist insoweit zuzustimmen, dass der Säugling enge Bindungen an die Bezugspersonen entwickelt (vgl. zur Bindungstheorie Bowlby, 1951, 1953, 1969, 1973, 1979, 1980), ob diese aber als ›Gefühl‹ eingestuft werden können, bleibt ebenso fraglich wie die Klassifikation als ›Urvertrauen‹. Letzteres entlehnen alle Beteiligten aus der psychoanalytischen Entwicklungstheorie Eriksons. Dem Begriff ›*Ur*vertrauen‹ haftet etwas Archaisches, Unerschütterliches an; er bildet bei Erikson den Dreh- und Angelpunkt, der darüber entscheidet, ob ein Kind/Jugendlicher die psycho-sozialen Krisen auf dem Wege der Identitätsentwicklung meistert oder nicht. Damit scheint der Begriff prädestiniert für die Vereinnahmung theologischer Entwicklungstheorien der Religion, definieren sie doch Glauben als *unbedingtes* Vertrauen auf jemanden oder etwas oder in Fraas Worten: »[D]as Urvertrauen bildet den Inhalt des Gottesvertrauens« (1990, 176ff.). Mit dieser geschickten Formulierung wird die Religion zum Ausgangspunkt des Lebens, denn das Urvertrauen wird nicht als Voraussetzung für Religion, sondern als deren Inhalt postuliert. Insofern ist mit dieser Annahme Sundéns Weiterdenken in Richtung Rollenübernahme des Vaters oder der Mutter, deren Rollen dann auf Gott übertragen werden, theologisch-systematisch ebenso vorgezeichnet wie auch Vergotes Betrachtung des Atheismus im Jugendalter als ›Abfall‹ von der Religion. Die Frage, ob sich bei diesen Jugendlichen überhaupt Religion entwickelt hatte, muss dann gar nicht mehr gestellt werden.[83]

Kulturpsychologisch müssen solche Überlegungen zurückgewiesen werden, denn die enge Bindung an die Bezugsperson(en) ist lediglich als Voraussetzung für bestimmte Entwicklungen zu benennen und nicht ursächlicher Grund oder Inhalt, so wird es ja auch bei Fowler, Sundén und Vergote bestimmt. Kein methodischer Zugang lässt die theologisch-systematischen Schlussfolgerungen zu, die sich in allen Modellen finden. Sie sind legitime theologisch-systematische Betrachtungen und haben insofern in der Gemeinschaft, für die sie gedacht sind, Relevanz und Aussagekraft. Psychologisch kann man jedoch von der engen Bindung an die Bezugsperson(en) nicht auf eine religiöse Entwicklung schließen – dagegen sprechen zu viele empirische Beispiele. Insofern ist die Bindung lediglich als – wahrscheinlich notwendige – Voraussetzung zu klassifizieren, jedoch durch weitere zu ergänzen. Da für keinen Bereich des psychischen Seins bisher die Frage nach dem Verhältnis von Angeborenem und Erworbenem geklärt ist, wird diese in der vorliegenden Arbeit ausgeklammert.[84]

Kulturpsychologisch ist ebenso nicht zu vertreten, dass Religion im biologischen Substrat angelegt sei, das sich eigenlogisch und individualisiert ›wie von selbst‹ entfaltet, wie dies bei Oser und Gmünder postuliert wird. Kulturpsychologisch muss Fowler, Sundén und Vergote aber zugestimmt werden, dass ohne Tradition, sprich von außen angebotene Inhalte, auch keine religiöse Entwicklung stattfindet. Weiterhin scheint es kulturpsychologisch plausibler, Religionsentwicklung als ›verzögert‹ anzunehmen, nämlich mit der Fähigkeit zur Begriffsbildung beginnend, wie dies bei Sundén und Vergote vorgesehen ist. Kulturpsychologisch würde man schließlich die Frage nach *nature oder nurture* insofern auflösen, dass das biologische Substrat nur die Voraussetzung der Entwicklung ist, die Tradition, die Inhalte aber die Entwicklung auslösen und vorantreiben.

---

83 Vgl. hierzu die Ausführungen zu H. Richard Niebuhrs und Paul Tillichs Theologien im Abschnitt zum Fowlerschen Modell.

84 Da wir zudem kaum etwas über die religiöse Entwicklung des Kindes erfahren, bevor es Ausdrucksformen entwickelt hat, die wir Erwachsenen suffizient deuten können, worauf auch Vergote hinweist, wird der Bereich der nonverbalen Äußerungen gegenüber den sprachlichen Äußerungen einen wesentlich kleineren Rahmen einnehmen; wichtig für den nonverbalen Bereich werden vor allem die (Alltags)Praxen sein, die in den Blick genommen werden.

## 5.2.2. Unabhängigkeit von Struktur und Inhalt

Wie die Diskussion der strukturgenetischen Modelle ergeben hat, ist die Annahme einer Unabhängigkeit von Struktur und Inhalt ein nicht zu beweisendes Postulat. Zudem ist der hergestellte Bezug zu Piaget als Garant für diese Annahme ebenso fragwürdig (vgl. die Ausführungen zu Seiler und Hoppe-Graff im Kapitel zu *Kulturpsychologischen Alternativen*). Oser und Gmünder müssen von einer vorreligiösen Stufe ausgehen, können aber nicht suffizient erklären, wo der Auslöser für die Ausbildung einer religiösen Mutterstruktur zu verankern ist. Da sie Anstöße aus der kulturellen und sozialen Umgebung ausschließen, bleibt nur eine Konsequenz: Religion ist dem Menschen angeboren!

Aus kulturpsychologischer Sicht darf eine solche Unterscheidung keine Rolle spielen, denn Enkulturation setzt die Übernahme und Entwicklung von Inhalten voraus. So hatten auch schon Sundén und Vergote argumentiert, wenn sie die Aneignung der Inhalte der religiösen Tradition zur notwendigen Bedingung für eine religiöse Entwicklung des Menschen erklären. Fowler räumt zumindest ein, dass es eine Interaktion von Inhalt und Struktur geben muss, da er Glauben vom Menschen her definiert, der sich erst aus der Mutter-Kind-Dyade entwickelt. Allerdings nimmt er als Entwicklungsmotor nicht die sich verändernden Inhalte, sondern kombiniert diese Entwicklung mit der Offenbarung, sodass der Garant der Entwicklung schließlich Gott und nicht die menschliche Umgebung sei. Die Inhalte haben dann im Entwicklungsmodell nur noch als Ausdruck Geltung, nicht aber als Entwicklungsmotor.

## 5.2.3. Gegenstand

Ob religiöses Urteil, Glauben oder Rolle jede der vorgestellten Theorien beschränkt sich auf einen bestimmten – mehr oder weniger großen – Teilbereich dessen, was als Religion betrachtet werden kann und betrachtet wird. Den wahrscheinlich kleinsten und spezifischsten Gegenstand, der auch im Alltag von (religiösen) Menschen selten ist, wählen Oser und Gmünder. Dass Menschen über das Verhalten anderer aus religiösen Motiven – oder von religiösen Vorstellungen herkommend – urteilen, dürfte eher im Bereich fundamentalistischer (Abgrenzungs)Problematik zu finden sein als im Regelfall religiöser Entwicklung. Die zudem problematische Nähe zur Moralentwicklung legt eine weitere Einschränkung des religiösen Urteils nahe, nämlich dass dieses auf bestimmten verinnerlichten dogmatischen Sätzen – zumindest auf den empirisch nachweisbaren Stufen – aufsitzt bzw. aufsitzen muss. Letztlich muss gesagt werden, dass der von Oser und Gmünder deduktive Schluss – Definition des Phänomens, Konstruktion des Erhebungsinstruments aufgrund der Definition und schließlich der (partielle) Nachweis des Phänomens in empirischen Erhebungen – fragwürdig und zudem nicht klar ist, ob es sich beim religiösen Urteil um ein hypothetisches Konstrukt handelt, denn nur für dieses wäre Deduktion zulässig, wie z. B. bei der Intelligenz: »Intelligenz ist, was ein Intelligenztest misst« (Boring, 1923). Gemeint ist, dass hypothetische Konstrukte keine realen Verhältnisse sind, die ein(ein)deutig definiert werden können, obwohl sie *realiter* vielfältige Variationen aufweisen und beobachtet werden können. Zudem haben hypothetische Konstrukte keine einzelnen Referenten, sondern können eine Vielzahl von Verhaltensweisen, Einstellungen, Prozessen und Erfahrungen umfassen (vgl. Cronbach & Meehl, 1955). Dies alles dürfte für das religiöse Urteil nicht zutreffen, da dies eineindeutig durch den Transzendenzbezug definiert wird. Insofern ist zu fragen, ob es sich beim religiösen Urteil nicht um eine *selffullfilling prophecy* handelt.

Im genauen Gegensatz dazu steht der Gegenstand Fowlers: der menschliche Glaube. Dadurch, dass Fowler meint, Alltags- (*belief*) und den religiösen Begriff (*faith*) ›unter einen Hut bekommen‹ zu können, verschwindet die Spezifik des Gegenstandes unter einer Vielzahl von vorstellbaren Situationen, bei denen man an Glauben denken oder die man mit dem weiten Begriff Glauben verbinden kann. Damit ihm jedoch der Gegenstand nicht ganz ›wegbricht‹, bindet er jeden Begriff und jede Tätigkeit von Glauben an die theologische Grundfigur der Offenbarung – und damit nicht an das Alltagsverständnis der glaubenden Menschen selbst, sondern an ein Sprachspiel akademischer Theologie (Zwar wird im religiösen Alltag auch vom Wort Gottes als »Geoffenbartes« gesprochen; das ist aber nicht die allumfassende Dimension des Weltbewegers, der allein Einsicht in die Wahrheit hat).

Sundéns religiöse Rolle, die im Entwicklungsprozess auf- und übernommen wird, hat ihren eigenen Charme und wäre psychologisch plausibilisierbar, würde er nicht seiner eigenen biblizistisch geprägten, religiösen Tradition folgen und diese mit der akademischen Rollentheorie vermischen. So entsteht ein problematischer ›Mix‹ aus wichtigen und herausragenden Erkenntnissen zu seiner Zeit und frommer Bibellektüre. Davon abgesehen, sind Rollentheorien heute nicht mehr populär – was nicht von vorneherein gegen sie spricht –, aber der Akzent wird heute eher auf die aktive Konstruktion, denn auf die passive Übernahme von Verhaltensweisen und Kulturmustern gelegt. Dabei wird – und darf nicht – bestritten werden, dass menschliches Handeln keine rein individuelle Leistung ist, sondern ein komplexes Produkt aus kulturellen Mustern, gesellschaftlichen Zwängen und individueller Rezeption.

Um solchen Engführungen zu entgehen, soll bei der Konzeption einer Kulturpsychologie der religiösen Entwicklung phänomennah – so wie dies Vergote exemplarisch und mit viel Erkenntnisgewinn für das Kindesalter vorgemacht hat – Einblick genommen werden. Zu deren Entwicklungsbereiche gehören u. a. Glauben, religiöse Sprache, (religiöse) Praktiken, (religiöses) Erleben, Urteilen und Denken, Emotionen, soziale Beziehungen, moralische wie weltbildliche Anschauungen etc. Dabei lässt sich die Komplexität, die das Phänomen ›Religion‹ ausmacht, zwar reduzieren. Es wird aber nie zufriedenstellend weit reduziert werden können, um klare Abhängigkeiten der einzelnen Bereiche zu garantieren. Insofern können aus den einzelnen Bereichen auch nur exemplarische Darstellungen herangezogen werden, um die Theorie zu explizieren – nicht aber um sie zu belegen.[85] Im Anschluss mögen Empiriker sich Teilbereiche herausgreifen und deren Plausibilität überprüfen.

### 5.2.4. Universelle Gültigkeit

Oser und Gmünder postulieren, ihre Stufentheorie sei universell gültig, das heißt sie sei unabhängig von kulturellen wie religiösen Kontexten. Dies ist eine konsequente Position, nimmt man an, dass sich die Stufen ohne den Inhaltsbezug entwickeln, also der Inhalt jeweils *nur* Ausdruck der entsprechenden Stufe ist. Allerdings scheint mir hinter der Behauptung mehr zu stecken, schaut man sich die Parallelität der Stufen des religiösen Urteils zu denen Kohlbergs an. Da die Stufen entlang der Kohlbergschen Theorie konzipiert sind, müssen sie einen gleichen Status beanspruchen, denn Kohlbergs Theorie wurde sehr häufig interkulturell validiert, was in Bezug auf Oser und Gmünders Theorie nicht behauptet werden kann. Alle vorliegenden ›kulturvergleichenden‹ Studien mussten daher als nicht aussagekräftig zurückgewiesen werden. Insofern bleibt offen, ob eine nur an Protestanten und Katholiken Europas erarbeitete Konzeption universelle Gültigkeit beanspruchen kann.

Fowler ist hier zurückhaltender, spricht er doch nur von einer *möglichen* Universalität seiner Stufentheorie, deren »formalen Beschreibungen [sich] verallgemeinern lassen und kulturvergleichend getestet werden können« (1991, S. 118f). Auch hier muss darauf verwiesen werden, dass bisher keine belastbare Studie vorliegt, die hierüber Auskunft gibt. Jedoch kann mit Recht auch hier gefragt werden, ob eine an US-amerikanischen, weißen, mittelständischen Protestanten wie Katholiken, wenigen Juden und einer verschwindend kleinen Stichprobe Orthodoxer gewonnene Stufenfolge allgemeingültig ist. Definitiv zurückzuweisen ist Fowlers historische Verallgemeinerung, d. h. dass seine Stufentheorie auch für frühere Gläubige zuträfe und damit zu einer Entwicklungstheorie der glaubenden Gruppen wie zu einer historiogenetischen Entwicklungstheorie der Religionen stilisiert wird. Damit wiederholt Fowler überkommene

---

[85] Was streng genommen auch nicht geht, auch wenn Oser und Gmünder dies immer wieder wiederholen. Theorien kann man nicht prüfen. Testen lassen sich nur Hypothesen. Theorien dagegen können nur nach ihrer Gegenstandangemessenheit bewertet werden.

Vorstellungen aus dem 19. Jahrhundert und zeigt seinen ganzen Ethnozentrismus, wenn *selbstverständlich* die jüdisch-christliche Tradition als die höchste Stufe der Religionsentwicklung postuliert wird.

Sundén äußert sich nicht dezidiert zu dieser Frage. Aus seiner Behauptung der Abhängigkeit von Inhalt/Tradition und Struktur, muss folgen, dass seine am biblizistischen Protestantismus Skandinaviens gewonnene Rollentheorie keine Geltung über den Kontext hinaus haben kann. Dieser kann aber über den Erhebungskontext hinaus erweitert gedacht werden, da sich seine Analysen auf die Bibel und die Rolle Jesu/Gottes beziehen. Ob dies für alle Protestanten, Katholiken und Orthodoxe gilt, ist jedoch ausgeschlossen, gibt es doch sehr unterschiedliche Traditionen der Bibelkunde. Es ist durchaus unüblich in katholischen, noch weniger in orthodoxen Kreisen, die Bibel zu lesen und damit die Rolle Gottes in ihrem Facettenreichtum wahrzunehmen, während in biblizistischen oder auch evangelikalen Kontexten das gründliche Studieren der Bibeltexte zu den selbstverständlichen Aufgaben jedes Einzelnen gehören und in den Gemeinden gepflegt wird, bspw. in Bibelkreisen.[86]

Vergote ist der Einzige, der dezidiert und seiner Zeit voraus eine universalistische Theorie ablehnt und sich auf das beschränkt, was ihm zugänglich ist. Nun kann man fragen, ob die ›westliche Welt‹, für die er Geltung beansprucht, nicht selbst wieder ein zu großer Rahmen ist, um nicht in Spekulationen zu geraten. Andererseits ist gerade aus katholischer Sicht eine solche Behauptung durchaus nachzuvollziehen, denn die Regeln und Inhalte – und damit das, was die religiöse Entwicklung flankiert – werden vom Vatikan festgesetzt und gelten überall. Das hatte Papst Benedict XVI. bei seinem Deutschlandbesuch 2011 noch einmal ausdrücklich betont.

Wie soll sich eine Kulturpsychologie zu dieser Frage verhalten? Auch sie kann nur an einem kulturellen Kontext erarbeitet werden und nur Geltung für diesen zeit-räumlichen Rahmen beanspruchen, da die Inhaltsgeleitetheit der religiösen Entwicklung den Motor des Ganzen darstellt. Ob die Mechanismen, die beschrieben werden, insbesondere im früh- und kindlichen Alter verallgemeinerbar sind, müssen dann konkrete empirische Studien zeigen, die *nicht kulturvergleichend*, sondern *emisch sensibel* operieren. Inwieweit die dann gewonnenen Ergebnisse miteinander vergleichbar sind bzw. ineinander übersetzt werden können, stellt ebenfalls eine spannende Herausforderung dar (vgl. Shweders *universalism without uniformity*). Fest steht, Universalität von vornherein zu postulieren, würde der Herausforderung einer kultursensiblen Religionspsychologie nicht gerecht. Dass damit die psychische Einheit der Menschheit zugunsten eines psychischen Pluralismus infrage gestellt wird, muss in Kauf genommen werden. Dass diese längst infrage steht, zeigt der Anhang des DSM IV-Manuals zu

86 Insofern kann sich Sundéns Gesellschaftsdiagnose, seit 1841 nehme die Bibelkenntnis durch »Bildungszirkel, Wochenschriften, Film und Fernsehen« (1966, S. 158) immer mehr ab, nur auf seine eigene skandinavische Herkunft beziehen.

kulturspezifischen Störungen – auch wenn dieser bisher aus klassifikatorischen wie politischen Gründen – nicht in den Hauptteil integriert wurde. Vorstellungen wie ›Kreislaufstörungen‹, um ein bekanntes Beispiel zu wählen, das jedem Deutschen ein Begriff ist, lösen in den USA regelmäßig Schmunzeln aus, weil nicht zu vermitteln ist, was damit gemeint ist. Eine solche Vorstellung gibt es dort nämlich nicht.

### 5.2.5. Wahrheitsfrage

Oser und Gmünder halten sich strikt an das Diktum des Ausschlusses der Transzendenz und legen einen ›typisch deutschen‹ Wissenschaftsstil an den Tag; ist die deutsche (psychologische wie philosophisch-fakultäre) Tradition doch besonders darauf bedacht, nicht in die Nähe theologischer Ansichten gerückt zu werden (vgl. für die theologische Religionspsychologie Heimbrock, 1988, S. 193). Vergote äußert sich hierzu ebenfalls nicht, lediglich am Ende seines Buches – das Nachwort könnte man dahingehend verstehen – erwähnt er, dass Gott existiert, denn er spricht von einer »konkreten Gemeinschaft Gottes mit dem Menschen« (Vergote, 1970, S. 386). Diese entzieht er dem psychologischen Zugriff, indem er sie zum ›Geheimnis des Glaubens‹ erklärt, also »echte Religiosität« aus einem *surplus* des Menschlichen besteht.

Fowler hingegen kann und will diese Frage gar nicht ausschließen, entwickelt er doch seine Stufentheorie auf der Grundlage von zwei Theologien. Insofern gehört die Existenz Gottes für Fowler zur *Voraussetzung* jeder Religionsentwicklung und die Offenbarung ist der Garant für seine Existenz, denn nur die Offenbarung garantiert die Wahrheit des umfassenden Sinnrahmens. Einen etwas anderen Weg schlägt Sundén ein, wenn er einen indirekten Gottesbeweis anhand der tausendjährigen Tradition versucht, in der sich Gott den Menschen »dargeboten und durch eine Person, nämlich Jesus Christus, mit und an den Menschen gehandelt hat« (1975, S. 20).

Nun lässt sich nicht darüber streiten, dass der Versuch eines indirekten Gottesbeweises durch Sundén unzulässig ist. (Selbst)Kritische Theologen würden heute niemals behaupten, sie könnten die Existenz Gottes beweisen. Sie räumen ein, dass die Aussagen über Gott Grenzaussagen sind, die den Menschen auf Transzendenz verweisen und ihn somit an seine Begrenztheit (im Handeln) erinnern. Über den Ansatz Fowlers aber kann man aus kulturpsychologischer Perspektive durchaus nachdenken. Für Menschen, die religiös sozialisiert wurden, ist die Existenz Gottes keine wissenschaftliche Frage. Sie ist Voraussetzung des Glaubens und des sich unbedingten Verlassens auf etwas oder jemanden. In verschiedenen christlichen Traditionen kann und darf man auch an Gott(es Handeln) zweifeln, aber eine generelle Nichtexistenz ist nicht vorgesehen. Insofern ist für religiöse Menschen in der Tat Religion nicht ohne die Existenz Gottes denkbar und somit gehört zur Religionsentwicklung selbstverständlich die Existenz Gottes – nicht aber als eine ontologische Wahrheitsfrage, denn die stellt sich im alltäglichen Glaubensvollzug nicht. Der Überschritt Fowlers liegt nicht in der Anerkennung der Offenbarung als psychische Realität, denn damit hat eine kulturpsychologische Religionspsychologie auch kein Problem. Sie wird von Menschen berichtet, die sich ›psychischer Gesundheit‹ erfreuen, ebenso von Menschen, die (schwere) Krisen durchmachen, wie auch von Menschen, die ein psychisches Störungsbild aufweisen. Letzteres ist wohl als Ausdruck religiösen Wahns zu diagnostizieren, auch wenn man sich fragen kann, ob dies nicht nur ein nicht attribuierter Ausdruck ist, der ›nur‹ auf ein religiöses Vorbild zurückgreift. Kurz: Menschen erleben Offenbarung und deshalb ist sie als eine menschliche wie psychische Realität anzuerkennen – nicht jedoch, und das ist Fowlers Überschritt, um diese für einen Beweis der göttlichen Existenz zu nehmen.

(Kultur)Psychologisch muss die Wahrheitsfrage ausgeklammert werden, denn zu einer Existenz über die psychisch-physische Welt hinaus ist die Psychologie nicht aussagefähig. Gott kann auch nicht als hypothetisches Konstrukt fingiert werden, um es empirisch zu erheben oder zu messen. (Kultur)Psychologisch bearbeitet werden können jedoch alle Phänomene menschlichen Erlebens und Handelns, zu denen selbstverständlich auch z. B. Offenbarungserfahrungen, Zungenreden, Mystik, Halluzination, Vision etc. gehören. Bisher verschließt sich die akademische Psychologie solchen Phänomenen oder erklärt sie zu Scharlatanerie, ›als-ob‹ oder pathologisiert Menschen, die von solchen Phänomenen berichten (vgl. Werbik, 2007). Will man den Menschen aber ernst nehmen und Wissenschaft vom menschlichen Handeln und Erleben sein, muss man *alle* Phänomene menschlichen Seins berücksichtigen und nicht durch Logozentrik bzw. falsch verstandene ›Wissenschaftlichkeit‹ Phänomene des menschlichen Alltags ignorieren.

### 5.2.6. Ausblick

Helmut Reich (1993a, 1993b) hat versucht, die verschiedenen Stufenmodelle zu einem integrativen Modell zusammenzuführen, indem er das Sammelsurium an theoretischen Ansätzen wie empirischen Studien auswertete. Einer der zentralen Vorschläge dabei war, nach ›harten‹ und ›weichen‹ Stufen zu unterscheiden, wie dies Kohlberg bereits vorgeschlagen hatte. Reich kommt zu dem (bereits bekannten) Schluss, dass Piagets, Kohlbergs, Goldmans und Elkinds Ansätze zu den ›harten‹ Theorien zu zählen sind, da nur diese die Forderungen nach höherer Komplexität bei Integration der vorhergehenden Stufe(n) erfüllen, d. h. ohne die Integration der vorherigen Stufe wäre das Postulat der höheren Stufe logisch nicht nachvollziehbar. Gleichzeitig stuft er Oser und Gmünder sowie Fowlers Modelle als ›weich‹ ein, denn sie »explicitely include elements of affective or reflective characteristics (metatheoretical reflection) that [...] do not follow a unique developmental logic« (Reich, 1993a, S. 151). Als Folge der Unterscheidung gewinnt Reich zwar eine höhere Präzision bei der Einordnung und Bewertung der Theorien, eröffnet aber gleichzeitig ein Feld von ›angemesseneren‹ und ›weniger angemesseneren‹ Theorien. Es mag nicht verwundern, dass Fowler (1993) diesen Versuch als Apologetik (!) kritisiert.

Insofern soll im Weiteren ein anderer Weg beschritten werden und den strukturgenetischen Modellen bzw. der Rollenübernahme ein kulturpsychologisches Entwicklungsmodell zur Seite gestellt werden. Statt von innerer eigenlogischer Entwicklung oder äußerer Rollenübernahme geht das Modell davon aus, dass sich die Entwicklung der Religion aus Versatzstücken der allgemeinen (Intelligenz)Entwicklung erklären lässt, wobei diese *bereichsspezifisch* zusammengefügt werden und einen eigenen, neuen Sinn- wie Bedeutungsgehalt gegenüber anderen Bereichen der kulturellen Entwicklung bilden, wie z. B. die Mitgliedschaft und Identifikation mit einem Sportverein. Da diese Verknüpfung aber *inhaltsgeleitet* erfolgt, müssen eigene – sie von anderen Bereichen unterscheidende – Inhalte eingeübt, übernommen und entwickelt werden, die dann die Zusammensetzung der einzelnen Sinneinheiten zu dem, was man ›Religion‹ nennt, gewährleisten. Diese Inhalte sind z. B. der Begriff wie die Vorstellung Gottes, Konzepte von Heiligkeit und Transzendenz, die Vorstellung des Glaubens, Zustimmung zu Dogmen etc.

Allerdings wird sich zeigen, dass diese intellektualistische Engführung, die ich bereits an den strukturgenetischen Modellen kritisiert habe, noch nicht ausreicht, eine solche Entwicklung zu begründen. Berücksichtigt werden müssen vielmehr auch die drei anderen wichtigen Entwicklungsbereiche, die bei allen drei Modellen nur einseitig zur Geltung kamen: Taucht die psycho-soziale Entwicklung noch zumindest am Beginn auf, wird sie mit zunehmender Entwicklung vernachlässigt. Bei den Strukturgenetikern ist sie lediglich *Voraussetzung*, spielt dann aber keine Rolle mehr. Bei Sundén bleibt sie zwar konstitutiv erhalten, taucht aber im Wesentlichen als *virtuelle* in Form von überlieferten Rollen in der Bibel auf. Kaum berücksichtigt werden in den vorgestellten Modellen die emotionale Seite sowie die Frage nach den (Alltags)Praktiken. Letztere spielen jedoch eine zentrale Rolle bei Sundén. Diese sollen in ihrer konstitutiven Bedeutung gewürdigt und in die Theorie einer *Kulturpsychologie der Religiösen Entwicklung* integriert werden.

# 6. Kulturpsychologie

## 6.1. *Cultural Psychology: A Once and Future Discipline?*[87]

Nicht zufällig lautet so der Titel eines der Bücher, die seit den 1990er Jahren vermehrt im anglo-amerikanischen Raum rund um die Themen *Kultur* und *Psychologie* publiziert wurden – dieses stammt von Michael Cole (1996). Das Buch ist sehr populär und verkauft sich so gut, dass es bis 2003 sechs Auflagen erlebt hat. Vielleicht liegt seine Popularität gerade darin begründet, dass es eine faszinierende und anregende Geschichte erzählt, als wäre die Kulturpsychologie seit jeher eine der Grunddisziplinen des psychologischen Fächerkanons. Das erste Kapitel beginnt mit den Sätzen:

> »ACCORDING TO the mythology propagated in standard American Textbooks, the discipline of psychology began in 1879 when Wilhelm Wundt opened a laboratory in Leipzig. What was new about the ›new‹ psychology of the 1880s was experimentation. Students of human psychological processes in laboratory settings used ingenious ›brass instruments‹ to present people with highly controlled physical stimuli [...] and to record the content, magnitude, and latency of their responses with split-second accuracy. Mind, it was believed, could now be measured and explained according to the canons of experimental science. Less often notes [...] was that Wundt conceived of psychology as necessarily constituted of *two* parts, each based on a distinctive layer of human consciousness and each following its own laws using its own methodology« (ebd., S. 7).

Zu einem (Neu)Beginn einer jeden akademischen Wissenschaft gehören nicht nur ein Lehrstuhl, eine Prüfungsordnung und eine Zeitschrift (vgl. Schönpflug & Schönpflug 1989, S. 15), sondern auch ein Gründungsvater oder -mutter – und ist der/die nicht zu erkennen – ein nachträglicher (Be)Gründungsmythos. Offensichtlich hat Cole diese in der Person Wilhelm Wundts und dessen »zweiter Psychologie«, die besser bekannt ist als *Völkerpsychologie* (1900-1920), gefunden. Er folgt damit Stephen Toulmins Vorschlag, *Völkerpsychologie* mit *Cultural Psychology* zu übersetzen (vgl. Toulmin, 1981; Cole, 1996, S. 26 & S. 101) und gelangt

87 Für die vielen kritischen Anmerkungen, insbesondere zu dem ersten Teil des Textes, danke ich Prof. Dr. Irmingard Staeuble, die meinen Blick auf den hier dargestellten Zusammenhang wesentlich gelenkt und geschärft hat. Bei dem Text handelt es sich um eine beständige Fortschreibung und Vervollständigung, der in verschiedenen Stadien bereits publiziert wurde, u. a. in Allolio-Näcke, 2007. Diese Fassung ist vor allem ergänzt durch den Vortrag *Is cultural psychology a once and future discipline?*, den ich anlässlich der 30. Jahrestagung der »European Society for the History of the human sciences« (ESHHS) an der Universität Belgrad, Serbien, im Juli 2011 gehalten habe.

mittels dieser Übersetzung zu einer kohärenten Sichtweise, sodass eine kontinuierliche Geschichte der Kulturpsychologie entsteht und gerade so den Eindruck erweckt, als sei die in den 1990er Jahren auftauchende *neue* Kulturpsychologie gar nicht neu, sondern lediglich das ›Revival‹ einer Idee, die bis zu den Anfängen der Psychologie zurückreicht, also in jene Zeit, in der sich die (experimentelle) Psychologie von der Philosophie trennte.

Auf diese Weise verleiht Cole der eigenen Position Gewicht und Nachhaltigkeit, die im Kanon der Psychologie bis dato kaum Gewicht hat(te). Er begründet seine Berechtigung, *als Psychologe* Kulturpsychologie zu betreiben. Diese Strategie scheint dem Motto zu folgen, je ›größer‹ die Namen sind, auf die man sich beruft, desto legitimer erscheint die eigene Position: In diesem Sinne behauptet auch Jerome Bruner, Wilhelm Dilthey sei der eigentliche Begründer der Kulturpsychologie (1990, S. 35). Und wir gelangen, wenn wir einer ähnlichen Ahnensuche bei Gustav Jahoda unter dem Motto *Old Wine in New Bottle* (1992, S. 189) folgen, in die Zeit der Aufklärung zu Giovanni Battista Vico, Jean-Jacques Rousseau, René Descartes usw. Bei Pradeep Chakkarath (2003) reicht die Geschichte der Kulturpsychologie sogar in die Zeit des Humanismus verbunden mit den Namen Michel de Montaigne, Galileo Galilei, Niccolo Machiavelli, Erasmus von Rotterdam, Philipp Melanchthon usw. zurück, die als eigentliche Begründer der Kulturpsychologie gelten.

Bei Michael Coles finden sich all diese historischen Verweise ›zwischen den Buchdeckeln‹. Allerdings mangelt es dieser Geschichtsschreibung ebenso wie der der Kulturpsychologie im 20. Jahrhundert an Plausibilität. So beginnt nach Cole die Geschichte mit Wundts Völkerpsychologie und schreitet über seine mutmaßlichen Nachfolger in der deutschen Gestaltpsychologie – und jene, wie Hugo Münsterberg, die in die USA immigrierten –, hin zur sowjetischen Kulturhistorischen Schule mit Luria, Wygotski oder Leontjew. Weiter zitiert er einige kulturvergleichende Psychologen, wie John Berry und Ypes Poortinga, wenige Kognitivisten, die in den 1960er Jahren vergeblich versuchten, Sinn und Bedeutung in den Mittelpunkt zu rücken und in den 1990er Jahren im Feld der Kulturpsychologie wieder auftauchten, wie Jerome Bruner. Schließlich endet er mit der Saarbrückener Schule und ihren Vertretern Lutz Eckensberger (1990, 2003, 2010, 2011), Bernd Krewer (1990, 1993) und Ernst E. Boesch (1980, 1983) sowie namhaften Anthropologen, wie Richard A. Shweder. Man mag das ideengeschichtlich so begründen können, sozio-historisch lässt sich dies wohl nicht halten. *Alle* diese Entwicklungen haben ihre eigene Geschichte und nichts mit Wundts Ideen, Methoden oder gar der Völkerpsychologie zu tun. Selbst wenn Oswald Külpe Wundts Vorlesungen in Leipzig gehört hat, dessen wissenschaftliches Programm hat er in keinem Falle fortgesetzt (siehe das Kapitel *Konvergenzen zwischen Psychologie und Theologie*).

Wundts Vorstellungen über Bewusstsein und Kultur sind äußerst prekär: Er glaubte an eine kulturell geteilte Seele (Gesamtbewusstsein), die ein Vielfaches mehr ist als die Summe der einzelnen Seelen, denn sie soll auch jene Seelen der

Menschen aus vergangenen Jahrhunderten umfassen. Wundt glaubte, man müsste die Kultur (bzw. die Religion, die Sprache, die Sitte) in ihrer historischen Entwicklung studieren, um das heutige Denken des Einzelnen zu verstehen (vgl. Stubbe, 2006, S. 43). Seine Vorstellung von Kulturen (bzw. Religionen) ist nicht minder problematisch, glaubte er doch an eine unilineare Entwicklung (vgl. Kim, 1997; Morss, 1990, 1996), die bei der ›primitiven‹ Kultur beginnt und mit dem Zeitalter der ›Humanität‹ – wohl seiner eigenen Zeit – endet. Gerade die letzte These wurde von der Kulturhistorischen Schule vehement zurückgewiesen, weswegen kaum eine wissenschaftliche Verbindung zwischen Wundt und dieser Gruppe hergestellt werden kann. Vielmehr gelang es der Kulturhistorischen Schule in ethnologischen Studien, genau das Gegenteil zu beweisen: ›Primitiv‹ ist keine sinnvolle Kategorie – weder historisch noch rezent. Eine solche Klassifikation resultiert allein aus der Fehlinterpretation der sozio-kulturellen Umwelt, die aus einem Nostrifizierungsprozess entstammt, bei dem sich der Interpret als Vergleichsmaßstab setzt, statt eine dritte Größe zugrunde zu legen (vgl. Matthes, 1992).

Auch Wundts Methode, Kulturen zu analysieren, ist problematisch, beschränkt sich diese doch auf Zweit- und Drittanalysen von kulturellen Artefakten oder Berichten, die Ethnopsychologen bzw. Anthropologen aus der ›Fremde‹ mitgebracht hatten. Wenn man so will, war Wundt ein ›armchair anthropologist‹ (vgl. Zitterbarth, 2006, S. 108f.). Weder die Kulturhistorische Schule noch die Gestaltpsychologen arbeiteten auf diese Weise, vielmehr begaben sie sich direkt ins Feld, beobachteten und experimentierten. Sie waren nicht mehr wie Wundt an einer Geschichte des ›Volksgeistes‹ interessiert, sondern interessierten sich für die aktuellen Probleme.

So kann man wie Pradeep Chakkarath vertreten, dass die ambitionierte Völkerpsychologie wissenschaftlich fruchtlos und weitgehend ungelesen blieb, weil es Wundt nicht gelang, diese mit einer ebenso anspruchsvollen Systematik und Methodik zu verbinden (vgl. Chakkarath, 2003, S. 37). So scheiterte »sein zentrales Anliegen, das vielfältig betriebene Projekt ›Völkerpsychologie‹ aus seiner unklaren wissenschaftlichen Positionierung herauszuholen und systematisch in die moderne Psychologie einzubinden« (ebd.). Es siegte das Selbstverständnis der modernen Psychologie zugunsten eines naturwissenschaftlichen Zugangs zur Psyche. Hier wird allerdings die Auffassung vertreten, dass das gewählte Genre typisch für das 19. Jahrhundert und schlicht aus der Mode gekommen war – man wollte Geschichte und keine Geschichten, wie sie Frazer (1922) oder Wellhausen (1874, 1897) in faszinierender Form verfasst hatten. Zwar bezeichnete Wundt seine Methode als genetische – dies ist auch das Kriterium, das Cole dazu verführt, Wundts Arbeit mit Arbeiten anderer, vermeintlicher Kulturpsychologen in Verbindung zu bringen –, allerdings war diese in keiner Weise mit einer heute gebräuchlichen Methode vergleichbar. Sie entsprach eher der Assoziation statt des Vergleichs, sie produzierte Fiktion statt Einsicht und sie war eher Literatur statt wissenschaftliche Analyse.

Niemand folgte also in der Psychologie dem Wundtschen Genre einer Völkerpsychologie. Die beiden Weltkriege und damit die Emigration vieler bedeutender Professoren und Professorinnen (ein Drittel aller Lehrstuhlinhaber des Fachs Psychologie) ins Ausland machten schließlich eine Beschäftigung mit dem Thema Kultur in der Psychologie, wie es z. B. die Tiefenpsychologie betrieben hatte, nahezu unmöglich, vielmehr stellte sich die Psychologie in den Dienst der Rekrutenauswahl oder der völkisch-rassi(sti)schen Ideen, die in der Katastrophe des Nationalsozialismus ihren Höhepunkt fanden.

Im darauffolgenden psychologischen Paradigma, dem Behaviorismus, war kein Raum für das Thema Kultur, da sich Kultur nicht in Form von Reiz-Reaktions-Schemata abbilden lässt. Bewusstsein, die *conditio humana* als Grundlage aller kulturellen Prozesse, musste verleugnet werden. Erst als sich die sogenannte ›Kognitive Wende‹ (*cognitive revolution*) abzeichnete, kommt die Frage nach dem Status und der Funktionsweise des Bewusstseins wieder auf. Jerome Bruner sieht denn auch in der ›Kognitiven Wende‹ den Versuch, behavioristische Reiz-Reaktions-Schemata durch *Sinn und Bedeutung* zu ersetzen. Wie er feststellt, scheiterte das Projekt daran, dass sich mithilfe der entwickelnden Computerwissenschaften nicht *Sinn und Bedeutung* als Grundpfeiler des (kultur)psychologischen Verständnisses durchsetzten, sondern der Informationsbegriff – wodurch jeglicher Bezug auf die Sinnkonstruktion von Menschen suspendiert wurde (vgl. Bruner, 1997, S. 24f.). Ob es sich hierbei tatsächlich um den Versuch gehandelt hat, *Sinn und Bedeutung* (wieder) in den Mittelpunkt der Psychologie zu stellen, hat Barbara Zielke (2004, S. 158f.) als einen weiteren Begründungsmythos der Kulturpsychologie entlarvt. Sie untersuchte nämlich genau die Theorien der angeblichen kulturpsychologischen Protagonisten und konnte nirgendwo feststellen, dass *Sinn* oder *Bedeutung* zur Grundlage der Psychologie gemacht wurden. Festzuhalten ist jedoch: Ersetzt wurde die behavioristische Blackbox durch den Computer (*central processing mechanism*), der mithilfe von Programmen und TOTE-Schleifen (*test-operation-test-exit*) vorgab, menschliches Verhalten errechnen und prognostizieren zu können. Vor allem für den amerikanischen Raum hatte sich damit das Programm einer »kultur-inklusiven Psychologie« (Cole, 1996, S. 8; vgl. auch Valsiner, 1987) vorerst erledigt.[88]

In Deutschland dagegen konnte sich die Idee innerhalb von Nischen entfalten. Hervorzuheben ist hierbei vor allem die *Symbolische Kultur- und Handlungspsychologie* von Ernst E. Boesch, die er in seinen beiden zentralen Werken *Kultur und Handlung* (1980) und *Das Magische und das Schöne* (1983) entwickelte. Boeschs an der Handlungstheorie angelehnte Kulturpsychologie stellt eine spezifische

---

88 Dennoch gab es einige wenige Stimmen, die sich der allgemeinen Entwicklung entgegenstellten und ihren eigenen Weg einschlugen: der Psychologe Kenneth Gergen, die Philosophen John Searle und Charles Taylor sowie natürlich der Anthropologe Clifford Geertz – alles Namen, die nun im Zusammenhang des (Wieder)Erscheinens der Kulturpsychologie erneut genannt werden.

Uminterpretation der Piagetschen Entwicklungspsychologie dar. Hatte Piaget die allgemeine Entwicklung in der Logik vom Subjektiven/Undifferenzierten hin zum Objektiven/Differenzierten beschrieben, ergänzt Boesch diese Entwicklungslogik um den parallelen Prozess der »sekundären Subjektivierung«: »Die rationale Umwelt wird in dem Maße in einer neuen Weise subjektiv, als wir sie mit handlungsrelevanten Bedeutungen erfüllen« (Boesch, 1980, S. 98). Damit wird Boeschs zentrales Anliegen, die subjektiven *Sinnstrukturen*, die mit einer (Wieder)Aneignung der Umwelt einhergehen, zum Hauptthema der Psychologie zu erheben, klar formuliert.

Insofern Wundt nicht als Begründer der Kulturpsychologie infrage kommt und wie sich gezeigt hat, auch sonst nur schwer eine psychologische Quelle sozio-historisch zu erkennen ist, muss das Erscheinen einer Kulturpsychologie, wie sie bei Cole präsentiert wird, als ein neues Phänomen betrachtet werden, das in einen ganz anderen Zusammenhang fällt als den genuin psychologischen.

## 6.2. *Wo sind die Wurzeln der Kulturpsychologie zu suchen?*

Die eigentlichen Wurzeln der Kulturpsychologie finden sich Anfang der 1990er Jahre in den USA. Zu diesem Zeitpunkt setzt eine (Wieder)Besinnung auf die ›vergessenen‹ Grundlagen der Psychologie ein. Einige Kognitivisten erkannten, dass die ›Kognitive Wende‹, die das behavioristische Paradigma ablösen und durch eine adäquatere Suche nach *Sinn und Bedeutung* menschlicher Handlungen hätte ersetzen können, zu nichts anderem geführt hat als zu einer erneuten Sinnentleerung und einem Fetischismus, der sich aus Reduktionismus, Kausalerklärung und Verhaltensprognose speist (vgl. Bruner, 1997, S. 16). Diese erneute Wende psychologischer Theoriebildung wurde von Harré (1992) im Vorwort zu einer Ausgabe des *American Behavioral Scientist* als *second cognitive revolution* bezeichnet, firmiert aber auch unter dem wichtigeren Begriff der ›linguistischen‹ oder ›semiotischen Wende‹ (*semiotic agenda* – Shweder & Sullivan, 1993, S. 499).

Warum aber riefen diese Psychologen nach einer Erneuerung ihres Faches? Und warum gerade in diesem Moment? Warum forderten Sie ein anderes Paradigma, das in der Lage sein sollte, den überkommenen Kognitivismus abzulösen? Um dies zu verstehen, muss man die Psychologie und ihre Geschichte kurz beiseite lassen und 10, vielleicht sogar 20 Jahre früher in das wissenschaftliche Umfeld schauen.

Insbesondere im Feld der *cultural anthropology* lässt sich der Ruf nach einer semiotischen Wende bereits in den 1970er und den frühen 1980er Jahren finden, der hier und in vielen Wissenschaften zum Paradigmenwechsel führen wird, weil er den Kulturbegriff in der geistes- und sozialwissenschaftlichen Forschung – und damit auch in Teilgebieten der Psychologie – neu verankert. Kultur ist seither ›in‹. Dieser Ruf ist primär mit den Namen Clifford Geertz, James Clifford, Roy G. D'Andrade und Richard A. Shweder verbunden.

Vor allem der Anthropologe Clifford Geertz hat wesentlich dazu beigetragen, dass einige erkenntnistheoretische Grundeinsichten (wieder) akzeptabel geworden sind und sich der semiotische Zugang zum Forschungsgegenstand rasch verbreitete. Fundamental ist vor allem Geertz' Einsicht in die Autorenzentriertheit und Autorenkonstruiertheit von Fremdbeschreibungen – James Clifford hat dafür den Begriff *Writing Culture* (1986) geprägt. Die Beschreibung fremder Kulturen, so lautet diese neuere Einsicht, ist demnach nicht mehr als ein Konstrukt, wie Geertz eindrucksvoll anhand der eigenen Forschungsreflexionen deutlich macht (vgl. Geertz, 1996). Geertz und Clifford vertreten damit die weitgehende These, dass Anthropologie ihren Gegenstand nicht repräsentiert, sondern erfindet. Deutlich wird dies, wenn z. B. James Clifford für die Ethnologie feststellt: »Vieles von unserem Wissen über andere Kulturen muss nunmehr als zufällig angesehen werden, als das problematische Ergebnis eines intersubjektiven Dialogs, von Übersetzung und Projektion« (1986, S. 217). Im Anschluss kommt Clifford zu der Einsicht, Kulturen sollten als emergente Systeme verstanden werden (vgl. Lösch, 2005), die in diskursiven Aushandlungsvorgängen unscharfe Konturen annehmen. Sie seien prozessuale Produkte der Interaktion von »semiotischen Subjekten« und »intentionalen Umwelten« (Shweder, 1990, S. 2, 22; Shweder & Sullivan, 1990, S. 402f.), deren Grenzen erst in diesem Austauschvorgang gezogen und beständig revidiert würden. Genau Letzteres begründet, warum vor allem Entwicklungspsychologen im Kontext der semiotischen Wende zu arbeiten begannen, »denn alle kulturellen Unterschiede lassen sich letztlich nur auf *Erfahrungen der Menschen in der Zeit*, also auf *ontogenetische (oder phylogenetische) Prozesse*, zurückführen (d. h. auf differentielle Erfahrungen innerhalb verschiedener kultureller Systeme)« (Eckensberger & Plath, 2003, S. 63; vgl. auch Jahoda 1990).

Eben in und mit dieser Welle eines neuen Kultur- und damit auch Personenverständnisses muss die (Wieder)Besinnung innerhalb der Psychologie gesehen werden. Dass die Anfänge der amerikanischen Variante der Kulturpsychologie bei dem Psychologen Jerome Bruner (1990) und dem Anthropologen Richard A. Shweder (1990; Shweder & Sullivan, 1990, 1993) zu finden sind und diese sich eben auf die Anthropologie Clifford Geertz' und James Cliffords stützen, muss als Folge jener Veränderungen innerhalb der *cultural anthropology* betrachtet werden – kein Wunder, dass Clifford Geertz und Richard A. Shweder in vielen kulturpsychologischen Arbeiten intensiv zitiert werden.

Darüber hinaus ist für psychologische Zusammenhänge interessant, dass in dieser Zeit auch die ersten Übersetzungen von potenziell für eine Kulturpsychologie infrage kommenden deutschsprachigen Positionen ins Englische und Französische erschienen sind. Spannend ist die Frage, ob Teile der amerikanischen

Psychologie bereits viel eher und auf genuin psychologischen Diskursen beruhend in eine kulturpsychologische Richtung eingeschwenkt wären, wenn diese Ansätze in englischer Sprache zur Verfügung gestanden hätten. Dies gilt sowohl für die Kritische Psychologie (vgl. Holzkamp, 1985, 1995), deren subjektwissenschaftlicher Ansatz durchaus als Versuch der Reintegration von *Sinn und Bedeutung* über die Termini des »begründeten Handelns« und des »Subjektstandpunkts« verstanden werden kann (vgl. auch Holzkamp, 1986, 1994), als auch für die bis dato in Deutschland marginalen Randpositionen einer *Kultur- und Handlungspsychologie* Ernst E. Boeschs oder Hans Werbiks, der *Morphologischen Psychologie* Wilhelm Salbers (vgl. Salber, 1987; Allesch, 2002), die von Herbert Fitzek fortgesetzt wird, die Subjektiven Theorien Norbert Gröbens und der *Geisteswissenschaftlichen Psychologie* Eduard Sprangers (vgl. Ofenbach, 2002). Diese erleben erst durch das ›Herüberschwappen‹ des in Amerika initiierten kulturpsychologischen Diskurses eine breitere Aufmerksamkeit – besonders Boesch wird vielversprechend in den USA ›entdeckt‹ (vgl. Cole, 1996, S. 102). Dass sich dadurch rückwirkend auch innerhalb der deutschen Psychologie ein neues Selbstbewusstsein der kulturpsychologischen Forscher und Forscherinnen zeigt, lässt sich an den aktuell vermehrt erscheinenden kulturpsychologischen Beiträgen ablesen (vgl. Billmann-Mahecha, 2003; Chakkarath & Weidemann, 2013; Kölbl & Sieben, 2018; Slunecko, Wieser & Przyborski, 2017; Straub, Chakkarath & Rebane, 2019; Straub Chakkarath & Salzmann, 2020).

Da sich die sich im Zuge der semiotischen Wende neu entwickelnden Kulturpsychologien vor allem mit »Zeichen-, Wissens-, Regel- und Symbolsystemen« (Billmann-Mahecha, 2003, S. 97) beschäftigen, lag es nahe, dass sie – ab den 1990er Jahren – gleichsam alles anzogen, was sich in diesem Bereich an (psychologischer) Forschung tummelte.

Eine der ersten einflussreichen Bewegungen, die an den Schnittflächen von Kulturanthropologie und Psychologie entstand, war das *Chicago Committee on Human Development*. Aus dieser Initiative, an der auch Psychologen beteiligt waren, entwickelten sich eine ganze Reihe von semiotischen Projekten – besonders zu erwähnen sind Nancy Much, Richard A. Shweder und Maria Sullivan. Richard A. Shweder war es auch, der 1990 die erste Publikation veröffentlichte, die die Bezeichnung Kulturpsychologie im Titel führte: *Cultural psychology - what is it?* Shweder argumentiert hier, die Kulturpsychologie sehe die menschliche Psyche als »content-driven, domain specific, and constructively stimulus-bound; and it cannot be extricated from the historically variable and culturally diverse intentional worlds in which it pays a coconstructive part« (1990, p. 13). Bereits in einem Text sechs Jahre zuvor hatte Shweder erklärt, ein Schlüsselkonzept der Kulturpsychologie sei, dass »no sociocultural environment exists or has identity independent of the way human beings seize meaning and resources from it, while every human being has her or his subjectivity and mental life altered through the process of seizing meaning and resources from some sociocultural environment and using them« (Shweder & Levine, 1984, p. 2).

Was er aber in beiden Publikationen verschweigt, ist, warum er dieses semiotische Programm Kulturpsychologie nennt bzw. wo er überhaupt den Begriff her hat. Sieht er sich selbst in Nachfolge Wundts, wie Michael Cole argumentiert? Die Antwort findet sich in einer transkribierten Rede, die 1999 im ethnologischen Fachjournal *Ethos* erschien. *Why cultural psychology?*, so der Titel des Beitrags, enthüllt eine ganz andere Geschichte als die, die Michael Cole meint aufschreiben zu können. Shweder führt aus, dass er den Namen wie auch die Thematik von seinem Lehrer Robert A. LeVine übernommen habe (p. 62), einem prominenten Vertreter der *Culture and Personality Studies* (CPS), einer in der Ethnologie/Kulturanthropologie recht einflussreichen Gruppe der 1950er Jahre. Die CPS-Tradition ist eng verbunden mit den Namen Franz Boas, Ruth Benedict und Margaret Mead und hatte mit ihnen bereits ihren Höhepunkt erlebt. Da die CPS-Tradition in den 1960er Jahren aus der Mode gekommen war, versuchte Robert A. LeVine in den 1970er bis 1980er diese Tradition – z. T. gemeinsam mit Shweder – wiederzubeleben. Als Melford Spiro Shweder fragt, warum nicht einfach CPS als Namen für diese Forschungstradition fortgeführt worden wäre (ebd., 62), antwortet Shweder: »Perhaps part of the answer [...] has to do with the value of using language to symbolize ›new beginnings‹. [...] It has been mentioned [...] that within anthropology there has been a stigma associated with the phrase ›culture and personality‹. I think this stigma has two dimensions to it: the association [...] with national character studies, and its association with a particular psychoanalytic view of person« (ebd., 63). Darüber hinaus fand Shweder die grammatische Struktur »culture AND personality« äußerst problematisch, denn sie impliziere die Vorstellung von unabhängigen Variablen, also dass beide separierbar und je für sich untersuchbar seien.

In diesem Sinne führt er weiter aus: »In other Words, there is an emphasis inherent in the phrase ›cultural psychology‹ on the reciprocity and mutual embeddedness of culture and psyche. So the phrase ›cultural psychology‹ highlights the iterative character of the way culture and psyche make each other up, as well as signaling rebirth without stigma. [...] Obviously it is a bit unfortunate that ›cultural psychology‹ tends to sound like a subfield of psychology. It is unfortunate because there is much more to cultural psychology than any one discipline can offer. Cultural psychology is meant to be an interdisciplinary field. I, for one, think it is absolutely crucial that psychological anthropologists play a central role in the development of this reactivated field« (ebd.).

Also kein Wundt, keine psychologische Tradition, keine psychologische Subdisziplin und dennoch bezieht sich der Beitrag auf einige Psychologen, die *en passant* als psychologische Anthropologen vorgestellt werden: »Hazel Markus, Jerome Bruner, Jan (sic!) Valsiner, Michael Cole, Jim Wertsch« (ebd.), denn sie »know a lot about anthropology, and they appreciate good ethnography. They are fascinated by the idea that there are distinctive psychologies associated with alternative ways of life. They want to move beyond some of the methods that have been used in research on the psychology of Western (or Westernized) college students. They are attentive to local meanings. [...] However, if we are going to succeed in the interdisciplinary endeavor called ›cultural psychology‹, there must also be a major input from psychological anthropologists, who have years of field experience« (ebd., p. 64).

Handelt es sich demnach lediglich um eine Frage der wissenschaftlichen Einordnung und Benennung? Nein, sicherlich nicht.

Ein Blick in die Literaturliste von *What is it?* zeigt: Zwar finden sich zwei Psychologen, die zitiert werden – Kenneth Gergen, der bereits in einem früheren von Shweder herausgegebenen Sammelband publiziert hatte, und natürlich Michael Cole, der, wie oben dargestellt, eine anthropologische Entwicklung in die Psychologiegeschichte hineinschreiben wird –, die übrigen Verweise sind genuin ethnologische. Damit wird klar: Kulturpsychologie ist bei ihrem Auftauchen eine Entwicklung innerhalb der Ethnologie und keine innerhalb der Psychologie. Allerdings zeigen die Shwedersche Rede von 1999 und das Buch Michael Coles, dass es offensichtlich eine Notwendigkeit gab, wissenschaftliche Allianzen einzugehen, was dazu führte, dass über die Disziplingrenzen hinaus zitiert wird. In diesem Sinn präsentiert Cole Shweder als eine psychologische Entwicklung wie Shweder die Psychologen für seine Leserschaft als Anthropologen zitiert. Warum Shweder dies tut, kann nicht ohne Weiteres nachvollzogen werden. Es bleibt zu vermuten, dass dies zur Strategie gehört, die CPS als interdisziplinäres Projekt wiederzubeleben.

Die Gründe der Psychologen aber sind eindeutig: Anders als von Cole dargestellt, findet sich Anfang der 1990er Jahre keine psychologische Subdisziplin, die den Namen Kulturpsychologie trägt. Was es gibt, sind verschiedene Ansätze, die auf Sinn- und Bedeutungskonstruktion als grundlegende psychische Funktion setzen. Auch wenn ich diese zusammenfassend immer wieder als ›semiotische Projekte‹ (Allolio-Näcke, 2007) bezeichnet habe, so unterscheiden sie sich sehr hinsichtlich der philosophischen Grundannahmen wie im Menschenbild.[89] Der wichtigste Grund, warum sich die Vertreter dieser Psychologien auf Shweder beziehen, ist, dass die *Psyche* als Gegenstand der Psychologie zu dieser Zeit leer ist – oder anders ausgedrückt: Die kognitive, wie zuvor auch die behavioristische, Psychologie hatte weder ein definiertes Objekt noch Inhalte, die untersucht wurden. Verblieben waren singuläre Operationen, TOTE-Schleifen, oder definierte Gegenstände, die zwar auf dem Papier konstruiert und mathematisch ›nachgewiesen‹ werden konnten, im Alltag aber kaum oder keine Rolle spielten. Shweder aber hatte beides: Handlung und Psyche in Form des semiotischen Subjekts. *What is it?* handelt nicht von Methoden, also dem Primärdiskurs der Psychologie, sondern vom Objekt Psyche sowie *Sinn und Bedeutung* als ihrem Inhalt.

---

89 Exemplarisch sei auf die gemeinsame Analyse von van Oorschot und mir (2006) verwiesen, die den Ansatz Kenneth Gergens mit dem Carl Ratners vergleicht.

Sozio-historisch betrachtet war diese Koinzidenz kontingent, d. h. dass Shweders Ideen kompatibel zu diesen psychologischen Projekten waren. Seit *What is it?* werden sie dennoch als Kulturpsychologie bezeichnet – oder bezeichnen sich selbst so – und werden als solche wahrgenommen.

Der zweite Grund war die marginale Position, die jeder dieser Ansätze für sich innerhalb der Psychologie einnahm. Unter einem gemeinsamen Namen mit einem gemeinsamen Gegenstand jedoch stellten sie eine wichtige Gruppe innerhalb der Psychologie dar, die von da an selbstständig Journale herausgab und ihre Zitierfähigkeit sowie ihr Ansehen erhöhte. Da diese Journale überwiegend »Psychologie« im Titel führten, z. B. *Culture & Psychology*, zementierten sie den Anspruch der Protagonisten, ein genuiner Teil der Psychologie zu sein, der sich für seine Existenz – die daraus bestand, andere Gegenstände, Inhalte und Methoden zu haben – nicht rechtfertigen brauchte. In genau diesem Rechtfertigungsdiskurs muss aber auch der Verweis Michael Coles auf Wundt verortet werden (s. o.).

Dieser nun entstandene ›Mix‹ aus verschiedenen – teilweise inkompatiblen – Ansätzen lässt sich, wenn man eine große Schneise schlagen will, dadurch charakterisieren, dass alle mit Zeichen- oder Symbolsystemen, Wissen und Regelwissen als kulturell geteilte Objekte umgehen (vgl. Billmann-Mahecha, 2003, p. 97); als Inhalte teilen sie die Wahrnehmung, das Charakterisieren, der Erinnern, das Fühlen, das Wollen, das Wählen und das Kommunizieren (vgl. Shweder, 1999, p. 66) wie auch Wünschen und Glauben (vgl. Staeuble, 2002, S. 1f.); und sie benutzen Methoden der Qualitativen Sozialforschung, die aus einem breiten Fächerkanon von Ethnologie über Soziologie bis hin zur Linguistik reichen.

Nach meinen Recherchen lassen sich unter dem Label Kulturpsychologie fünf Gruppen finden, die – wie bereits erwähnt – in Grundannahmen und Menschenbild divergieren und deshalb keine logisch einheitliche Subdisziplin darstellen. Vielleicht ist Letzteres auch eher eine von außen herangetragene Wunschvorstellung an eine Wissenschaftsdisziplin. Bleibt sie aber unerfüllt, wie verständigt man sich dann untereinander über die eigenen Intentionen und Forschungsergebnisse, wenn diese doch aus philosophisch inkompatiblen Grundannahmen resultieren? Ich tendiere dazu, unter der Bezeichnung ›Kulturpsychologie‹ eher eine strategische Allianz zu sehen und nicht ein inhaltlich einheitliches Projekt.

Die erste Gruppe lässt sich durch ihren Bezug zur linguistischen Wende im Zuge Wittgensteins charakterisieren. Hierzu zählen Protagonisten wie Kenneth Gergen (1991, 1994, 1999), Derek Edwards (1997, Edwards & Potter, 1992), Jonathan Potter (1996, 2006; Potter & Wetherell, 1987) und John Shotter (1993, 1995). Die Gruppe selbst ist in sich sehr heterogen, denn ungeachtet des Wittgensteinbezuges finden sich drei unterschiedliche Spielarten des Sozialen Konstruktivismus – die zweite Selbstbezeichnung, die hier neben Kulturpsychologie Verwendung findet: (1a) der Sozialkonstruktionismus Kenneth Gergens sowie

(1b) die linguistischen Analysen Derek Edwards und Jonathan Potters. Beide Vertreter lehnen eine hinter der sprachlichen Konstruktion liegende positiv erfassbare Welt ab und richten ihr Augenmerk einerseits auf die Sprache als solche, andererseits auf spezifische Sprechakte. (1c) Drittens lässt sich eine durch die Wygotskische Theorie beeinflusste Variante finden, die mit den Namen John Shotters und Rom Harré verbunden ist.

Die zweite Gruppe formiert sich aus Ansätzen, die sich in der Tradition der sogenannten Kulturhistorischen Schule sehen: Carl Ratner (1996, 2002, 2011), Michael Cole (1996), Jaan Valsiner (1987, 1989, 1998) und James Wertsch (1985, 1991). Auch diese Ansätze unterscheiden sich, je nachdem auf welchen der drei ›großen‹ Namen – Wygotski, Luria und Leontjew – der Hauptakzent gesetzt wird. Der Unterschied ist allerdings nicht so stark wie innerhalb der ersten Gruppe. Die stärkste Gruppe ist diejenige der Entwicklungspsychologen, die sich primär auf Wygotski berufen, wie Michael Cole und Jaan Valsiner, oder auf die Tätigkeitspsychologie Leontjews, wie Carl Ratner und Martin Hildebrandt-Nilshon. Insbesondere die Wygotskische Tradition ist stark am Gebrauch von Zeichen- und Symbolsystemen orientiert, weswegen sie sich nach dem Zusammenbruch des Ostblocks – und damit der drohenden Bedeutungslosigkeit marxistisch materialistischer Theorien – als Kulturpsychologie wiedererfand.

Die dritte Gruppe formen die Kulturanthropologen selbst, z. B. Richard A. Shweder und Nancy Much. Die Shwederschen Ideen wurden bereits vorgestellt und werden weiter unten noch vertieft. Wichtig ist hier, dass seine Schülerin Nancy Much dafür verantwortlich war, dass sich die Shwederschen Ideen noch weiter in der psychologischen Debatte verbreitet haben, denn sie veröffentlichte diese Ideen in einem prominenten Buch, das alle ›neuen Paradigmen‹ in der Psychologie vorstellt (vgl. Much, 1995). Zudem zählt sie neben Irmingard Staeuble zu denjenigen Protagonisten, die die Kulturpsychologie stark in den interdisziplinären Bereich hineinschreiben und stärker an inhaltlichen Kritierien profilieren wollen, wie *gender studies, cultural studies* or *disability studies* (vgl. ebd.; Staeuble, 1996, S. 333). Ich subsumiere unter die anthropologische Gruppe auch den Psychologen Jerome Bruner – aus folgendem Grund: Er ist der Einzige im ganzen Feld, der sich – neben der deutschen Sonderentwicklung Ernst E. Boeschs – mit der Alltagspsychologie beschäftigt und diese zum Fundament der Kulturpsychologie machen möchte. Nach Bruner ist die Alltagspsychologie »a culture's account of what makes human beings tick. It includes a theory of mind, one's own and others', a theory of motivation, and the rest. [...] For it deals with the nature, causes, and consequences of those intentional states – beliefs, desires, intentions, commitments [...]. And because it is a reflection of culture, it partakes in the culture's way of valuing as well as its way of knowing. [...] The idea of jettisoning it in the interest of getting rid of mental states in our everyday explanations of human behavior is tantamount to throwing away the very phenomena that psychology needs to explain. It is in terms of folk-psychological categories that we experience others and ourselves. It is through folk psychology that people anticipate and judge one another, draw conclusions about the worthwhileness of their lives, and so on. Its power over human mental functioning and human life is that it provides the very means by which culture shapes human beings to its requirements« (1990, pp. 13-15). Ich habe dieses lange Zitat gewählt, da es zeigt, wie Bruner arbeitet: Er betreibt genuin ethnologische Forschung, indem er ›dem Volk aufs Maul schaut‹. Diese Methode kann man auch als *going native* bezeichnen.

Die vierte Gruppe speist sich aus einer von den Ereignissen in den 1990er bzw. 1970er Jahren vollständig unabhängigen deutschen Entwicklung, die im Zuge des Auftauchens der Kulturpsychologie im anglo-amerikanischen Raum neue bzw. erste Aufmerksamkeit erfuhr: die Kulturpsychologie Ernst E. Boeschs (1980, 1983, 1988), auch Symbolische Handlungstheorie genannt.[90] Die im angloamerikanischen Raum auch zur ›Saarbrücken school of cultural psychology‹ hochstilisierte Gruppe wird bei Michael Cole wie folgt dargestellt: »a combination of the German historical tradition that led Wundt to claim the need for a Völkerpsychologie with a form of action theory and Piagetian constructivism« (1996, p. 2). Und auch hier muss betont werden, dass Boeschs Ideen und Arbeitsweise nichts mit der von Wundts zu tun haben – ebenso wenig wie hier Handlungstheorie mit Piagetschem Konstruktivismus kombiniert wird. Boesch ist zwar von den Janetschen Ideen (2013) inspiriert, aber er entwickelt seine eigene Handlungstheorie. So ist Boesch auch von Piaget inspiriert, aber, unzufrieden mit der Theorie, reinterpretiert und entwickelt er sie eigenständig in einer ähnlichen Weise wie Wygotski weiter (vgl. Wygotski, 1972). Drittens ist er stark von der Psychoanalyse beeinflusst und bringt sie – via Handlungstheorie – wieder in den akademischen psychologischen Diskurs zurück, der sie lange Zeit ausschloss – und heute ganz ausschließt. Auch wenn Boesch zwei seiner Bücher unter dem Titel *Ökologische Psychologie* veröffentlichte, ist es dennoch nicht dasselbe, was Uri Bronfenbrenner (1981) damit intendierte, wie man ebenfalls falsch bei Cole lesen kann. Erst Lutz Eckensberger wird diese Verknüpfung herstellen und die Boesch'schen Ideen in Richtung Bronfenbrenner zuschreiben (vgl. Eckensberger, 1978). Boesch gebraucht den Terminus aus Verlegenheit, da er glaubte, den Begriff ›Kulturpsychologie‹ nicht verwenden zu dürfen, da die Psychologie eine solche Bezeichnung nicht tolerieren würde.[91] Erst 1980 erscheint sein erstes

---

90 Neben Boesch sei der Vollständigkeit halber auch auf andere Entwicklungen hingewiesen, die den Anspruch erheben, Kulturpsychologie zu sein: die Morphologische Psychologie Wilhelm Salbers (Wilhelm Salbers, Herbert Fitzek), Subjektive Theorien von Norbert Groeben und die Geisteswissenschaftliche Psychologie Eduard Sprangers (hier ist mir niemand bekannt, der noch mit diesem Ansatz arbeitet). Seit den 1990er entstanden aber auch Ansätze, die nicht unbedingt in die Shwedersche Tradition gehören, wie beispielsweise die von Uwe Laucken (2000) oder Jürgen Straub (1999, 2010; Straub, Weidemann, Kölbl & Zielke, 2006).

91 Persönliche Mitteilung bei einem meiner Besuche in Saarbrücken.

Buch mit dem Titel *Kulturpsychologie.* Die Verwendung des Terminus ›Kulturpsychologie‹ ist dabei unabhängig von der Shwederschen Tradition. Vielmehr folgt Boesch einer typisch deutschen Tradition, Kulturpsychologien zu schreiben. Willy Hellpach (1953) schrieb die letzte Kulturpsychologie vor Boesch.

Auch wenn hin und wieder behauptet wird, sie wären nicht kompatibel zu kulturpsychologischen Ansätzen, zähle ich die verschiedensten Indigenen Psychologien als 5 Gruppe dazu (vgl. Kim, Yang & Hwang, 2006; Sinha, 1996). Chakkarath (2007, S. 242) leitet diese Verbindung aus ihrer Genese ab, denn er stellt fest, dass sich diese Ansätze erst aus der Debatte mit der westlichen (Kultur)Psychologie entwickelten. Letztlich sind sie aber vor allem deshalb als Kulturpsychologien zu bewerten, da sie dasselbe zugrunde legen wie Kulturpsychologien: nämlich ›going native‹ durch Erfindung und Beschreibung der Psychologie ihrer Ethnie aus emischer Perspektive.

Wie sich also zeigt, lassen sich unterschiedliche Gründe finden, warum sich die sehr disparaten Theorien und Ansätze unter dem ›bunten‹ Terminus ›Kulturpsychologie‹ zusammenfanden; einer jedoch ist entscheidend: Unter einem gemeinsamen Dach ist die Wahrscheinlichkeit auf Sichtbarkeit und Stärke im akademischen Diskurs höher als es z. B. dem Salberschen Morphologieansatz oder der Boeschschen Kulturpsychologie erging – beide wurden von der akademischen Psychologie weitgehend ignoriert.

Kulturpsychologie war also nie eine psychologische Disziplin, wie Michael Cole glauben machen möchte. Als an der Geschichte des eigenen Faches interessierter Psychologe muss man Coles *once discipline* für die Kulturpsychologie zurückweisen und ihr Entstehen nicht vor den 1980er Jahren, in Deutschland wohl erst nennenswert in den 1990er Jahren, ansetzen. Aus psychologischer Perspektive bleibt zu hoffen, dass sich die Kulturpsychologien behaupten können und eine vitale Zukunft haben, auch wenn die tatsächlichen Entwicklungen der letzten 10 Jahre in der akademischen psychologischen Landschaft Europas eher dagegen sprechen. Dennoch scheint auch hier ein Umdenken einzusetzen, denn die *Psychologische Rundschau,* das Organ der *Deutschen Gesellschaft für Psychologie* (DGPs), gab 2010 ein Themenheft und 2011 entsprechende Kommentare hierzu heraus, die nach dem Gegenstand der Psychologie fragen. Offensichtlich wird eine Diskussion, die seit Neubeginn der deutschen Psychologie nach dem Zweiten Weltkrieg zugunsten von Methodendebatten unberücksichtigt geblieben war, nun just in dem Moment virulent, als sich durch massenhafte Besetzung von Lehrstühlen mit Neurowissenschaftlern und einigen wenigen Pheromonexperten die verbliebenen Psychologen selbst fragen, was denn ihr genuiner Forschungsgegenstand sei, der sich gerade nicht im biologischen Substrat erschöpft!

Als Anthropologe muss man wohl Coles *once discipline* bejahen, denn Kulturpsychologie war und ist eine vitale Unterdisziplin der Kulturanthropologie und lässt sich auch in den einschlägigen Werken finden (z. B. Barnard & Spencer, 2007, p. 458f.). Die Psychologie wird hier – wie in vielen anderen Disziplinen – als

Hilfswissenschaft herangezogen, um einen Zugang zum Forschungsobjekt zu erhalten. *Thinking through cultures*, wie es Richard A. Shweder (1991) formulierte, ist ein solches psychologisches Werkzeug, das in der Kulturanthropologie Anwendung findet.

Neben der dargestellten Neuerfindung der *Culture and Personality Studies* als Kulturpsychologie erlebte aber auch Wundts Intention und Forschungsrichtung eine Aufnahme in der deutschen Variante der Anthropologie, der Ethnologie. Der Unterschied zu Wundt aber ist: Die Ethnologen gingen ins Feld und interpretierten die kulturellen Artefakte in ihrem Kontext.

Mit der Erwähnung Wundts schließt sich nun auch der Kreis, der zeigen sollte, warum Kulturpsychologie eine Disziplin der Kulturanthropologie wurde. Der Grund ist schlicht: Die beiden Gründerfiguren der amerikanischen Kulturanthropologie – Franz Boas, der Begründer der *Culture and Personality Studies*, und Bronisław Malinowski, der Erfinder Methode der teilnehmenden Beobachtung – waren Wundt-Schüler und hatten seine Vorlesungen in Leipzig gehört (vgl. Kapitel *Flucht nach vorn*).

## 6.3. *Was ist Kulturpsychologie?*

Streng genommen ist diese Frage bereits falsch gestellt, denn sie suggeriert, es gäbe so etwas wie *eine* Kulturpsychologie. Tatsächlich aber müsste man von *Kulturpsychologien* sprechen, denn erstens entspringen sie sehr verschiedenen wissenschaftlichen Kontexten, zweitens berufen sie sich auf andere Wurzeln und drittens sind sie in mindestens drei lokale und historisch verschieden gewachsene Diskursgemeinschaften eingebunden: USA, Großbritannien und Deutschland.

Gemeinsam ist den unter dem Label *Kulturpsychologie* arbeitenden Psychologen das Anliegen, die Psychologie (wieder)[92] zu einer historisch interpretativen Wissenschaft, die dem menschlichen Handeln angemessener ist als ein naturwissenschaftliches Paradigma, werden zu lassen. Sie versuchen zu zeigen, dass eine Psychologie, »die Sinn bzw. Bedeutung in den Mittelpunkt stellt [...], unweigerlich zu einer *Kultur*-Psychologie wird« (Bruner, 1997, S. 16). Dabei stützen sie sich auf einen Kulturbegriff, der »charakterisiert werden kann als Zeichen-, Wissens-, Regel- und Symbolsystem, das einerseits als kulturspezifisches Fundament den Handlungsraum von Menschen strukturiert, andererseits aber selbst im Vollzug der Handlungs- und Lebenspraxis (re-)konstruiert und verändert

[92] Im Anschluss an Wilhelm Diltheys *Verstehender Psychologie* (1894) als Grundlage der Geisteswissenschaften.

wird« (Billmann-Mahecha, 2003, S. 97). Diese (Re-)Konstruktion und Veränderung vollzieht sich im Zusammenspiel der verschiedenen intentionalen Welten (vgl. Shweder, 1990), also Aneignungen, Interpretationen der ›objektiven‹ Welt und den intentionalen Personen (vgl. Shweder & Sullivan, 1990), die von den ›objektiven‹ Bedingungen beeinflusst werden. Der interpersonale Austausch garantiert den Erhalt und die Entwicklung menschlich kultureller Lebenswelten. Diese »Teilhabe des Menschen *an* einer Kultur und die Verwirklichung seiner mentalen Kräfte *durch* eine Kultur« sind es, laut Bruner, »die es unmöglich machen, eine Psychologie des Menschen nur vom Individuum her aufzubauen« (1997, S. 31). Mit einem solchen Fundament ist Kulturpsychologie (zunächst) ein Versuch der theoretischen und praktischen Kritik aktueller (kognitions-/individual)psychologischer Theorien und Forschung.

Bereits durch die dargestellte Subsumierbarkeit der verschiedensten kulturpsychologischen Ansätze ist deutlich geworden, dass sich hinter dem Begriff *Kulturpsychologie* keine psychologische Disziplin im klassischen Sinne verbirgt, sondern ein interdisziplinäres Forschungsprojekt *vom* Menschen – es sei darum erinnert: den Impuls zu diesem Projekt gab ein Kulturanthropologe.[93] Um dies zu verdeutlichen, scheint »die Bezeichnung ›Kulturpsychologie‹ [...] vielleicht etwas unglücklich gewählt [...], denn sie verschleiert den interdisziplinären Charakter des Programms und legt nahe, daß es sich dabei lediglich um eine weitere ›neue‹ Forschungsrichtung innerhalb der Psychologie handelt« (Schwarz, 2000, S. 63). Trotz der unglücklich gewählten Bezeichnung zielt eine Kulturpsychologie, wie sie zuerst durch das *Chicago Committee on Human Development* (vgl. Stigler, Shweder & Herdt, 1990) formuliert wurde, darauf ab, verschiedene, einander ergänzende Disziplinen zu schaffen: besonders eine Anthropologie (wiedervereinigt mit der Linguistik) zu entwickeln, die geeignet ist, soziokulturelle Umwelten in ihrer ganzen Intentionalität und Besonderheit zu analysieren (Bedeutungen und Mittel), und eine Psychologie (wiedervereinigt mit der Philosophie) zu entwickeln, die geeignet ist, Personen in ihrer ganzen Intentionalität und Historizität zu untersuchen. Das heißt: »Kulturpsychologie [versteht sich – LAN] als ein fächerübergreifendes Unternehmen verortet an der Schnittstelle zwischen Ethnologie, Psychologie, Philosophie und Linguistik, welches neue Ansätze aus diesen Disziplinen zur Überwindung des Ethnozentrismus in den westlichen Sozial- und Geisteswissenschaften in seine Programmatik integrieren will« (Schwarz, 2000, S. 63).

Kulturpsychologie im Sinne des *Chicago Committee on Human Development* hat den Anspruch, inklusiv zu sein, indem sie sowohl psychologische Grundlagenforschung und Theoriebildung als auch die Anwendung psychologischen Wissens hinsichtlich impliziter und expliziter eurozentristischer Sichtweisen hinterfragt und kritisiert. Darüber hinaus entwickelt sie Vorschläge, wie psycho-

---

[93] Anthropologie – wörtlich verstanden – als die Wissenschaft vom Menschen.

logische Forschung ohne einen eurozentristischen Universalismus eine kulturrelativistische Wissenschaft mit einem *universalism without uniformity* (Shweder & Sullivan, 1993, S. 513f.) sein kann, die die Diversität von kulturellem menschlichen Zusammenleben nicht als Variationen eines bestimmten genetischen Pools der Menschheit (biologisch-evolutionärer Universalismus) zu verstehen versucht. Dieser Kritik folgend setzt Kulturpsychologie auf ein anderes Verständnis des Verhältnisses von Psyche und Umwelt als Studium mentaler Repräsentationen, das ohne die Vorannahme ihrer präkulturellen Determination, universellen Gültigkeit und abstrakt-formalistischer Beschreibung auskommt.

Im Folgenden wird sich die Darstellung exemplarisch auf kulturpsychologische Konzeptionen beschränken, die im Rahmen des *Chicago Committee on Human Development* entstanden sind und zu denen parallel oder infolge entwickelt wurden: die semiotisch-linguistischen Projekte Shweders (1990; Shweder & Sullivan 1990, 1993), Bruners (1997) und Harré & Gillets (1994). Gleichzeitig findet eine Parallelisierung dieser Ansätze zur spezifisch deutschen Variante einer Kulturpsychologie statt: die Darstellung des handlungspsychologischen Konzepts von Ernst E. Boesch (1980).

## 6.4. *Die Ontologie der Kulturpsychologien*

Während Ernst E. Boesch in seinem Buch *Kultur und Handlung* (1980) noch auf vielfältige Weise versucht, die Spaltung zwischen erklärender und verstehender Psychologie zu überbrücken, indem er den gesamten ersten Teil – also 100 Seiten (!) – darauf verwendet, das Verhältnis von ›Natur‹ und ›Kultur‹ zu thematisieren, lehnen Shweder, Bruner und Harré & Gillet eine solche Diskussion grundsätzlich ab und beginnen mit der Einsetzung einer neuen Ontologie, die sie damit begründen, dass die Natur nur »einschränkende Bedingung oder Voraussetzung« (Bruner, 1997, S. 39) für menschliches Handeln darstelle, es jedoch nicht determiniere:[94] »Es lag ja nicht nur am vergrößerten Hirnvolumen und an der Leistungsfähigkeit des menschlichen Gehirns, nicht nur am aufrechten Gang auf zwei Beinen und am freien Gebrauch der Hände. Diese rein morphologischen Veränderungen im Prozess der Evolution hätten keine Rolle gespielt, wären nicht gleichzeitig gemeinschaftlich geteilte Symbolsysteme entstanden, traditionsbedingte Arten und Weisen des Miteinanderlebens und Miteinanderarbeitens, kurz: menschliche Kultur« (ebd., S. 30).

---

94 Dieser Argumentation folgt(e) auch die Kritische Psychologie Klaus Holzkamps (vgl. auch Lewontin, Rose & Kamin, 1988). In dem Zusammenhang wäre ein systematischer Vergleich des Holzkampschen Ansatzes mit den Kulturpsychologien spannend, die sich – wie Holzkamp auch – auf die Kulturhistorische Schule beziehen.

Hervorzuheben ist, dass Boesch zu einer ähnlichen Interpretation gelangt,[95] ohne dies explizit zu formulieren. In der Auseinandersetzung mit Lévi-Strauss' kommt Boesch zu folgenden Schlussfolgerungen: »[E]rstens, dass die Wahrnehmung des Menschen seine natürliche Umgebung immer schon nach bestimmten Ordnungsstrukturen gliedert, von denen [...] klar ist, dass sie der Erfahrung entspringen [...]. Erfahrung begründet konzeptuelle Strukturen, aber Konzepte sind nicht reine Abbilder der Erfahrung: anders gesagt, es gibt für den Menschen keine Natur ohne Kultur, wie es auch keine Kultur gibt ohne Natur.« Zweitens, »dass Handlungen die Wirklichkeit konstituieren: unsere Umwelt wird erst dadurch gestaltet und gegliedert, dass sie Bedingungen, Ziele und Instrumente unseres Handelns enthält. Das Handeln verteilt die Valenzen des Umfeldes [und – LAN] macht es zu einem System von Bedeutungen« (Boesch, 1980, S. 27).

Wie sich zeigt, wird von Boesch Natur letztendlich auch *nur* als Bedingung bzw. als Voraussetzung für menschliches Handeln konzipiert. Die menschliche Umwelt oder die Kultur als »Biotop des Menschen« (ebd., S. 29) bilde den *eigentlichen und einzigen* Referenzrahmen menschlichen Handelns. »So können wir wirklich sagen, dass das natürliche Biotop des Menschen immer auch schon Kultur sei, in dem Sinne nämlich, dass er es nach strukturellen Schemata des Handelns und Denkens wahrnimmt, die nicht in der Natur schon vorgegeben sind« (ebd.).

Einer solchen Ableitung – besser Rechtfertigung – entziehen sich sowohl Bruner als auch Harré & Gillet. Bruner argumentiert, dass es sich beim Verhältnis von Biologie (Natur) und Kultur und dem damit einhergehenden Begründungszwang lediglich um einen »weitverbreiteten und ziemlich altmodischen Fehlschluss handelt, den die Humanwissenschaften seit dem 19. Jahrhundert mitschleppen« (1997, S. 39). Bruner führt aus, dass der Fehlschluss darin liege, dass »die Kultur eine Art ›Überbau‹ der biologisch determinierten menschlichen Natur [sei – LAN], die Ursachen des menschlichen Verhaltens lägen dagegen im biologischen Substrat« (ebd.). Aber eine tatsächliche Begründung für einen Fehlschluss führt er nicht aus. Stattdessen ersetzt er diesen Fehlschluss durch die Sicht, »dass Kultur und die Sinnsuche innerhalb einer Kultur die eigentlichen Ursachen menschlichen Handelns sind« (ebd.). Ähnlich argumentiert auch Shweder, wenn er die menschliche Umwelt als *intentional world* bezeichnet.

Harré & Gillet äußern sich zu dieser Problematik nicht, sondern verweisen auf Bruner und wie Boesch auch auf Lévi-Strauss. Für Harré & Gillet ist die *Umwelt* des Menschen konstitutiv eine sprachlich vermittelte und personal-relationale. So wird bei ihnen die Newtonsche Ontologie abgelehnt und verabschiedet.

---

95 Dies kann als ein Hinweis darauf gewertet werden, dass Sprechen und Handlung tatsächlich äquivalent sind. Behaupten Handlungstheoretiker, dass Sprechen an sich eine bestimmte Form der Handlung sei, setzen Sprachtheoretiker dem entgegen, die Sprache sei der Prototyp der Handlung. Offensichtlich ist egal, welcher Überzeugung man ist, die Schlussfolgerungen sind dieselben.

Statt ihrer inaugurieren Harré & Gillet eine »›Vygotskian' ontology for psychology« (1994, S. 30),[96] die sie im folgenden Schema der Newtonschen Ontologie entgegensetzen:

| **Ontologies** | **Locative Systems** | **Entities** | **Relations** |
|---|---|---|---|
| Newtonian | Space and time | Things and events | Causality |
| Discursive | Arrays of people | Speech acts | Rules and story lines |

Tabelle nach Harré & Gillet 1994, S. 29

Dem Newtonschen Bezugssystem von Zeit und Raum stellen Harré & Gillet das der Ansammlung von Menschen entgegen, denn der Mensch handle immer in Bezug auf eine bestimmte hierarchische, aber auch horizontale Stellung innerhalb eines sozialen Bezugssystems. »People are things specified something like special points, defined in terms of interpersonal, social, and political frameworks« (ebd., S. 31). Für diese Stellung des Einzelnen wählen Harré & Gillet den Begriff der Position, die sowohl auf den Anteil eines Positioniert-Werdens durch die sozialen und politischen Verhältnisse verweist als auch darauf, dass das Individuum die Möglichkeit besitzt, sich aktiv zu diesen Feststellungsversuchen zu positionieren und somit den sozialen Bezugsrahmen zu verändern (vgl. auch Allolio-Näcke & Kalscheuer, 2003). Damit wird bedingtem *Verhalten* eine Absage erteilt und einer sinnvollen und an Bedeutungen orientierten *Handlung* der Vorzug gegeben. Diese Positionierungen, so Harré & Gillet, erfolgen mittels Sprechakten, die wiederum auf den Aushandlungscharakter solcher diskursiver Strategien verweisen. Damit diese Akte des Sprechens und des sozialen Handelns nicht willkürlich erfolgen – jede menschliche Realität weist eine spezifische Kontinuität auf –, werden sie durch die (sozialen) Regeln und Handlungsstränge spezifischer Erzählgenres gesichert. »Norms and rules emerging in historical and cultural circumstances operate to structure the things people do« (Harré & Gillet, 1994, S. 33). Damit weisen Harré & Gillet darauf hin, dass selbst diese Normen und Regeln historische und damit kulturelle Artefakte sind, die zwar über längere Zeiträume konsistent, aber dennoch grundsätzlich veränderbar sind.

96 Allerdings finden sich gute Gegenargumente dafür, dass die von beiden vertretene Ontologie nichts mit Wygotskis Ideen zu tun hat. Indem sie die Newtonsche Ontologie ablehnen, die auf dem Materialismus beruht, lehnen sie auch die nur aus dem Materialismus heraus verstehbare Wygotskischen Ideen ab. Sie vernutzen diese, statt sie zu verstehen, wie Dimitris Papadopoulos (1999) gezeigt hat.

## 6.5. *Die Kulturpsychologische Konzeption menschlichen Handelns*

Kulturpsychologie ist nach Richard A. Shweder die Untersuchung soziokultureller Umwelten bestehend aus intentionalen Welten (*intentional worlds*) – Harré & Gillet verwenden hierfür die Bezeichnung Diskurs (*discourse*) oder diskursive Welt – und *intentionalen Personen* bzw. *semiotischen Subjekten*. Sie ist die Erforschung des individuellen Verhaltens in verschiedenen intentionalen Welten und der interpersonalen Erhaltung derselben innerhalb einer kulturellen Gruppe. Kulturpsychologie ist die Elaborierung dieser psycho-semantisch-sozio-kulturellen (*psycho-semantic-socio-cultural*) Realitäten, in denen Subjekt und Objekt nicht voneinander getrennt werden können, weil sie einander durchdringen. Intentionale Umwelten seien dabei ›künstliche Welten‹, d. h. vom Menschen geschaffene, bevölkert mit menschlichen Produkten. Intentionale Welt bedeutet, dass nichts unabhängig von uns selbst bzw. unseren Interpretationen existiert.[97] Das heißt: Eine soziokulturelle Umwelt ist eine intentionale Welt, weil sie real, tatsächlich und zwangvoll ist, aber nur so lange, wie eine Gemeinschaft von Personen existiert, deren Glauben, Wünsche, Emotionen, Absichten und andere mentale Repräsentationen auf sie gerichtet und durch sie beeinflusst werden (vgl. Shweder, 1990, S. 2 u. 22; Shweder & Sullivan, 1990, 402ff.; parallel dazu Boesch, 1983[98]).

Das Prinzip intentionaler Welten beinhaltet die Vorstellung, dass Subjekt und Objekt, menschliche Wesen und soziokulturelle Umwelten, die Identität des jeweils Anderen dialektisch durchdringen[99] (durch interpretative Werkzeuge)

---

97 Dieser Satz darf nicht ontologisch verstanden werden, wie das bei Konstruktivisten der Fall wäre. Natürlich gibt es eine vom Menschen unabhängige Welt (*an sich*), allerdings nehmen wir sie nur über unsere Schemata wahr (*für sich*).

98 »Die Definition, zu der ich neige, wird somit enttäuschen: sie verzichtet auf scharfe Trennung zwischen Objekt und Subjekt. Objekte sind Teile von Handlungskomplexen, zwar allgemein dadurch gekennzeichnet, dass wir sie außerhalb unserer selbst lokalisieren, jedoch nur durch handelnde Subjekte definierbar. Sicher könnten sie mit dem denotativen Inhalt sprachlicher Bezeichnungen identifiziert werden, doch stellt auch dieser nur die konsensfähigen Anteile der gesamten Objektbedeutung dar, die [...] individuell darüber hinausreicht; überdies aber sind auch die denotativen Dingqualitäten Ergebnisse von Klassifikation und Usancen, also handlungsbestimmend« (Boesch, 1983, S. 20).

99 Diese Darstellung ist eine erstaunliche Parallelisierung zur Boeschschen Konzeption der sekundäre Subjektivierung, denn auch hier lassen sich Objekt und Subjekt nicht wirklich trennen, da der Objektivierungsbewegung gleichzeitig eine der Subjektivierung folgt, die das Objekt, so wie es veräußerlicht wird, wieder aneignet (1980, S. 65ff.).

und deshalb nicht als unabhängige und abhängige Variablen erfasst werden können,[100] wie es in der Allgemeinen und ihrer Erweiterung, der Kulturvergleichenden Psychologie (*Cross-Cultural Psychology*), versucht wird.[101] Ihre Identitäten sind einander durchdringend, voneinander abhängig. Keine der Seiten kann ohne die andere gedacht, interpretiert und gelebt werden. Das Prinzip der intentionalen Welten bedeutet auch, dass nichts für den Menschen ›an sich‹ real ist, sondern Realitäten, die Produkte der Art und Weise sind, in der Verhältnisse in verschiedenen taxonomischen und/oder narrativen Kontexten repräsentiert, eingebettet und implementiert werden. Wie Bruner meint, findet sich in den intentionalen Welten auch der Ansatzpunkt der Kulturpsychologie: die Laien- oder Alltagspsychologie (s. o.).

Den zweiten Grundpfeiler einer Kulturpsychologie stellt für Shweder und Harré & Gillet eine besondere Form der Vorstellung der Person dar. Sie verstehen die Person als semiotisches Subjekt bzw. als intentionale Person (vgl. Shweder & Sullivan, 1990), für welche die historisch erworbene Bedeutung (*meaning*) einer Situation oder eines stimulierenden Ereignisses der Hauptgrund ist, darauf zu reagieren, und für welche verschiedene Situationen unterschiedliche Antworten hervorbringen, weil sie unterschiedliche lokale und rationale Antwortmöglichkeiten aktivieren – z. B. je nachdem welche soziale Stellung die Person innehat, welche moralischen Standards gelten etc. (vgl. Harré & Gillet, 1994, S. 28). Um Bedeutungen zu erkennen, bedient sich das semiotische Subjekt psychischer Werkzeuge (Texte oder Symbole). Diese psychischen Werkzeuge werden von Shweder zunächst als *conceptual schemes* bezeichnet (vgl. Shweder, 1990), um

---

100 »Es ist auch fraglich, ob ›Kultur‹ überhaupt den logischen Status einer unabhängigen Variable haben kann, wenn man bedenkt, dass die psychologischen Konstrukte, hinsichtlich derer Menschen aus verschiedenen Kulturen miteinander verglichen werden sollen, selbst kulturell vermittelt sind« (Billmann-Mahecha, 2003, S. 97). Zu einer umfassenden Selbstbeschreibung der Kulturvergleichenden Psychologie siehe besonders: Berry, Poortinga & Pandey (1996), Poortinga, van de Vijer, Joe & van de Koppel, (1987), Trommsdorf (1986), Thomas (1993a, 1993b ). Zu einer eher kritischen Darstellung siehe: Jahoda (1980, 1996).

101 »Die kulturvergleichende Psychologie sieht sich jedoch vornehmlich in der naturwissenschaftlichen Tradition, in der ›Kultur‹ als unabhängiges Variablenset außerhalb des Individuums behandelt wird, während die Kulturpsychologie der geisteswissenschaftlichen Tradition näher steht, die ›Kultur‹ als integralen Bestandteil der menschlichen Psyche betrachtet und eine scharfe Unterscheidung von Kultur und Individuum daher für unmöglich hält. Beide Positionen werden gelegentlich auch als eher *nomothetisch* bzw. *etisch* und eher *idiographisch* oder *emisch* orientierte Ansätze unterschieden. Beim *etischen* Vorgehen nimmt der Forscher im Idealfall eine vergleichende Untersuchung mehrerer Kulturen vor, nimmt einen Standpunkt außerhalb des jeweiligen untersuchten Systems ein und schafft selbst eine Struktur nach absoluten und universellen Ordnungsgesichtspunkten. Beim *emischen* Vorgehen dagegen beschränkt sich der Forscher im Idealfall auf eine Kultur, nimmt einen Standpunkt innerhalb des Systems ein, deckt eine bereits bestehende Struktur auf und orientiert seine Ordnungsgesichtspunkte an systemimmanenten Merkmalen« (Chakkarath, 2003, S. 53).

später durch den adäquateren Begriff *erfahrungsnahes Konzept* (vgl. Shweder & Sullivan, 1993) von Clifford Geertz (1983) ersetzt zu werden. Diese erfahrungsnahen Konzepte stellen die vermittelnde Entität zwischen Kultur und Psyche und zwischen intentionaler Welt und intentionaler Person dar, denn eine Person ist »essentially in historical, political, cultural, social, and interpersonal contexts« (Harré & Gillet, 1994, S. 25) involviert und gewinnt aus diesen ihre Interpretationswerkzeuge.

Damit wird der menschlichen Sprache eine zentrale Rolle als Vermittler zwischen Person und Umwelt zugeschrieben (vgl. Harré & Gillet, 1994, S. 28). Ähnlich der sowjetischen Tätigkeitspsychologie (Leontjew, Wygotski, Lurija) unterscheidet man innerhalb der Kulturpsychologie zwischen *Bedeutung* und *Sinn* (vgl. Leontjew, 1982, S. 101ff. u. S. 144ff.). Bedeutungen stellen den gemeinsamen Interpretationszusammenhang einer Kultur dar, sodass diesem eine realitätsstiftende Funktion zukommt. Das deshalb, weil die Symbolsysteme – und damit auch die Sprache –, die die Menschen benutzen, nicht ›zusätzliche‹ Instrumente sind, die ein ›natürlicher‹ Geist erwirbt, sondern konstitutive Bedingungen für *mind*[102] darstellen (vgl. Bruner, 1990, S. 1ff). Das heißt: Der Begriff ›*mind*‹ hat stets kulturellen Bezug und verhält sich zu seiner Umwelt über sprachlich vermittelte Bedeutungen. Der Sinn dagegen stellt die je individuelle Ausprägung der Lebensbewältigung dar, die zwar in Bezug zu den jeweiligen kulturellen *Bedeutungen* steht, sich jedoch nicht auf diese reduzieren lässt. Hinzuzufügen sei, dass gerade Bruner immer wieder darauf insistiert, nicht zwischen Sprache und Handlung/Tätigkeit zu unterscheiden: »Sagen und Tun«, so Bruner, bilden »eine untrennbare Einheit« (1997, S. 37).

Was dieses Zusammenspiel zwischen intentionalen Welten und semiotischen Subjekten bedeuten kann, hat Boesch in seinen Publikationen anhand verschiedenster Beispiele erläutert. Im Jahr 1988 beschreibt er dieses Zusammenspiel anhand des Samlors, des Fahrers eines dreirädrigen Fahrradtaxis, der in Thailand beinahe mit dem Auto Boeschs kollidierte, weil er unbekümmert aus einer Seitenstraße auf die Hauptstraße einbog. ›Objektiv‹ betrachtet, hätte der Samlor nicht in die Kreuzung einfahren dürfen, doch seine Handlung ist *nicht nur* nach scheinbar objektiven Kriterien verstehbar: »Die Handlungssituation kann also nicht [...] aufgrund ihrer *objektiven Konstituenten* definiert werden. Der Samlorfahrer wählt vielmehr aus diesen nur aus, was seiner unmittelbaren Handlung dienlich ist. [...] Selbst die materiellen Grenzen [...] scheinen sich dem

---

102 Statt einer deutschen Übersetzung wird der englische Terminus *mind* verwendet, da jede deutsche Übersetzung, die versucht ist, sich auf ein Wort zu beschränken, zu kurz greifen würde. *Mind* schließt nämlich nicht nur rationale bzw. geistige (im klassischen Sinne) Prozesse ein, sondern ist ebenso eng mit dem Fühlen verbunden, welches in der europäischen rational-philosophischen Tradition ausgeschlossen bleibt, quasi der Reflexion entgegengesetzt wird bzw. der Reflexion nicht zugänglich ist. Des Weiteren umfasst das englische *mind* neben dem Denken und Fühlen auch den Geist und die Seele – Begriffe, die im heutigen anthropozentrisch wissenschaftlichen Kontext ›anrüchige‹ sind.

Situationsbewußtsein nicht zwingend aufzudrängen. Die Situation des Handelnden orientiert sich offensichtlich nur teilweise an objektiven Inhalten. [...] Das bedeutet aber auch, dass die Situationswahrnehmung nicht nur von materiellen Gegebenheiten, sondern auch von *ideellen Inhalten* gesteuert wird« (Boesch, 1988, S. 238f.).

Diese ideellen Inhalte werden von Mythen der jeweiligen Gesellschaft gespeist, so Boesch, sodass »[z]um System der materiellen Konstituanten (sic!) gesellt sich also ein solches der ideologischen Bedeutungen, die indessen beide nicht als einfache Additionen betrachtet werden dürfen. Vielmehr erscheinen sie beide als intim aufeinander bezogen, ineinander verschränkt« (ebd., S. 239). Der Grund also, warum der Samlor unbekümmert auf die Hauptstraße einbog, liegt darin, dass in der thailändischen Kultur ein anderes System von Raum angenommen werden muss, »Raum als ein kulturelles System von ›Orten‹, von ›Grenzen‹ und von ›Peripherien‹, was dann Analogien im Bereich der Zeit nahelegt« (ebd., S. 237). Gemeinsam stellen soziale Regelsysteme (Mythen) und ›objektive‹ Handlungssituation ein komplexes System dar, welches bei Shweder als intentionale Welt erscheint. Doch dem nicht genug: »In all diese komplexen [...] Situationsbeschreibungen ist ein wesentliches Element noch nicht eingegangen: die Person des Samlor selbst. Denn er nimmt sich selbst ja ebenfalls wahr, und diese *Selbstwahrnehmung* trägt zum Situationsbewußtsein bei. [...] Zur Wahrnehmung seiner Person und Situation gehört diejenige einer *Intention*. Ja, wir können wohl mit guten Gründen annehmen, daß diese die vordringliche Situationsqualität konstituiere: alle anderen Inhalte werden in Relation zu dieser Intention wahrgenommen und beurteilt« (ebd., S. 240f.).

Diese intentionale Person, wie es Shweder ausdrücken würde, stellt das Komplement der situativen Handlungssituation dar. Dennoch wäre es verkürzt, an dieser Stelle stehen zu bleiben und – schon hier – zu versuchen, zu verallgemeinern, denn Boesch führt ein drittes Moment an, welches in Rechnung zu stellen ist, nämlich das des Bewusstseins um alternative Handlungsmöglichkeiten (vgl. ebd., S. 242). Erst dieses vervollständige die Seite der intentionalen Person, denn Personen seien immer in der Lage, eine einmal gefasste Intention zu ändern: »Die Intention wird [...] progressiv den Antizipationen angepaßt, die sich aufgrund neuer Situationseinschätzungen wandeln« (ebd., S. 241).

Aus der Erkenntnis, dass das Handeln von Menschen aus dem komplexen Zusammenspiel von intentionaler Welt und intentionaler Person erfolgt, beruht auch das Prinzip des psychischen Relativismus bzw. des psychischen Pluralismus,[103] welches gegenüber dem Universalismus durch ein Programm der Kulturpsychologie gestärkt werden sollte. Denn psychische Universalien der Mensch-

---

103 Dieses Prinzip bedeutet, einen Weg zu finden, wie reale Gruppen- oder Populationsunterschiede bezüglich kognitivem, emotionalem, motivationalem und gesundheitlichem Erleben dokumentiert und wertgeschätzt werden können, ohne die gemeinsame Zugehörig-

heit liegen nicht im biologischen Substrat, wie es kulturvergleichenden Anschauungen inhärent ist. Psychische Universalien wären vielmehr, dass es die Kultur und die Suche nach Sinn sind, die uns formen; d. h. dass die Biologie die einschränkende Bedingung darstellt und dass die Kultur ihre eigenen Kräfte entfalten kann, um diese einschränkende Bedingung zu lockern (vgl. Bruner, 1990, S. 1ff.); oder wie es bei Schwarz dazu heißt: »Was jedem Menschen gemein ist, was uns eint, ist so gefasst selbst wiederum ein heterogener Komplex ererbter psychischer Prozesse und Formen, die durch die verschiedenen Kulturen selektiv aktiviert, institutionalisiert und rationalisiert werden. Aus dieser Perspektive ist psychische Einheit, was Menschen ermöglicht, einander wahrzunehmen und sich ein Bild voneinander zu machen, nicht, was sie gleich macht, und das Ziel von Theoriebildung im Rahmen einer Kulturpsychologie ist es, eine Konzeption von psychologischem Pluralismus zu entwickeln, der beschrieben werden kann als ›Universalismus ohne Einheitlichkeit‹« (Schwarz, 2000, S. 64).

Eine Kulturpsychologie bietet deshalb eine alternative Interpretation der Fundamente menschlicher Psyche an. *Mind* ist demnach »not a substance« (Harré & Gilles, 1994, S. 100); es ist dynamisch, inhaltsgeleitet (*content driven*), bereichsspezifisch (*domain specific*), konstruktiv stimulusgebunden und »a meeting point of a range of structuring influences« (Shweder, 1990, S. 13). *Mind* kann also nicht losgelöst von der historischen Variabilität und den kulturspezifischen Ausprägungen intentionaler Welten gedacht werden. *Mind* ist immer Produkt ko-konstruktiver Prozesse (vgl. ebd.). Deshalb interpretieren kulturpsychologische Forschungsansätze Behauptungen über Regelmäßigkeiten, die in Laboren oder anderen Orten aufgestellt werden, nicht als Behauptung von inhärenten Eigenschaften eines *central processing mechanism* als Ursache menschlicher Lebensbewältigung, sondern als *aktuelle* Beschreibungen lokaler Antwort- und Reaktionsmuster, die an einen spezifischen Kontext, an spezifische Mittel, spezifische Instruktionsanweisungen, Machtbeziehungen, Einschränkungen oder Konstruktionsmuster gebunden sind. Nach Harré & Gillet kann man diese Antwort- und Reaktionsmuster auch als spezifische Position bezeichnen, denn sie sind an Rechte und Pflichten einer Person innerhalb der sie umgebenden Wirklichkeit gebunden (vgl. ebd., S. 34).[104] Es macht also einen Unterschied, wer

keit zur Menschheit zu vernachlässigen, ohne die Unterschiede als Messfehler zu interpretieren und ohne zurückzufallen in Interpretationen des Anderen als defizitär oder unterentwickelt. Deshalb schlagen Shweder & Sullivan (1993, S. 501) einen innovativen Weg zur Interpretation menschlicher psychischer Vielfalt vor, den sie als gleichzeitig »anti-anti-relativistisch« – ein Terminus, den Clifford Geertz geprägt hat – und »anti-anti-universalistisch« bezeichnen.

104 Zu Recht verweisen Harré & Gillet an dieser Stelle auf die Arbeiten der Feministin und Sozialpsychologin Wendy Hollway, die mit ihren bahnbrechenden Arbeiten von 1984 und 1989 die Positionalität und Machtgebundenheit jedes Subjekts erstmals umfassend thematisierte. Ihr kommt es im Bereich der *critical psychology* und Kulturpsychologie zu, die Universalität menschlichen Handelns grundsätzlich infrage gestellt zu haben. Anhand

von wo aus über etwas spricht: Mann vs. Frau, Erwachsene/r vs. Kind, Professor vs. Student etc. »A position then is a set of rights, duties, and obligations as a speaker, particularly with respect to what we have called the illocutionary or social force of what one may say. [...] Positioning highlights the importance of ›making something of a situation‹ as one participates in it and according to one's perception of it « (ebd., S. 35).

der Geschlechterdifferenz gelingt es Hollway, zu zeigen, dass bereits Kinder in ein heterosexuelles Differenzmodell hineinsozialisiert werden, dass man dem Mann und der Frau jeweils andere Ausgangsbedingungen des Handelns und Agierens zuschreibt und ein konkretes Agieren ermöglicht oder verunmöglicht. Wenn dem so ist, entwickeln Männer und Frauen aufgrund ihres sozialen Geschlechts andere Interpretationsweisen von Welt. Nimmt man dies ernst – und Hollway tut dies – so gelangen auch Forscher unterschiedlichen Geschlechts zu unterschiedlichen Interpretationen von Welt. Forschung muss damit ihren Objektivitätsanspruch aufgeben und kann, laut Hollway, lediglich auf Nachvollzug der Forschungsergebnisse hoffen.

# 7. (Kultur)Psychologische Alternativen

Auch wenn es mittlerweile eine ganze Reihe an kulturpsychologischen Modellen und Theorien gibt, lassen sich nur wenige Ansätze, die sich mit dem Thema ›Religion‹, und noch weniger, die sich mit der entwicklungspsychologischen Dimension von Religion beschäftigen, finden. Auffallend ist, dass gerade diejenigen Ansätze, die sich entwicklungspsychologisch mit dem Thema beschäftigen, aus der Tradition der Kulturhistorischen Schule kommen, deren Theorien auf einem materialistischen Fundament aufsitzen.[105] So hat sich der ›Nestor‹ der deutschen Entwicklungspsychologie, Rolf Oerter, mit einem auf der Theorie Alexej N. Leontjews gründenden tätigkeitspsychologischen Ansatz zu Wort gemeldet und Ingrid Josephs ko-konstruktiver Ansatz ist weitgehend durch Lew S. Wygotskis Theorie beeinflusst, wobei sie in den letzten Jahren mehr und mehr diese mit Ernst E. Boeschs Symbolischer Handlungstheorie zu verbinden versucht. Als einen dritten Ansatz stelle ich den entwicklungspsychologischen Entwurf von Thomas Seiler und Siegfried Hoppe-Graf vor, der einem *role back* zur Piagetschen Ursprungskonzeption entspricht. Alle drei Ansätze halte ich in ihren Grundüberlegungen für beachtenswert, weil sie einen kulturpsychologischen Zugang zur Entwicklung von Religion ermöglichen.

## 7.1. *Was ist Religiosität und warum entwickelt sie sich? (Rolf Oerter)*

Rolf Oerter sieht den phylogenetischen/historiogenetischen Ursprung der Religion im sich herausbildenden Selbstbewusstsein des Menschen und damit als eine »Eigenart des menschlichen Bewußtseins« (1996, S. 24). Erst die Selbstreflexivität des Menschen ermögliche es ihm, sich zu sich selbst, mit seiner Umwelt und mit der Zeitlichkeit/Endlichkeit des Menschen auseinanderzusetzen. Er schlussfolgert: »Das Selbstbewußtsein ist die treibende Kraft für religiöse Aktivität« (ebd.). Diese aber, so Oerter weiter, sollte nicht allein auf Aktivitäten die Transzendenz betreffend reduziert werden, sondern in einem weiten Sinne gefasst werden, z. B. »als Form der Bewältigung von Existenz in der Welt« (ebd., S. 28). Denn insbesondere in der Neuzeit entstehen auch Vorstellungen, die die Frage nach dem ›Weiterleben‹ negieren und der Überzeugung sind, »daß auch

---

[105] Dieser Befund kann nicht eindeutig gedeutet werden – insbesondere nicht wegen der ›eingeführten‹ Religionsfeindlichkeit materialistischer Weltdeutungen.

das ›Seelische‹ mit dem Tode aufhört zu existieren« (ebd., S. 24). Doch auch solche Vorstellungen kommen nicht ohne eine Erklärung aus, z. B. dem Newtonschen Gesetz der Erhaltung der Energie. Denn wie »auch immer die Frage der Weiterexistenz beantwortet wird, es scheint keine Kultur zu geben, die sich mit dem Erlöschen der Existenz nach dem Tode zufrieden gibt« (ebd.).

Nach Oerter vollzieht sich die »Bewältigung von Existenz in der Welt« nicht auf der Handlungsebene allein, die den Alltag strukturiert, sondern im Wesentlichen auf der Ebene menschlicher Tätigkeit. »Diese Unterscheidung ist religionspsychologisch von höchster Bedeutung« (ebd., S. 25). In diesem Zusammenhang muss auf die Unterscheidung von Sinn und Bedeutung nach der Leontjewschen Tätigkeitspsychologie (1982) hingewiesen werden, um zu erklären, warum Religion nicht allein auf der Handlungsebene, sondern wesentlich auf der Tätigkeitsebene zu erfassen ist. Jeder zielorientierten Handlung lässt sich ein individueller Sinn zuordnen (»Ich studiere Medizin, um Arzt zu werden«).[106] Da jedoch mit der individuellen Handlung gleichzeitig ein gesellschaftliches Motiv erfüllt und eine Tätigkeit ausgeübt wird, muss das Individuum nicht als ein ›asoziales‹, sondern als sozial eingebundenes und mitbestimmtes Wesen gedacht werden (»Jeder Arzt trägt zur Gesunderhaltung der Bevölkerung bei«). Während Ziele bewusst sind und formuliert werden können, weil sie auf eine persönliche Sinnkonstruktion und die Befriedigung eines individuellen Bedürfnisses ausgerichtet werden, sind dies Motive in der Regel nicht. »Die Tätigkeit wäre also ein Motiv sehr allgemeiner Art, das sich als Rahmenbedingung hinter bewußten zielgerichteten Aktivitäten verbirgt. Nimmt man dieses Konzept als Arbeitshypothese an, so hätte man eine sehr allgemeine handlungstheoretische Grundlage für religiöse Aktivität. Aufgrund seiner Ausstattung mit Bewußtsein sucht der Mensch immer nach einer tieferen Begründung für seine Verhaltensweisen und Zielsetzungen. Diese tiefere Begründung oder dieser allgemeinere Rahmen ist jedoch in den meisten Fällen nicht bewußt, was sich in vielen Verhaltensweisen sehr deutlich nachweisen lässt« (Oerter, 1996, S. 25). Dem Unbewusstsein der Tätigkeit entspricht nach Oerter aber auch ihre grundsätzliche emotionale Färbung. Während auf der Handlungsebene unmittelbare Emotionen (Glück, Freude, Leid etc.) anzusiedeln sind, liegen auf der Tätigkeitsebene »die eigentlich menschlichen Emotionen [...], wie Entfremdung vs. Heimischwerden, Existenzangst vs. Geborgenheit und Sicherheit« (ebd., S. 26). Er nennt dies die »emotionale Befindlichkeit unserer Existenz« (ebd.).

Entwicklung vollzieht sich nach diesem Modell dann, wenn die zielgerichteten Handlungen in Konflikt mit den zu realisierenden Motiven geraten. Zuvor aber bedarf es weiterer kontinuierlicher Prozesse in der (kindlichen) Entwick-

---

106 Hier wird auf ein ›religiöses‹ Beispiel verzichtet und stattdessen ein eingeführtes Beispiel benutzt, da umstritten ist, welche gesellschaftlichen Motive mit ›Religion‹ erfüllt werden (sollen).

lung, »denn die Entwicklung der Persönlichkeit setzt die Entwicklung der Zielbildung und der Handlungen voraus. Dabei werden die Handlungen immer reicher, wachsen über jenen Kreis von Tätigkeiten hinaus, die sie realisieren können, und geraten somit in Widerspruch zu deren Motiven« (Leontjew ,1982, S. 200). Über diesen Widerspruch kommt es zur Entstehung von ›Knotenpunkten‹, an denen sich die beiden Entwicklungslinien der realisierten Beziehungen kreuzen und an denen »sich eine Verschiebung der Motive auf die Ziele, eine Änderung ihrer Hierarchie und die Entstehung neuer Motive vollzieht« (ebd., vgl. auch Wygotski, 1972).[107]

Da menschliche Entwicklung nach diesem Modell immer eine Ko-Entwicklung ist, sich also in der gegenständlichen Auseinandersetzung mit der (sozialen) Umwelt vollzieht, muss Kultur als eine notwendige Ressource der zu assimilierenden Motive angesehen werden. »Die Kultur bietet eine Reihe von Erklärungsmustern an, die vom Individuum mehr oder weniger assimiliert werden und die auch den westlichen Gottesbegriff beinhalten, also eine Überhöhung der menschlichen Person in Richtung auf Allmacht, Allwissenheit und Güte« (Oerter, 1996, S. 26). Im Gegensatz zu einfachen Sozialisationstheorien übernimmt das Kind in seiner Entwicklung nicht einfach Verhaltensweisen aus seinem sozialen Umfeld, sondern eignet sich diese selbsttätig (und oft in Interaktion) an. Diese sogenannte ›Interiorisation‹ ist die Aneignung spezifischer, menschlicher, gesellschaftlich-historischer Erfahrungen mithilfe von Werkzeugen. Stellen zunächst die Hände des Kindes seine primären Werkzeuge bei der Weltaneignung dar, so erweitert das Kind seinen Bewegungsraum bald durch externe gegenständliche Werkzeuge (z. B. Schaufel, Löffel, aber auch andere Menschen etc.) bis hin zum menschlich wichtigsten Werkzeug: der Sprache. Diese nimmt beim modernen Menschen eine Schlüsselfunktion ein und ist neben dem von Oerter betonten Selbstbewusstsein – besser Selbstreflexivität – die zweite notwendige Bedingung für die Entwicklung von Religion. Zunächst ist auch sie ein äußeres Werkzeug und entwickelt sich nicht – wie Piaget meint – von der egozentrischen zur sozialen Sprache, sondern genau umgekehrt (vgl. Wygotski, 1972, S. 300ff.). Zunächst ist sie soziale Sprache: Das Kind lernt *im sozialen Sprechen*, also einer Tätigkeit, und nicht beim formalen Sprachlernen, die Begriffe (vgl. das Konzept der Begriffsbildung bei Piaget) sowie die Funktionen von Sprechakten (deiktisch, propositional, illokutiv, perlokutiv). Sprache wird also nicht selbst erarbeitet, sondern *im Sprechen erlernt*: Beim Sprach- und Wissenserwerb geht es nicht um ein Erlernen formalen Sprachwissens und dessen Anwendung, »sondern zuerst

---

107 Gleiches lässt sich auch mit Piagets Prozessen der Akkommodation und Assimilation fassen. Solange die zielgerichteten Handlungen die Motive erfüllen, finden immer wieder Assimilationsprozesse statt, die den Handlungskreis erweitern. Übersteigen die individuellen Handlungen die zu realisierenden Motive, müssen neue Motive geschaffen bzw. die Handlungen in einen weiteren Motivkreis zu- und eingeordnet werden, was zwangsläufig zur Akkommodation – und damit zu einem qualitativen Entwicklungsschritt – führt (vgl. Oerter, 1996, S. 25).

erwerben wir das Wissen über die Anwendung der Regeln, die für das Sprachspiel konstitutiv sind, durch ›Mitmachen‹ im Sprachspiel [...]. Auf diese Weise erlernen wir also auch die Bedeutung der Begriffe, die in diesem Sprachspiel eine Rolle spielen« (Zielke, 2004, S. 246). D. h. Wissen kann nicht ausschließlich als individuelles Wissen, aber auch nicht als rein intersubjektives Wissen verstanden werden; vielmehr weist der Wissenserwerb durch die Teilnahme an der Praxis (Wittgenstein) auf den »überindividuellen« oder »transsubjektiven« Charakter hin (Schneider, 2000, S. 313; Zielke, 2004, S. 247). Das Wittgensteinsche *meaning-as-used* entspricht dieser Vorstellung.

Aus der äußerlichen Verwendung der Sprache als Werkzeug, z. B. um einen Gegenstand zu bekommen oder einen Menschen zu einer bestimmten Handlung zu veranlassen, entwickelt sich im Prozess der Interiorisation Sprache zu einem inneren Werkzeug, das es dem Kind erlaubt, die eigenen kognitiven Prozesse zu steuern; oder in Wygotskis Terminologie: Die vormals getrennten Funktionen Denken und Sprechen fallen im Entwicklungsverlauf zusammen, wodurch das Denken zu einem sprachlichen Denken, zu einem sozialen *Sprechen mit sich selbst* wird. Damit müssen nun Handlungen nicht mehr ausgeübt werden, sondern können denkend vorweggenommen werden (»Wenn ich dies tue, ist mir Gott nicht böse«). Lurija (1993) und Galperin (1975) bezeichnen die gesprochene Sprache deshalb auch als »geistige Handlung«; Piaget nennt sie »geistige Operationen«.

Nur in diesem Kontext ist zu erklären, weshalb Rolf Oerter die ›eigentliche‹ religiöse Entwicklung des Kindes nicht an »kindlichen Vorstellungen von Gott und Gebet, die kulturell vermittelt werden« (Oerter, 1996, S. 28), festmachen möchte, sondern diese im kindlichen Spiel verortet.[108] »Da Spiel, zumindest soweit wir wissen, ein universeller Zug menschlicher Entwicklung ist, und da Spiel in recht eindeutiger Weise ein zentraler Verarbeitungsmechanismus menschlicher Entwicklung ist, liegt es nahe, diese Tätigkeit als ›religiös‹ im weiteren Sinne, d. h. als Form der Bewältigung von Existenz in der Welt anzusehen« (ebd., S. 28). Das heißt, im Spiel nimmt das Kind vorweg, was es später mit dem Spracherwerb zu verstehen und in religiösen Begriffen auszudrücken lernt. Dass der Religion und ihrer Entwicklung beim Kinde keinesfalls der Stellenwert zugerechnet werden kann, wie das bei Oser und Gmünder, Fowler und selbst bei Sundén der Fall ist, belegt schon der Umstand, dass sie im Regelfall »bei der Bewältigung des Alltags gewöhnlich eine geringe Rolle spielt und erst bedeutsamer wird, wenn nicht bewältigbare Probleme wie schwere Krankheit und Partnerverlust auftreten« (ebd.). Oder anders ausgedrückt: Religion ist eine sehr späte, reflexiv angeeignete und hoch spezialisierte Domain – zumindest was die west-

108 Ähnlich hat auch Friedrich Schweitzer in Auseinandersetzung mit den Stufentheorien angemerkt, dass Religiosität von Kindern nicht in erster Linie durch Befragen erfasst werden kann, sondern durch Beobachten, z. B. beim Spielen (vgl. 1987, S. 160).

liche Hemisphäre anbetrifft. Diese Behauptung setzt natürlich voraus, dass bestimmte Entwicklungsschritte, die genuin dem Bereich ›Religion‹ zugeordnet werden (kognitive, emotionale und psycho-soziale Entwicklung), allgemeine Entwicklungsschritte des Kindes sind und sich domainspezifisch rekapitulieren bzw. für die jeweilige Domain notwendige Voraussetzung sind.[109]

Warum Oerter ausgerechnet das kindliche Spiel als Prototyp religiöser Aktivität wählt, ergibt sich zum einen aus seiner Religionsdefinition, der ›Existenzbewältigung‹, und zum anderen aus dem Umstand, dass das »Spiel in der Evolution vor dem Erscheinen des homo sapiens auftritt und schon deshalb tief verwurzelt ist im menschlichen Dasein. Wir beobachten das Spiel regelmäßig bei Säugetieren. Die Jungtiere üben durch spielerisches Verhalten Funktionen ein, die später zum Überleben benötigt werden und zeigen auch Als-ob-Verhalten [...] Beim Menschen tritt Spielverhalten in allen Kulturen auf und nimmt eine bedeutende Rolle mindestens bis zur Pubertät ein. Dabei werden Tätigkeiten spielerisch ausgeübt, die in der betreffenden Kultur im Zentrum der Lebensführung stehen« (Oerter, 2007, S. 7). Damit wäre jedoch noch nicht hinreichend erklärt, wieso das Spiel den Prototypen der kindlichen Existenzbewältigung darstellt. Dies ergibt sich genuin aus den Merkmalen, die Oerter am Spiel beobachtet: (1) Selbstzweck des Spiels (Handlung um der Handlung willen), (2) Wechsel des Realitätsbezuges, (3) Wiederholung und Ritual sowie (4) Gegenstandsbezug. In der Fiktionalität des Spiels können somit Dinge ausprobiert und Handlungen realisiert werden, ohne dass sie in der Realität Folgen haben (»Wir spielen Todsein«, »Gottesdienst«), es kann mit Gegenständen gespielt werden, die symbolisch ›für etwas stehen‹ (Bonbons statt Hostien) und rituellen Charakter haben. Denn beim Einüben von »Tätigkeiten, die im Zentrum der Lebensführung stehen«, kommt es darauf an, dass man sie sicher und ohne zu überlegen beherrscht. Freilich hat auch Wygotski Recht, wenn er eine weitere Dimension des

109 Weder bei Oser & Gmünder noch bei Fowler – in Ansätzen aber zumindest bei Sundén – werden die notwendigen Entwicklungsvoraussetzungen systematisch thematisiert, obwohl man diese bereits bei Kohlberg hätte in Ansätzen finden können: »Da moralisches Denken natürlich auch Denken ist, hängt ein fortgeschrittenes moralisches Denken von einem fortgeschrittenen logischen Denken ab. Es besteht eine Parallelität zwischen der logischen Stufe eines Individuums und seiner Moralstufe. Eine Person, die nur konkret-operatorisch denkt, kann über die präkonventionellen Moralstufen (Stufen 1 und 2) nicht hinauskommen. Eine Person, deren Denken nur ›knapp‹ formal-operatorisch ist, bleibt auf die konventionellen Moralstufen (Stufen 3 und 4) beschränkt. Die logische Entwicklung ist eine notwendige Bedingung für Moralentwicklung, sie ist aber keine hinreichende Voraussetzung« (Kohlberg, 1995a, S. 124f.). Gleiches gilt für die psycho-soziale Entwicklung (vgl. ebd., S. 125; Selman, 1976) sowie die Fähigkeit der Rollenübernahme (vgl. Kohlberg, 1995a, S. 165; Mead, 1934). Nur die Ich-Entwicklung nach Erikson (1966) widersteht diesem Trend und muss als kumulierte Folge begriffen werden. Sie enthält alle Stufenmodelle und integriert sie auf Niveaus, die sich am »individuellen Leben und Lebensgeschichten« (Kohlberg, 1995a, S. 172) orientieren.

Spiels hervorhebt: »Auf die Frage, weshalb das Kind spielt, kann es nur die Antwort geben, das Spiel ist als eingebildete, illusionäre Realisation unrealisierbarer Wünsche zu verstehen« (1980, S. 443) – d. h. das Kind muss nicht warten, bis es erwachsen ist, um Pfarrer zu sein, sondern kann dies unmittelbar ›als-ob‹ erleben. Wichtigstes Charakteristikum aber, warum das Spiel tatsächlich als Prototyp religiöser kindlicher Aktivität bewertet werden kann, ist seine Fiktionalität: Kinder spielen fast alle Situationen nach, die sie erleben; insbesondere die, die sie intensiv beschäftigen, z. B. Abwesenheiten von Bezugspersonen, Tod von Familienangehörigen[110] etc. (vgl. Oerter, 2007, S. 15f.). Schließlich sind diese extraordinären belastenden Ereignisse jene, die später in der religiösen Sozialisation Kernthemen darstellen, bei denen Menschen ›religiöses‹ Verhalten zeigen.

Beim kindlichen Spiel lassen sich vor allem Entwicklungs- und Beziehungsthemen erkennen. Bei ersteren ist besonders der Umgang mit (All)Macht und Kontrolle zu beobachten, wie Oerter ausführt (ebd., S. 16). »Kleinere Kinder drücken ihre Allmachtsphantasien im Spiel aus, indem sie Tiere fliegen lassen oder selbst vorgeben zu fliegen (Überwindung der Schwerkraft). Eine andere Möglichkeit von Kontrolle und Macht besteht darin, im Spiel Tiere und Menschen (z. B. Playmobil-Figuren) einzusperren und sie nicht mehr herauszulassen. Die extremste Form von Macht ist die Herrschaft über Leben und Tod. Kinder lassen Spielfiguren sterben und wieder lebendig werden und üben somit die äußerste Kontrolle über die Existenz von Leben aus« (ebd.). Oder anders ausgedrückt: Man kann auch Gott spielen und dabei allmählich die begrenzte Macht des Menschen wie auch die zugeschriebene Allmacht Gottes, oder in Sundéns Worten: seine Rolle, spielerisch erfahren. Nach Oerter lassen sich dabei drei Phasen unterscheiden: »In unseren längsschnittlichen Beobachtungen konnten drei Etappen der Bearbeitung einer Thematik festgestellt werden (vgl. Oerter, 1999). Zunächst spielt die Thematik noch keine Rolle und taucht auch im Spiel nicht auf. In einer zweiten Phase finden wir dann die typischen Formen der Realitätsbewältigung [...] und der Bearbeitung der jeweiligen Thematik. In einer letzten Phase stellt das Kind bereits die Bewältigung der Thematik dar. Es bringt zum Ausdruck, dass es mit dem betreffenden Problem bzw. mit der Entwicklungsaufgabe fertig geworden ist« (2007, S. 18f.)

Hervorzuheben ist die Lösung, die Oerter für das Problem der ›Atheistenstufe‹ 3 bei Oser und Gmünder anzubieten hat: nämlich das heute weit anzutreffende Konzept ›Selbstwirksamkeit‹. »Heute wachsen Kinder im Bewußtsein der Machbarkeit aller Ziele auf, und Selbstverwirklichung in jeder nur denkbaren

110 Dieses Spiel ist deshalb interessant, weil es in der Tat zeigt, dass das Kind Formen des konventionellen Handelns und Sprechens zunächst beim Mitmachen erwirbt und diese vorher nicht verstanden haben muss, um sie zu realisieren. Oft wird der Tod von Angehörigen als langes Verreisen gespielt – und zwar, weil die Eltern den Kindern den Tod auf ›kindlichem Niveau‹ so zu erklären suchen.

Richtung wird als realisierbar angesehen. Dieses Bewußtsein der Selbstwirksamkeit, das ja in der jüngeren Psychologie ein zentrales Konzept geworden ist, steuert die Sinnsuche in Richtung auf die Erfüllung selbstgesetzter Ziele. Nicht länger ist es notwendig, auf ein besseres Jenseits zu warten oder sich dieses Jenseits durch Wohlverhalten zu verdienen. Jetzt, in der irdischen und für viele einzigen Existenz, muß Sinnerfüllung erreicht werden« (Oerter, 1996, S. 33, vgl. auch Döbert, 1988; Nipkow, 1988).

## 7.1.1. Würdigung

Rolf Oerters tätigkeitsorientierter Ansatz trägt positiv zu einer Kulturpsychologie der religiösen Entwicklung bei, weil er verschiedene Grundannahmen der Kulturpsychologie realisiert:

1. Es gibt eine funktional-relevante Differenz zwischen individueller Handlung (Sinn) und gesellschaftlicher Tätigkeit (Motiv).
2. Daraus speist sich die genuine Sicht des Menschen als kulturelles Wesen, das nie individuell isoliert handelt, sondern immer sozial und aufgrund von kulturellen Bedeutungen bzw. Bedeutungszusammenhängen.
3. Lernen erfolgt im Wesentlichen über das Mitmachen, d. h. die Beherrschung der Sprachspiele und Praktiken wird – zunächst – nicht bewusst eingeübt (was Auswirkungen auf mögliche religionspädagogische Bemühungen hat).
4. Das kindliche Spiel als Reflexionsort über den religiösen Entwicklungsstand des Kindes statt rein kognitiver Leistungsabfrage in den Fokus zu nehmen, scheint mir fruchtbar – und ein Ausweg aus dem Befragungsdilemma.

Diese drei Aspekte sind bei der Formulierung einer Kulturpsychologie der religiösen Entwicklung zu berücksichtigen. Zu verwerfen sind jedoch folgende Merkmale:

1. Die Begründung ontogenetischer/aktualgenetischer Entwicklung mithilfe des Verweises auf Phylogenese bzw. Historiogenese entspricht einer Spielart der veralteten Rekapitulationsthese von Ernst Haeckel (vgl. Schwarz, 2000, S. 15ff.; Kim, 1997; Morss, 1990, 1996).
2. Die Religion als »Bewältigung von Existenz in der Welt« zur grundsätzlichen menschlichen Tätigkeit zu erheben, heißt, ihre Spezifik zu negieren und sie zu allem und nichts zu erklären. Menschliche Entwicklung als solche wäre dann bereits religiöse Entwicklung. Dem wiederspricht aber, dass Religion bei der Alltagsbewältigung kaum eine Rolle spielt, dass sie im europäischen Kontext ihre Leitfunktion weitgehend verloren hat und dass sie – ungeach-

tet ihrer innerweltlichen Bewältigungsstrategien – einen Verweis auf Transzendentes enthält und sich nicht auf »Bewältigung von Existenz« reduzieren lässt, sondern auch der »Bewältigung von Kontingenz« dient.
3. Daraus ergibt sich drittens die zurückzuweisende Behauptung, das Spiel sei »im weiteren Sinne ›religiös‹«, denn sie verallgemeinert in unzulässiger Weise und führt wiederum dazu, Religion in ihrer Spezifität zu negieren bzw. das kindliche Spiel durch die Religion zu vereinnahmen.

## 7.2. *Die Ko-Konstruktion religiöser Bedeutung (Ingrid Josephs)*

Einen weiteren wichtigen kulturpsychologischen Ansatz, der zudem nahe am Denken Hjalmar Sundéns entlang läuft,[111] hat Ingrid Josephs vorgelegt. Dieser Ansatz ist nicht so weit gefasst wie Oerters grundsätzliche Bemerkungen aus entwicklungspsychologischer Perspektive, sondern beschränkt sich auf einen besonderen Teilbereich, nämlich darauf, wie ein Kind religiöse Angebote in seine Bedeutungs- und Verstehensstrukturen transformiert und integriert (vgl. Josephs & Wolgast, 1996, S. 41).

Dabei teilt Josephs eine Reihe kulturpsychologischer Grundannahmen, insbesondere die, die sich mit Symbolen und ihrer Verwendung im Zusammenhang mit Sinn- und Bedeutungskonstruktion befassen: »Unter einer kulturpsychologischen Perspektive können Religion und religiöse Überzeugungen als komplexe Symbolsysteme, die menschliches Handeln organisieren, betrachtet werden (z. B. Geertz (1966)/1994). Diese Symbolsysteme sind nicht starr im Sinne kollektiver Vorstellungen (Durkheim (1898)/1985) oder sozialer Repräsentationen (z. B. Moscovici 1995), sondern dynamisch, d. h. ständigem Wandel unterzogen. Das Symbol oder Symbolsystem ist lebendig, es erhält seine Bedeutung im Kontext des Gebrauchs und Handelns (siehe auch Cassirer [1923,1925,1929]/1994)« (ebd.). Dabei werden Symbole, bevor sie sich zu Symbolsystemen verketten, sowohl von der (sozialen) Umwelt angeboten und vom Individuum internalisiert als auch umgekehrt vom Individuum externalisiert und als individuelle trans-

[111] Exemplarisch: »Aus der Reaktion anderer auf die eigene Person, durch den Prozeß der Rollenübernahme also, konstituiert sich die Repräsentation des Selbst. Dabei wird nicht die Geste singulärer anderer internalisiert, sondern generelle Überzeugungen, Regeln, Normen, kurz: Es entsteht das, was Mead als generalized other bezeichnet (Mead 1925)« (Josephs & Wolgast, 1996, S. 42).

formierte Symbole von der (sozialen) Umwelt angeeignet (vgl. Lawrence & Valsiner, 1993).[112] »Bezogen auf unser Thema gehen wir davon aus, daß die individuelle religiöse Einstellung und das religiöse Verständnis in einem Prozeß der Interaktion zwischen Individuum und Umwelt ko-konstruiert, d. h. vom Individuum aktiv transformiert, internalisiert und externalisiert werden« (Josephs & Wolgast, 1996, S. 42) – und das jeweils subjektiv. Es handelt sich nämlich nicht um die einfache Übernahme einzelner Symbole oder sogar ganzer Symbolsysteme; vielmehr bedeutet die Aneignung (Interiorisation) eine individuelle Ausprägung des äußeren Symbolangebots im Inneren.[113] Aus einer solchen Perspektive ist grundsätzlich zu fragen, ob es sich bei der Repräsentation von Religion als verinnerlichtem Symbolsystem bei jedem Menschen um das gleiche handelt und ob überhaupt Entwicklungstheorien bezogen auf die Inhaltsseite und auf eine Kultur aufgestellt werden können; geschweige denn kulturübergreifend. Demgemäß verwundert bei dieser sehr relativistischen Perspektive, dass die AutorInnen zur religiösen Entwicklung generell feststellen: »Unabhängig davon, ob ein Kind in eine gläubige oder ungläubige Familie hineingeboren wird, wird es sich zwangsläufig in seiner Ontogenese mit dem Bereich Religion und Glauben emotional und kognitiv auseinandersetzen müssen« (ebd., S. 44). Dass dies auch ohne Auseinandersetzung geht, belegen die sozialistischen Erziehungssysteme und die mit ihnen ›produzierten Atheisten‹ in der ehemaligen DDR wie in der ehemaligen Sowjetunion – selbst die einfachsten religiösen Sprachspiele sind ihnen fremd, egal ob sie an (irgend)etwas glauben oder nicht. Eine solche These kann man also nur vertreten, wenn man in einem gesellschaftlichen Kontext aufgewachsen ist, in dem die öffentliche wie die private Präsentation von Religion ›normal‹ sind, d. h. kulturelle Symbole angeboten werden, die es dem Kind ermöglichen, sich dieses komplexe Symbolsystem anzueignen.

112 Die Begriffe ›Internalisierung‹ und ›Externalisierung‹ gehen auf die Kulturhistorische Schule zurück, weswegen ich auch diesen Ansatz als eine Weiterentwicklung dieser Perspektive ansehe. Zudem verweist Josephs auf Jaan Valsiner, einen Entwicklungspsychologen, der die Wygotskische Entwicklungstheorie der ›Zone der nächsten Entwicklung‹ in den amerikanischen Diskurs eingebracht und weiterentwickelt hat (vgl. das entsprechende Kapitel in Papadopoulos, 1999).

113 Zurecht verweisen die AutorInnen in diesem Zusammenhang auf Boeschs Unterscheidung von Mythen als kollektiv geteilten Handlungsformen und -inhalten und deren subjektivem Pendant, die Fantasmen als persönliche Überzeugungs- und Handlungssysteme (vgl. Boesch, 1991). Erstaunlich ist allerdings, dass sie den Prozess der Entstehung der Fantasmen nicht erwähnen, was für eine entwicklungspsychologische Perspektive viel interessanter ist als das antagonistische Paar von Mythen und Fantasmen. Boeschs Antwort auf diese Frage ist schließlich nicht weit vom Interiorisationskonzept entfernt: Bei ihm nennt sich der Prozess »sekundäre Subjektivierung« (Boesch, 1980, S. 65ff.). Leider ist meines Wissens bisher noch kein Vergleich beider Konzepte erfolgt und publiziert, ebenso wie eine kulturpsychologische Würdigung des Boeschschen Gesamtansatzes und ein Vergleich mit der von Richard A. Shweder entworfenen *cultural psychology* zu den Desideraten zählt.

Sicherlich wird es sich verschiedene Komponenten aneignen, die (auch) zum Gesamtkomplex ›Religion‹ zu zählen sind; allerdings stellen Symbole keine determinierten, sondern überdeterminierte[114] und mannigfaltige Bedeutungen dar, sodass sie potenziell für viele komplexe Symbolsysteme zu gebrauchen sind – zum Beispiel auch für ›atheistische‹.[115]

Wie Interiorisation verläuft, ist in Anlehnung an Oerter (natürlich aufgrund des gemeinsamen Bezuges auf die Kulturhistorische Schule) zu verstehen, wobei der große Vorteil der Josephschen Konzeption ist, dass sie ›mikrogenetische Methoden‹ beherrscht, mit denen sie meint, minimalste Entwicklungsschritte bzw. -sequenzen und anhand dieser größere Entwicklungszusammenhänge erfassen zu können. Außerdem sind ihre Beispiele recht anschaulich, was für den Oerterschen Ansatz durchaus erläuternd wirkt: Die soziale Umwelt bietet dem Kind »vielfältige Bedeutungsstrukturen in überdeterminierter und zielgerichteter Weise« (Josephs & Wolgast, 1996, S. 45) an, wobei diese Angebote als geschlossene (»Du mußt glauben, sonst kommst du nicht in den Himmel.«)[116] und offene Formen (»Vielleicht denkst du mal darüber nach, was passiert, wenn wir an Jesus glauben.«) erfolgen können. Erstere haben die Tendenz übernommen, imitiert zu werden. Sie regen nämlich nicht zur aktiven Auseinandersetzung (Interiorisation) an, sondern führen zu einer untransformierten Übernahme: »Einfache Transmission bzw. Imitation führt zu mikrogenetischen, das heißt kurzfristig eintretenden Veränderungen, die allerdings zur Ontogenese nichts beitragen« (ebd., S. 47).[117] Offene Formen »beinhalten Spannung und damit ein Entwicklungspotential [...]. Aber auch sie müssen erst mit der Person in einen Transaktionsprozeß treten, damit ontogenetischer Wandel zustande kommt« (ebd., S. 45). Dieser lässt sich fördern, was sich in den vielfältigen Bildungskontexten (auch genutzt von der Religionspädagogik) täglich wiederholt. Als optimale Ler-

114 Vgl. Boeschs Überdeterminationskonzept (1980, S. 212ff.)

115 Zwei knappe Beispiele, sind (1) der analoge Aufbau der Pioniernachmittage zur Liturgie katholischer und evangelisch-lutherischer Gottesdienste, wobei die gleiche Handlungsfolge strukturgebend ist, (2) die oft als Pseudoreligion betrachteten Staatskulte, wie z. B. die Inszenierung das Mausoleums Sun Yat-sens in Nanjing bzw. dessen Kopie in Taipei, wobei hier die Symbolfunktion dominiert. Wenn beide ›wie (in der) Religion‹ betrachtet und interpretiert werden, wie dies am häufigsten in der (empirischen) Religionsforschung der Fall ist, dann handelt es sich nicht um ein Bemühen, diese komplexen Handlungs- und Symbolsysteme zu verstehen, sondern um schlichte Nostrifizierungen: Zwei Gegenstände werden nicht verglichen, sondern der eine an den anderen angepasst (vgl. Matthes, 1992).

116 Die Beispiele sind der Publikation von Josephs und Wolgast (1996) entnommen.

117 Entgegen der Behauptung tragen sie natürlich zur Ontogenese bei, denn auch einfache Imitationen, die Übernahme von Gesten oder aber auch die schlichte Befolgung von Regeln stellen auch Stadien unserer Entwicklung dar – erst wenn sie nicht mehr funktional und fragwürdig geworden sind, müssen sie verändert und damit subjektiv angeeignet werden.

numgebung für diese mikrogenetischen, für die Ontogenese relevanten Entwicklungsschritte sieht Josephs die »Zone of Promoted Action, also [die] Zone der geförderten Handlung (Valsiner, 1987)« (ebd.) – eine Spielart der Wygotskischen *Zone der nächsten Entwicklung.*

Anhand der Analyse einer Interaktionssequenz zeigen Josephs und Wolgast auf, wie ein derart geförderter Entwicklungsschritt in voller Ausprägung aussehen kann: »Der aus der sozialen Umwelt eingegangene Gegenstand wird vom System nicht passiv aufgenommen, sondern katalysiert, d. h. verändert« (1996, S. 47) – und zwar in einem Dreischritt aus (1) Transformation, (2) Integration und (3) Generalisierung. Dabei argumentieren die AutorInnen mit Piaget, wenn sie der Auffassung sind, dass diese offenen Angebotsformen strukturelle Spannungen und Veränderungsprozesse auslösen. So wird im verwendeten Beispiel mittels Anregung durch eine andere Person, die vorhandene Struktur (›Jesus konnte über das Wasser gehen‹) in eine komplexere, qualitativ andere (höhere) Struktur transformiert (›Jesus konnte mit der Hilfe Gottes auf dem Wasser gehen‹). »Diese neue Struktur wird nun in das vorhandene System integriert (›Gott ist der Vater von Jesus. Väter helfen Söhnen. Jesus konnte mit der Hilfe Gottes auf dem Wasser gehen‹). Schließlich wird die neue Bedeutung generalisiert (›Gott hilft allen Menschen, wenn sie in Not sind‹). Das gesamte System hat sich aufgrund dieses konstruktiven Internalisierungsprozesses qualitativ verändert« (ebd., S. 48).

Die Frage, wie religiöse und allgemeine Entwicklung zusammenzudenken sind, in welchem Verhältnis sie stehen, bleibt bei Josephs Ansatz allerdings unbeantwortet. Zum einen behaupten die AutorInnen, dass Religion »anderen Regeln folgt, die mit den Regeln der Weltwirklichkeit keine Überlappung zeigen« (Josephs & Wolgast, 1996, S. 63), sondern als »singuläre Erklärungsinseln« oder als »mentale Module« vorliegen, »die problemlos [...] neben unserer Alltagsrealität existieren können, ohne damit zu kollidieren und ohne kognitive Spannung zu erzeugen. So ist es auch erklärlich, daß beispielsweise Naturwissenschaftler ohne Schwierigkeiten gläubig sein können« (ebd.). Das ganze steigert sich schließlich in die Feststellung: »Wir scheinen uns in zwei Wirklichkeiten zu bewegen« (ebd.). Eine solche Position kann man als Kulturpsychologe nicht vertreten, argumentiert sie doch genau im Sinne der universalistischen Stufentheoretiker: Aus der Mutterstruktur werden nun »mentale Module«, die mittels einer Reihe von (interaktiven) ›Strategien‹ »konservativ und nicht veränderlich« sein sollen, da sie nicht durch »irgendeine Realität herausgefordert werden« (ebd.). Zu diesen Strategien gesellen sich »emotionale Anker«, bei denen es sich »nicht um rationales Verstehen im Piagetschen Sinne, sondern um die Implantierung einer affektiven Basis, eines emotionalen Ankers, an den dann bestimmte Inhalte angeknüpft werden können« (ebd., S. 66), handelt. »Gerade die Tatsache eines affektiven Ursprungs wird dafür sorgen, [...] daß das System extrem fest etabliert wird« (ebd.).

In einem gemeinsam mit Jaan Valsiner publizierten Beitrag aus dem Jahr 1999, lässt sich dann allerdings feststellen, dass wir offensichtlich die gleichen »psychologischen« (sic!) Mechanismen benutzen, um religiöse wie profane Bedeutungskonstruktionen des Alltags herzustellen (vgl. Josephs & Valsiner, 1999, S. 101). Beide Konzeptionen widersprechen sich fundamental – und ich hoffe, die gemeinsam mit Valsiner vertretene Auffassung ist eine Korrektur der nur drei Jahre zuvor vorgetragenen Thesen. Es ist doch gerade die Crux der Stufentheoretiker, eine eigene, isolierte und unabhängige Mutterstruktur der religiösen Entwicklung zu postulieren – um sie eben nicht den allgemeinen Entwicklungsgesetzen zu unterwerfen und *wie Kultur* ›funktionieren‹ zu lassen. Nimmt man aber an, dass hinter den unterschiedlichen Bedeutungen nicht auch noch unterschiedliche Strukturen, sondern die gleichen psychischen Prozesse stehen, dann lässt sich weder eine strukturelle noch eine inhaltliche Trennung feststellen – und schon gar keine je eigene Realität. Allerdings sind Josephs und Valsiner auch hier nicht eindeutig, denn sie erklären die Logik zur präferierten Variante, Bedeutung von uns und von Welt herzustellen, und setzen eine unlogische (*illogical*) dagegen, die ebenso den Alltag bestimmt. Ob das dem Phänomen gerecht wird und erst recht der Religion und ihren Bereichen, ist zu bezweifeln – zudem ihre Beispiele nicht unlogisch sind, sondern sich eines anderen semiotischen Systems (Symbolsystems) bedienen. Die Aussage aus dem profanen Bereich »*But* I *like* bread. And I *want* to eat something. So even though the *bread is dirty*, I'll eat it anyway« (ebd., S. 104) ist in sich logisch und konsistent ebenso wie das Parallelbeispiel aus dem Bereich der Religion, nämlich ob Wunder wahr sind bzw. geschehen können: »Miracles *usually* do not happen. But *if I believe firmly enough* in myself or in other, I can succeed, and miracles *can happen*« (ebd., S. 110). Losgelöst vom Kontext als Rekonstruktionen der Entwicklung möglicher innerer Dialoge (mikrogenetische Methode), sind diese Beispiele nicht hinsichtlich ihrer internen Logik zu beurteilen. Wenn es ein Wunder ist, dass eine bestimmte Situation eintritt (z. B. bleibt man beim Verkehrsunfall unverletzt), dann ist interne Logik durchaus logisch, auch wenn sie auf Gottes Wirken zurückgeführt wird – das logische Schema von ›Ursache – Wirkung‹ oder ›wenn..., dann...‹ wird dadurch nicht unterbrochen.

Geschickt, aber viel zu ›intellektuell‹ erscheint aus kulturpsychologischer Perspektive die Erklärung der AutorInnen für die Überdetermination von Handlungen, die sie mit *Creative Inconsistency of the Mind* übertiteln. Gemeint ist, damit zu zeigen, wie aus sogenannten Kernbedeutungen (»core meanings«) Variationen entstehen, die dem Menschen einen Interpretations- und Handlungsspielraum eröffnen, der potenziell ins Unendliche offen ist, jedoch bestimmten Konventionen unterliegt und somit – schon rein pragmatisch – doch endlich ist. Um dies zu verstehen, bedarf es der kurzen Nachzeichnung des Hauptbeispiels:

Phase 1:

The bread is on the floor. (1)
The floor is *dirty.* (2)
That's why *the bread is dirty.* (3)
I *should not eat anything dirty.* (4)
That's why I *should not eat this bread.* (5)

Phase 2:

*But* I am *hungry.* (6a)
I *need* to eat something. (7a)
So even though the *bread is dirty,* (8a)
I'll eat it anyway. (9a)

Phase 1 zeigt die Kernbedeutung: Wenn Brot in den Schmutz fällt, kann man es nicht mehr essen. Diese Kernbedeutung ist durch generalisierte (bewertende und moralische) Verhaltensregeln, sogenannte ›macro organizers‹, strukturiert, die sich in Zeile (4) wiederfinden. »Macro oragnizers operate on a more generalized semiotic level, depicting convictions, rules, worldviews, and the like, which can be self- or object-oriented. They guarantee stability, continuity, and predictability of one's attempts to make sense of life. Without them, life would be a flow from one state of fuzziness to the next. Macro organizers are rather stable and resistant to change. Once developed, they operate as rigid generative processes« (Josephs & Valsiner, 1999, S. 103). Würden ›macro organizer‹ generell greifen, also nur eineindeutige Bedeutungen existieren, dann würde ein homogenes, geschlossenes System entstehen, da nur das getan werden kann, was die ›macro organizer‹ als verinnerlichtes Moral- oder Wertesystem zulassen. »Thus macro organizers [...] must be neutralized temporarely. To counteract an operating macro organizer [...] the person must invent *tricks* – circumvention strategies – that leave macro organizers' general validity and applicability unquestioned because a direct *attack* on the macro organizer often leads [...] only to circular protest or defense to a further strenghtening of rigidity« (ebd., S. 104). Allerdings erstaunt – angesichts *eines* ›macro organizer‹ – die Vielfalt, mit der es gelingt, diesen für eine konkrete Situation auszuschalten. Das oben bereits in Phase 2 dargestellte Beispiel zeigt die Umgehungsstrategie (»circumvention strategy«) der Kernbedeutung (1) durch die Fokussierung auf ein stärkeres, konkurrierendes Ziel. Neben dieser Strategie finden sich im Folgenden weitere neun solcher Strategien, die ich hier nur benennen werde: (2) durch eine persönliche Präferenz, (3) Fokussierung auf eine harmonische Koexistenz der Bedeutungen, (4) Fokussierung auf semantische Qualitäten (»semantic qualifiers«; »Das Brot ist nicht *so* schmutzig...«), (5) durch direkte Handlung (Reinigen des Brotes), (6) durch symbolische Handlungen (z. B. Küssen des Brotes), (7) durch symbolische

Helfer (dekontextualisierende, triviale Phasen), (8) durch Herausforderung des ›macro organizers‹ durch einen anderen ›macro organizer‹ und schließlich (9) durch die Einführung von immunisierenden symbolischen ›organizern‹, die oberhalb der ›macro organizer‹ anzusiedeln sind und somit deren Geltung außer Kraft setzen, weil sie die höchste semiotische Konstruktionsleistung darstellen (vgl. ebd., S. 108). Hierzu zählen die für Weltbilder wichtigen Konzepte wie ›Natur‹ oder ›Gott‹, die zwar selbst keine moralischen oder wertenden Konnotationen besitzen müssen, aus denen sich aber solche Konnotationen besitzende ›macro organizer‹ ableiten lassen.

Wie die AutorInnen im Anschluss bei Interviews mit erwachsenen Personen zu biblischen Wundergeschichten darstellen, lässt sich die Anwendung derselben Strategien auch für diesen Bereich zeigen. So zeigt das zu Beginn der Argumentation angeführte ›unlogische‹ Beispiel eine symbolische Handlung, nämlich ›fest genug zu glauben‹. Abschließend stellen sie fest: »But in actuality, by using such strategies, a particular meaning (belief) can be maintained and strengthened, then instantly overcome or replaced, then reinstated in its original form – all without true inconsistency. In some instances, then, miracles can be interpreted as being unreal and real – without there being a contradiction« (ebd., S. 112).

## 7.2.1. Würdigung

Ingrid Josephs mikrogenetischer Ansatz trägt positiv zu einer Kulturpsychologie der religiösen Entwicklung bei, weil sie verschiedene Grundannahmen der Kulturpsychologie realisiert:

1. Sie fokussiert auf die Internalisierung von Symbolen und die daraus resultierende Möglichkeit, komplexe Symbolsysteme zu bilden.
2. Symbolsysteme müssen sich nicht gleichen, da die kulturell angebotenen Einzelsymbole im individuellen, aber dennoch sozialen Internalisierungsprozess (Ko-Konstruktion) subjektiv transformiert werden. Das hat bei theoretischen Überlegungen – wie empirischen Untersuchungen – Auswirkungen auf die Auswahl der Untersuchungseinheit: Diese kann nie nur ein Individuum umfassen.
3. Ein Symbol bzw. ein Symbolsystem erhält seine konkrete Bedeutung im Kontext seines Gebrauches; sie haftet ihm nicht abstrakt an. Dennoch lassen sich Kernbedeutungen finden, die mit hoher Wahrscheinlichkeit in einem kulturellen Rahmen geteilt und insofern häufig angetroffen werden können.
4. Diese Wahrscheinlichkeit resultiert aus einem geteilten Wertesystem, das in Form von ›macro organiszers‹ sichtbar wird (Valenzkonzept).

5. Menschen haben gute Gründe für ihr Handeln, auch wenn diese auf ›kognitive Strategien‹, über deren Stellenwert nichts ausgesagt wird, reduziert werden.
6. Und: Wir benutzen offensichtlich dieselben psychischen Mechanismen, um religiöse wie Bedeutungskonstruktionen des profanen Alltags herzustellen.

Diese sechs Aspekte gilt es bei der Formulierung einer Kulturpsychologie der religiösen Entwicklung zu berücksichtigen. Zu verwerfen sind jedoch folgende Merkmale:

1. Die Behauptung, dass sich ›gläubige‹ wie ›ungläubige‹ Kinder zwangsläufig in der Ontogenese mit Religion und Glauben emotional und kognitiv auseinandersetzen.
2. Die Behauptung, geschlossene Angebote an Bedeutungen und Handlungen seien für die Ontogenese weniger relevant als offene – dies ist mit großer Wahrscheinlichkeit abhängig vom Entwicklungsstand (des Kindes).
3. Die Behauptung, Religion stelle ein eigenes Regelsystem dar und habe keine Überlappung mit der Weltwirklichkeit.
4. Aus kulturpsychologischer Sicht halte ich überkommene Dichotomien, wie ›real – imaginiert‹, ›logisch – unlogisch‹ etc., zur Beschreibung von Religion und ihren Phänomenen für unangemessen.

Schließlich bleiben für mich Fragen offen, die die AutorInnen m. E. weder beantwortet haben noch empirisch zeigen können, wie diese zu beantworten sind:

1. Wie ermittelt man eine Kernbedeutung, wenn die konkrete Bedeutung erst im Kontext des Symbolgebrauchs entsteht? (semantisches Differential? Diskursanalyse?).
2. Bedarf es zwingend der Annahme von im Gehirn operierenden ›macro organizers‹ und entsprechenden ›Schlupflöchern‹, um ihnen zu entgehen? Werden Menschen auf diese Weise nicht zu generellen ›Tricksern‹, die sich selbst (oder ihr vor sich hin prozessierendes Hirn) in ihrer Kultur immer wieder hintergehen (um nicht zu sagen, sich belügen) müssen, um menschlich und individuell zu bleiben (oder so zu erscheinen)? Oder lässt sich die Frage der Symbol- und Bedeutungsvalenzen anders erfassen?
3. Resultiert nicht eine solche (rigide) Vorstellung von ›macro organizer‹ aus einem sehr einfach, mechanisch verstandenen Interiorisationsprozess des sozialen Sprechens bei Wygotski – analog dem Über-Ich im Freudschen Entwicklungsmodell? Dort stellt es die verinnerlichten Wertvorstellungen und Normen der Eltern (Kultur) dar und fungiert als Kontrollinstanz des handelnden Ichs, ob dieses in Übereinstimmung mit der Idealvorstellung agiert.

4. Kann schließlich der behauptete Unterschied der religiösen Symbolsysteme durch starke emotionale Anker exklusiv und unterscheidend für dieses Symbolsystem postuliert werden oder gilt dies nicht in gleicher Art und Weise für wichtige andere Symbolsysteme?

## *7.3. Back to the roots (Seiler & Hoppe-Graff)*

Thomas Seiler und Siegfried Hoppe-Graf (1989) haben sich bereits frühzeitig – also noch bevor eine Kulturpsychologie (außer die von Boesch) rezipiert, geschweige denn am akademischen ›Markt‹ sichtbar war – mit den Stufenkonzeptionen der religiösen Entwicklung beschäftigt und eine grundlegende Kritik an diesen geführt (s. die Abschnitte zu den Stufentheorien der religiösen Entwicklung). Diese Kritik richtet sich vor allem auf die »verzerrende *Rezeption*« (ebd., S. 79) des Entwicklungsmodells von Piaget, das eben kein Stufenmodell, sondern ein Prozess- bzw. ein Äquilibrationsmodell sei. Der Akzent liege deshalb auch nicht auf der Definition von Stufen, sondern auf ihrer *Genese*, was sich besonders in seinen Spätschriften zeige (vgl. Piaget, 1976, 1977, 1978, 1980a, 1980b, 1996).[118] Insofern hätten insbesondere Oser und Gmünder die Kriterien des qualitativen Stufensprungs auch fehlinterpretiert.

Aufgrund der fundamentalen Kritik lehnen die Autoren die Stufentheorien religiöser Entwicklung ab und entwerfen ein eigenes Modell nach ihrem Piaget-Verständnis, das sich im Wesentlichen um das zentrale Konzept der ›Begriffsbildung‹ ansiedelt. Begriffsbildung kann hier analog zu dem verstanden werden, was in kulturpsychologischen Entwürfen als Symbol oder Zeichen beschrieben wird – die Differenz resultiert aus den unterschiedlichen wissenschaftlichen Disziplinen, aus denen die Denkweisen entstammen (siehe das Kapitel zur *Kulturpsychologie*).

Nach Piaget entstehen Begriffe (Konzepte, Symbole) ebenfalls im Prozess der Äquilibration. Das Kind lernt zunächst das Wort ›Wau-Wau‹ aus der Beschäftigung mit einem ganz konkreten Hund. Es generalisiert das Wort dann auf andere Tiere, was dazu führt, dass sich durch elterliche Intervention allmählich herausbildet, dass Tiere neben ›Wau-Wau‹ auch ›Miau‹ sein können. Mit dieser

---

118 Auch wenn ich die Meinung von Seiler und Hoppe-Graff teile, liegt der Grund für die »sehr einseitige und und (sic!) verzerrende Rezeption« (1989, S. 79) darin, dass Piaget seine Erkenntnisse sukzessive publizierte und erst am Lebensende zu einer *Genetischen Epistemologie* (vgl. Piaget, 1980a, 1980b, 1996) zusammenführte, wobei auch hier das Äquilibrationsmodell den Kern der Erkenntnistheorie darstellt. Diese philosophischen oder wissenschaftstheoretischen Erkenntnisse wurden von der Psychologie weitgehend ignoriert – und fanden so auch keine Rezeption bei den Theologen, die sich ihrerseits an den psychologischen Diskursen orientierten.

ersten Differenzierung ist die Begriffsbildung eingeleitet. Im Folgenden lernt das Kind, dass auch andere Tiere ein ›Wau-Wau‹ sein können, weil sie diesen Laut ausstoßen und es erweitert den einfachen, noch am konkreten Objekt gewonnenen Begriff auf die Gruppe der Tiere, die Wau-Laute ausstoßen und fasst diese unter das vom sozialen Umfeld angebotene Wort ›Hund‹. Dieses Schema setzt sich dann nach Piaget im Laufe der Entwicklung immer weiter fort bis zur Abstraktion wissenschaftlicher bzw. erkenntnistheoretischer Konzepte, z. B. Hund, Säugetier, Lebewesen, Entität.

Gleiches kann bzw. muss man, so Seiler & Hoppe-Graff, für religiöse Begriffe annehmen, die allerdings durch ihre »starke emotionale Besetzung« (ebd., S. 96) von anderen Begriffen unterschieden werden müssen. Im Verlauf der Entwicklung vernetzen und überschneiden sich die verschiedenen Einzelbegriffe (Symbole) und verdichten sich zu einem religiösen Weltbild (Symbolsystem). Damit unterliege religiöse Entwicklung denselben psychischen Strukturen und Prozessen, präge sich aber auf der phänomenologischen Ebene anders aus, da Religion einen eigenen symbolischen Bereich bilde, der von anderen Bereichen getrennt sei bzw. sein kann. Qualitativer Marker, der religiöse Begriffe und religiöse Weltbilder von anderen unterscheide, sei dann lediglich die starke emotionale Besetzung derselben, was wahrscheinlich auf die Bedeutungszuschreibung der sozialen Umwelt zurückgeführt werden müsse.

Dass Kinder bereits im Alter von 4 oder 5 Jahren (Piagets Präoperationale Phase) über (einfache) religiöse Begriffe verfügen, können die Autoren aber nicht empirisch belegen und mir ist auch keine Studie bekannt, die die beiden hierzu vorgelegt hätten. Dennoch gehen sie analog zur ›allgemeinen‹ Begriffsbildung davon aus, dass die dort wirksamen Mechanismen übertragbar seien: Sie vermuten, »dass für bestimmte religiöse ›Inhalte‹ bzw. ›Motive‹ wenigstens ein Teil von ihnen [4 bis 5jährige Kinder – LAN] elementare Verstehensstrukturen besitzt. Christlich erzogene Kinder haben sich in diesem Alter *notwendigerweise* einen elementaren Begriff von Gott erarbeitet – ›notwendigerweise‹ aus zwei Gründen: erstens, weil sie mit dem Wort ›Gott‹ und dem Begriff Gott (nun verstanden als überindividuelles, kommuniziertes Konzept) zum Beispiel im Kindergarten, im Fernsehen und zu Weihnachten, vielleicht auch in Kinderliedern oder in Kindergottesdiensten und bei Erläuterungen der Erwachsenen zum Tode eines Verwandten konfrontiert werden« (Seiler & Hoppe-Graff, 1989, S. 96 – kursiv LAN). Soweit folgen sie der psychologischen Standard-Rezeption von Piaget, fügen dieser aber überraschenderweise eine Weiterführung an, die nicht von der (Entwicklungs)Psychologie rezipiert wurde, die aber zu den Kernaussagen jeder Kulturpsychologie zu zählen ist. »Zweitens ist ein grundlegendes Charakteristikum jeglicher geistiger Aktivität des Menschen auf allen Altersstufen sein Bemühen, *Informationen* [...] *Bedeutung und Sinn zu verleihen* (Nelson, 1985; Bruner &

Haste, 1987). Im Rahmen der Piagetschen Entwicklungstheorie wird diese ›Motivation‹ als Assimilationstendenz bezeichnet (Piaget, 1976)«[119] (ebd.).

Allerdings, und auch diese Wendung ist überraschend, müssen diese beiden Bedingungen erfüllt sein, damit ein Kind religiöse Begriffe und schließlich ein Weltbild entwickelt. Damit nehmen die Autoren eine der Grundkritiken vorweg, die kulturpsychologisch zwingend erscheint: Bietet das Umfeld des Kindes keine entsprechenden Symbole zur Übernahme/Interiorisation an, fehlen die benötigten Werkzeuge (Begriffe), um die religiöse Information in ein interpretatives Schema zu integrieren und diese damit zu verstehen. »Hat das Kind keine ›geeigneten‹ geistigen Strukturen aufgebaut, so kann es entsprechende Informationen gar nicht assimilieren bzw. wird sie uminterpretieren oder missverstehen. Mit anderen Worten, in diesem Falle werden aus Reizen (Stimuli) keine Erfahrungen« (Seiler & Hoppe-Graff, 1989, S. 97). Mit anderen Worten: Kinder, die nicht in einem religiösem Umfeld aufwachsen, erwerben auch keine religiösen Begriffe und sind nicht – ohne Weiteres – in der Lage nachzuvollziehen, was mit diesen Begriffen gemeint ist – und vor allem, was sie (persönlich) bedeuten und wie sie sich anfühlen, denn die starke emotionale Färbung der Begriffe darf nicht vergessen werden, so Seiler und Hoppe-Graff.[120]

So gesehen löst sich das auf der ›Atheistenstufe‹ 3 von Oser und Gmünder zu beobachtende Entwicklungsproblem in ein ›Uminterpretieren‹ auf bzw. löst bei denen, die nicht in Kontakt mit religiösen Begriffen standen, ein ›Missverstehen‹ aus, wie es sich immer wieder in der Diskussion um das naturwissenschaftliche Paradigma als grundlegendes und einzig richtiges Erkenntnismodell des modernen Menschen zeigt. Die für Religionspädagogen zu klärende Frage ist – und diese müsste ebenfalls empirisch untersucht werden –, ob es definierbare Kriterien gibt, die mit hoher Wahrscheinlichkeit eine lebenslange religiöse Entwicklung garantieren. Und natürlich, ob die angenommenen ›höheren‹ Entwicklungsstufen nicht rein hypothetischer Natur sind bzw. aus anderen Domains menschlicher Lebensbewältigung entstammen.

Folgerichtig ist auch die Interpretation, die die Autoren für das unterschiedliche Antwortverhalten der Kinder liefern, und aus dem die Strukturgenetiker ihre Stufen und deren qualitative Unterschiede begründen. Dies soll hier kurz mit Seiler und Hoppe-Graff und über sie hinaus für die Präoperationale Phase –

---

119 Forschungsgeschichtlich wäre an dieser Stelle interessant, warum die Autoren nicht direkt Piaget zitieren, sondern nur kursorisch auf eines seiner Bücher verweisen und stattdessen den Kognitivisten Jerome Bruner zitieren, der sich in den 1990er Jahren zu einem der Vordenker der Kulturpsychologie entwickelte.

120 »Diese andressierte, an-sozialisierte Religion ist es, die das Thema ›Religion des Kindes‹ für den kirchenfremden Beobachter so öde macht. Wenn alles das, was wir Kindern vom lieben Gott erzählen, entfiele – ich glaube, die Ausbeute an ›religiösen Erlebnissen‹ bei Kindern würde schlagartig fast auf Null zurückgehen. Die wenigsten Kinder sind zu einer wirklichen, spontan aus der Tiefe der unbewussten Phantasie hervorbrechenden religiösen Erfahrung fähig« (Bittner, 1988, S. 191).

also wieder für das bereits von den Autoren adressierte Alter von 4 bis 5 Jahren – erläutert werden:

Kinder dieses Alters reagieren lediglich altersadäquat auf die sprachlichen/begrifflichen Angebote ihrer Umwelt. »Es ist eine grundlegende Einsicht der Entwicklungspsychologie, dass sich die erwachsenen Interaktionspartner spontan auf die je spezifischen Verstehensmöglichkeiten des Kindes auf jeder Altersstufe einstellen (Bruner, 1983, Dore, 1985, Stern, 1985). Im Beispiel wird das dazu führen, dass der Erwachsene der Tendenz des Kindes, sich Gott als eine bestimmte Person mit konkreten Attributen vorzustellen, nachgeben wird, wenn er nicht schon Gott auf die Fragen des Kindes so eingeführt hat« (Seiler & Hoppe-Graff, 1989, S. 97). Das Entscheidende hierbei ist, dass es keine Unterschiede zwischen religiösen und nicht-religiösen Begriffen gibt. So findet sich das Konzept des ›*do ut des*‹ nicht nur in der Lebensweltdomain ›Religion‹, sondern bereits in Kohlbergs Entwicklungsmodell der Moral – ebenso in anderen Bereichen zwischenmenschlicher Beziehungen. Anthropomorphismen – als ein weiteres Beispiel – finden sich nicht nur in Bezug auf Gott, sondern sind ein generelles Beschreibungsmuster der Präoperationalen Phase (Piaget), sodass sie in diesen Alters- oder Kompetenzstadien[121] auf weite Teile der belebten wie unbelebten Welt angewendet werden können – und angewendet werden. Schließlich lässt sich die beobachtete Unsystematik, mit der religiöse Inhalte miteinander verknüpft werden, ebenso auf verschiedene Domains verallgemeinern. Denn zu beobachten ist »wiederum als Ausdruck einer generellen Tendenz des menschlichen Denkens – auch schon beim kleinen Kind, dass es *Kohärenzen* herstellt: Verschiedene isoliert dargebotene Informationen werden spontan in Beziehung gesetzt, integriert, und es werden Schlussfolgerungen gezogen. Allerdings orientiert sich auch die Kohärenzbildung, Integration und Inferenz oftmals an anderen Merkmalen bzw. Kriterien als beim Erwachsenen. So werden Elemente in Beziehung gesetzt, die, aus unserer Sicht, über eine Nebensächlichkeit wie zeitliche Kontinuität miteinander verbunden sind« (Seiler & Hoppe-Graff, 1989, S. 97).

Nach Sichtung und Abwägung aller vorgetragenen Argumente kommen die beiden Autoren zu dem Schluss, dass es sich rechtfertige, »von den Anfängen eines religiösen Weltbildes bei Kindern im Vorschulalter zu sprechen« (Seiler & Hoppe-Graff, 1989, S. 97) – allerdings nur, wenn die beiden hinreichenden Bedingungen (1) religiöses Begriffsangebot der sozialen Umwelt und (2) Verknüpfung dieser Begriffe mit (persönlichem) Sinn und Affekt gewährleistet seien. Für diesen Fall postulieren die Autoren weiter, »*dass sich im Laufe der Entwicklung ein*

---

[121] Von Alterszuschreibungen zu den Entwicklungsstadien ist man zunehmend abgerückt, da die Tendenz zu beobachten war, dass seit den Publikationen Piagets, die Kinder mit höherer Kompetenz immer jünger wurden. Zudem ist es nach den grundlegenden Überlegung Seilers und Hoppe-Graffs angemessener, von Stadien, die durchlaufen werden, statt von Stufen zu sprechen.

*genuiner Bereich der Kognition bzw. Weltkenntnis herausbildet, auf den nicht mehr undifferenziert dieselben Verstehenskategorien angewendet werden (müssen) wie für sonstige psychologische und soziale ›Sachverhalte‹, sondern der eigenständigen Kognitionsprinzipien unterliegt«* (ebd., S. 99). Gemeint ist also, dass sich im Laufe der Entwicklung ein eigenständiges religiöses Symbolsystem – neben vielen anderen – herausbildet, das eigene Werkzeuge bereitstellt, Welt zu sehen bzw. zu erleben.

### 7.3.1. Würdigung

Der an Piaget zurückgebundene Ansatz Thomas Seilers und Siegfried Hoppe-Graffs trägt positiv zu einer Kulturpsychologie der religiösen Entwicklung bei, weil die Autoren verschiedene Grundannahmen der Kulturpsychologie realisieren:

1. Weltaneignung und -erkenntnis entsteht im Wesentlichen über Begriffsbildung (Herausbildung von Symbolen) und ist daher genuin kulturell, vor allem sprachlich, geprägt.
2. Begriffe ermöglichen Erfahrung.
3. Religiöse Begriffe entstehen analog zu anderen Begriffen. Ob sie sich durch einen starken/stärkeren affektiven Bezug unterscheiden, muss noch näher geprüft werden.
4. Religiöse Begriffe setzen voraus, dass begriffsfähige Wörter im sozialen Umfeld angeboten und gebraucht werden ebenso wie sie zur Sinnkonstitution dienen müssen, um zu einem ›Begriff‹ zu avancieren.
5. Religiöse Begriffe verdichten sich im Laufe der Entwicklung zu einem religiösen Weltbild (komplexes Symbolsystem), das neben andere Symbolsysteme tritt.
6. Auch die Autoren teilen die Auffassung, dass die genuine theoretische wie empirische Untersuchungseinheit nie ein Kind allein sein könne, sondern immer mindestens eine weitere Person umfassen müsse.

Diese sechs Aspekte gilt es bei der Formulierung einer Kulturpsychologie der religiösen Entwicklung zu berücksichtigen.

# 8. Kulturpsychologie und Anthropologie der Religiösen Entwicklung

## 8.1. *Vorannahmen*

Nach Abwägung aller vorgetragenen Argumente und Würdigung aller dargestellten Positionen müssen, bevor der Versuch einer theoretischen Neubeschreibung religiöser Entwicklung unternommen wird, Einschränkungen wie Grundannahmen zusammengestellt werden, denen sich die Kulturpsychologie verpflichtet fühlt.

Da ist zunächst die Reichweite der Aussagen: Weil jede theoretische Aussage nicht unabhängig von einem Kontext erfolgt, kann sich der Geltungsbereich nur auf die rezente Situation, wie sie sich in Deutschland darstellt, beziehen. Sicherlich lassen sich Überlappungen und Tendenzen auch in anderen Gegenden – insbesondere in Westeuropa und Nordamerika – finden, jedoch verbietet es die Annahme, dass sich die menschliche Psyche wesentlich entlang der (sprachlichen) Inhalte sowie in historisch-gesellschaftlichen Strukturen entwickelt, eine von vornherein als universal geltende Theorie zu postulieren. So wird eine laizistische Gesellschaft anders mit religiösen Inhalten umgehen als eine, die sich gesellschaftlich explizit in religiöser Tradition verortet.

Das impliziert wiederum – entgegen der allgemeinen (kulturvergleichenden) psychologischen Forschung –, dass eine psychische Einheit der Menschheit nur in der Hinsicht angenommen wird, dass die *Form*, in der die Entwicklung stattfindet, die Gleiche ist, jedoch der *Inhalt*, also die konkrete Ausgestaltung variiert. Reine Formen oder Strukturen ohne Inhalt kann es – ab einem bestimmten Alter – aus kulturpsychologischer Sicht jedoch nicht geben, denn der Inhalt wirkt auf die Form zurück, womit er sie kulturell verändert – was gerade ein wesentlicher Kritikpunkt an den strukturgenetischen Modellen ist. Insofern ist kein direkter Vergleich von Ergebnissen aus unterschiedlichen Sprachräumen möglich; es muss ein wechselseitiger Übersetzungsprozess erfolgen, um aufklären zu können, ob gleiche Inhalte auch dafür stehen, dass die Formebene übereinstimmt. Damit wäre die Entwicklung des Kindes in einen anthropologischen und einen (kultur)psychologischen Teil untergliedert (s. u.). So ist die Anthropologie bis zur vollständigen Ausprägung von Symbolen *wesentlich* für die Struktur oder Form verantwortlich, die sich entgegen jeder kulturpsychologischen These universell beschreiben lässt (s. u.). Kulturpsychologische Forschung kann demnach erst dann einsetzen, wenn die Inhalte nicht nur ausgeprägt sind, sondern bereits in rudimentärer Weise zum Verständnis (Interpretation) von Welt dienen. Zwar gibt es einen Übergangsbereich zwischen Vorsemantischem und

Semantischem, über dessen Wissenschaftszugehörigkeit man streiten kann. Generell aber muss sich Kulturpsychologie auf das konzentrieren, was ihr Gegenstand ist, nämlich auf die psychischen Inhalte und ihre Funktionen und nicht deren strukturelle Voraussetzungen – eine Unterscheidung wie sie bereits Wundt vertreten hat (vgl. Danziger, 1979, 1985).

Die Inhaltsgebundenheit impliziert auch, dass die sozio-kulturelle Umwelt und individuelle Psyche ko-konstruktiv Bedeutungen herstellen, wobei die zu verinnerlichenden Inhalte der (sozialen) Umwelt entnommen und zu einem subjektiven Sinn umgeformt werden. Zugespitzt ausgedrückt bedeutet das: Ohne religiöse Sozialisation, ohne religiöse Angebote der Umwelt keine religiöse Entwicklung – wie der von der Bertelsmann Stiftung 2013 herausgegebene Religionsmonitor zu Ostdeutschland zeigt.[122] Ebenso lässt sich zeigen, dass zu bestimmten früheren Zeiten, insbesondere in Dörfern, nicht daran zu denken war, nicht religiös zu sein bzw. Religion zu praktizieren, denn die Existenz Gottes gehörte zu den selbstverständlichen Denkvoraussetzungen dieser Zeiten. Das schließt aber nicht aus, dass es auch zu diesen Zeiten Menschen gab, die nicht religiös waren bzw. nicht glaubten und *vice versa.*[123] Die aktuelle Lage ist insofern eine besondere, da, obwohl noch immer zwei Drittel der westdeutschen Bevölkerung einer der beiden großen christlichen Kirche angehören (2010: 59,4%)[124] – hinzu kommen etwa 5% Muslime[125] –, nicht mehr *per se* über die Kirchenzugehörigkeit oder die Frequenz der Gottesdienstbesuche auf die Religiosität der Menschen – und schon gar nicht auf Glaubensinhalte – geschlossen werden kann. Denn nur sehr wenige Menschen gehen regelmäßig in den Gottesdienst und was diese konfessionell gebundenen Menschen glauben, entspricht oft nicht dem, was die Kirchen vorgeben. Muslime stellen hierbei eine Besonderheit dar, weil ihr kultureller Hintergrund nicht das christliche ›Abendland‹ ist und ihre Tendenzen zur Privatreligion erst in jüngeren Untersuchungen belegt werden konnte (Bochinger et al., 2009). Damit zeigt sich wiederum, wie wichtig der Kontext ist, in dem sich Religion entwickelt.

---

122 http://www.bertelsmann-stiftung.de/cps/rde/xbcr/SID-08D41743-3AB7215B/bst/xcms_bst_dms_37711_ 37719_2.pdf (Stand: 10. August 2013) Je nachdem, wie man Religiosität misst, lassen sich für Westdeutschland noch 50% Menschen finden, die an Gott glauben, im Osten glauben nur 13% an Gott. Auch im internationalen Vergleich bildet Ostdeutschland das Schlusslicht – was allerdings auch an der Auswahl der Vergleichsländer liegt.

123 So die These von Dorothea Weltecke (2010), die Zweifel und Nichtglauben in breiten Schichten bis hinein ins Mönchstum für das Mittelalter postuliert.

124 Angaben laut Statistischem Bundesamt https://www.destatis.de/DE/ZahlenFakten/Gesellschaft Staat/Bevoelkerung/Bevoelkerungsstand/Tabellen/AltersgruppenFamilienstandZensus.html

125 Zahlen der Deutschen Islamkonferenz http://www.deutsche-islam-konferenz.de/DIK/DE/Magazin/ Lebenswelten/ZahlMLD/zahl-mld-node.html

Letztlich wird für Religionsentwicklung eine Bereichsspezifität angenommen, sodass sie nicht mit der allgemeinen (Intelligenz)Entwicklung gleichzusetzen ist, sondern dieser verzögert nachfolgt – sie muss sich deshalb nicht einmal in der Kindheit entwickelt haben.[126] Religion ist ein derart komplexes und voraussetzungsreiches Phänomen, sodass in keinem Falle eine gleichzeitige Entwicklung anzunehmen ist, sondern spezifische Entwicklungen bereits stattgefunden haben müssen, damit Religion entstehen oder sich herausbilden kann. Wenn man ein vergleichbares Beispiel suchte, so könnte man auf die Künste oder die Wissenschaft verweisen, wobei erstere in einem ähnlichen Stadium entstehen (können) wie Religion, Wissenschaft jedoch erst am Ende der allgemeinen (Intelligenz)Entwicklung. Beide aber sind ebenso komplex wie voraussetzungsreich. Das heißt weiter, dass bis zu einem bestimmten Alter kindliche Entwicklungsschritte notwendige sind – jedoch nicht bereichsspezifische, d. h. sie können nicht ohne Weiteres für die Religionsentwicklung vereinnahmt werden, z. B. das ›Urvertrauen‹ in die Mutter als Keimzelle des Glaubens oder der Grundmechanismus der Begriffsbildung.

## *8.2. Anthropologie der (religiösen) Entwicklung*[127]

Wenn man kulturpsychologisch von »semiotischen Subjekten« und »intentionalen Umwelten« (Shweder, 1990, S. 2, 22; Shweder & Sullivan, 1990, S. 402f.) ausgeht, kommt der Sprache eine entscheidende Rolle bei der religiösen Entwicklung zu (vgl. hierzu Sundén und Vergote) – sie wird zum Marker zwischen anthropologischer (Form) und psychischer (Inhalt begriffen als Werkzeuge) Entwicklung. Teilt man zudem mit Seiler und Hoppe-Graff (1989) die Annahme, dass Kinder erst im Alter von 4 bis 5 Jahren über einfache (religiöse) Begriffe verfügen, so dass sie in der Lage sind, religiöse Inhalte und Motive basal zu verstehen (ebd., S. 96),[128] bedeutet das, dass *frühestens* ab diesem Zeitpunkt von religiöser Entwicklung gesprochen werden kann, wie dies schon von Sundén postuliert

---

126 Dennoch wird im Folgenden der ›Idealfall‹ der Entwicklung zum Prototyp gemacht: religiöse Entwicklung von Kindesbeinen an.

127 Den Begriff ›Anthropologie‹ wähle ich für diejenigen Entwicklungsprozesse, die universelle Entwicklung vor Ausdifferenzierung der Zeichen in Symbole darstellen. Diese Unterscheidung dient mir dazu, der Psychologie konsequent ihren Platz als Kulturpsychologie zuzuweisen, die es nicht mit universellen Strukturen, sondern kulturell verschieden Inhalten zu tun hat.

128 Bereits Goldman (1964, S 226) hatte festgestellt, dass jüngere Kinder zu einem angemessenen Verständnis religiöser Konzepte nicht in der Lage seien. So verstehen Kinder Gleichnisse, die für den theologischen Gehalt der biblischen Aussagen sehr wichtig sind, erst auf formal-operationaler Ebene, also frühestens mit 13 Jahren (vgl. anders hierzu Billmann-Mahecha, 2003, S. 128).

wurde. Das heißt nicht, dass jüngere Kinder nicht bereits über die relevanten Worte, Gesten und Rituale verfügen – jedoch bleiben sie unverstanden und unverbunden, sodass sie nicht als genuin religiöse Entwicklung zu bezeichnen sind, sondern der allgemeinen (Begriffs)Entwicklung zugerechnet werden müssen. Erst mit der Entstehung der Begriffe (Konzepte) werden erlernte Inhalte in differierende Schemata eingeordnet und es entstehen selbstständige, semantisch abgrenzbare Bereiche, die nicht starr nebeneinander stehen, sondern dynamisch über einzelne Begriffe miteinander verbunden sind und im Entwicklungsprozess umstrukturiert werden (s. u.).[129]

Im Umkehrschluss bedeutet das, dass jede Entwicklung zuvor nicht bereichsspezifisch ist, sondern der *allgemeinen* Entwicklung des Kindes entspricht und eine für die Religion untergeordnete Rolle spielt, solange die in dieser Phase erarbeiteten Worte, Gesten und Rituale nicht semantisch verarbeitet und subjektiv angeeignet wurden, sondern lediglich aus einem Mitmachen bzw. Nachmachen bestehen. Entwicklungen in dieser Phase sind also *allgemeine Voraussetzungen*, die später in den verschiedensten Bereichen menschlicher Tätigkeit benötigt und umstrukturiert werden. Sie sind *quasi* Gemeingut, das in verschiedenen Sprachspielen bzw. semantischen Netzen vorkommen kann, ohne exklusiv zu sein.

Folglich können die immer wieder postulierten ›strukturellen Wurzeln‹ der Religiosität, nämlich die »affektiven Grunderfahrungen von Aufgehobenheit, Versorgtsein, Vertrauen und Anerkennung« (Utsch, 1998, S. 216f.), nicht für diesen Bereich allein reklamiert werden – schon gar nicht als Prototyp für eine spätere Gottesbeziehung (vgl. Vergote). Das immer wieder zitierte Urvertrauen zur Mutter (und zum Vater) ist das Erlernen und Erfahren von Vertrauen *allgemein* und damit das Fundament für die soziale Natur des Menschen überhaupt. Dass dieses auch *eine* Grundlage für die Religiosität des Menschen darstellt, ist selbstverständlich, denn es geht im christlichen Kontext um ein Vertrauen auf Gott. Dieses ›anthropologische Fundament‹ wird aber, was Fowler richtig erkennt (er will ja nicht nur *faith*, sondern auch *belief* begründen), erst viel später auf Gott übertragen (nach der Entstehung der Begriffe und Schemata), so wie es bis dahin auf viele andere (Bezugs)Personen übertragen wurde. Alle anderen Ableitungen sind in Psychologie oder Anthropologie gegossene Theologien.

Rolf Oerter erweitert diese auf das Individuum und seine Affekte zentrierte Sicht um die Dimension der sozialen und kulturellen Umwelt. Während auf der Handlungsebene – besser Interaktionsebene – unmittelbare Emotionen (Glück, Freude, Leid etc.) anzusiedeln sind, liegen auf der Tätigkeitsebene »die eigent-

---

129 Fast analog argumentiert Fowler, wobei er nicht den psychologischen Terminus ›Begriffsbildung‹ verwendet, sondern hierfür ›Glauben‹ einsetzt (1991, S. 46). Allerdings erscheint es mir zu früh, um in diesem Stadium von Glauben zu sprechen als vielmehr den Begriff ›Vertrauen‹ zu verwenden.

lich menschlichen Emotionen [...], wie Entfremdung vs. Heimischwerden, Existenzangst vs. Geborgenheit und Sicherheit« (1996, S. 26). Damit postuliert Oerter zu Recht, dass solche Existenzfragen als individuelle Existenzerfahrungen von den theologisch beeinflussten Entwicklungstheoretikern zu früh angesetzt werden. Auch diese kommen uns erst aus der sozialen Umwelt entgegen (heimisch und geborgen wird man nicht nur an einem Ort, sondern auch durch Menschen, Handlungen und Erfahrungen) und werden nicht einfach im Kindesalter oder sogar im Säuglingsalter (Stichwort: Urvertrauen) erfahren (Welches Kind gerät im Regelfall in eine existenzbedrohende Situation? Es weint ja nicht, weil es verhungert, sondern weil es ein Hungergefühl hat.). Erst wenn der/die Heranwachsende diese ›allgemeinen‹ Emotionen interiorisiert haben, stehen sie als Deutungsmuster zur Verfügung und können – in Form der (religiösen/theologischen) Sinnfrage – in das Schema Religion eingebunden werden. Allerdings liegen diese ›eigentlichen‹ Emotionen auf einem Abstraktions- bzw. Reflexionsniveau, zu dem ein Kind nicht fähig ist, weswegen die ›eigentliche‹ religiöse Entwicklung erst im Adoleszenzalter stattfinden kann.[130]

Gewissheiten (Vertrauen) entstehen beim Kind aber nicht nur auf affektiver Seite, sondern auch im Körper selbst – eine Dimension, die von keinem der theologisch beeinflussten Entwicklungstheoretiker adäquat in den Blick genommen wurde. Dies liegt zum einen an ihrer Orientierung an der Psychologie (z. B. Oser und Gmünder), die den Körper bzw. das Körperwissen ignoriert und Letzteres nur in der Form eines impliziten (also automatisierten) Wissens kennt (vgl. Zielke, 2004); zum anderen wird auf Handlung verwiesen, mit der man glaubt, den Körper miterfasst zu haben (vgl. Gebauer, 2002, S. 127) oder aber die Körperlichkeit auf die affektive Beteiligung reduziert (vgl. Fowler, Vergote). Insofern lohnt es sich, den Körper bzw. das Körperwissen in diesem Zusammenhang genauer zu betrachten, denn es bildet das zweite Fundament – neben den Affekten –, das vorsemantisch den Menschen in einer Phase prägt, in der nicht Verstehen und Verarbeiten, Einordnen und Kategorisieren, sondern die Dimensionen des Zurechtfindens, des Einwohnens in der sozialen wie gegenständlichen Welt im Vordergrund stehen.

Hierzu orientiere ich mich *exemplarisch* am menschlichen Sinn des Tastens und – damit verbunden – an der menschlichen Hand. Jedes andere Sinnesorgan wäre hierfür ebenso geeignet; alle durchzugehen würde aber den Rahmen dieser Arbeit sprengen.[131] Auch die Dimension des Hörens und das Ohr, auf die mich zu

130 »Das reflexive Bewusstsein entsteht natürlich in progressiver Differenzierung aus den vorherigen einfacheren Bewusstseinsstufen; da es die komplexesten Beziehungen bildet, liegt die Annahme nahe, dass es auch ontogenetisch eine späte Form darstelle – zum ersten Mal deutlich auftauchend in der Adoleszenz« (Boesch, 1980, S. 162).

131 Dennoch wäre es lohnenswert, hier weiterzuarbeiten und der sinnlichen Dimension nicht-semantischen Wissens im Schmecken, Hören, Riechen und Sehen nachzugehen. Ich bin davon überzeugt, dass eine auf solchen Untersuchungen basierende Psychologie ihre

Recht Elfriede Billmann-Mahecha hingewiesen hat, sind ein lohnenswerter Gegenstand, weil das Hören bereits im Mutterleib kulturell geprägt wird. Da nach Hornbostel (1926) aber das Gehör dem Tastsinn besonders nahesteht, weil beide Sinne zur Wahrnehmung *und* Empfindung befähigen, wähle ich den ›einfacheren‹ Sinn als Beispiel.

Nach den Abwägungen zur dominanten Rolle der Sprache bei der Religionsentwicklung und dem Ausfall der Sprache als Referenzpunkt vor dem Stadium der Begriffsbildung, »kommt man zu dem Ergebnis, dass in einer vorsprachlichen *Praxis* vom Organismus selbst erste Regeln entwickelt werden müssen. Genau diese Regelausbildung vollzieht sich in der Produktion von Gewissheiten« (S. 138), schreibt Gunter Gebauer in seinem Aufsatz *Hand und Gewissheit* (2002), in welchem er Ludwig Wittgenstein vom Ende seines Werkes her gleichsam gegen ihn selbst liest und neu interpretiert.

Die Feststellung zur Ausbildung einer regelhaften vorsprachlichen Praxis ist dem Psychologen nicht fremd, finden sich solche Überlegungen doch schon bei Jean Piaget, z. B. in seinen Studien zum Saugreflex (1969) oder – hier passender – zum Greifreflex des Kindes (Piaget & Inhelder, 1972, S. 18). Bereits darin lässt sich die »Tendenz erkennen, ›von den Anfängen ihres primitiven Funktionierens‹ an *Systematisierungen* herzustellen, ›die ihren Automatismus bei weitem überschreiten‹. Die Systematisierungen bestehen in einer Einordnung von Gegebenheiten der Erfahrung in herausgebildete Schemata« (Gebauer, 2002, S. 134). Gebauer beschreibt – ohne auf Piaget Bezug zu nehmen – die Entwicklung auf »senso-motorischer« Stufe (Stadien I-VI). Nach Piaget finden sich im Stadium I nicht die reinen Reflexe, sondern spontane und ›totale‹ Tätigkeiten des Säuglings, die Reflexe aufgreifen und diese zur Integration in spätere Tätigkeiten vorbereiten. Diese basalen Tätigkeiten werden durch funktionelle Übung konsolidiert: Es entstehen die ersten Gewohnheiten (Stadium II).[132] »Eine elementare ›Gewohnheit‹ beruht auf einem senso-motorischen Grundschema, in dem unter dem Gesichtspunkt des Subjekts noch keine Unterscheidung zwischen den Mitteln und den Zwecken gemacht wird, da der erstrebte Zweck durch eine notwendige Abfolge von Bewegungen erreicht wird« (Piaget & Inhelder, 1972, S. 19f.). Schließlich gehört in diese Phase auch das Stadium III, in dem es zur ersten Koordination von Sehen und Greifen kommt.

Diese Schemata sind nicht dieselben, die Shweder als *conceptual schemes* oder Geertz als *erfahrungsnahe Konzepte* bezeichnen, denn sie beruhen auf einer semiotischen – also einer durch Bedeutung oder Symbole vermittelten – Konzeption. Was hier gemeint ist, sind leibliche, vorsemantische Schemata – oder, wie Piaget sagen würde, ›Gewohnheitsschemata‹. Dass Piaget hierzu nicht weitergearbeitet

derzeitige (alleinige) Orientierung am Denken oder besser an den Kognitionen aufgeben müsste.

132 An dieser Stelle muss an die von Ernst E. Boesch eingebrachten Begriffe der Funktionslust und des funktionalen Potenzials erinnert werden (vgl. 1980, S. 96 u. 108).

hat, mag daran liegen, dass bei ihm der Anteil des Körpers am Wissen auf dessen Funktionen für die Intelligenzentwicklung reduziert wurde, statt ihn weiterzudenken. Der Leib wurde sozusagen dem Geist untergeordnet.[133]

Festzuhalten aber bleibt – aus Piagets und anderen entwicklungspsychologischen Beobachtungen an Säuglingen –, dass das erste menschliche Handeln eine vorsemantische Körpertätigkeit ist. Sie besteht darin, »den Körper [und die Umwelt – LAN] regelhaft in Gebrauch zu nehmen. Die *Form des regelhaften Gebrauchs* ist wesentlich von der *materiellen Form des Körpers* abhängig. [...] Handeln beginnt (genetisch) damit, dass man eine Hand, einen Mund, Augen, Ohren, Füße hat. Wissen wird möglich aufgrund der Organstruktur des menschlichen Körpers« (Gebauer, 2002, S. 135).

Wie muss man sich das vorstellen? Zu Beginn sieht der Säugling nicht, der Geruchssinn des Menschen ist bekanntlich schlecht und selbst die Ohren bilden noch keine verlässliche Quelle, sie liefern nur *bedeutungslose* (?) Geräusche. Noch sind Sprache und Denken – wie Wygotski (1972) überzeugend dargestellt hat – nicht zusammengefallen, um eine semiotische Struktur der Welt aufzubauen. Was bleibt?

Das Handeln selbst als »eine Praxis des Körpers. Die Praxis wird anfangs noch nicht durch Wissen geleitet; sie ist bloß Tätigkeit, die eine besondere Eigenschaft hat: Sie bildet die elementaren [...] Regeln heraus. Die Tätigkeit (sic!) z. B. der Hand, ihr Greifen, Berühren, Schlagen, entwickeln ein regelhaftes Verhalten gegenüber allem, was von der Hand erfasst ist, und erzeugt eine verhaltensstrukturierte Umwelt des menschlichen Organismus« (Gebauer, 2002, S. 134). Das Kind versichert sich zunächst seiner Hände, seiner Füße, seines Mundes, seiner Haut, seines Körpers – mit Wittgenstein nennt Gebauer dies Gewissheiten. Diese Gewissheiten des Körpers aber sind strukturell »Erkenntnisbedingungen, nicht selbst Erkenntnisse. Daher *haben* wir sie; wir wissen oder kennen sie nicht« (ebd., S. 135). Folglich mache es auch keinen Sinn, danach zu fragen, wie viele Hände man habe; man müsse sich dieser Tatsache nicht versichern, denn man ist diese Hände und hat sie nicht lediglich, um Helmut Plessner abzuwandeln.[134] »Die Tatsache der beiden Hände ist etabliert durch den Handgebrauch; meine Augen können zu ihrer Verifizierung nicht das geringste bei-

133 Will man die systematische Ausblendung des Körpers aus der Psychologie gesellschafts- wie wissenschaftskritisch betreiben, so kann man sich hierzu auf Dietmar Kamper berufen: »Der Körper ist vielmehr – unter den Bedingungen der Selbstbezüglichkeit des Geistes – der Rest, der Abfall, der Müll. Im Schnittpunkt von Mächten und Monstern ist der Körper die einzige Instanz, die ihr Fehlen darstellen kann« (2001, S. 438).

134 Analog wird sich der früh religiös Sozialisierte nicht fragen, warum er diese Gesten macht und Körperhaltungen einnimmt – er hat sie bis zur unhinterfragten Selbstverständlichkeit perfektioniert. Insbesondere erwachsenen Konvertiten dürfte es schwerfallen, diese Perfektion zu entwickeln, aber auch die Leichtigkeit der Subjektivierung von Gesten (s. u.) in Anspruch zu nehmen (vgl. Daiber, 1997).

tragen. Die Hand als das älteste Organ erzeugt Grundlagen, die keiner Kontrolle durch das Auge fähig sind« (Gebauer, 2002, S. 136).

Doch das Kind vergewissert sich mittels seines Körpers bzw. seiner Hände nicht nur seiner selbst, sondern »der Handgebrauch erarbeitet sich Eigenschaften der unmittelbaren Körperumgebung« (ebd.). Ausgehend von den Gewissheiten des Körpers wird somit eine Art Vorsemantik der Umwelt erarbeitet.

Die Vorsemantik dient zu allererst dazu, sich nicht nur sich selbst gewiss zu sein, sondern sich dessen auch im Gebrauch gegenüber seiner Umgebung zu werden. Sie dient der Herstellung von fundamentalen Gewissheiten von sich selbst und von sich in der Interaktion mit der Umwelt. »In der Gewissheitserzeugung liegt der Initialzustand des Denkens« (2002, S. 136), lässt sich nun mit Gebauer weiter ausführen, denn »(w)enn ein Kind beginnt, mit Wörtern umzugehen, hat es vorher schon die Gewissheiten festgesetzt, die für den Umgang mit Gegenständen nötig sind« (ebd., S. 137). Erst dies befähigt es zum Sprachgebrauch, denn die Sprache ist in ihrer deiktischen Funktion vergleichbar mit dem Greifen *nach* Gegenständen und in ihrer semantischen Funktion mit dem *Be*greifen von Zusammenhängen bzw. Verhältnissen: »Situationen [...] werden benannt, und die Benennung hat ihren Einfluss auf die Art des Handelns« (Boesch, 1980, S. 84).

Auch diese Überlegung findet sich bereits bei Piaget, nämlich in den Stadien IV bis VI, in denen die Aneignung der Welt und damit das Erwachen der Intelligenz erfolgt. Im vierten senso-motorischen Stadium drängen sich dem Kind Ziele auf, ohne dass hierfür schon geeignete Mittel im Blick seien. Diese werden spontan gesucht und ausprobiert. Im Stadium V kommt es zur Ausweitung der Aktivität, wobei das Kind »neue Mittel durch Differenzierung der bekannten Schemata« sucht (Piaget & Inhelder, 1972, S. 21). Letztlich – und hier findet sich die Geburtsstunde der Intelligenz bzw. des Denkens – werden neue Mittel durch »innere Kombination« (ebd., S. 22) gefunden und nicht mehr durch Suchbewegungen.

Den Gewissheiten bzw. Gewohnheiten des Kindes ist also eine praktische Intelligenz bzw. Logik des Handelns inhärent, die das Fundament für künftige Denkoperationen darstellt (vgl. ebd., S. 23). Wie wichtig und tiefgreifend diese Gewohnheitsschemata sind, hat Gebauer damit festgestellt, dass Erkenntnis*bedingungen* geschaffen werden und keine Erkenntnisse. Die senso-motorische Intelligenz »organisiert das Wirkliche, indem sie durch eben ihr Funktionieren die großen Kategorien des Tuns aufbaut, nämlich die Schemata des permanenten Gegenstandes, des Raumes, der Zeit und der Kausalität, Substrukturen der entsprechenden künftigen Begriffe. Keine dieser Kategorien ist am Anfang gegeben, und das ursprüngliche Universum ist ganz auf den Körper und das Tun zentriert« (Piaget & Inhelder, 1972, S. 23).

Es wäre nun einfach, an dieser Stelle zu behaupten, dass die als Gewissheit bzw. Gewohnheit vorliegende Vorsemantik später durch Sprache umstrukturiert, modifiziert oder vom Denken verworfen wird. Dies würde jedoch ihre Bedeutung verkennen, denn das Kind erschließt sich die Welt mit den sich entwickelnden Sinnesorganen – wie mit der Sprache – jeweils neu. Die frühkindlichen Erfahrungen, z. B. des Handgebrauchs, werden *nicht* transformiert; sie bleiben als Erkenntnis*bedingungen* bestehen, sie bilden das Fundament, von dem aus jede weitere Weltaneignung möglich wird. Sprache bzw. Denken wird diese Funktion zwar weitgehend übernehmen, jedoch greifen Menschen in Situationen, die ihnen unbekannt sind, nicht selten auf die basale Heuristik des Tastens, Hörens und die damit verbundenen Gewohnheitsschemata zurück.

Im Übergangsfeld zwischen Gewohnheiten durch körperliche Aneignung und durch Sprache ist mit Piaget die *Nachahmung* anzusiedeln, die die Voraussetzung für jede sprachliche Aneignung von Welt – aber auch für die von Sundén beobachtete Rollenübernahme – darstellt: »Die Nachahmung also stellt zugleich die senso-motorische Vorwegnahme der Vorstellung und folglich den Übergangszustand zwischen der senso-motorischen Stufe und den im eigentlichen Sinne des Wortes vorstellungsmäßigen Verhaltensweisen dar« (Piaget & Inhelder, 1972, S. 64). Auf Nachahmung basieren die ersten Anzeichen des sich entwickelnden Denkens, die Piaget mit (1) aufgeschobene Nachahmung, (2) symbolisches Spiel, (3) Zeichnung und (4) inneres Bild klassifiziert. Nicht zuletzt die (5) verbale Erwähnung von nicht-aktuellen Ereignissen, die letztlich zur Sprache führt, entspringt der Nachahmung und entspricht später der Iteration. Insofern trägt auch – anders als von Josephs behauptet – die Übernahme von ›geschlossenen Deutungsangeboten‹ zur Ontogenese bei, nämlich indem diese Deutungsangebote *als mögliche* im Spiel umgesetzt und angeeignet werden. Diese einfache Nachahmung scheint der komplexeren durch offene Fragen ausgelösten Reflexion *notwendigerweise* vorauszugehen.

Das auf körperlicher Ebene anzutreffende Phänomen der Vergewisserung durch Gebrauch lässt sich damit auch für die Sprache zeigen. Die von Piaget sogenannte *egozentrische Sprache* entspricht dem funktionalen Einüben und Vergewissern von sich und der Umwelt. Begriffe und Sprachspiele werden eingeübt und solange erprobt, bis das Kind diese sicher beherrscht und sie nicht mehr lautlich gebrauchen muss, weil sie zu Denkwerkzeugen geworden sind.[135] So wie die zuvor gegenständliche Tätigkeit des Greifens zum innerlichen Begreifen geworden ist, verschwindet die lautliche Seite der Sprache, die zum Denken wird und mit der Funktion des Begreifens zusammenfällt. Solange aber die lautliche Seite der Sprache nur in der Iteration besteht, ist sie reines Wort (Zeichen) und noch nicht zum Symbol geworden, sprich mit der semantischen Seite der Sprache zusammengefallen (vgl. Wygotski, 1972, S. 300ff.).

---

[135] Hierzu zählen nicht nur die spontanen Wiederholungen wie »Esel ist das, Esel« als vielmehr auch die Fragen, die das Kind an Bezugspersonen richtet (»Mama, was ist ein Esel?«). Diese dienen primär nicht dazu, eine Antwort zu erhalten, sondern die Worte im Kontext einzuüben und sich damit Welt anzueignen.

Zunächst aber besteht die Sprachfunktion, die im Anschluss an die senso-motorische Phase folgt, darin, undifferenziertes Zeichen zu sein, weswegen sie auch nicht auf die Seite der (Kultur)Psychologie, sondern der Anthropologie gehört. »Es gibt [...] von vornherein Bedeutung, also Dualität zwischen ›Bezeichnetem‹ (= die Schemata selbst mit ihren auf die im Gange befindlichen Handlungen bezogenen Inhalte) und dem ›Zeichen‹, aber diese sind immer perzeptiv und folglich von dem, was sie bezeichnen, nicht verschieden, so dass man auf dieser Stufe unmöglich von semiotischer Funktion sprechen kann« (Piaget & Inhelder, 1972, S. 61). Nach Boesch unterscheiden sich Zeichen und Symbol sowohl genetisch wie funktional: Zeichen »sind Medien der Kommunikation und Orientierung, Symbole dagegen Valenzträger« (1980, S. 209) und haben ihre Geschichte.[136]

## 8.3. *Kulturpsychologie der religiösen Entwicklung*

Wie werden nun aus Zeichen Symbole? Schlicht dadurch, dass sie in Handlungsvollzügen benutzt werden und dadurch Bedeutung erlangen. Dies geschieht weitgehend ›automatisch‹ durch Mitmachen, Teilnehmen an sozialen Handlungen oder – mit Wittgenstein ausgedrückt – in Sprachspielen (vgl. auch Schweitzer, 1987). Verfeinert und eingeübt werden Symbole dann im kindlichen Spiel, weswegen Rolf Oerter dem kindlichen Spiel zu Recht *auch* im religiösen Bereich eine Zentralstelle einräumt –, jedoch ohne das Spiel für die Religionsentwicklung zu vereinnahmen, wie er dies durch seine Definition des Spielzwecks tut. In der Fiktionalität des Spieles können somit Handlungen realisiert und ausprobiert werden, ohne dass sie in der Realität Folgen haben (»Wir spielen Tot-sein«, »Gottesdienst«); es kann mit Gegenständen gespielt werden, die symbolisch ›für etwas stehen‹ (Bonbons statt Hostien) und die rituellen Charakter haben, denn beim Einüben von »Tätigkeiten, die im Zentrum der Lebensführung stehen«, geht es gerade darum, dass man sie sicher, reibungslos und ohne reflexive Begleitung ausführen kann. Ebenso werden hier bestimmte Rollenangebote, wie bei Sundén beschrieben, ausprobiert und eingeübt. Im Spiel reichern sich die Handlungsoptionen an, erhalten ›gleiche‹ Situationen andere Bedeutungen, sodass Bedeutungen nicht nur eingeübt, sondern auch verändert und angereichert werden (vgl. Boesch, 1980, S. 83). Diese multiplen Bedeutungen – die nicht nur im Spiel, sondern auch in der Alltagspraxis entstehen – führen schließlich zur Überdetermination der Handlungen, sodass diese in sozialen Interaktionen ›funktionieren‹. Die Überdetermination schafft nämlich erst »die Möglichkeit,

---

[136] Oder auf die Sprache bezogen: »Die Sprache als ein System von Zeichen ist aber etwas anderes, wie die Sprache als eine Potentialität des Handelns; als das erste stellt sie ein System von Relationen dar, als die zweite ein Instrument zum Verfolgen bestimmter Ziele« (Boesch, 1980, S. 209).

gleiche Handlungen trotz unterschiedlicher Motivation zu tun, gleiche Dinge aus unterschiedlichen Gründen zu erstreben oder zu verwerfen. [...] Die einigende Kraft von Symbolen beruht gerade nicht auf der Eindeutigkeit, sondern auf der Variationsbreite ihrer Konnotationen« (Boesch, 1980, S. 212). Dabei ist mit Variationen zwischen unterschiedlichen Symbolsystemen zu rechnen. Worte, Metaphern, Bilder und Gesten etc. unterscheiden sich wesentlich hinsichtlich ihrer intendierten Eindeutigkeit – und damit in ihrem Einsatzgebiet. Exemplarisch soll auf Glauben selbst hingewiesen werden, der ja auf beide Dimensionen, *faith* und belief, verweist, ohne für eine Handlungsdomain bzw. ein Symbolsystem exklusiv zu sein. Er funktioniert in mehreren Symbolsystemen, nimmt aber jeweils unterschiedliche Konnotationen an.

Mit Boesch (1980, S. 67f.) lassen sich zwei gegenläufige Prozesse bestimmen, wie Zeichen in Handlungen integriert und zu Symbolen werden. Da ist zunächst der von Piaget beschriebene Prozess der Entwicklung vom konkreten praxischen[137] Gebrauch (konkret-operationale Phase) hin zur weiteren Ausdifferenzierung und Abstraktion (formal-operationale Phase). »Die mannigfachen Erfahrungen mit einem Objekt[138] bedingen, dass die variierenden einzelnen Erscheinungen des Objektes in übergreifende, konstante Objektschemata gebündelt werden. Das Objekt löst sich so, bei diesen Prozessen, allmählich von Einzelsituationen los und erhält eine autonome Existenz, gekennzeichnet durch die Konstanzen der Wahrnehmung, die taxonomische Einordnung und seine sachlich-instrumentalen Qualitäten« (1980, S. 67). Ingrid Josephs und Matthias Wolgasts Beispiel aufgreifend, ließe sich dieser Generalisierungsprozess wie folgt verdeutlichen: »Die eingehende Struktur tritt nun in einen Prozess der qualitativen Veränderung ein. Dieser Prozess läuft unter Spannung ab, es entsteht ein Ungleichgewicht im Sinne Piagets. Es bildet sich eine neue Struktur, die qualitativ von der alten abweicht (z. B.: ›Jesus konnte mit der Hilfe Gottes auf dem Wasser gehen‹). Diese neue Struktur wird nun in das vorhandene System integriert (›Gott ist der Vater von Jesus. Väter helfen Söhnen. Jesus konnte mit der Hilfe Gottes auf dem Wasser gehen‹). Schließlich wird die neue Bedeutung generalisiert (›Gott hilft allen Menschen, wenn sie in Not sind‹). Das gesamte System hat sich aufgrund dieses konstruktiven Internalisierungsprozesses qualitativ verändert« (1996, S. 48).[139]

---

137 ›Praxisch‹ gehört bei Boesch zu den zentralen Begriffen. Er verwendet ihn für alle »Formen und Ordnungen des konkreten Handelns« (1980, S. 31).

138 Auch wenn Boesch von ›Objekt‹ spricht, meint er damit nicht nur die materiellen Objekte, sondern auch die immateriellen, geistigen. Psychisch macht es keinen Unterschied, ob ein Ding realiter oder imaginär existiert: in beiden Fällen hat es zwangsläufig Auswirkungen auf unser Handeln, wie das Beispiel ›Gott‹ zeigt.

139 Das Beispiel soll lediglich den Prozess verdeutlichen. Der dargestellte Entwicklungsverlauf bezieht sich auf die späte Kindheit und frühe Adoleszenz, denn das Gleichnis vom Seewandel (Mt 14,22-36) setzt mehrere Entwicklungsschritte im physikalischen Verständnis voraus, die Kinder frühestens im Schulalter erlernen, z. B. das Konzept von

An der ›eingehenden Struktur‹ haben aber mehrere praxische – also konkrete – Handlungssituationen Anteil, in denen das Symbol ›Vater‹ Verwendung findet und in verschiedenen Handlungsabfolgen eine – noch getrennte – Rolle spielt. Da ist bspw. der konkrete eigene Vater, der dem Sohn hilft. Da sind aber auch die Väter von Freunden, die ihren Söhnen helfen. Und schließlich findet der Vater dann zentral seinen Platz in dem in der christlichen Religion am meisten verbreiteten *Gebet des Herrn*, das in jeder Liturgie gesprochen wird. Über einzelne Schritte der Generalisierung entwickelt sich aus dem Begriff des konkreten eigenen Vaters der der Väter im Allgemeinen; schließlich wird der Begriff mit seinen konkreten Eigenschaften auf Gott bezogen, wodurch selbstverständlicher Weise – zunächst – anthropomorphe Vorstellungen von Gott entstehen, die erst nach und nach in diesem Prozess von abstrakteren Vorstellungen überlagert werden, weil sich neben den Begriff ›Gott Vater‹ andere Gottesbegriffe reihen und sich mit diesem verbinden.[140] Es entstehen nach und nach semantische Netze, die nicht starr, sondern flexibel sind, indem sie Begriffe ein- oder auch ausgliedern können. Diese Flexiblität und die Einbindung von verschiedensten Erfahrung ermöglichenden Begriffen kann auch religionspädagogisch von Bedeutung sein, bspw. um Gott über vorhandene Erfahrungen (z. B. Singen) und/oder Begriffe (z. B. Glauben) zugänglich zu machen.

Dem dargestellten Prozess gegenläufig erkennt Boesch eine zweite Schemabildung (Handlungsform), die er sekundäre Subjektivierung nennt. Diese »geht aus von den [konkreten – LAN] funktionalen Beziehungen zwischen Person und Objekt. Sensorische Eindrücke, Handlungserfahrungen der Leichtigkeit oder Mühsal, von Beglücktsein, Ärger, Hoffnung, Angst, kurz, vielfältige Beziehungen zum Objekt, in denen eine Person ihre eigene funktionale Potentialität erfährt, bilden die Basis solcher ›subjektiv-funktionaler‹ Schemata. Ein Objekt, so gesehen, bietet nun ebenfalls eine Reihe von Handlungsmöglichkeiten an, aber sie sind nicht sachlich-instrumentaler Art, sondern sie erlauben, Funktionserlebnisse zu erfahren« (1980, S. 67f.). Und er fährt fort: »[U]nd je intimer sie in ein Handlungsschema eingebettet sind, je wesentlicher sie für den Erfolg einer Handlung erscheinen, um so gewichtiger werden dabei die subjektiv-funktionalen Wahrnehmungsanteile« (ebd., 65). Dabei bildet die Dimension des kon-

---

Schwimmen und Sinken und dessen physikalische Voraussetzungen wie Masse und Dichte.

140 Damit ist auch klar, dass die anthropomorphen wie magischen Vorstellungen von außen, also aus der sozialen Umwelt auf das Kind zukommen und von ihm notwendigerweise im Aneignungsprozess wiederholt werden (müssen). Zu den magischen und animistischen Vorstellungen bleibt festzustellen, dass diese die notwendige Voraussetzung sind, um auch im religiösen Bereich vorkommende Bilder und Vorstellungen verstehen und deuten zu können: z. B. Wundergeschichten, aber auch die Vorstellung des Ganz-Anderen, des Nicht-Menschlichen, was sich letztlich auch in Gestalten wie Hexen, Dämonen etc. ausdrückt.

kreten Gottesbildes das Fundament für das abstrakte. Es ist das zuerst Erarbeitete und die Voraussetzung, um den abstrakten Begriff ›mit Leben‹ und Erfahrung zu füllen. Kann sich also auch ein nicht-religiös erzogener Mensch den Sinngehalt des abstrakten Gottbegriffs und seine gedanklichen Implikationen erschließen, so fehlen die zur individuellen Bedeutungskonstruktion notwendigen Erfahrungen und die damit verbundenen Funktionserlebnisse, bspw. wenn ›mit Gottes Hilfe‹ eine Klassenarbeit oder eine Operation gut ausging. Diese Handlungserfahrungen können aber nachgeholt werden, sodass Religionsentwicklung ebenso wie Kunst und Wissenschaft auch in einem höheren Alter einsetzen kann, wenn ein Mensch *entscheidet*, religiös zu werden, Erfahrungsorte von Religion aufzusuchen und/oder über den Kontakt mit religiösen Menschen an solchen Erfahrungen teilzuhaben. Allerdings – und dies wäre eine weitere These – wird ein solcher Mensch – auch bei besonderem Perfektionswillen – nicht dieselbe Perfektion bei religiösen Handlungen entwickeln können, wie dies bei Menschen anzutreffen ist, die sehr frühzeitig religiös sozialisiert wurden und sehr früh körperliche Handlungsschemata im Bewegungsablauf entwickelt haben: Gewissheiten im Tun und des sich in den Situationen Selbst-Erfahrens.

Wahrscheinlich liegt in der sekundären Subjektivierung auch begründet, warum Josephs und Wolgast wie auch Seiler und Hoppe-Graff davon ausgehen, dass sich religiöse Symbole durch ›starke emotionale Anker‹ von anderen Symbolen unterscheiden. Dem ist aber entgegenzuhalten, dass letztlich jedes Objekt im selben Prozess des Funktionserlebens mit solchen Konnotationen verbunden werden kann, weswegen die Behauptung der Exklusivität der religiösen Symbole in Bezug auf die emotionale Färbung zurückzuweisen ist. Will man an der Exklusivität dieser Symbole festhalten, so liegt diese wohl eher in deren Transzendenzbezug.[141] Dem Transzendenzbezug entspringt eine relationale Perspektive, die dem religiösen Denken eine besondere Note gegenüber dem Denken in vielen anderen Bereichen hinzufügt. Denn die Begriffe verweisen auf ein ›Bezogensein‹ und damit auf eine zusätzliche interpersonelle Dimension, die u. a. im gemeinschaftlichen rituellen Gebrauch nicht nur postuliert, sondern eingeübt wird (bspw. das gemeinsame Gebet im Gottesdienst). Bezogensein heißt aber auch, gewiss zu sein, nicht allein zu sein, auch wenn sich bestimmte Dinge (z. B. Leid) nicht teilen lassen, so kommt der in den Begriffen und Ritualen liegenden Dimension des Bezogenseins kognitive Entlastungsfunktion zu.

Im individuellen Gebet dagegen wird das Geschehen neu geordnet und in die dialogische Struktur Mensch-Gott eingeordnet, indem das Geschehene auf Gott hin gedeutet wird. Dies heißt keinesfalls, dass religiöse Menschen ausschließlich

---

141 Dieser kommt in der Funktion der Begriffe, Grenzbegriffe zu sein, zum Ausdruck. Theologoumena sind stets so formuliert, dass sie die Möglichkeit des Überschritts in den Bereich, der außerhalb der menschlichen Erkenntnis liegt, offenlassen – ohne das Dahinterliegende positiv zu bestimmen. Gerade diese Offenheit trägt wesentlich zur kognitiven Entlastung bei.

in diesen Kategorien denken oder gar ein ganz anderes Denksystem entwickeln. Es heißt lediglich, dass sie über ein weiteres komplexes Symbolsystem verfügen, das anderen Menschen nicht zur Verfügung steht. Zur Veranschaulichung vergleiche man es mit dem Beherrschen einer fremden Sprache. Diese ermöglicht nicht nur, sich mit den Menschen jenes Sprachraums zu verständigen, sondern die Begriffe dieser Sprache erschließen auch eine andere Welt. Zudem besitzen Rituale – laut Boesch – eine eigene Symbolqualität (1980, S. 226), was gleichsam zu einer Überdetermination der Symbole führt, sodass diese damit als besondere Symbole *erfahren* werden. Auch diese Erkenntnis spricht dagegen, religiöse Symbole *per se* qualitativ auszusondern, anstatt sie an konkrete Erfahrungen zu binden.

Sekundäre Subjektivierung bedeutet aber auch, dass das Objekt internalisiert und als funktionale Potenzialität in Handlungsvollzüge integriert wird. So ist Gott bei bestimmten Handlungen nicht abstrakt ›dabei‹, sondern integraler Bestandteil. Die Frage also, woran ein gläubiger Mensch merkt, dass Gott in einer bestimmten Situation ›dabei ist‹, muss ins Leere laufen, weil Gott im Sinne der sekundären Subjektivierung kein Abstraktum, kein Objekt mehr, sondern die Qualität einer Handlung ist: Im Beispiel der gut verlaufenen Operation geht Gott im Attribut ›gut‹ auf.[142]

Diese beiden Prozesse – Objektivierung und sekundäre Subjektivierung – sind auch der Grund dafür, dass Menschen Situationen immer doppelt wahrnehmen: faktisch wie symbolisch, wobei dies eher einer analytischen Trennung entspricht, da »jede Wahrnehmung immer auch schon in diesem Sinne eine benannte Wahrnehmung, also ein klassifikatorischer Akt ist« (Boesch, 1980, S. 85), wenn auch Boesch annimmt, dass in den meisten Fällen die symbolische Wahrnehmung den Handlungsanreiz bietet und nicht die ›objektiv‹ gegebenen Objekteigenschaften (vgl. auch Oerter im Kapitel *Kulturpsychologische Alternativen*).[143] Für diesen Fall wird mit dem Wahrnehmungsakt und der Einordung in ein Schema durch Benennung auch eine Regel(mäßigkeit) aktiviert, die nicht in der aktuellen Situation zu finden ist, sondern aus der verdichteten Erfahrung resultiert und in der Vergangenheit zu einem ›guten‹ Handlungsausgang geführt hat. Menschen »interpretieren die Wirklichkeit so, dass sie sich den Regeln einfügt. Deshalb braucht auch die Willkürlichkeit von Regeln nicht zu stören – sie können trotzdem als gültig betrachtet werden« (ebd., S. 86). Wenn sich eine Bekreuzigung in einer bestimmten Situation bewährt hat, so wird diese Geste in ähnlichen bzw. antizipierten Situationen wieder ausgeführt. Boesch nennt den

142 Da Gott aber nicht nur für das Gute vereinnahmt werden kann, gilt Gleiches auch für Situationen, die nicht ›gut‹ ausgehen. Hier kann Gott z. B. als Beistand empfunden werden etc. ›Gut‹ und ›Böse‹ sind dabei menschliche Attribute und können theologisch nicht auf die Handlungen Gottes selbst angewendet werden (vgl. die Aporie des Hiobbuches).

143 Das korrespondiert mit Justin Barretts Untersuchung, der zeigen konnte, dass Kinder wie Erwachsene sowohl über ein konkretes als auch über ein abstraktes Gottesbild verfügen, das je nach Anlass aktiviert wird (vgl. Biewald, 2008; Bucher, 2009). Dieses resultiert aus den gegenläufigen Prozessen der Weltaneignung.

dahinterstehenden Mechanismus subjektiv-funktionales Sollwertsystem oder ›Fantasma‹. Fantasmen stellen komplexe Handlungsregulationssysteme dar, die aus kumulierten Erfahrungen Regeln erstellen, mit deren Hilfe wir dann Situationen interpretieren. Zwar lassen sich diese Systeme nicht vollends verbal erklären (vgl. das erfahrungsnahe Konzept bei Geertz1983; Shweder & Sullivan, 1993), »aber durch die Systematik, die sie dem Handeln und Denken auferlegen, werden sie trotzdem kommuniziert und tradiert und wirken somit normierend auf die Mitglieder einer Gruppe ein; dadurch aber bilden sie Kultur« (Boesch, 1980, S. 100) – oder in diesem Kontext Religion: Ein derart verstandenes Valenzkonzept, das die Regeln in die Handlung selbst verlegt bzw. aus den Handlungen erzeugt, erscheint mir überzeugender als das von Josephs und Valsiner bevorzugte Modell der ›macro organizer‹ mit den angesprochenen Problemen.

Wenn Fantasmen innere Regulierungssysteme sind, so lassen sich Rituale als äußere Regulierungen charakterisieren. Sie stellen in ihrer immer wiederkehrenden und unveränderlichen Abfolge nicht nur eine gemeinsame »Macht dar, Ordnungen zu bewahren, wiederherzustellen« (Boesch, 1990, S. 227), sondern garantieren auch die Einfügung des Individuums in die Gemeinschaft und Geborgenheit in zweifacher Hinsicht: Teil einer Gemeinschaft zu sein und Handlungssicherheit zu haben (Bezogensein auf körperlicher wie affektiver Seite). Nicht zuletzt deshalb ist die Ausübung von Religion in der Regel stark ritualisiert. »Allerdings: *an sich* bedeutet das Ritual nichts von alledem; seine Bedeutung wird immer erst vom partizipierenden Individuum konstituiert« (ebd.). Rituale folgen nur solange demselben Ablauf, wie die Teilnehmenden der Ausübung zustimmen und diesen als Konsens begreifen – siehe hier bspw. den Paradigmenwechsel von der Mund- zur Handkommunion.[144] Rituale werden zudem oft von symbolischen Erklärungen begleitet – ›Er nahm das Brot, dankte und brach's und gab's ihnen und sprach...‹ (Luk 22,19) –, womit die praxischen Vollzüge in einen Sinnzusammenhang gestellt werden, »der einerseits genügend weit ist, um individuelle Anliegen darin einzubringen, der andererseits die Beziehung herstellt zwischen dieser besonderen Zeremonie und ideologischen Komponenten anderer Handlungsbereiche« (Boesch, 1990, S. 228f.). Diese besonders dichte Verschränkung von körperlicher Symboltätigkeit wie sprachlicher symbolischer Erklärung trägt in ihrer Doppelstruktur zur Festigkeit der symbolischen Überzeugungen bei, die Grundlage des Rituals sind. »Die gemeinsame Valenz kollektiver Symbole scheint somit aus dreierlei zu entspringen: aus der Vieldeutigkeit des Rituals, was erlaubt, individuelle Fantasmen darin einzubringen; aus Bekräftigungen durch gemeinsames Handeln und aus Analogien oder Komplementarität privater Fantasmen, die konvergente Deutungen von symbolischen Handlungen erleichtern« (ebd., S. 230). Ungeachtet der individuellen

---

[144] So hat die Praxis der Handkommunion zumindest zur ›Billigung des Apostolischen Stuhles‹ geführt (Johannes Paul II., Apostolisches Schreiben *Cena Domini* vom 24. Februar 1980) und ist heute die wohl am häufigsten praktizierte Kommunionsform in Deutschland.

Fantasmen, die in das Ritual eingebracht werden können, besteht das Zentrum des Rituals jedoch in einem Mythos, bspw. der Transsubstantiation in der Eucharistie. Mythos wird bei Boesch und in diesem Zusammenhang nicht abwertend verwendet, sondern stellt – ähnlich der Leontjewschen und von Oerter gebrauchten Unterscheidung von Handlung/Sinn und Tätigkeit/Bedeutung – die kollektive Ebene des Fantasmas wie des Symbolgehalts dar.

Es liegt in der Natur der Sache, dass Mythos und Fantasma nicht immer übereinstimmen, sondern in einem Spannungsverhältnis zueinanderstehen. Dies resultiert zwangsläufig aus der menschlichen Selbstwahrnehmung als einzigartiges individuelles Wesen und dem Sozialen als dem Anderen, dem Gegenüber. »Für die Selbst- und Umwelt-Wahrnehmung [...] sind die Kategorien des Individuellen und Sozialen von grundlegender Bedeutung: Das Verhältnis zwischen dem Einzelnen und der Gruppe ist nie einfach eines der Integration, sondern immer auch ein solches der Spannung. Und in diesem Verhältnis ist es, wo die reflexive Handlung sich ansiedelt« (Boesch, 1980, S. 246). Je nach Lebensalter ist die Konformität zwischen Mythos und Fantasma unterschiedlich. So werden jüngere Kinder diesen Unterschied kaum spüren, da sie sowieso annehmen, ihre Wahrnehmung der Welt decke sich mit der der Anderen. Insbesondere aber in der Adoleszenz ist die Wahrnehmung des Selbst als unabhängiges, selbstbestimmtes Wesen groß, sodass sich die reflexive Haltung zu religiösen Symbolen und Handlungen *quasi* aufdrängt. Nichts anderes haben Oser und Gmünder beobachtet, wenn sie die sogenannte ›Atheistenstufe 3‹ als *Orientierung an absoluter Autonomie* charakterisieren. Und diese wird – so Boesch – in keiner radikaleren Form als der Grundsatzfrage gestellt: »Was bedeutet dir dieses Symbol, dieses Ritual, ja, dieses Ding?« (ebd., S. 249f.). Je nachdem, wie ein Individuum diese Frage beantwortet, fällt auch die weitere religiöse Entwicklung aus – und diese kann jederzeit mit dem Bedeutungsverlust in der Adoleszenz – oder auch später[145] – enden. Idealerweise findet ein Arrangement mit den Diskrepanzen statt, die nicht zum Abbruch, sondern zur Individualität in der Kollektivität führen: »Die reflexive Verarbeitung von Symbolen kontrolliert somit nach zwei Seiten: sie erstellt Koordinationen konzeptueller Art zwischen den Bereichen individuellen Handelns, die – bezogen auf das Symbol ebenso wie die aktuelle Situation – als relevant erscheinen; damit hebt sie Widersprüchlichkeiten des Handelns auf und reduziert somit Unsicherheit. Zugleich aber koordiniert die Reflexion mittels eines kommunikativen Mediums – meist der Sprache – und strebt dabei Übereinstimmungen mit (wahrgenommenen) sozialen Erklärungs- und Rechtfertigungssystemen an« (Boesch, 1980, S. 247) – was durchaus der Stufe 4 *Orientierung an vermittelter Autonomie und Heilsplan* im Oser-Gmünderschen Modell entspricht. Häufig anzutreffen ist aber auch ein individuelles Arrangement ohne

[145] Die Adoleszenz ist nur insofern ein wichtiger Marker, da hier erstmals die Stufe der Reflexion erreicht wird, die zulässt, dass solche Symbole und Rituale *wirklich* infrage gestellt werden.

bzw. mit verminderter Kollektivität – vor allem dann, wenn im Erwachsenenalter Religion nur noch eine untergeordnete Rolle zugewiesen wird (Kirchgänger bei Hochfesten) oder diese ganz aus dem Leben verschwindet, um nach dem Berufsleben wieder an Bedeutung zu gewinnen.

Damit nimmt die religiöse Entwicklung aber auch schon ihren Abschluss, weswegen es nicht verwunderlich ist, dass Osers und Gmünders Stufen 5 und 6 empirisch nicht nachzuweisen sind. Ein weiterer Hinweis besteht darin, dass Fowler diese Stufe (beim ihm Stufe 4) bis ins Erwachsenenalter hinein verlängert; die Stufen 5 und 6 wären dann Parallelentwicklungen weniger Einzelner. Schließlich deckt sich die Fowlersche Stufe 4 mit der Kohlbergschen post-konventionistischen Stufe 5 *legalistische Orientierung am Sozialvertrag*, die denn auch die letzte nachgewiesene Stufe moralischer Entwicklung darstellt. Alle weiteren postulierten Entwicklungsstufen sind Theologoumena und entspringen nicht der Alltagspraxis religiöser Menschen, sondern können Ausdruck intellektueller Beschäftigung mit religiösen Inhalten (z. B. bei Pfarrern und Theologieprofessoren; vgl. Heimbrock, 1985) oder induktiv gewonnene Beschreibungen von religiösem Leben sein, so bspw. die Stufe 6 bei Oser und Gmünder.

## 8.4. Abschließende und zusammenfassende Thesen zur Kulturpsychologie der religiösen Entwicklung

1. Die funktionale Trennung von individueller Handlung (Sinn/Fantasma) und gesellschaftlicher Tätigkeit (Motiv/Mythos) beruhend auf dem Prozess der Interiorisation (sekundäre Subjektivierung) erweist sich als fruchtbar.[146] Diese Unterscheidung liefert die Möglichkeit, die kulturspezifische Varianz, die von Kulturpsychologen angenommen wird, zu begründen. Jede Kultur bildet andere Symbolsysteme aus, die sich das Individuum aneignet und die deshalb nicht universell sind, da sie auf Sprache und gegenständlicher Handlung/Tätigkeit beruhen, die Erfahrung (sekundäre Subjektivierung) möglich machen. Auch wenn verschiedene Religionen auf das Gleiche antworten (würden), erfolgte dies auf ihre je spezifische Weise. Religiöse Entwicklung ist demnach nicht universell, sondern von Inhalten und Praktiken des Alltags abhängig. Flankiert wird dies durch Seilers und Hoppe-Graffs wie auch Boeschs Annahme, Weltaneignung und -erkenntnis realisiere sich im Wesentlichen über Begriffsbildung im Alltag (Herausbildung von Symbolen)

[146] Dass offensichtlich Sinn und Bedeutung als Mittelpunkt der Kulturpsychologie nun auch im Kontext der Religionsforschung angekommen ist, belegen erst jüngst Hood, Hill & Spilka (2009) und Westerink (2013). Erstere betonen »[t]he need for meaning as a framework for the psychology of religion« (p. 12).

und sei daher genuin kulturell, vor allem sprachlich, geprägt. Darüber hinaus können diese Autoren überzeugend zeigen, dass erst diese Begriffe Erfahrung ermöglichen; d. h. auch ›reine‹ Erfahrung als (vermeintliche) Basis von Religion ist keine Ebene, auf die man sich berufen kann. Wem die nötigen religiösen Begriffe – aber auch Rituale (vgl. Sundén) – nicht angeboten wurden, der internalisiert sie nicht und kann die durch sie ermöglichten Erfahrungen nicht verstehen oder nachvollziehen. Ohne religiöse Begriffe, keine Religion. Oder mit Kant: »Gedanken ohne Inhalt sind leer, Anschauungen ohne Begriffe sind blind« (Immanuel Kant, Kritik der reinen Vernunft KrV B75, A48). Und ohne Rituale, keine religiöse Praxis. Damit löst sich auch das ›Atheistenproblem‹ der theologisch inspirierten Stufenmodelle. Nicht der ›Abfall‹ von der Religion führt zum Atheismus; vielmehr ist er Ausdruck fehlender oder nicht genügend ausgebildeter Symbolsysteme (vgl. Büttner, 2011, S. 213) bzw. deren ablehnende Reflexion; mit Sundén ließe sich noch die ungenügende Stärkung im Glauben durch die Gemeinschaft als Grund hinzufügen. Mit Vergote gesprochen, hat man Religion also nicht, sondern man entscheidet sich für oder gegen sie.[147]

2. Daraus speist sich die Sicht, dass sich Symbolsysteme auch auf interindividueller Ebene nicht gleichen müssen, weil die kulturell angebotenen Einzelsymbole im individuellen (sekundäre Subjektivierung), aber dennoch sozialen Internalisierungsprozess (Ko-Konstruktion) subjektiv transformiert werden. Mit dieser Annahme lassen sich Phänomene der ›persönlichen Religion‹, der persönlichen Gotteserfahrung oder das ›Mysterium des Glaubens‹ erklären – aber auch Synkretismen, die viele religiöse Vorstellungen von Menschen aufweisen, ohne dass diese in der konkreten religiösen Praxis zu Konflikten führen. Schließlich erklärt die Doppeleigenschaft der Sprache, Zeichen- wie auch Symbolsystem zu sein, dass ungeachtet der individuellen Varianzen Kommunikation möglich ist. Die auf der Zeichenebene liegende »Denotation entspricht einem sozialen Konsens über notwendig oder konventionell zu einem Zeichen gehörige Inhalte oder Eigenschaften; dieser Konsens konstituiert die Kommunikationsfunktion von Zeichen. Konnotationen dagegen sind die auf eine Gegebenheit bezogenen persönlichen Handlungserfahrungen« (Boesch, 1980, S. 210). Letztere spielen zwar beim Sprechen eine Rolle, werden aber vom Gegenüber in der Regel nicht mitverstanden. Denotationen entsprechen deshalb auch den von Josephs und Wolgast identifizierten Kernbedeutungen.
3. Da religiöse Begriffe so entstehen wie alle anderen Begriffe auch, ist mit gutem Recht anzunehmen, dass Menschen dieselben psychischen Mechanismen benutzen, um religiöse wie Bedeutungskonstruktionen des profanen

[147] Sundén würde zwar nicht so weit gehen, dies in die Entscheidungsfreiheit des Individuums zu legen, jedoch besteht in seinem Modell grundsätzlich die Option, dass ein Mensch seinen Glauben verlieren kann – und das in jedem Alter.

Alltags herzustellen. Unter dieser Annahme ist es höchst unwahrscheinlich, dass Religion ein eigenständiges strukturelles Programm im Hirn sei oder Religion ein gesondertes Realitätsverständnis darstelle, das dem naturwissenschaftlichen Verständnis der Welt widerspricht. Vielmehr bildet sich im Laufe der Entwicklung ein eigenständiges religiöses Symbolsystem – neben vielen anderen (z. B. dem der Kunst, der Wissenschaft etc.) – heraus, das eigene Werkzeuge bereitstellt, um die Welt zu sehen bzw. zu erleben. Die im Symbolsystem eingebundenen Einzelsymbole müssen aber nicht exklusiver Bestandteil dieses Symbolsystems sein, sondern können in weitere semantische Netze eingebunden werden. Dies könnte ein religionspädagogischer Ansatz sein, um ausgehend von diesen ›Konnektoren‹ nicht-religiösen Menschen Religion nahe zu bringen (vgl. das letzte pragmatische Kapitel in James, 1902).

4. Zwar habe ich die Vorstellung, religiöse Begriffe besäßen ›starke emotionale Anker‹, zurückgewiesen und die Besonderheit durch eine spezifische Relationalität der religiösen Begriffe erklärt. Zu prüfen ist aber auch, welche Rolle dem Körper und seiner Sinnlichkeit in den Erfahrungen mit religiösen Situationen zukommt. Möglicherweise erklärt sich die besondere Aufgeladenheit der Begriffe durch den Gebrauch in einer sich aller Sinne bedienenden, verdichteten Raum-Zeit-Konstellation (Gottesdienst), die die wiederholte Erfahrung in einer sozialen Umgebung mit ritueller Sicherheit und sprachlicher Geborgenheit ermöglicht. Diese gleichzeitig *alle* Sinne ansprechende Praxis – also bspw. der Geruch des Weihrauchs, das Klingen von Glöckchen, der gemeinsame Gesang, das gemeinsame Ritual, der Geschmack der Hostie etc. – führt nicht zu einer neutralen Aneignung begriffsfähiger Worte aus dem sozialen Umfeld, sondern zu einer (starken) sinnlichen und nicht rein affektiven Komponente bei der individuellen Sinnkonstitution. Dies geschieht – wie schon gesagt – nicht ausschließlich bei religiösen Begriffen, sondern ebenso in anderen Domains: Man denke etwa an Erinnerungen auslösende Gerüche aus der Kindheit, die Stimmungen, die bestimmte Lieder auslösen etc. Der Körper dient uns als sinnlicher Wissensspeicher, bevor wir die ersten Begriffe bilden (s. o.). Diesen nicht zu unterschätzen, sondern theoretisch wie empirisch im Blick zu haben, ist eine bisher von der Psychologie vernachlässigte Herausforderung. Sie sollte insofern von der Anthropologie lernen. Wissensspeicher soll dabei aber nicht heißen, dass das Wissen als bewusst abrufbar vorliegt, sondern dass dieses Wissen kleinteilig im Körper verstreut ist und erst in bestimmten Kontexten präsent wird – eine These, die Robert Gugutzer (2012) in seinem neophänomenologischen Ansatz vertritt. Der Nestor der Kulturpsychologie, Ernst E. Boesch, spricht hier vom Atmosphärischen.

# 9. Fazit

Lässt man sich auf die eng mit Boesch geführte kulturpsychologische Argumentation ein, dann müssen sich die religiösen Entwicklungstheorien[148] von liebgewonnenen, seit Schleiermacher mitgeführten, vermeintlich apriorischen Grundformen des Psychischen trennen, nämlich dem im Menschen beheimateten Gefühl oder dem »Bewusstsein schlechthinniger Abhängigkeit« (Schleiermacher, 1830/31, S. 3ff., vgl. auch Pfleiderer, 1896, S. 336; Iff, 2011, S. 93). Dieses – weil *a priori* – sei dem Menschen eingeboren und versetze so den Menschen in die Lage, *qua* intuitiver Religion Gott zu erfahren. Religion erscheint dagegen eher als komplexes Sozialisationsprodukt, das aus der sozialen Umwelt auf das Individuum zukommt und durch Integration in Sprach- und Handlungsvollzüge zu einem Symbolsystem heranreift, das zwischen Individuum und Kollektiv vermittelt. Religiöse Entwicklung unterscheidet sich deshalb nicht von der Entwicklung anderer Bereiche, die komplexe Symbolsysteme herausbilden, wie bspw. Kunst und Wissenschaft.

Anthropologisch antwortet Religion auf nichts (mehr), auch wenn ihr Kant (noch) die Frage nach der Hoffnung zuordnet, denn sie kann nicht als einzige bzw. notwendige Antwort auf die offenen Fragen des Menschen angesichts seiner Endlichkeit, der Suche nach Sinn und der Erfahrung von Sinnlosigkeit verstanden werden. Sie hat heute lediglich Angebotscharakter, solche Fragen – ihr entsprechend – zu beantworten und die Wahrnehmung von Ereignissen – ihr entsprechend – zu klassifizieren, weil sie nicht (mehr) zu den selbstverständlichen Denk- und Lebensvoraussetzungen gehört. Sie ist ein Modell neben anderen, das dem Menschen zur Beantwortung von solchen Fragen zur Verfügung steht, z. B. mit der Erkenntnis die grundsätzliche Begrenztheit des Menschen (Kontingenzbewältigung) akzeptieren zu können und damit kognitive Entlastung herzustellen. Zudem handelt es sich beim Angebot der Religion nicht (mehr) um ein ›Gesamtpaket‹, sondern sie kann für Menschen in Teilbereichen oder in Ausschnitten von Bedeutung werden, z. B. das Erleben von Gemeinschaft, Teilhabe an bestimmten Festen und Feiern, was insbesondere von der Lebensstilforschung betont wird (vgl. Streib, 1997). Deshalb ist Religion – individuell wie kollektiv – nicht notwendig, aber hinreichend und sinnvoll.

Die Frage, warum sich Religion entwickelt hat, wurde theologisch stets mit dem Hinweis auf die Existenz Gottes bzw. innerweltlich mit dem Argument der notwendigen Kontingenzbewältigung beantwortet. Dabei handelt es sich jedoch

148 Dieser Terminus ist bewusst so im Unterschied zu Theorien Religiöser Entwicklung, wie sie bspw. in dieser Arbeit vertreten wird, gewählt, indem der Schwerpunkt auf die entwicklungspsychologische und nicht die religiöse Dimension gelegt wird.

nicht um eine Erklärung, sondern um eine Begründung. Ebenso kann man die Frage stellen, warum sich Wissenschaft oder Kunst entwickelt haben – und man wird feststellen, dass sich hierfür ebenfalls keine schlüssigen Erklärungen, sondern nur Begründungen finden lassen. Aber das alle drei das menschliche Leben bereichern, wird nur von wenigen infrage gestellt.

Was die Fragen nach der Definition von Religion und ihrem Wesen anbelangt, die Heerscharen von Philosophen, Theologen und Religionswissenschaftlern beschäftigt haben, hat es eine Kulturpsychologie, die auf symbolischen Handlungen beruht, leicht: Eine Definition ist schlicht nicht notwendig, denn sie ergibt sich aus ihrer intersubjektiven Funktion; sie sichert Gemeinschaft und bietet Erklärungsmodelle an. In der Verschränkung von Symbol und Handlung (auch als Ritual) kommt die Kulturpsychologie nicht in das Bedrängnis, den ein oder anderen Aspekt von Religion auszugliedern bzw. stärker zu gewichten, um zu einem Alleinstellungsmerkmal zu gelangen und Religion von anderen Sinnsystemen abzugrenzen. Glauben allein zu untersuchen, ergibt aus dieser Perspektive keinen Sinn bzw. dann hat Glaube keinen Sinn mehr, denn er entwickelt sich weder individuell noch losgelöst von den Erfahrungen eines Menschen. Das Alleinstellungsmerkmal erhält Religion einzig durch ihren Vollzug (in der Tradition) und durch den Umstand, dass es Menschen gibt, die sich einer Religion(sgemeinschaft) verpflichtet fühlen.[149]

149 Folgerichtig schützt denn auch das Grundgesetz für die Bundesrepublik Deutschland in Artikel 4 die positive ebenso wie die negative Religionsfreiheit. Die Freiheit des Menschen (vor staatlichen Eingriffen), sich für ein Leben mit oder – eben auch – ohne Religion zu entscheiden, ist damit sogar verfassungsrechtlich abgesichert.

# 10. Literatur


Allesch, Christian G. (2002). Kultur als Gegenstand der Psychologie. In Martin Hildebrand-Nilshon, Chung-Woon Kim & Dimitris Papadopoulos (Hrsg.), *Kultur (in) der Psychologie. Über das Abenteuer des Kulturbegriffs in der psychologischen Theoriebildung* (S. 7–32). Heidelberg: Asanger.

Allolio-Näcke, Lars (2005). Wie viel Kultur verträgt die Psychologie? Tagungsbericht: 100 Jahre Deutsche Gesellschaft für Psychologie [34 Absätze]. *Forum Qualitative Sozialforschung / Forum: Qualitative Social Research, 6*(3), *Art. 11*, http://nbn-resolving.de/urn:nbn:de:0114-fqs0503111.

Allolio-Näcke, Lars (2007). *Ostdeutsche Frauen haben (k)eine Chance. Doing Identity 15 Jahre nach der deutsch-deutschen Vereinigung*. Hamburg: Dr. Kovač. (=FEMINAT – Studien zur Frauenforschung, Band 14)

Allolio-Näcke, Lars (2009). *Religion revisited - anthropological and developmental psychological standpoints*. Paper presented at the 13th Biennial Conference of the »International Society for Theoretical Psychology« (ISTP) at the Nanjing Normal University, Nanjing, China, Mai 15th-19th 2009.

Allolio-Näcke, Lars (2011). Religion revisited – anthropological and psychological standpoints. *Estudios de Psicología, 32*(1), 37–49

Allolio-Näcke, Lars & Kalscheuer, Britta (2003). Doing Identity – Von Transdifferenz und dem alltäglichen Skeptizismus. In Herbert Fitzeck & Michael Ley (Hrsg.), *Alltag im Aufbruch* (S. 152–162). Gießen: psychosozial. (= Zwischenschritte 21)

Allolio-Näcke, Lars, Kalscheuer, Britta & Shimada, Shingo (2003). Ein Lehrstück klassischen Kulturvergleichs. *Erwägen Wissen Ethik, 14*(1), 150–153.

APA (1992). *Ethical principles of psychologists and code of conduct*. Online-Publikation: http://www.apa.org/ethics/code1992.html [Stand: 28. April 2009].

Asad, Talal (1993). *Genealogies of Religion. Discipline and Reasons of Power in Christianity and Islam*. Baltimore, London: John Hopkins University Press.

Atran, Scott (2002). *In Gods We Trust. The Evolutionary Landscape of Religion*. New York: Oxford University Press.

Bandura, Albert (1976). *Lernen am Modell. Ansätze zu einer sozial-kognitiven Lerntheorie. Stuttgart*: Klett.

Barnard, Alan & Spencer, Jonathan (Eds.). (2007). *Encyclopedia of Social and Cultural Anthropology*. London, New York: Routledge.

Barth, Hans M. (1993). *Spiritualität*. Göttingen: Vandenhoeck & Ruprecht. (= Bensheimer Hefte 74)

Belzen, Jacob A. van (1997). Spiritualität als Bemühen sinnvoll zu leben. Profil eines kulturpsychologischen Ansatzes. *Theologische Literaturzeitung, 122*(3), 209–225.

Belzen, Jacob A. van (2006). Die kulturpsychologische Transformation der Wundt'schen Religionspsychologie. In Gerd Jüttemann (Hrsg.), *Wilhelm Wundts anderes Erbe. Ein Missverständnis löst sich auf* (S. 191–202). Göttingen: Vandenbhoeck & Ruprecht.

Belzen, Jacob A. van (2008). Über Religionspsychologie: Konditionen und Gründe ihrer Existenz. *Journal für Psychologie, 16*(3), Online-Publikation: http://www.journal-fuer-psychologie.de/jfp-3-2008-02.html [Stand: 28. April 2009].

Berry, John W., Poortinga, Ype H. & Pandey, Janak (Eds.). (1996). *Handbook of cross-cultural psychology, vol. 1*. Boston, MA: Allyn & Bacon.

Biewald, Jörg (2008). Zwischen zwei Göttern? – Das doppelte Gottesbild bei Kindern und Erwachsenen. *Jahrbuch für Kindertheologie, 7*, 91–110.

Billmann-Mahecha, Elfriede (2003). Kulturpsychologie. In *Psychologie von A-Z. Die sechzig wichtigsten Disziplinen* (S. 96–99). München: Spektrum.

Billmann-Mahecha, Elfriede (2010). Auswertung von Zeichnungen. In Günter Mey & Katja Mruck (Hrsg.), *Handbuch Qualitative Forschung in der Psychologie* (S. 707–722). Wiesbaden: VS Verlag für Sozialwissenschaften.

Bittner, Günther (1988). Wider die religiösen Kopfgeburten. In Karl Ernst Nipkow, Friedrich Schweitzer & James W. Fowler (Hrsg.), *Glaubensentwicklung und Erziehung* (S. 184–192). Gütersloh: Gerd Mohn.

Bochinger, Christoph, Engelbrecht, Martin & Gebhardt, Winfried (2009). *Die unsichtbare Religion in der sichtbaren Religion – Formen spiritueller Orientierung in der religiösen Gegenwartskultur.* Stuttgart: Kohlhammer.

Bockstaele, Paul (2004). Mathematik und exakte Naturwissenschaft. In Walter Rüegg (Hrsg.), *Geschichte der Universität in Europa, Band III: Vom 19. Jahrhundert zum Zweiten Weltkrieg* (S. 407–426). München: C.H. Beck.

Boesch, Ernst E. (1980). *Kultur und Handlung: Einführung in die Kulturpsychologie.* Bern: Huber.

Boesch, Ernst E. (1983). *Das Magische und das Schöne. Zur Symbolik von Objekten und Handlungen.* Stuttgart: Frommann-Holzboog.

Boesch, Ernst E. (1988). Handlungstheorie und Kulturpsychologie. *Psychologische Beiträge, 30,* 233–247.

Boring, Edwin G. (1923) Intelligence as the tests test it. *New Republic, 36,* 35–37.

Bourdieu, Pierre (1979). *La destinction. Critique sociale du jugement.* Éditions de Minuit: Le Sens commun.

Bowlby, John (1951). *Maternal care and mental health.* Genf. (= World Health Organization Monograph Series, No. 2).

Bowlby, John (1953). *Child care and the growth of love.* London: Penguin books.

Bowlby, John (1969). *Attachment and loss. Vol. 1: Attachment.* London: Hogarth Press.

Bowlby, John (1973). *Attachment and loss. Vol. 2: Separation, Anxiety and anger.* London: Hogarth Press.

Bowlby, John (1979). *The making and breaking of affectional bonds.* London: Tavistock Publications.

Bowlby, John (1980). *Attachment and loss. Vol. 3: Loss, sadness and depression.* London: Hogarth Press.

Boyer, Pacal (1994). *The Naturalness of Religious Ideas: A Cognitive Theory of Religion.* Berkeley, CA: University of California Press.

Boyer, Pascal (2001). *Religion Explained. The Evolutionary Origins of Religious Thought.* New York, NY: Basic Books.

Boyer, Pascal (2008) Religion: Bound to Believe? *Nature, 455,* 1038–39.

Bronfenbrenner, Uri (1981). *Die Ökologie der menschlichen Entwicklung. Natürliche und geplante Experimente.* Stuttgart: Klett-Cotta.

Broughton, John M. (1986). The Political Psychology of Faith Development Theory. In Craig Dykstra & Sharon Parks (Eds.), *Faith Development and Fowler* (pp. 90–114). Birmingham, AL: Religious Education Press.

Bruner, Jerome S. (1983). *Child's talk: Learning to use language.* New York: Norton.

Bruner, Jerome S. (1990). *Acts of meaning. Four lectures on mind and culture.* Cambridge, MA: Harvard University Press.

Bruner, Jerome S. (1997). *Sinn, Kultur und Ich-Identität. Zur Kulturpsychologie des Sinns.* Heidelberg: Auer.

Bruner, Jerome S. & Haste, Helen (Eds.). (1987). *Making Sense: The child's construction of the world.* London: Routledge & Kegan Paul.

Bucher, Anton A. (1986). *Ein Versuch, Rilkes religiösen Werdegang mit Hilfe des Stufenkonstruktes ‚Religiöses Urteil' von F. Oser und P. Gmünder nachzuzeichnen*, Fribourg: Pädagogisches Institut Fribourg. (= Berichte zur Erziehungswissenschaft, 52).

Bucher, Anton A. (2009). Doch mehr als ein Mensch? Die Entwicklung des Gotteskonzepts bei Kindern, *Jahrbuch der Religionspädagogik, 25*, 24–37

Buggle, Franz (1991). *Warum gibt es (fast) keine deutsche empirische Religionspsychologie?* Forschungsbericht des Psychologischen Instituts der Alber-Ludwigs-Universität Freiburg i.Br.

Bühler, Karl (1908). Antwort auf die von W. Wundt erhobenen Einwände gegen die Methode der Selbstbeobachtung an experimentell erzeugten Erlebnissen. *Archiv für die gesamte Psychologie, 12*, 93–122.

Büttner, Gerhard (2011). »Als ich ein Kind war, da redete ich wie ein Kind und dachte wie ein Kind...« Oder: Was können Stufentheorien des Glaubens leisten? *Praktische Theologie, 46*(4), 208–214.

Canziani, Willy (1959). Religionspsychologie als empirische Wissenschaft. *Der Psychologe, 11*, 409–480.

Capps, Walter (1995). *Religious Studies. The Making of a Discipline.* Minneapolis, MN: Fortress Press.

Chakkarath, Pradeep (2003). *Kultur und Psychologie. Zur Entwicklung und Standortbestimmung der Kulturpsychologie*. Hamburg: Verlag Dr. Kovač.

Chakkarath, Pradeep (2007). Kulturpsychologie und indigene Psychologie. In Jürgen Straub, Arne Weidemann & Doris Weidemann (Hrsg.), *Handbuch interkulturelle Kommunikation und Kompetenz. Grundbegriffe – Theorien – Anwendungsfelder* (S. 237–249). Stuttgart: J.B. Metzler.

Chakkarath, Pradeep & Weidemann, Doris (Hrsg.). (2013). *Kulturpsychologische Gegenwartsdiagnosen: Bestandsaufnahmen zu Wissenschaft und Gesellschaft*. Bielefeld: transcript.

Charle, Christophe (2004). Grundlagen. In Walter Rüegg (Hrsg.), *Geschichte der Universität in Europa, Band III: Vom 19. Jahrhundert zum Zweiten Weltkrieg* (S. 43–80). München: C.H. Beck.

Clifford, James (1986). *Writing Culture: The Poetics and Politics of Ethnography: A School of American Research, Advanced Seminar.* Berkeley, CA: University of California Press.

Cole, Michael (1996). *Cultural Psychology: A Once and Future Discipline.* Cambridge, MA: Harward University Press.

Cronbach, Lee J. & Meehl, Paul E. (1955) Construct validity in psychological tests. *Psychological Bulletin, 52*, 281–302.

Csíkszentmihályi, Mihály (2008). *Flow.* Stuttgart: Klett-Cotta.

Daiber, Karl-Fritz (1997). Der Körper als Sprache des Rituals. Beobachtungen und Anmerkungen. In Michael Kleßmann & Irmhild Liebau (Hrsg.), *Leiblichkeit ist das Ende der Wege Gottes. Körper – Leib – Praktische Theologie* (S. 231–243). Göttingen: Vandenhoek & Ruprecht.

Daiber, Karl-Fritz & Lukatis, Ingrid (1991). *Bibelfrömmigkeit als Gestalt gelebter Religion.* Bielefeld: Luther. (= Texte und Arbeiten zur Bibel 6)

Danziger, Kurt (1979). The positivist repudiation of Wundt. *Journal of the History of the Behavioral Sciences, 15*, 205–230.

Danziger, Kurt (1985). The methdological imperative in psychology. *Philosophy of the Social Sciences, 15*, 1–13.

Di Loreto, Ornella & Oser, Fritz (1996). Entwicklung des religiösen Urteils und religiöser Selbstwirksamkeitsüberzeugung – eine Längsschnittstudie. In Fritz Oser & K. Helmut Reich (Hrsg.), *Eingebettet ins Menschsein: Beispiel Religion. Aktuelle psychologische Studien zur Entwicklung von Religiosität* (S. 69–87). Lengerich: Pabst Science Publishers.

Dick, Andreas (1982). *Drei transkulturelle Erhebungen des religiösen Urteils: Eine Pilotstudie.* Lizentiatsarbeit an der Philosophischen Fakultät an der Universität Freiburg (Schweiz).

Dilthey, Wilhelm (1894). Ideen über eine beschreibende und zergliedernde Psychologie. *Sitzungsber. d. Berl. Akad. d. Wiss., S. 1352.*

Dilthey, Wilhelm (1957). Ideen über eine beschreibende und zergliedernde Psychologie. In ders., *Gesammelte Schriften, Band V* (S. 136–240). Stuttgart: Teubner.

Dore, John (1985). Holophrases revisited: Their ›logical‹ development from dialog. In Martyn D. Barrett (Ed.), *Children's Single-World speech* (pp. 23–58). New York, NY: Wiley.

Dornes, Martin (1997). *Die frühe Kindheit. Entwicklungspsychologie der ersten Lebensjahre.* Frankfurt am Main: Fischer.

Döbert, Rainer (1988). Oser/Gmünders Stadium 3 der religiösen Entwicklung im gesellschaftlichen Kontext: ein circulus vitiosus. In Karl Ernst Nipkow, Friedrich Schweitzer & James W. Fowler (Hrsg.), *Glaubensentwicklung und Erziehung* (S. 144–162). Gütersloh: Gerd Mohn.

Drewermann, Eugen (1984). *Tiefenpsychologie und Exegese. Band I. Die Wahrheit der Frommen.* Olten & Freiburg im Breisgau: Walter.

Drewermann, Eugen (1985). *Tiefenpsychologie und Exegese. Band II. Die Wahrheit der Werke und der Worte.* Olten & Freiburg im Breisgau: Walter.

Dreyfus, Hubert (1993). Was Computer immer noch nicht können. *Deutsche Zeitschrift für Philosophie, 41,* 653–680.

Dubuisson, Daniel (2003). *The Western Construction of Religion. Myths, Knowledge, and Ideology.* Baltimore, London: John Hopkins University Press.

Durkheim, Émile (1981). *Die elementaren Formen des religiösen Lebens.* Frankfurt am Main: Suhrkamp.

Ebbinghaus, Hermann (1885). *Über das Gedächtnis. Untersuchungen zur experimentellen Psychologie.* Leipzig: Duncker & Humblot.

Ebbinghaus, Hermann (1896). Über erklärende und beschreibende Psychologie. *Zeitschrift für Psychologie der Sinnesorgane, 9,* 161–205.

Ebert, Klaus (1981). Theorien zur Entwicklung des religiösen Bewusstseins. *Der Evang. Erzieher, 33,* 456–467.

Eckensberger, Lutz H. (1978). Die Grenzen des ökologischen Ansatzes in der Psychologie. (Erwiderung auf die Beiträge von C. Trudewind: »Die ökologische Perspektive in der Entwicklungspsychologie« und E.E. Boesch: »Kultur und Biotop«). In Carl F. Graumann (Hrsg.), *Ökologische Perspektiven in der Psychologie* (S. 49–76). Bern: Huber.

Eckensberger, Lutz H. (1990). On the necessity of the culture concept in psychology: A view from cross-cultural psychology. In Fons J. R. van de Vijver & Giel J. M. Hutschemaekers (Eds.), *The investigation of culture. Current issues in cultural psychology* (pp. 153–183). Tilburg: Tilburg University Press.

Eckensberger, Lutz H. (2003). Wanted: A contextualized psychology. A plea for cultural psychology based on action psychology. In T. S. Saraswathi (Ed.), *Cross-cultural perspectives in human development. Theory, research, and application* (pp. 70–101). Delhi, India: Sage.

Eckensberger, Lutz H. (2010). Kulturvergleichende Psychologie, indigene Psychologien und Kulturpsychologie: Eine harmonische oder disharmonische Familienbeziehung? Bemerkungen aus Sicht der Entwicklungspsychologie. In Boris Mayer, & Hans-Joachim Kornadt (Hrsg.), *Psychologie - Kultur - Gesellschaft.* (S. 175–212) Wiesbaden: VS Verlag für Sozialwissenschaften.

Eckensberger, Lutz H. (2011). Culture inclusive action theory: Action theory in dialectics and dialectics in action theory. In Jaan Valsiner (Ed.). (2011). *Oxford Handbook of Culture and Psychology* (S. 357–402). Oxford: Oxford University Press.

Eckensberger, Lutz H. & Plath, Ingrid (2003). Möglichkeiten und Grenzen des »variablenorientierten« Kulturvergleichs: Von der Kulturvergleichenden Psychologie zur Kulturpsychologie. In Hartmut Kaelble & Jürgen Schriewer (Hrsg.), *Vergleich und Transfer. Komparatistik in den Sozial-, Geschichts- und Kulturwissenschaften* (S. 55–99). Frankfurt am Main: Campus.

Edwards, Derek (1997). *Discourse and cognition*. London: Sage.
Edwards, Derek & Potter, Jonathan (1992). *Discursive psychology*. London: Sage.
Elkind, David (1961). The child's concept of his religious denomination: The Jewish child. *Journal of Genetic Psychology, 99*, 209–225.
Elkind, David (1962). The child's concept of his religious denomination: The Catholic child. *Journal of Genetic Psychology, 101*, 185–193.
Elkind, David (1963). The child's concept of his religious denomination: The Protestant child. *Journal of Genetic Psychology, 103*, 291–304.
Englert, Rudolf (1985). *Glaubensgeschichte und Bildungsprozess. Versuch einer religionspädaogischen Kairologie*. München: Kösel.
Englert, Rudolf (1986). Von einer neuen Phase matrial-kerygmatischer Erneuerung. *Katechetische Blätter, 111*, 887-888.
Erikson, Erik H. (1965). *Kindheit und Gesellschaft*. Stuttgart: Klett.
Erkison, Erik H. (1966). *Identität und Lebenszyklus*. Frankfurt am Main: Suhrkamp.
Feil, Ernst (Hrsg.). (2000). *Streitfall »Religion«. Diskussionen zur Bestimmung und Abgrenzung des Religionsbegriffs*. Münster, Hamburg, London: LIT.
Fernhout, J. Harry (1986). Where is Faith?: Searching for the Core of the Cube. In Craig Dykstra & Sharon Parks (Eds.), *Faith Development and Fowler* (pp. 65–89). Birmingham, AL: Religious Education Press.
Fetz, Reto L. & Bucher, Anton A. (1987). Stufen religiöser Entwicklung? Eine rekonstruktive Kritik an Fritz Oser/Paul Gmünder, Der Mensch – Stufen seiner religiösen Entwicklung. Ein strukturgenetischer Ansatz. *Jahruch der Religionspädagogik, 3*, 217–230.
Fitzgerald, Timothy (2000). *The Ideology of Religious Studies*. New York, NY: Oxford University Press.
Flournoy, Theodore (1903). Les principes de la psychologie religieuse. *Archives de Psychologie, 2*, 33–57.
Fowler, James (1974). Stages in faith – The structural developmental approach. In Thomas Hennessy (Ed.), *Values and Moral Development* (pp. 173–211). New York: Paulist Press.
Fowler, James W. (1991). *Stufen des Glaubens: die Psychologie der menschlichen Entwicklung und die Suche nach Sinn*. Gütersloh: Gütersloher Verlagshaus Mohn.
Fowler, James W. (1993). Response to Helmut Reich: Overview or apologetic? *Journal for the Psychology of Religion, 3*, 173–179.
Fraas, Hans-Jürgen (1983). *Glaube und Identität. Grundlegung einer Didaktik religiöser Lernprozesse*. Göttingen: Vandenhoeck & Ruprecht.
Fraas, Hans-Jürgen (1984). Der Schüler: Religiöse Sozialisaton – Religiöse Erziehung. In Gottfried Adam & Rainer Lachmann (Hrsg.), *Religionspädagogisches Kompendium* (S. 77–95). Göttingen: Vandenhoeck & Ruprecht.
Fraas, Hans-Jürgen (1990). *Die Religiosität des Menschen. Ein Grundriss der Religinspsychologie*. Göttingen, Zürich: Vandenhoeck & Ruprecht.
Frass, Hans-Jürgen (1993). *Die Religiosität des Menschen. Ein Grundriss der Religionspsychologie*. Stuttgart: UTB.
Frazer, James G. (1922). *The Golden Bough: A Study of Magic and Religion*. New York, NY: Macmillan.
Garz, Detlef (1989). *Theorie der Moral und gerechten Praxis*. Oldenburg: Deutscher Universitats-Verlag.
Geertz, Clifford (1983). »Aus der Perspektive des Einheimischen« – Zum Problem des ethnologischen Verstehens. In ders., *Dichte Beschreibung. Beiträge zum Verstehen kultureller Systeme* (S. 289–310). Frankfurt am Main: Suhrkamp.
Geertz, Clifford (1996). *After the Fact. Two Countries, Four Decades, One Anthropologist*. Cambridge, MA: Harvard University Press.

Gerbod, Paul (2004). Die Hochschulträger. In Walter Rüegg (Hrsg.), *Geschichte der Universität in Europa, Band III: Vom 19. Jahrhundert zum Zweiten Weltkrieg* (S. 83–96). München: C.H. Beck.

Gergen, Kenneth J. (1991). *The saturated self. Dilemmas of identity in contemporary life*. New York: Basic Books.

Gergen, Kenneth J. (1994). *Realities and relationships. Soundings in social construction*. London: Sage.

Gergen, Kenneth J. (1999). *An invitation to social construction*. New York: Sage.

Gerhardt, Volker, Mehring, Reinhard & Rindert, Jana (1999). *Berliner Geist. Eine Geschichte der Berliner Universitätsphilosophie bis 1946*. Berlin: Akademie Verlag.

Gibbs, John C. (1979). Kohlberg's Moral Stage Theory. A Piagetian Revision. *Human Development, 22*, 89–112.

Gilligan, Carol (1984). *Die andere Stimme. Lebenskonflikte und Moral der Frau*. München, Zürich: Piper.

Goldman, Ronald (1964). *Religious thinking from childhood to adolescence*. London: Routledge & Kegan Paul.

Grom, Bernhard (1981). *Religionspädagogische Psychologie des Kleinkind-, Schul- und Jugendalters*. Göttingen: PATMOS.

Grom, Bernhard (1986). Rezension zu F. Oser/P. Gmünder: Der Mensch – Stufen seiner religiösen Entwicklung. *Christlich-pädagogische Blätter, 1*, 69–70.

Grom, Bernhard (1992). *Religionspsychologie*. München: Kösel.

Grom, Bernhard (2007). *Religionspsychologie*. München: Kösel.

Gugutzer, Robert (2012). *Verkörperungen des Sozialen. Neophänomenologische Grundlagen und soziologische Analysen*. Bielefeld: transcript.

Habermas, Jürgen (1981). *Theorie des kommunikativen Handelns. Zur Kritik der funktionalistischen Vernunft, Band 2*. Frankfurt am Main: Suhrkamp.

Haeckel, Ernst (1899). *Die Welträthsel. Gemeinverständliche Studien über Monistische Philosophie*. Stuttgart: Alfred Kröner.

Hahn, Achim (1994). *Erfahrung und Begriff. Zur Konzeption einer soziologischen Erfahrungswissenschaft als Beispielhermeneutik*. Frankfurt am Main: Suhrkamp.

Harré, Rom (1992). Introduction. *American Behavioral Scientist, 36*(1), 3–8.

Harré, Rom & Gillet, Grant (1994). *The Discursive Mind*. Thousand Oaks, CA: Sage.

Heidegger, Martin (1995). Einleitung in die Phänomenologie der Religion. Frühe Freiburger Vorlesung Wintersemester 1920/21. In ders., *Gesamtausgabe, Band 60* (S. 3–156). Frankfurt am Main: Klostermann.

Heiler, Friedrich (1923). *Das Gebet. Eine religionsgeschichtliche und religionspsychologische Untersuchung*. München: Reinhardt.

Heimbrock, Hans-Günter (1985). Entwicklung und Erziehung. Zum Forschungsgegenstand der religionspädagogischen Psychologie. *Jahrbuch für Religionspädagogik, 1*, 67–85.

Heimbrock, Hans-Günter (1988). Religiöse Entwicklung und die rituelle Dimension. In Karl Ernst Nipkow, Friedrich Schweitzer & James W. Fowler (Hrsg.), *Glaubensentwicklung und Erziehung* (S. 193–207). Gütersloh: Gerd Mohn.

Heine, Susanne (2005). *Grundlagen der Religionspsychologie*. Göttingen: Vandenhoeck & Ruprecht.

Heine, Susanne (2009). Religionspsychologie. Zum Profil einer jungen Disziplin. In Richard Faber & Susanne Lanwerd (Hrsg.), *Aspekte der Religionswissenschaft* (S. 141–157). Würzburg: Königshausen & Neumann.

Hellpach, Willy (1951). *Grundriss der Religionspsychologie*. Stuttgart: Enke.

Hellpach, Willy (1953). *Kulturpsychologie*. Stuttgart: Enke.

Henning, Christian, Murken, Sebastian & Nestler, Erich (2003). *Einführung in die Religionspsychologie*. Paderborn: Schöningh.

Henseler, Heinz (1995). *Religion – Illusion? Eine psychoanalytische Deutung*. Göttingen: Steidl.

Heywood, David (1986). Piaget and Faith Development: A True Mariage of Minds. *British Journal of Religious Education, 8*(2), 72–78.

Hock, Klaus (2002). *Einführung in die Religionswissenschaft*. Darmstadt: WBG.

Hollway, Wendy (1984). Gender Difference and the Production of Subjectivity. In Julian Henriques, Wendy Hollway, Cathy Urwin, Couze Venn & Valerie Walkerdine (Eds.), *Changing the Subject: Psychology, Social Regulation and Subjectivity* (pp. 227–339). London: Methuen.

Hollway, Wendy (1989). *Subjectivity and method in psychology*. London: Sage.

Holm, Nils G. (1990). *Einführung in die Religionspsychologie*. München, Basel: Reinhardt.

Holzkamp, Klaus (1985). *Grundlegung der Psychologie*. Frankfurt am Main: Campus.

Holzkamp, Klaus (1986). Die Verkennung von Handlungsbegründungen als empirische Zusammenhangsannahmen in sozialpsychologischen Theorien: Methodologische Fehlorientierung infolge von Begriffsverwirrung. *Zeitschrift für Sozialpsychologie, 17*, 216–238.

Holzkamp, Klaus (1994). Verborgene Begründungsmuster in traditionellen Lerntheorien? *Forum Kritische Psychologie, 34*, 13–17.

Holzkamp, Klaus (1995). *Lernen. Subjektwissenschaftliche Grundlegung*. Frankfurt am Main: Campus.

Hood, Ralph W., Hill, Peter C. & Spilka, Bernard (2009). *The Psychology of Religion. An Empirical Approach*. New York, NY: The Guilford Press.

Hornbostel, Erich M. von (1926). Psychologie der Gehörerscheinungen. In A. Bethe (Hrsg.), *Handbuch der normalen und pathologischen Physiologie* (S. 701–730). Berlin: Julius Springer

Iff, Markus (2011). *Liberale Theologie in Jena. Ein Beitrag zur Theologie- und Wissenschaftsgeschichte des ausgehenden 19. Jahrhunderts*. Göttingen: de Gruyter.

Jahoda, Gustav (1980). Theoretical and systematic approaches in cross-cultural psychology. In Harry C. Triandis & Richard W. Brislin (Eds.), *Handbook of Cross-Cultural Psychology: Vol. 1, Social Psychology* (pp. 69–143). Boston: Allyn and Bacon.

Jahoda, Gustav (1990). Variables, systems and the problem of explanation. In Fons J. R. van de Vijer & Giel J. M. Hutschemaekers (Eds.), *The investigation of culture. Current issues in Cultural Psychology* (pp. 115–130). Tilburg: Tilburg University Press.

Jahoda, Gustav (1992). *Crossroads between Culture and Mind. Continuities and Change in Theories of Human Nature*. New York, NY: Harvester Wheatsheaf.

Jahoda, Gustav (1996). Ansichten über die Psychologie und die »Kultur«. In Alexander Thomas (Hrsg.), *Psychologie interkulturellen Handelns* (S. 33–42). Göttingen: Hogrefe.

James, William (1902). *The Varieties of Religious Experience. A Study in Human Nature*. New York, NY: Modern Library. Online: http://www.gutenberg.org/files/621/621.txt

Janet, Pierre (2013). *Die Psychologie des Glaubens und die Mystik*. Berlin: Matthes & Seitz.

Josephs, Ingrid E. & Valsiner, Jaan (1999). Meaning-Making and Miracles: The Creative Inconsistency oft he Mind. In K. Helmut Reich, Fritz K. Oser & W. George Scarlett (Eds.), *Psychological Studies on Spiritual and Religious Development. Beeing Human: The case of Religion, Vol. 2* (S. 101–114). Lengerich: Pabst Science Publishers.

Josephs, Ingrid E. & Wolgast, Matthias (1996). Die Ko-Konstruktion religiöser Bedeutung aus kulturpsychologischer Perspektive: eine Analyse von Eltern-Kind-Interaktionen. In Fritz Oser & Karl-Heinz-Reich (Hrsg.), *Eingebettet ins Menschsein: Beispiel Religion. Aktuelle psychologische Studien zur Entwicklung von Religiosität* (S. 41–68). Lengerich: Pabst Science Publishers.

Jung, Carl G. (1963). Zur Psychologie westlicher und östlicher Religion. In ders., *Gesammelte Werke, Band XI*. Zürich & Stuttgart: Rascher.

Jüttemann, Gerd (Hrsg.). (2006). *Wilhelm Wundts anderes Erbe: ein Missverständnis löst sich auf*. Göttingen: Vandenhoeck & Ruprecht.

Jüttemann, Gerd (2006a). Wilhelm Wundt – der missverstandene Geisteswissenschaftler. In ders. (Hrsg.), *Wilhelm Wundts anderes Erbe: ein Missverständnis löst sich auf* (S. 13–29). Göttingen: Vandenhoeck & Ruprecht.

Kainz, Brigitte & Slunecko, Thomas (2004). Religiöse Orientierung und Bindungserfahrung. In Brigitta Rollet, Marion Herle & Ingrid Braunschmid (Hrsg.), *Eingebettet ins Menschsein: Beispiel Religion. 3. Band: Aktuelle Studien zur religiösen Entwicklung* (S. 127–138). Lengerich: Pabst Science Publishers.

Kant, Immanuel (1922). Kritik der Urteilskraft. In ders., *Gesammelte Werke, Band 5*. Berlin: Berlin-Brandenburgische Akademie der Wissenschaften.

Kant, Immanuel (1913). Kritik der reinen Vernunft In ders., *Gesammelte Werke, Band 3*. Berlin: Berlin-Brandenburgische Akademie der Wissenschaften.

Kappstein, Theodor (1908). Zu Pfleiderers Gedächtnis. *Berliner Tageblatt und Handelszeitung, 366*, vom 21.07.1908.

Kegan, Robert (1986). *Die Entwicklungsstufen des Selbst*. München: Kindt.

Kim, Chung-Woon (1997). *Baustein für einen kulturpsychologischen Diskurs: Dekonstruktion des unilinearen Entwicklungsgedankens*. Inauguraldissertation (Fachbereich Erziehungswissenschaft und Psychologie der Freien Universität Berlin).

Kim, Uichol, Yang, Kui-Shu & Hwang, Kwang-Kuo (Eds.). (2006). *Indigenous and cultural psychology. Understanding people in context*. Berlin, New York: Springer.

Kippenberg, Hans Georg & Stuckrad, Kocku von (2003). *Einführung in die Religionswissenschaft*. München: C.H. Beck.

Kirkpatrick, Lee A. (1992). An attachment-theory approach to the psychology of religion. *The International Journal for the Psychology of Religion, 2*, 3–28.

Kirkpatrick, Lee A. (1994). The role of attachment in religious belief and behavior. *Advances in Personal Relationships, 5*, 239–265.

Kirkpatrick, Lee A. (1999). Attachment and religious representation and behavior. In Jude Cassidy & Phillip R. Shaver (Eds.), *Handbook of attachment theory and research* (pp. 803–822). New York, NY: Guilford.

Kirkpatrick, Lee A. & Hood, Ralph A. (1990). Intrinsic-Extrinsic Religious Orientation: The Bone or Bane of Contemporary Psychology of Religion? *Journal for the scientific Study of Religion, 29*(4), 442–462.

Klein, Constantin & Streib, Heinz (2011). Religionspsychologie im deutschsprachigen Raum. Ein Überblick. *Praktische Theologie, 46*(4), 197–203.

Klinge, Matti (2004). Die Hochschullehrer. In Walter Rüegg (Hrsg.), *Geschichte der Universität in Europa, Band III: Vom 19. Jahrhundert zum Zweiten Weltkrieg* (S. 113–143). München: C.H. Beck.

Koenig, Harold G. (1994). *Aging and God. Spiritual Pathways to Mental Health in Midlife and Later Years*. New York, NY, England: Haworth Pastoral Press/Haworth Press.

Kohlberg, Lawrence (1979). Zusammenhänge zwischen der Moralentwicklung in der Kindheit und im Erwachsenenalter – neu interpretiert. In Paul B. Baltes & Lutz H. Eckensberger (Hrsg.), *Entwicklungspsychologie der Lebensspanne* (S. 379–408). Stuttgart: Klett-Cotta.

Kohlberg, Lawrence (1995a). Moralstufen und Moralerwerb: Der kognitiv-entwicklungstheoretische Ansatz. In ders., *Die Psychologie der Moralentwicklung* (S. 123–174). Frankfurt am Main: Suhrkamp.

Kohlberg, Lawrence (1995b). Die Bedeutung und Messung des Moralurteils. In ders., *Die Psychologie der Moralentwicklung* (S. 175–216). Frankfurt am Main: Suhrkamp.

Kohlberg, Lawrence (1995c). Zusammenhänge zwischen der Moralentwicklung in der Kindheit und im Erwachsenenalter – neu interpretiert. In ders., *Die Psychologie der Moralentwicklung* (S. 81–122). Frankfurt am Main: Suhrkamp.

Kohlberg, Lawrence (1995d). Zum gegenwärtigen Stand der Theorie der Moralstufen. In ders., *Die Psychologie der Moralentwicklung* (S. 217–372). Frankfurt am Main: Suhrkamp.

Kohlberg, Lawrence, Levine, Charles & Hewer, Alexandra (1984a). The current Formulation of the Theory. In Lawrence Kohlberg, *Essays on Moral Development. Vol. 2: The Psychology of Moral Development* (pp. 212–319). San Francisco, CA: Harper and Row.

Kohlberg, Lawrence & Power, Clark (1981). Moral Development, Religious Development and the Question of a Seventh Stage. *Zygon, 16*(1), 223–249.

Kölbl, Carlos & Sieben, Anna (Hrsg.). (2018). *Stichwörter zur Kulturpsychologie.* Gießen: psychosozial.

Krewer, Bernd (1990). Psyche and culture – Can a culture-free psychology take into account the essential features of the species homo sapiens? *Quarterly Newsletter of the Laboratory of Comparative Human Cognitive Development, 12*, 24–37.

Krewer, Bernd (1993). Theorie d'action et psychologie culturelle. *Schweizerische Zeitschrift für Psychologie, 52*(2), 82–92.

Kuiper, Foeke (1988). Begriffe der religiösen Entwicklung und ihre Einwirkung auf die empirische Forschung in den Niederlanden. In Karl Ernst Nipkow, Friedrich Schweitzer & James W. Fowler (Hrsg.), *Glaubensentwicklung und Erziehung* (S. 242–252). Gütersloh: Gerd Mohn.

Külpe, Oswald (1920). *Vorlesungen über Psychologie.* Leipzig: S. Hirzel.

Laucken, Uwe (2000). Der Sozialkonstruktivismus und die semantische Wissenschaft vom Menschen. *Handlung Kultur Interpretation. Bulletin für Psychologie und Nachbardisziplinen, 9*, 37–65.

Lämmermann, Godwin (2006). *Einführung in die Religionspsychologie. Grundfragen, Theorien, Themen.* Neukirchen-Vluyn: Neukirchner Verlag.

Leontjew, Alexej N. (1982). *Tätigkeit, Bewusstsein, Persönlichkeit.* Köln: Pahl-Rugenstein.

Leroi-Gourhan, André (1981). *Die Religionen der Vorgeschichte.* Frankfurt am Main: Suhrkamp.

Lewontin, Richard C., Rose, Steven & Kamin, Leon J. (1988). *Die Gene sind es nicht... Biologie, Ideologie und menschliche Natur.* Weinheim: Psychologie Verlags Union.

Lipsius, Friedrich R. (1899). *Die Vorfragen der systematischen Theologie mit besonderer Berücksichtigung auf die Philosophie Wilhelm Wundts kritisch untersucht.* Tübingen: Mohr Siebeck.

Lipsius, Richard A. (1878) *Dogmatische Beiträge zur Vertheidigung und Erläuterung meines Lehrbuchs.* Leipzig: J.A. Barth.

Lipsius, Richard A. (1885). *Philosophie und Religion. Neue Beiträge zur wissenschaftlichen Grundlegung der Dogmatik.* Leipzig: J.A. Barth.

Lipsius, Richard A. (1893). *Lehrbuch der evangelisch-protestantischen Dogmatik.* Braunschweig: Schwetschke.

Lipsius, Richard A. (1897). Glauben und Wissen. Vortrag, gehalten im Berliner Unionsverein 1871. In ders., *Glauben und Wissen* (S. 1–29). Berlin: Schwetschke.

Lorenzsonn, H. (1936). Die Dorpater religionspsychologische Schule. *Archiv für Religionspsychologie, 6*, 256–270.

Lösch, Klaus, (2005). Begriff und Phänomen der Transdifferenz. Zur Infragestellung binärer Differenzkonstrukte. In Lars Allolio-Näcke, Britta Kalscheuer & Arne Manzeschke (Hrsg.), *Differenzen anders denken. Bausteine zu einer Kulturtheorie der Transdifferenz* (S. 22–45). Frankfurt am Main: Campus.

Luckmann, Thomas (1991). *Die unsichtbare Religion.* Frankfurt am Main: Suhrkamp.

Lück, Helmut E. (1996). *Geschichte der Psychologie. Strömungen, Schulen, Entwicklungen.* Stuttgart, Berlin, Köln: W. Kohlhammer.

Mann, Ulrich (1973). *Einführung in die Religionspsychologie.* Darmstadt: Wissenschaftliche Buchgesellschaft.

Marx, Karl (1888). Thesen über Feuerbach. In Friedrich Engels, *Ludwig Feuerbach und der Ausgang der klassischen deutschen Philosophie.* Stuttgart: Verlag von J.-H. W. Dietz (= MEW, Band 3, S. 533ff.)

Matthes, Joachim (1992). The Operation Called »Vergleichen«. In ders. (Hrsg.), *Zwischen den Kulturen? Die Sozialwissenschaften vor dem Problem des Kulturvergleichs* (S. 75–99). Göttingen: Schwartz. (= Soziale Welt, Sonderband 8)

Mähler, Claudia (1995). *Weiß die Sonne, dass sie scheint? Eine experimentelle Studie zur Deutung des animistischen Denkens bei Kindern.* Münster, New York: Waxmann.

McCutcheon, Russell T. (1997). *Manufacturing Religion: The Discourse on Sui Generis Religion and the Politics of Nostalgia.* New York, NY: Oxford University Press.

Mead, George Herbert (1934). *Mind, Self and Society.* Chicago, IL: University of Chicago Press.

Meadow, Mary J. & Kahoe, Richard D. (Eds.).(1984). *Handbook of the Psychology of Religion.* Binghampton, NY: Haworth Pr. Inc.

Mensching, Gustav (1938). *Vergleichende Religionswissenschaft.* Leipzig: Quelle & Meyer.

Mette, Norbert (1983a). *Voraussetzungen christlicher Elementarerziehung. Vorbereitende Studien zu einer Religionspädagogik des Kleinkindalters.* Düsseldorf: Patmos.

Moosbrugger, Helfried, Zwingmann, Christian & Frank, Dirk (1996). (Hrsg.). *Religiosität, Persönlichkeit und Verhalten. Beiträge zur Religionspsychologie.* Münster: Waxmann.

Moré, Angela (2006). Esoterik, Spiritualität und die neue Suche nach Transzendenz. Erklärungsversuche. *Psychologie & Gesellschaftskritik, 30*(3/4), 111–132.

Morss, John R. (1990). *The biologising of childhood: Developmental psychology and the Darwinian myth.* London: Lawrence Erlbaum.

Morss, John R. (1996). *Growing Critical: Alternatives to developmental psychology.* London: Routledge.

Much, Nancy (1995). Cultural Psychology. In Jonathan A. Smith, Rom Harré & Luk Van Langenhove (Eds.), *Rethinking Psychology* (pp. 97–121). London: Sage.

Müller, Alois (1989). Überlegungen zum Verhältnis von Religion und Kontingenz. In Anton A. Bucher & K. Helmut (Hrsg.), *Entwicklung von Religiosität* (S. 35–50). Freiburg (Schweiz): Universitätsverlag.

Nehring, Andreas & Valentin, Joachim (Hrsg). (2008). *Religious Turns – Turning Religions. Veränderte kulturelle Diskurse – neue religiöse Wissensformen.* Stuttgart: Kohlhammer.

Nelson, Katherine (1985). *Making Sense. The Acquisition of Shared Meaning* New York: Academic Press.

Neuenzeit, Paul (1985) Rezension zu Oser/Gmünder 1984. *Religionsunterricht an höheren Schulen, 2*, 202f.

Nipkow, Karl Ernst (1988). Stufentheorien der Glaubensentwicklung als eine Herausforderung für Religionspädagogik und Praktische Theologie. In Karl Ernst Nipkow, Friedrich Schweitzer & James W. Fowler (Hrsg.), *Glaubensentwicklung und Erziehung* (S. 270–289). Gütersloh: Gerd Mohn.

Nipkow, Karl Heinz (1991). Geleitwort. In James Fowler, *Stufen des Glaubens. Die Psychologie der menschlichen Entwicklung und die Suche nach Sinn* (S. 9–12). Gütersloh: Gerd Mohn.

Noam, Gil G. und Kegan, Robert (1982). Soziale Kognition und Psychodynamik. In Wolfgang Edelstein & Monika Keller (Hrsg.), *Perspektivität und Interpretation* (S. 422–460). Frankfurt am Main: Suhrkamp.

Oerter, Rolf (1996). Was ist Religiosität, und warum entwickelt sie sich? In Fritz Oser & Karl-Heinz-Reich (Hrsg.), *Eingebettet ins Menschsein: Beispiel Religion. Aktuelle psychologische Studien zur Entwicklung von Religiosität* (S. 23–40). Lengerich: Pabst Science Publishers.

Oerter, Rolf (1999). *Psychologie des Spiels. Ein handlungstheoretischer Ansatz.* Weinheim: Beltz.

Oerter, Rolf (2002). Kapitel 3. Kultur, Ökologie und Entwicklung. In ders. & Leo Montada (Hrsg.), *Entwicklungspsychologie. Ein Lehrbuch* (S. 72–104). Weinheim: Beltz Psychologie Verlags Union.

Oerter, Rolf (2007). Zur Psychologie des Spiels. *Psychologie & Gesellschaftskritik, 31*(4), 7–32.

Ofenbach, Birgit (2002). *Eduard Spranger ›Kultur und Erziehung‹. ›Gesammelte pädagogische Aufsätze‹*. Darmstadt: Wissenschaftliche Buchgesellschaft.

Oorschot, Jürgen van & Allolio-Näcke, Lars (2006, März). Plädoyer gegen den Luxus des Missverstehens. Zur Debatte zwischen Carl Ratner und Barbara Zielke um den Sozialen Konstruktionismus Kenneth J. Gergens. [46 Absätze]. *Forum Qualitative Sozialforschung / Forum: Qualitative Social Research* [On-line Journal], *7*(2), Art. 17. Verfügbar über: http://www.qualitative-research.net/fqs-texte/2-06/06-2-17-d.htm [Zugriff: 10. Oktober 2006].

Oser, Fritz (1988). Genese und Logik der Entwicklung des religiösen Bewusstseins: Eine Entgegnung auf Kritiken. In Karl Ernst Nipkow, Friedrich Schweitzer & James W. Fowler (Hrsg.), *Glaubensentwicklung und Erziehung* (S. 48–88). Gütersloh: Gerd Mohn.

Oser, Fritz (1992). Religiöse Entwicklung im Erwachsenenalter. In Michael Böhnke, K. Helmut Reich & Louis Ridez (Hrsg.), *Erwachsen im Glauben. Beiträge zum Verhältnis von Entwicklungspsychologie und religiöser Erwachsenenbildung* (S. 67–87). Stuttgart, Berlin, Köln: Kohlhammer.

Oser, Fritz (2004). 20 Jahre Entwicklung des Religiösen Urteils: Ein unvollendetes Forschungsprogramm. In Brigitta Rollett, Marion Herle & Ingrid Braunschmid (Hrsg.), *Eingebettet ins Menschsein: Beispiel Religion. 3. Bd: Aktuelle Studien zur religiösen Entwicklung* (S. 25–42). Lengerich: Pabst Science Publishers.

Oser, Fritz K., Fetz, Reto L., Reich, K. Helmut & Valentin, Peter (2003). Religious judgement and religious world view: Theoretical relationship and empirical findings. *Archiv für Religionspsyochlogie, 25,* 165–179.

Oser, Fritz & Gmünder, Paul (1984). *Der Mensch – Stufen seiner religiösen Entwicklung. Ein strukturgenetischer Ansatz*. Zürich, Köln: Benzinger.

Oser, Fritz & Gmünder, Paul (1988). *Der Mensch – Stufen seiner religiösen Entwicklung. Ein strukturgenetischer Ansatz*. Gütersloh: Mohn.

Oser, Fritz & Gmünder, Paul (1996). *Der Mensch – Stufen seiner religiösen Entwicklung. Ein strukturgenetischer Ansatz*. Gütersloh: Mohn.

Oser, Fritz & Reich, K. Helmut (1992). Entwicklung und Religiösität. In E. Schmitz (Hrsg.), *Religionspsychologie* (S. 65–100). Göttingen: Hogrefe.

Oser, Fritz K., Scarlett, W. George & Bucher, Anton (2006) Religious and Spiritual Development throughout the Life Span. In Richard M. Lerner (Ed.), *Handbook of Child Psychology. Vol. 1: Theoretical Models of Human Development* (S. 942–998). New York: Wiley.

Paloutzian, Raymond F. (1983). *Invitation to the Psychology of Religion*. Glenview, IL: Scott, Foresman.

Papadopoulos, Dimitris D. (1999). *Lew S. Wygotski – Werk und Wirkung*. Frankfurt am Main: Campus.

Papoušek, Mechthild, Papoušek, Hanuš & Haekel, Monika (1987). Didactic adjustments in fathers' and mothers' speech to their 3-month-old infants. *Journal of Psycholinguistic Research, 16*(5), 491–516.

Parks, Sharon (1988). James Fowlers Theorie der Glaubensentwicklung in der nordamerikanischen Diskussion – eine Zusammenfassung der Hauptkritikpunkte. In Karl Ernst Nipkow, Friedrich Schweitzer & James W. Fowler (Hrsg.), *Glaubensentwicklung und Erziehung* (S. 91–107). Gütersloh: Gerd Mohn.

Paul, Josef (1966). Störungen des kindlichen Zeitbewußtseins. *Monatsschrift für Kinderheilkunde, 114,* 148–150.

Pestalozzi, Johann Heinrich (1938). Meine Nachforschungen über den Gang der Natur in der Entwicklung des Menschengeschlechts. In ders., *Sämtliche Werke, Band XII* (S. 1ff.). Berlin/Leipzig: de Gruyter.

Pfleiderer, Otto (1869). *Die Religion, ihr Wesen und ihre Geschichte, aufgrund des gegenwärtigen Standes der philosophischen und historischen Wissenschaft dargestellt*. 2. Bd. Leipzig: Fues.

Pfleiderer, Otto (1884). *Religionsphilosophie auf geschichtlicher Grundlage*. Berlin: Reimer.

Pfleiderer, Otto (1896). *Religionsphilosophie auf geschichtlicher Grundlage.* Berlin: Reimer.
Piaget, Jean (1974). *Die Bildung des Zeitbegriffs beim Kinde.* Frankfurt am Main: Suhrkamp.
Piaget, Jean (1976). *Die Äquilibration der kognitiven Strukturen.* Stuttgart: Klett.
Piaget, Jean (1977). *The grasp of consciousness.* London: Routledge & Kegan Paul.
Piaget, Jean (1978). *Success and understanding.* Cambridge, MA: Harvard University Press.
Piaget, Jean (1980a). Recent studies in genetic epistemology. *Cahier de la Fondation Archieves Jean Piaget, 1,* 3–7.
Piaget, Jean (1980b). *Abriß der genetischen Epistemologie.* Stuttgart: Klett-Cotta.
Piaget, Jean (1996). *Einführung in die genetische Erkenntnistheorie.* Frankfurt am Main: Suhrkamp.
Piaget, Jean & Inhelder, Bärbel (1972). *Die Psychologie des Kindes.* Olten und Freiburg im Breisgau: Walter.
Poortinga, Ype H., van de Vijer, Fons J.R., Joe, Richeline C. & van de Koppel, Jan M.H. (1987). »Peeling the onion called culture: A synopsis«. In Cicdem Kagitcibasi (Eds.), *Growth and progress in cross-cultural research* (pp. 22–34). Lisse: Swets & Zeitlinger.
Popp-Baier, Ulrike (1993). Die Stellung der Religionspsychologie in der deutschsprachigen Psychologie: Positionen, Probleme, Perspektiven. In Leo Montada (Hrsg.), *Bericht über den 38. Kongress der Deutschen Gesellschaft für Psychologie in Trier 1992, Band 2* (S. 255–265). Göttingen: Hogrefe.
Popp-Baier, Ulrike (1998). *Das Heilige im Profanen. Religiöse Orientierungen im Alltag. Eine qualitative Studie zu religiösen Orientierungen von Frauen aus der charismatisch-evangelikalen Bewegung.* Amsterdam: Ed. Rodopi B.V.
Popp-Baier, Ulrike (2009). Perspektiven der empirischen Religionsforschung. *Psychologie & Gesellschaftskritik, 33*(1/2), 9–45.
Potter, J. (1996). *Representing reality: Discourse, rhetoric and social construction.* London: Sage.
Potter, J. (2006). Diskursive Psychologie und Diskursanalyse. In R. Keller, A. Hirseland & W. Schneider (Hrsg.), *Handbuch Sozialwissenschaftliche Diskursanalyse 1: Theorien und Methoden* (S. 315–337). Wiesbaden: VS Verlag für Sozialwissenschaften.
Potter, J. & Wetherell, M. (1987). *Discourse and social psychology: Beyond attitudes and behaviour.* London: Sage.
Power, Carl (1988). Harte oder weiche Stufen der Entwicklung des Glaubens und des religiösen Urteils? Eine Piagetsche Kritik. In Karl Ernst Nipkow, Friedrich Schweitzer & James W. Fowler (Hrsg.), *Glaubensentwicklung und Erziehung* (S. 108–123). Gütersloh: Gerd Mohn
Power, Clark & Kohlberg, Lawrence (1980). Religion, Morality, and Ego Development. In Christiane Brusselmans & James A. O'Donohoe (Eds.), *Toward Moral and Religious Maturity* (pp. 343–372). Morristown, NJ: Silber Burdett.
Ratner, Carl (1996). Activity as a Key Concept for Cultural Psychology. *Culture & Psychology, 2,* 407–434.
Ratner, Carl (2002). *Cultural Psychology: Theory and Method.* Dordrecht: Kluwer Academic Publishers.
Ratner, Carl (2011). *Macro cultural psychology. A political philosophy of mind.* New York, NY: Oxford University Press.
Räsänen, Antii (2003). Das religiöse Urteil und die Glaubensvorstellungen. Eine finnische Untersuchung. *Archiv für Religionspsyochlogie, 25,* 195–209.
Reich, K. Helmut (1993a). Cognitive-developmental approaches to religiousness: Which version for which purpose? *Journal for the Psychology of Religion, 3,* 145–171.
Reich, K. Helmut (1993b). Integrating differing theories: The case of religious development. *Journal of Empirical Theology, 6,* 39–49.
Reich, K. Helmut (2004). Kognitive Voraussetzungen religiöser Entwicklung. In Brigitta Rollet, Marion Herle & Ingrid Braunschmid (Hrsg.), *Eingebettet ins Menschsein: Beispiel Religion. 3.*

*Band: Aktuelle Studien zur religiösen Entwicklung* (S. 43–49). Lengerich: Pabst Science Publishers.

Rheinberg, Falko (2006). *Motivation*. Stuttgart: Kohlhammer.

Ringer, Fritz (2004). Die Zulassung zur Universität. In Walter Rüegg (Hrsg.), *Geschichte der Universität in Europa, Band III: Vom 19. Jahrhundert zum Zweiten Weltkrieg* (S. 199–226). München: C.H. Beck.

Rocheblave-Spenlè, Anne-Marie (1962). *La notion de rôle en psychologie sociale*. Paris: Presses Universitaires de France.

Ruhbach, Gerhard (1988). Frömmigkeit und Religiosität im ausgehenden 20. Jahrhundert. *Verkündigung und Forschung, 33*(2), 43–71.

Rüegg, Walter (2004a). Themen, Probleme, Erkenntnisse. In ders. (Hrsg.), *Geschichte der Universität in Europa, Band III: Vom 19. Jahrhundert zum Zweiten Weltkrieg* (S. 17–41). München: C.H. Beck.

Rüegg, Walter (2004b). Theologie und Geisteswissenschaften. In ders. (Hrsg.), *Geschichte der Universität in Europa, Band III: Vom 19. Jahrhundert zum Zweiten Weltkrieg* (S. 325–378). München: C.H. Beck.

Salber, Wilhelm (1987). Kulturpsychologie – Wie und Warum. *Zwischenschritte, 6*(2), 41–48.

Schenker, Dominik & Reich, K. Helmut (2003). Oser/Gmünder's developmental theory of religious judgement: Status and outlook. *Archiv für Religionspsyochlogie, 25*, 180–194.

Schleiermacher, Friedrich (1808). *Gelegentliche Gedanken über Universitäten im deutschen Sinn. Nebst einem Anhang über eine neu zu errichtende*. Berlin: Realschulbuchhaus.

Schleiermacher, Friedrich (1860). Entwurf zur Errichtung eines Universitätsgottesdienstes in Berlin (vom 25.05.1810). In Rudolf Köpke (Hrsg.), *Die Gründung der Königlichen Friedrich-Wilhelms-Universität zu Berlin: nebst Anhängen über die Geschichte der Institute und den Personalbestand* (S. 214–216). Berlin: Schade.

Schleiermacher, Friedrich (1930/31). *Der christliche Glaube. Nach den Grundsäzen der evangelischen Kirche im Zusammenhange dargestellt*. Berlin: de Gruyter.

Schmidt, Heinz (1984). *Religionsdidaktik. Ziele, Inhalte und Methoden religiöser Erziehung in Unterricht und Schule: Der Unterricht in Klasse 1-13*. Stuttgart, Berlin, Köln, Mainz: Kohlhammer.

Schneider, Hans-Julius (2000). Was heißt »Explizitmachen impliziten Regelwissens«? *Handlung Kultur Interpretation. Zeitschrift für Sozial- und Kulturwissenschaften, 9*(2), 306–323.

Schönpflug, Wolfgang & Schönpflug, Ute (1989). *Psychologie. Allgemeine Psychologie und ihre Verzweigungen in die Entwicklungs-, Persönlichkeits- und Sozialpsychologie. Ein Lehrbuch für das Grundstudium*. München: Psychologie Verlags Union.

Schulenburg, Sigrid von der (1923). *Briefwechsel zwischen Wilhelm Dilthey und dem Grafen Paul York v. Wartenburg 1877–1897*. Halle: M. Niemeyer.

Schwarz, Fabian (2000). *Chancen und Probleme einer Kulturpsychologie – Analyse des Chicagoer Programms*. Diplomarbeit (Fachbereich Erziehungswissenschaft und Psychologie der Freien Universität Berlin).

Schweitzer, Friedrich (1985). Religion und Entwicklung. Bemerkungen zur kognitiv-strukturellen Religionspsychologie. *Wege des Menschen, 37*, S. 316–325.

Schweitzer, Friedrich (1987). *Lebensgeschichte und Religion: Religiöse Entwicklung und Erziehung im Kindes- und Jugendalter*. Gütersloh: Gütersloher Verlag.

Schweitzer, Friedrich (1988). Die Religion des Kindes – Perspektiven aus der Geschichte der Religionspädagogik. In Karl Ernst Nipkow, Friedrich Schweitzer & James W. Fowler (Hrsg.), *Glaubensentwicklung und Erziehung* (S. 253–269). Gütersloh: Gerd Mohn

Schweitzer, Friedrich (1997). *Religionsunterricht und Entwicklungspsychologie – Elementarisierung in der Praxis*. Gütersloh: Gütersloher Verlagshaus.

Seiler, Thomas B. & Hoppe-Graff, Siegfried (1989). Stufentheorien, Strukturgenese und die Emergenz einer intuitiven religiösen Theorie. In Anton A. Bucher & K. Helmut Reich

(Hrsg.), *Entwicklung von Religiosität. Grundlagen - Theorieprobleme - Praktische Anwendung* (S. 77–102). Freiburg: Universitätsverlag Freiburg Schweiz.

Selman, Robert L. (1976). Social-cognitive understanding: A Guide to educational and clinical practice. In Thomas Lickona (Ed.), *Moral Development and Behavior: Theory, Research, and Social Issues* (pp. 299–316). New York: Holt, Rinehart and Winston.

Selman, Robert L. (1984). *Die Entwicklung des sozialen Verstehens. Entwicklungspsychologische und klinische Untersuchungen*. Frankfurt am Main: Suhrkamp.

Shotter, John (1993). *Conversational realities: Constructing life through language*. London: Sage.

Shotter, John (1995). Dialogical Psychology. In Jonathan A. Smith, Rom Harré & Luk van Langenhove (Eds.), *Rethinking Psychology* (pp. 160–178). London/Thousand Oaks/New Delhi: Sage.

Shweder, Richard A. (1982). Review of Lawrence Kohlberg's »Essay on Moral Development, Vol. I«. *Contemporary Psychology, 27*(2), 421–424.

Shweder, Richard A. & Levine, Robert A. (Eds.). (1984). *Culture Theory: Essays on Mind, Self and Emotion*. New York, NY: Cambridge University Press.

Shweder, Richard A. (1990). Cultural Psychology - what is it? In George J. Stigler, Richard A. Shweder & Gilbert H. Herdt (Eds.), *Cultural Psychology: Essays on comparative human development* (pp. 1–46). Cambridge, MA: Cambridge University Press.

Shweder, Richard A. & Sullivan, Maria A. (1990). The Semiotic Subject of Cultural Psychology. In Lawrence A. Pervin (Ed.), *Handbook of Personality - Theory and Research* (pp. 399–416). New York, NY: Guilford Press.

Shweder, Richard A. (1991). *Thinking through cultures: expeditions in cultural psychology*. Harward, MA: Harward University Press.

Shweder, Richard A. (1999). Why Cultural Psychology? *Ethos, 27*(1), 62–73.

Shweder, Richard A. & Sullivan, Maria A. (1993). Cultural Psychology: Who needs it? *Annual Review of Psychology, 44*, 497–523.

Sinha, Durganand (1996). Indigenizing psychology. In John W. Berry, Ype H. Poortinga & Janak Pandey (Eds.), *Handbook of cross-cultural psychology, vol. 1* (pp. 129–169). Boston, MA: Allyn & Bacon.

Slee, Nicola (1988). Kognitiv-strukturelle Untersuchungen zum religiösen Denken. In Karl Ernst Nipkow, Friedrich Schweitzer & James W. Fowler (Hrsg.), *Glaubensentwicklung und Erziehung* (S. 124–143). Gütersloh: Gerd Mohn.

Slunecko, Thomas, Wieser, Martin & Przyborski, Aglaja (Hrsg.). (2017). *Kulturpsychologie in Wien.*Wien: facultuas.

Smith, Jonathan Z. (1982). *Imagining Religion: From Babylon to Jonestown*. Chicago, IL: University of Chicago press.

Smith, Wilfred Cantwell (1962). *The Meaning and End of Religion. A Revolutionary Approach to the Great Traditions*. New York: The Macmillan Company.

Staeuble, Irmingard (1996). Historische und kulturelle Psychologie: Zeitigt kritische Wissenschaftsgeschichte Wirkungen? In Horst Gundlach (Hrsg.), *Untersuchungen zur Geschichte der Psychologie und der Psychotechnik* (S. 321–338). Passau: Profil.

Staeuble, Irmingard (2002). Wider den eurozentrischen Blick: ein kulturpsychologisches Programm für Immigrationsgesellschaften. In Martin Hildebrand-Nilshon, Chung-Woon Kim & Dimitris D. Papadopoulos (Hrsg.), *Kultur (in) der Psychologie. Über das Abenteuer des Kulturbegriffes in der psychologischen Theoriebildung* (S. 92–106). Heidelberg: Asanger.

Stählin, Wilhelm (1921). Die Wahrheitsfrage in der Religionspsychologie. *Archiv für Religionspsychologie, 2-3*, 136–159.

Stam, Henderikus J. (2006). Kann man zugleich professioneller und kritischer Psychologe sein? *Psychologie & Gesellschaftskritik, 30*(1), 31–44.

Stern, Daniel N. (1985). *The interpersonal world of the infant*. New York, NY: Basic Books.

Stigler, George J., Shweder, Richard A. & Herdt, Gilbert H. (Eds.). (1990). *Cultural Psychology: Essays on comparative human development.* Cambridge, MA: Cambridge University Press.
Stolz, Fritz (2005). *Grundzüge der Religionswissenschaft.* Göttingen: Vandenhoeck & Ruprecht.
Straub, Jürgen (1999). *Handlung, Interpretation, Kritik. Grundzüge einer textwissenschaftlichen Handlungs- und Kulturpsychologie.* Berlin, New York: de Gruyter.
Straub, Jürgen (2010). Was ist und was will Kulturpsychologie heute? In Wilfried Dreyer & Ulrich Hößler (Hrsg.), *Perspektiven interkultureller Kompetenz* (S. 21–38). Göttingen: Vandenhoeck & Ruprecht.
Straub, Jürgen, Chakkarath, Pradeep & Rebane, Gala (Hrsg.). (2019). *Kulturpsychologie in interdisziplinärer Perspektive: Hans-Kilian-Vorlesungen zur sozial- und kulturwissenschaftlichen Psychologie und integrativen Anthropologie.* Gießen: psychosouial.
Straub, Jürgen, Chakkarath, Pradeep & Salzmann, Sebastian (Hrsg.). (2020). *Psychologie der Polyvalenz. Ernst Boeschs Kulturpsychologie in der Diskussion.* Bochum: Westdeutscher Universitätsverlag.
Straub, Jürgen, Weidemann, Doris; Kölbl, Carlos & Zielke, Barbara (Hrsg.). (2006). *Pursuit of Meaning. Theoretical and Methodological Advances in Cultural and Cross-Cultural Psychology.* Bielefeld: transcript.
Streib, Heinz (1997). Religion als Stilfrage. Zur Revision struktureller Differenzierung von Religion im Blick auf die Analyse der pluralistisch-religiösen Lage der Gegenwart. *Archiv für Religionspsychologie, 22,* 48–69.
Stubbe, Hans (2006). Die Geschichte der Völkerpsychologie. In G. Jüttemann (Ed.), *Wilhelm Wundts anders Erbe. Ein Missverständnis löst sich auf* (S. 33–51). Göttingen: Vandenhoeck & Ruprecht.
Stumpf, Carl (1907). Richtungen und Gegensätze in der heutigen Psychologie. *Internationale Wochenschrift für Wissenschaft und Technik, 19.10.1907,* 904–914.
Sudbrack, Josef (1992). *Mystik. Selbsterfahrung – kosmische Erfahrung – Gotteserfahrung.* Mainz: Grünewald.
Sudbrack, Josef (2002). *Mystik. Sinnsuche und Erfahrung des Absoluten.* Darmstadt: Wissenschaftliche Buchgesellschaft.
Sullivan, E. (1977). A Study of Kohlberg's Structural Theory of Moral Development: A Critique of Liberal Social Science Ideology. *Human Development, 20,* 325–376.
Sundén, Hjalmar (1966). *Die Religion und die Rollen. Eine psychologische Untersuchung der Frömmigkeit.* Berlin: Töpelmann.
Sundén, Hjalmar (1975). *Gott erfahren. Das Rollenangebot der Religionen.* Gütersloh: Gütersloher Verlagshaus.
Sundén, Hjalmar (1982). *Religionspsychologie. Probleme und Methoden.* Stuttgart: Calwer Verlag.
Tamminen, Kalevi (1994). Comparing Oser's and Fowler's developmental stages. On the basis of empirical studies among finnish young adults and adults. *Journal of Empirical Theology, 7*(2), 75–112.
Thilo, Hans-Joachim (1990). *Frömmigkeit. Aus dem Reichtum der Tradition schöpfen.* München: Kösel.
Thomas, Alexander (Hrsg.). (1993a). *Kulturvergleichende Psychologie: Eine Einführung.* Göttingen: Hogrefe.
Thomas, Alexander (1993b). Entwicklungslinien und Erkenntniswert kulturvergleichender Psychologie. In ders. (Hrsg.), *Kulturvergleichende Psychologie: Eine Einführung* (S. 27–51). Göttingen: Hogrefe.
Thurnwald, Richard (1922). *Psychologie des primitiven Menschen.* München: Reinhardt.
Tillich, Paul (1961). *Wesen und Wandel des Glaubens.* Berlin: Ullstein.
Toulmin, Stephen (1981). Towards reintegration: An agenda for psychology's second century. In Richard A. Kasschau & Charles N. Cofer (Eds.), *Psychology's second century. Enduring issues* (pp. 264–286). New York, NY: Praeger.

Trommsdorf, Gisela (1986). German Cross-Cultural Psychology. *The German Journal of Psychology, 10*(3), S. 240–266.
Tuana, Nancy (2006). The Speculum of Ignorance: The Women's Health Movement and Epistemologies of Ignorance. *Hypatia, 21*(3), 1–19
Turner, Ralph H. (1956). Role-taking, role standpoint and reference-group behavior. *American Journal of Sociology, 61*(4), 316–328.
Utsch, Michael (1998). *Religionspsychologie. Voraussetzungen, Grundlagen, Forschungsüberblick.* Stuttgart, Berlin, Köln: Kohlhammer.
Valsiner, Jaan (1987). *Culture and the development of children's action.* New York, NY: Wiley.
Valsiner, Jaan (1989). *Human Development and Culture.* Lexington: Heath.
Valsiner, Jaan (1998). *The Guided Mind: A Sociogenetic Approach to Personality.* Cambridge, MA: Harvard University Press.
Vergote, Antoine (1966). *Psychologie religieuse.* Bruxelles: Dessart.
Vergote, Antoine (1970). *Religionspsychologie.* Freiburg im Breisgau: Walter Verlag Olten.
Vine, Ian (1986). Moral Maturity in Socio-cultural Perspective: Are Kohlberg's Stages Universal? In Sohan Modgil & Celia Modgil (Hrsg.), *Lawrence Kohlberg: Consensus and Controversy* (pp. 431–450). Philadelphia, PA: The Farmer Press.
Virchow, Rudolf (1893). *Die Gründung der Berliner Universität und der Uebergang aus dem philosophischen in das naturwissenschaftliche Zeitalter.* Rektoratsrede 3. August 1893. Berlin: Becker.
Vorbrodt, Gustav (1895). *Psychologie des Glaubens. Zugleich ein Appell an die Verächter des Christentums unter den wissenschaftlich interessirten Gebildeten.* Göttingen: Vandenhoeck & Ruprecht.
Wallwork, Ernest (1980). Morality, Religion, and Kohlberg's Theory. In Brenda Munsey (Ed.), *Moral Development, Moral Education, and Kohlberg* (pp. 269–297). Birmingham: Religious Education Press.
Wellhausen, Julius (1874). *Die Pharisäer und die Sadducäer. Eine Untersuchung zur inneren jüdischen Geschichte.* Greifswald: L. Bamberg.
Wellhausen, Julius (1897). *Reste arabischen Heidentums.* Berlin: Reimer.
Weltecke, Dorothea (2010). *»Der Narr spricht: Es ist kein Gott«: Studien zu Atheismus, Unglauben und Glaubenszweifel vom 12. Jahrhundert bis zur Neuzeit.* Frankfurt am Main: Campus.
Werbik, Hans (2007). Transzendenz-Erfahrungen und die Grenzen der Wissenschaft. *Wege zum Menschen, 59*(3), 281–294.
Wertsch, James V. (1985). *Vygotsky and the social formation of mind.* Cambridge, MA: Harvard University Press.
Wertsch, James V. (1991). *Voices of the mind. A sociocultural approach to mediated action.* London: Harvester Wheatsheaf.
Westerink, Herman (Hrsg.). (2013). *Constructs of Meaning and Religious Transformation. Current Issues in the Psychology of Religion.* Göttingen: V&R unipress.
Wissenschaftsrat (2010). *Empfehlungen zur Weiterentwicklung von Theologien und religionsbezogenen Wissenschaften an deutschen Hochschulen* (Drs. 9678–10). Berlin.
Wit, Han F. de (1996). *Kontemplative Psychologie: Neue Einsichten und Erfahrungen aus religiösen Quellen.* Gütersloh: Gütersloher Verlagshaus.
Wobbermin, Georg (1913). *Zum Streit um die Religionspsychologie.* Berlin-Schöneberg: Protestantischer Schriftenvertrieb.
Wobbermin, Georg (1913a). Aufgabe und Bedeutung der Religionspsychologie. In ders., *Zum Streit um die Religionspsychologie* (S. 1–27). Berlin: Protestantischer Schriftenvertrieb.
Wobbermin, Georg (1913b). Psychologie und Erkenntniskritik der Religiösen Erfahrung. In ders., *Zum Streit um die Religionspsychologie* (S. 28–56). Berlin: Protestantischer Schriftenvertrieb.
Wobbermin, Georg (1913c). Der Kampf um die Religionspsychologie. In ders., *Zum Streit um die Religionspsychologie* (S. 57–78). Berlin: Protestantischer Schriftenvertrieb.

Wontorra, Maximilian, Meischner-Metge, Anneros & Schröger, Erich (Hrsg.). (2004). *Wilhelm Wundt (1832–1920) und die Anfänge der experimentellen Psychologie – Jubiläumsausgabe zur 125-Jahr-Feier seiner Institutsgründung*. CD-Rom.

Wulff, David M. (1993). On the origins and goals of religious development. *International Journal for the Psychology of Religion, 3*, 181-186.

Wulff, David M. (1997). *Psychology of Religion: Classic and Contemporary*. New York, NY: John Wiley & Sons.

Wundt, Wilhelm (1862). *Beiträge zur Theorie der Sinneswahrnehmung*. Leipzig u. Heidelberg: C. F. Winter'sche Verlagshandlung.

Wundt, Wilhelm (1892). *Vorlesung über die Menschen und Thierseele*. 2 Bd. Hamburg: Voss.

Wundt, Wilhelm (1896). *Grundriss der Psychologie*. Leipzig: Alfred Kröner Verlag.

Wundt, Wilhelm (1905-09). *Völkerpsychologie: Eine Untersuchung der Entwicklungsgesetze von Sprache, Mythus und Sitte: Mythus und Religion, Band IV-VI*. Leipzig: Wilhelm Engelmann.

Wundt, Wilhelm (1900-1920). *Völkerpsychologie. Eine Untersuchung der Entwicklungsgesetze von Sprache, Mythos und Sitte*. 10 Bände. Leipzig: Verlag von Wilhelm Engelmann.

Wundt, Wilhelm (1908). Vorwort. In ders., *Grundzüge der physiologischen Psychologie*. Erster Band (S. V-VII). Leipzig: Verlag von Wilhelm Engelmann.

Wundt, Wilhelm (1911). *Einführung in die Psychologie*. Leipzig: Voigtländers Verlag.

Wundt, Wilhelm (1921). *Probleme der Völkerpsychologie*. Leipzig: Alfred Kröner.

Wygotski, Lew S. (1972). *Denken und Sprechen*. Stuttgart: S. Fischer.

Wygotski, Lew S. (1980). Das Spiel und seine Bedeutung in der psychischen Entwicklung des Kindes. In Elkonin, Daniil B. (Hrsg.), *Psychologie des Spiels* (S. 430–465). Köln: Pahl-Rugenstein.

Wyss, Dieter (1991). *Psychologie und Religion. Untersuchungen zur Ursprünglichkeit religiösen Erlebens*. Würzburg: Königshausen & Neumann.

Zielke, Barbara (2004). *Kognition und soziale Praxis. Der soziale Konstruktionismus und die Perspektiven einer postkognitivistischen Psychologie*. Bielefeld: transcript Verlag.

Zinser, Hartmut (1988). Religionspsychologie. In Hubert Cancik, Burkhard Gladigow & Matthias Laubscher (Hrsg.), *Handbuch religionswissenschaftlicher Grundbegriffe, Band 1* (S. 87–107). Stuttgart: Kohlhammer.

Zwingmann, Christian & Moosbrugger, Helfried (2004). (Hrsg.). *Religiosität: Messverfahren und Studien zu Gesundheit und Lebensbewältigung. Neue Beiträge zur Religionspsychologie*. Münster: Waxmann.